THE
BILLIONAIRE WHO WASN'T

THE BILLIONAIRE WHO WASN'T:
HOW CHUCK FEENEY SECRETLY MADE AND GAVE AWAY A FORTUNE

무일푼 청년 창업가에서

재산 9.4조를 기부한 진짜 부자

척 피니

CHUCK FEENEY

코너 오클레어리 지음 · 김정아 옮김

ㄱㄴㄴㅏ

그러므로 부자는 이런 의무를 져야 한다. 무엇보다 과시나 사치를 멀리 한 채 겸손하고 소박한 삶을 사는 모범을 보여야 한다. 자기에게 의지하는 사람들이 정당하게 요구하는 것을 원만히 제공해야 한다. 그렇게 한 뒤에 남는 모든 수익을 자신이 관리해야 할 신탁 기금으로만 여겨야 하고, … 공동체에 가장 이로운 결과를 내야 한다.

앤드루 카네기 *Andrew Carnegie, 1835~1919*

목차

• 1부 •

성공으로 가는 여정 *Making It*

• 2부 •

소리소문 없이 조용히 *Going Underground*

• 3부 •

결별 *Breaking Up*

• 4부 •

더 넓게, 더 멀리 *Giving It Away*

• 5부 •

막바지에 찾아온 위기 *Late Life Crisis*

작가의 말

1994년 3월 17일, 나는 워싱턴 주재 언론인 자격으로 백악관 파티에 초대받았다. 그곳에서 척 피니를 처음 만났다. 척은 아일랜드에 평화를 가져온 공로로 그 자리에 초대받았다. 내가 척에 대해 아는 바라고는 〈포브스〉 400대 부자에 오른 억만장자이고 값싼 시계를 찬다는 것뿐이었다. 척 피니가 비밀에 싸인 세계 최고의 자선가라는 사실은 나뿐 아니라 그날 밤 클린턴 대통령 부부와 함께 백악관 이스트룸에 모였던 누구도 알지 못했다. 더구나 척이 억만장자이기는커녕 집 한 채, 차 한 대조차 없다는 사실은 다들 상상도 하지 못했다.

그러던 2002년, 근무하던 신문사에서 월스트리트 취재를 맡았을 때 나와 척을 모두 알던 친구의 소개로 척과 가까워졌다. 주로 척이 즐겨 찾던 맨해튼 3번가 P. J. 클라크에서 몇 번 점심을 먹은 뒤, 척은 '생전 기부' 즉 살아 있는 동안 기부하는 운동을 널리 알리고자 자기 삶을 책으로 쓰는 작업에 협력하겠다고 동의했다. 가족, 친구, 동료, 수혜처가 오랫동안 지켜온 비밀 유지 의무를 풀어주고, 자신이 보유한 자료도 보여주겠다고 약속했다. 척은 최종 결과물에 조금도 간섭하지 않았다. 또한

책을 쓰는 데 척도, 척의 자선 재단도 전혀 기금을 대지 않았다.

나는 책을 쓰는 데 필요한 자료를 마음껏 모았다. 재단 기금을 좋은 곳에 쓰고자 끊임없이 탐색에 나서는 척을 따라 세계 곳곳을 여행했다. 사업에서든 자선 활동에서든 척을 알고 지낸 사람이라면 누구나, 심지어 사업 때문에 척과 사이가 틀어진 사람들까지도 척의 이야기를 들려주겠다고 발 벗고 나섰다. 나는 미국 본토에서부터 하와이, 영국, 아일랜드, 프랑스, 스위스, 베트남, 오스트레일리아, 타이, 홍콩, 버뮤다까지 여행하며, 척이 인생의 여러 시기에 만난 수십 명과 인터뷰했다.

특히, 끈기와 유머로 오랜 인터뷰 시간을 견뎌준 척에게 고마움을 전한다. 고맙게도 척과 헬가는 내가 샌프란시스코, 브리즈번, 더블린의 집을 방문하도록 허락했다. 척의 가족들도 아낌없는 도움을 줬다. 다니엘, 캐롤린, 다이앤, 레슬리, 줄리엣, 패트릭, 알린, 어설라, 짐 피츠패트릭의 통찰은 더할 나위 없이 귀한 정보였다.

애틀랜틱 필랜스로피(Atlantic Philanthropies)의 설립 회장인 뉴욕대 하비 데일 교수와 2001년부터 2007년까지 최고 경영자를 지낸 존 R. 힐리가 발 벗고 돕지 않았다면 이 책은 나오지 못했을 것이다. 척과 함께 듀티프리쇼퍼(Duty Free Shoppers, DFS)를 경영한 동업자 밥 밀러, 앨런 파커, 토니 필라로에게도 심심한 감사를 전한다. 이들은 고맙게도 자택으로 나를 초대해, 자신들을 상상을 뛰어넘는 부자로 이끈 사람과 얽히고설킨 이야기를, 때로는 건잡기 어렵기까지 했던 관계를 들려줬다.

인터뷰에 나서준 게리 애덤스, 해리 애들러, 프레드 앤틸, 에이드리언 벨러미, 파드리그 베리, 게일 빈첸치 비안키, 잭 클라크, 피터 콜드레이크, 론 클라크, 밥 코건, 프랭크 코널리, 마크 콘로이, 로저 다우너, 프랜시스 '스킵' 다우니, 짐 다우니, 태스 듀랜드, 짐 드와이어, 조엘 피시먼, 켄 플레처, 필 퐁, 존 포드, 하워드 가드너, 장 겐츠부르제, 존 그린, 레이 핸들런, 폴 해넌, 마크 헤네시, 테드 하월, 파리드 칸, 휴 런, 에이네이 매카시, 빈센트 맥기, 제프 말스테트, 콜린 맥크리, 마이클 맥다월, 마이클 만, 밥 마투섹, 토머스 미첼, 존 몬테이루, 게리 멀린스, 프랭크 머치, 나이얼 오다우드, 크리스 악슬리, 다니엘 오헤어, 레 넌 프엉, 버나드 플로거, 프랭크 로즈, 척 롤스, 데이비드 럼지, 데이비드 스미스, 짐 수얼리, 샘 스미스, 리 스털링, 어니 스턴, 보니 서첫, 돈 손힐, 토머스 티어니, 이르지 비딤, 에드 월시, 메리 웨슬캠퍼, 마이크 윈저, 커밍스 줄에게도 고마움을 전한다.

이 밖에 책이 나오기까지 도움을 준 조너선 앤더슨, 제인 버먼, 로레타 브레넌 글룩스먼, 마크 패트릭 헤더먼, 크리스 휴잇, 데스먼드 키니와 그의 연인 에스메랄다, 실비아 세베리, 패디 스미스, 월터 윌리엄스도 빼놓을 수 없다. 패트릭 오클레어리는 원고를 읽고 무척 유익한 조언을 건넸다. 데클런 켈리는 책이 계속 진행되도록 도왔다. 격려를 보내준 대리인 에스터 뉴버그와 귀중한 조언을 건네준 출판사 퍼블릭어페어의 편집장 클라이브 프리들에게 특히 고마움을 전한다. 마지막으로, 많은 시간을 들여 날카로운 관찰력과 풍부한 상상력으로 이 책을 편집하고 가다듬어준 아내 자나에게 고마움을 전한다. 이 책은 아내와 내가 힘을 합친 결과물이자, 두 사람 모두 기쁘게 진행한 작업이었다. 물론 이 책에 결함과 오류가 있다면 모두 내 탓이다. 모든 정보는 출처를 밝혔지만, 드물게 익명을 요구했거나 출처가 불분명한 자료는 예외로 했다.

개정판에서 인터뷰에 나서준 모든 사람, 특히 빌 게이츠, 가라 라마쉬, 데이비드 스코턴, 리처드 커시에게 고마움을 전한다. 또 너그러이 시간을 내 인터뷰에 나섰으나 2009~2012년에 재단에서 일어난 껄끄러운 사태 때문에 이름을 밝히지 않기를 바란 애틀랜틱 필랜스로피의 몇몇 고위 인사, 척의 가족, 친구, 동료들에게도 고마움을 전한다.

부를 벗어 던진 억만장자

1984년 11월 23일 금요일 아침, 내리쬐는 햇살로 벌써부터 뜨겁게 달궈진 바하마 나소 국제공항에 세 시간 전 뉴욕에서 출발한 비행기 한 대가 내려앉았다. 승객 대다수는 추수감사절을 맞아 바하마에서 주말 파티를 즐기려는 미국인 휴가객이었다. 일반석에서 꽤 점잖아 보이는 중년 남성이 한 명 내렸다. 앞섶을 풀어 헤친 셔츠에 재킷 차림인 평범한 모습이지만, 사람을 꿰뚫어 보는 듯한 푸른 눈이 밝게 빛났다. 남성은 아내와 함께 택시에 올라 공항과 나소 시내 중간쯤, 연푸른 대서양 옆으로 호텔과 아파트 단지가 줄지어 늘어선 케이블 비치의 한 사무실로 향했다. 나소는 남성에게 익숙한 곳이었다. 이 아열대 섬을 상거래에 자주 이용해 세계에서 손꼽는 부자가 되었기 때문이다. 하지만 이번에 이곳을 찾은 이유는 달랐다. 남성은 이제 이전과 다른 협약, 자기 삶을 되돌릴 길 없이 완전히 바꿔놓을 협약을 마무리 지을 참이었다.

그날 아침, 변호사 두 명도 이 남성을 만나고자 바하마로 향했다. 입회인 역할을 맡을 프랭크 머치가 버뮤다에서 나소 공항으로 날아왔다. 플로리다에서 부모와 함께 추수감사절을 보내던 하비 데일도 같은 시간에 나소 공항에 도착할 예정이었다. 협약에 필요한 서류는 모두 하비 데일이 갖고 있었다. 데일은 작은 조항 하나하나까지 꼼꼼하게 신경 쓰며 이 서명식을 계획했다. 2년에 걸친 준비에 마침표를 찍을 협약을 바하마에서 진행한 까닭은 다른 곳과 달리 엄청난 세금을 피할 수 있기 때문이었다. 서류 서명 절차가 복잡해 세 시간이나 걸릴 예정이라, 데일은 케이블 비치에 있는 신탁 회사에 회의실까지 빌렸다. 그래도 참석자가 모두 저녁 비행기를 타고 출발지로 돌아가기에는 넉넉한 일정이었다.

그런데 서명할 시간이 다 되도록 하비 데일이 모습을 드러내지 않았다. 그날 아침, 하필 플로리다주 팜비치에 우레와 함께 폭우가 줄기차게 쏟아져 팜비치 국제공항의 비행기가 모두 발이 묶였다. 궂은 날씨 앞에서는 데일도 속수무책이었다. 시간이 지나도 예약한 비행기가 이륙한다는 소식이 없자 데일은 초조한 마음에 속이 바짝바짝 타들어 갔다. 바하마에 도착한 사람들은 데일을 기다리는 동안 밖에 나가 피시앤칩스로 점심을 먹은 뒤 회의실 책상에 둘러앉아 한가로이 이런저런 이야기를 나눴다.

데일은 오후가 되어서야 나소행 비행기에 올랐다. 여전히 우르릉거리는 먹구름을 뚫고 날아오른 단거리 여객선은 심한 난기류를 뚫고 한 시간 만에 바하마에 도착했다. 오후 네 시쯤, 데일이 가쁜 숨을 몰아쉬며 다급하게 회의실로 뛰어 들어왔다. 이제 회의실을 비우고 공항으로 돌아가기까지 남은 시간은 한 시간뿐이었다. 데일이 서류 가방에서 협약서, 위임장, 기업 결의서를 포함한 여러 법률 서류를 꺼내 탁자 위에 펼쳐 놓았다.

"설명할 시간이 없습니다. 여기 서명하시고, 여기 서명하십시오."

서명이 끝나자 데일이 서류를 모았고, 네 사람은 바하마를 떠날 저녁 비행기에 오르고자 다 같이 서둘러 자리를 떴다.

재킷을 입은 중년 남성 찰스 F. 피니는 나소 공항으로 가는 차에 타고서야 마음을 편히 내려놓았다. 그날 아침 바하마로 날아왔을 때 찰스 피니는 어마어마한 부자였다. 그리고 이제 30년 전 여러 사업을 시작했을 때와 다를 바 없는 재산만 남긴 채 섬을 떠나고 있었다. 추수감사절 주말을 맞아 수많은 미국인이 물질을 신의 축복으로 여기며 감사하고 있을 때, 이재에 밝은 능력과 운명의 축복 덕분에 어마어마한 부를 쌓았던 피니는 짐스럽기만 하던 부를 스스로 벗어 던지고 자축하고 있었다.

이 모든 일은 철통같은 보안 속에 진행되었다. 그 뒤로 오랫동안, 그날 바하마에 모인 사람 말고는 그때 무슨 일이 일어났는지 아는 사람이 거의 없었다. 4년 뒤인 1988년, 〈포브스〉는 살아 있는 미국 400대 부자 23위에 피니의 이름을 올리고, 피니의 재산을 13억 달러로 추산했다. 이 기사는 사실과 달랐다. 〈포브스〉는 그 뒤로도 오랫동안 같은 실수를 반복했다. 찰스 피니는 그때 이미 거의 모든 재산을 없애버린 뒤였다. 피니는 이제 한때 억만장자였던 사람이다.

MAKING IT

• 1부 •

성공으로 가는 여정

1 Making It

뜬구름 잡는 소리를 할 때도 있었지만, 찰스는 끊임없이 돈 벌 궁리를 짜냈다. 열한 살이던 해 여름 어느 오후, 스킵네 집에서 놀 때였다. 혹시 지나가다 주문할 사람이 있지 않을까 싶어 현관 입구에 검정 크레용으로 이렇게 적었다.

1

어린 장사꾼

1931년 봄 뉴욕, '광란의 1920년대'를 수놓은 경제 호황이 막바지에 쌓아 올린 위대한 성과물인 엠파이어스테이트 빌딩이 드디어 문을 열었다. 그리고 한편에서는 대공황으로 수많은 충격이 미국 경제를 강타했다. 은행이 파산하고 실업률이 치솟았다. 이렇게 미국 역사가 교차하던 1931년 4월 23일, 찰스 피니가 태어났다. 부모는 뉴저지주 엘리자베스시의 노동자 거주지인 엘모라에서 빠듯하게 살아가는 아일랜드계 미국인이었다.

아버지 레오는 뉴욕에서 보험 심사원으로, 어머니 매덜린은 엘리자베스시에서 간호사로 일했다. 그리고 첫째 딸 알린과 막내 딸 어설라, 그리고 외아들인 둘째 찰스 프랜시스 피니 모두 삼 남매를 낳았다.

대공황 시절이었지만, 레오와 매덜린이 부지런히 일한 덕분에 가족은 여느 이웃보다 위기를 잘 넘겼다. 어린 찰스는 어머니가 오렌지 메모리얼 병원에서 2교대 연속으로 일하고, 아버지가 뉴욕시 로열글로브 보험

회사로 출근하느라 양복에 넥타이 차림으로 새벽같이 집을 나서는 모습을 보며 자랐다. 가족은 셋집을 전전했다. 그러다 찰스의 할아버지가 돌아가시며 2,000달러를 남겨주신 덕분에, 팰리세이드 거리에 2층짜리 작은 빨간 벽돌집을 계약할 수 있었다. 조용한 단독주택가에 자리 잡은 이 집은 지금도 커다란 가문비나무 아래 그대로 남아 있다.

살림살이는 늘 빠듯했다. 1930년대에 뉴저지에 거주한 노동자 계층치고 1달러가 귀한 줄 모르는 사람이 없었다. 레오와 매덜린은 맞벌이였는데도, 다달이 주택담보대출을 갚고 자동차의 유지비를 치르고 나면 남는 돈이 거의 없었다. 고물이 다 된 차는 시도 때도 없이 말썽을 부렸고, 재생 타이어는 걸핏하면 구멍이 났다.

그렇게 고달픈 시절이었어도, 피니의 가족은 이웃을 보살폈다. 한번은 어머니 매덜린이 루게릭병을 앓는 이웃 빌 팰런이 날마다 뉴욕에 가느라 버스 정류장까지 걷는다는 이야기를 들었다. 매덜린은 팰런이 집 앞을 지날 때면 마침 자기도 나가는 길이라고 둘러대며 팰런을 버스정류장까지 태워다 줬다.

"그 아저씨는 엄마가 아무 데도 안 가는 줄을 까맣게 몰랐어요."

막내 어설라의 회상이다.

매덜린은 2차 세계대전 동안 밤에 적십자 자원봉사자로도 일했다. 그때 적십자에서 '자원봉사'를 하는 사람들이 돈을 받다가 들통나 물의를 일으켰는데, 매덜린은 도대체 왜 자원봉사자가 돈을 받았는지 모르겠다며 고개를 가로저었다.

독실한 가톨릭 신자인 아버지 레오도 자주 시간을 내 남을 도왔다. 그는 남성 가톨릭 신도 단체로 회원들을 경제적으로 돕는 콜럼버스 기사단에서 활동했다. 또 그는 돈을 치른 만큼 얻는 것이 있어야 한다는 굳은 신념이 있는 사람이기도 했다. 그래서 아이들이 제법 자라자 도서관으로 데려가 이렇게 말하곤 했다.

"우리는 세금을 낸단다. 그러니 그만큼 혜택을 이용해야 해."

찰스는 일찌감치 열 살 때부터 돈 버는 재주를 드러냈다.

찰스가 처음으로 기업가 기질을 발휘한 일은 친구 잭 블루잇의 아버지에게 얻은 크리스마스카드를 집집마다 찾아다니며 팔 때였다. 동네는 블루잇이 자기 구역으로 점찍었으므로, 찰스는 옆 동네에서 카드를 팔았다. 또 크리스마스로 바쁜 우체부를 도와 편지를 부치고 몇십 센트를 더 벌었다. 눈이 올 때는 친구 무스 폴리와 함께 돈을 받고 차고 앞 눈을 치웠다.

"내가 일감을 얻어 25센트를 받으면 무스가 눈을 치우고 둘이 돈을 나눴습니다."

이때 찰스는 사업을 확장할 때 명심해야 할 첫 교훈을 얻었다.

"돈에 눈이 멀어 일감을 너무 많이 받으면, 나도 같이 삽질을 해야 하더군요!"

뜬구름 잡는 소리를 할 때도 있었지만, 찰스는 끊임없이 돈 벌 궁리를 짜냈다. 열한 살이던 해 여름 어느 오후, 친구인 스킵 다우니네 집에서 놀 때였다. 혹시 지나가다 주문할 사람이 있지 않을까 싶어 현관 입구에 검정 크레용으로 이렇게 적었다.

'맥주와 프레첼 팝니다'

글귀를 본 스킵의 어머니가 호통을 쳤다.

"찰스, 해질 때까지 이걸 지워놓지 않으면 오늘이 네 제삿날이 될 거야."

그래도 스킵은 자기 어머니가 찰스를 무척 좋아했다고 밝혔다.

"찰스는 천하태평인 녀석이었어요. 어머니는 찰스가 모르는 사람이 없다고 '시장님'이라고 부르셨지요."

찰스는 엘리자베스시에서 중학교 과정이 끝나는 8학년 때 혼자 장학생으로 뽑혀 맨해튼 이스트에 있는 리지스고등학교로 진학했다. 이 곳은 뉴욕권의 로마 가톨릭계 남학생 중 두뇌와 리더십에서 잠재력이 뛰어나지만 가톨릭계 학교에 다닐 형편이 안 되는 학생들을 가르치는 예수회 학교였다. 그런데 찰스는 이 학교를 무척 싫어했다. 학교에 가려면 매일 아침 40분을 걸어 역에 간 다음 7시 45분 발 기차를 타고 부두에 도착해 허드슨강을 건너는 연락선을 타고, 다시 이스트 86번가역까지 지하철을 타야 했다. 집에 오면 저녁 7시를 넘기기 일쑤였는데, 숙제를 마쳐야 일과가 끝났다. 워낙 멀리서 통학한 탓에 맨해튼에서 새 친구를 사귈 틈도 없었다. 어릴 적 친구들은 모두 엘리자베스시 중심가 끝의 언덕배기에 있는 성모승천고등학교에 다녔다. 1년 반 뒤, 몸과 마음이 지친 데다 자기 통학비를 대느라 허리띠를 졸라매는 부모님을 지켜본 끝에, 찰스는 리지스고등학교에서 일부러 퇴학당했다.

"종교 과목 시험에서 남의 답을 베끼다가 걸렸는데, 일부러 그랬습니다. 리지스에서는 종교 과목에서 커닝하다 걸리면 퇴학이었거든요."

성모승천고등학교는 찰스에게 훨씬 행복한 학창 시절을 선사했다. 거의 모든 학생이 찰스와 마찬가지로 아일랜드계였다. 찰스는 학교 행사의 주인공을 도맡았다. 학교에서 공연한 희극 〈성스러운 플로라〉에 출연했고, 미식축구부에서 등번호 38번을 달고 뛰었다. 1947년에는 선배들에게 반에서 가장 뛰어난 '재치꾼'으로 뽑혔다. 동창들도 찰스를 '익살꾼'으로 뽑았다.

"찰스는 시도 때도 없이 익살을 부려 별의별 것으로 떠들썩한 웃음을 자아냈어요."

친구 밥 코건이 기억하는 찰스의 모습이었다. 찰스는 죽이 맞았던 친구 존 잭 코스텔로와 함께 코미디 공연을 위해 학교 잡지에 이런 광고를 싣기도 했다.

'유쾌한 오락이 있는 밤을 원하십니까? 미국에 새로운 돌풍을 일으키고 있는 코미디 '찰리 피니와 존 코스텔로'가 선보이는 '걱정 탈탈 클럽'에 와보세요.'

언제나 돈 벌 궁리에 바빴던 찰스는 주말이면 엘리자베스 포트 근처의 한 골프장에서 캐디로 일하고 용돈을 벌었다.

"9홀 손님은 1달러에 팁이 25센트고, 18홀 손님은 1.75달러에 팁이 25센트였습니다. 그래서 늘 9홀짜리 손님 두 명을 찾곤 했지요."

여름 휴가철이면 어머니 매덜린은 간호사 일을 쉬고 뉴저지주 포인트 플레즌트 해변에 여관을 빌려 운영했다. 그러면 찰스도 그곳 산책로에서 비치타월과 파라솔을 빌려주거나, 단돈 몇 센트에 기꺼이 통에 들어가 물풍선을 맞는 일을 했다. 여관에서 한참 걸어야 나오는 스키볼 게임장에서는 상품으로 주는 인형을 어찌나 많이 땄던지, 가게 주인이 두 손 두 발 다 들고 찰스에게 동전 바꿔주는 일을 맡겼다.

십 대인 찰스는 주말이면 친구들을 여관으로 초대해 다락방에서 함께 잤다. 아침에는 개점 전에 배고픈 아이들을 위해 도넛 한 상자를 밖에 놓아두는 가게로 친구들을 데리고 가 배를 채웠고, 밤에는 산책로를 거닐거나 영화관에 갔다. 여자친구와 데이트에 나선 스킵 다우니를 돕고자, 스킵의 차에 함께 올라 뉴저지주 해변에 있는 애즈버리 공원의 파라마운트 극장에 간 적도 있다. 찰스가 뒷문 경비와 친한 덕분에, 세 사람은 공짜로 극장에 들어갔다. 친구 조 캐시가 기억하는 찰스는 "누구에게나 가장 가까운 친구라고 느끼게 할 줄 아는" 사람이었다.

"말을 나누면 언제나 한발 앞서가는 듯했습니다. 찰스는 늘 앞서 생각할 줄 알았어요."

잭 코스텔로는 찰스를 포인트 플레즌트 산책로에서 파라솔을 팔던 수완가로, "언제나 일거리를 찾아 돈을 벌던" 친구로 기억했다.

1948년 6월. 고등학교를 졸업한 찰스는 넉 달 뒤 겨우 열일곱 살에 미국 공군에 지원했다. 여동생 어설라의 말대로 자원입대였다.

"오빠는 굳이 자원입대하지 않아도 됐어요. 그런데도 그전부터 입대하려고 온갖 수를 썼어요. 한번은 친구와 몰래 둘이 집을 빠져나가려고도 했어요. 차가 시동이 걸리지 않아 결국 아무 데도 가지 못했지만요. 그때 오빠는 나이를 속이고 입대할 셈이었어요. 글쎄, 나한테 서류 몇 장을 내밀더니 부모가 입대를 허가한 것처럼 가짜로 서명해 달라고도 했었죠."

그때는 2차 세계대전이 끝난 지 3년밖에 지나지 않았을 때라 여전히 징병제였다. 찰스는 몇 년 안에 언젠가는 입대해야 하는 상황을 잘 알았다.

"그냥 있으면 빈둥빈둥 발바닥이나 긁으며 시간만 죽일 것 같았습니다. 차라리 빨리 끝내는 쪽이 낫겠다 싶더군요. 그래서 3년 동안 복무하겠다고 서명했습니다."

군대는 뉴저지 출신 십 대 소년에게 새로운 지평을 열어줬다. 텍사스주 래클랜드 공군 기지에서 무선 통신사 훈련을 받은 찰스는 일본에 주둔한 미국 점령군에 파견되었다. 머리털 나고 처음 밟아 보는 외국 땅이었다. 그리고 그곳에서 새로운 삶과 새로운 이름을 얻었다. 공군에서는 모두 찰스를 척으로 불렀다. 남달리 똑똑한 신병이던 척은 한반도에 가장 가까운 공군 기지인 일본 효고현 아시야 공군 기지의 미 공군 제5통신중대 제12기동파견대에 배치되었다. 척이 속한 중대는 2차 세계대전 막바지에 일본군의 암호를 푼 국가안보국 산하 조직 시진트SIGINT 소속으로, 첨단 장비를 이용해 정보를 수집했다.

전쟁으로 쑥대밭이 된 일본이었지만, 젊은 군인이 살기에는 그리 힘들지 않았다. 퓰리처상을 탄 언론인이자 작가 데이비드 핼버스탬도 책 『1950년대』세종, 1996에 이렇게 적었다.

'미군에게 일본 복무는 달콤한 여행이었다. 달러 가치가 높은 데다 일본 사람들도 상냥해, 평범한 사병이 귀족 같은 삶을 누렸다.'

하지만 병장 척 피니는 달콤함을 누리기보다 남는 시간에 부지런히 일본어를 익혀 지식을 쌓았다. 미군 어학원에서 수업을 듣고, 일본 아이들의 큰 오락거리인 일본 만화를 읽었다.

1950년 6월 25일, 한국 전쟁이 터졌다. 아시야 공군 기지는 전방의 미군 장병에게 군수품을 떨궈줄 수송기 C-119와 전투기 F-80의 기착지가 되었다. 전쟁 탓에 척의 복무 기간이 3년에서 4년으로 늘었다. 운 좋게도 전투에 파견되지는 않았지만, 임무가 더 급박하게 돌아갔다. 척의 중대가 맡은 임무는 소련군 비행 부대가 동해 상공에서 사용하는 무선 통신을 방해하는 일이었다. 미군이 아시야 기지에서 내보내는 항공 주파수를 소련군 비행사들이 읽곤 했다. 미국과 소련이 냉전 중이라 소련 영공을 침해했다가는 살벌한 국지전이 벌어질 위험이 커, 미군 비행기는 적군의 영공 코앞까지만 비행했다. 그런데 어느 날, 갓 스무 살이 된 어느 초보 조종사가 소련 영공을 넘어 5분 동안 비행하는 사고를 일으키고 말았다. 5분이면 소련군 전투기가 긴급 이륙하고도 남는 시간이었다. 미군 비행기는 격추되었고, 조종사는 물론이거니와 함께 탄 러시아어 전문가 두 명도 전사했다. 이틀 밤 전, 척은 두 사람과 함께 근무했었다. 격추 순간, 척의 헤드폰으로 두 사람의 비명이 들렸다.

"당시 명령은 아주 명확했습니다. 소련 영공을 넘어가지 마라. 두 사람은 조종사가 명령을 따르지 않은 탓에 사망한 겁니다."

복무를 마치고 미국으로 돌아갔을 때 척은 전사한 전우 한 명의 가족이 사는 뉴욕 브롱크스를 방문했다. 죽은 전우의 가족을 마주하니, 도무지 무슨 말을 해야 할 지 입이 떨어지지 않았다.

일본에서 복무한 4년 동안 척은 단 한 번도 귀국하지 않았다. 지구 반대편, 전쟁이 벌어지는 곳에 계속 머물렀다. 누나 알린은 "크리스마스 때 찰스가 전화할 시간이면, 모두 부엌에 앉아 전화기가 울리기를 기다렸어요."라고 회고했다. 전화 요금은 수신자 부담이었다.

"집에 돈이 없으니 언제나 이렇게 말했어요. '너무 길게 말하지 마!'"

마지막까지 가족은 제복을 입은 척의 모습을 한 번도 직접 보지 못했다. 그래도 일간지 〈엘리자베스 데일리 저널〉에 미 공군 제복을 입은 병장 척 피니와 상병 잭 코스텔로의 사진이 한 장 실렸다. 머리에 브릴크림을 발라 가지런하게 가르마를 탄 두 사람이 도쿄에서 사흘 동안 함께 휴가를 즐기는 사진이었다.

집에 부친 편지에 척은 자기 임무를 밝힐 수 없다고 적었다. 알린은 "찰스가 아마 그곳에서 비밀 유지 능력을 얻지 않았나 싶네요."라고 말하고 식탁을 빠르게 톡톡 두드렸다.

"찰스가 탁, 탁, 탁 소리를 내다가 '미안, 군대에서 쓰던 모스부호야.' 라고 말하곤 했어요. 무슨 생각을 하느라 그랬는지는 모르겠네요. 하지만 이따금 그런 소리를 냈어요. 탁, 탁, 탁."

2

샌드위치 장수

아직 일본에 머물던 1952년 봄, 척 피니는 제대 뒤 받을 수 있는 재향군인 장학금을 어떻게 활용할지 궁리하기 시작했다. 프랭클린 D. 루스벨트 대통령이 1944년에 제정한 재향군인 원호법GI Bill of Rights에 따라, 미국 정부는 2차 세계대전에 참전한 제대 군인의 대학 교육을 지원할 기금을 마련했고, 1950년 뒤에는 한국 전쟁에 참전한 군인들도 기금을 이용하게끔 제도를 다듬었다. 재향군인 원호법으로 미군에 복무한 사람의 삶은 많이 바뀌었다. 이를테면 2차 세계대전에 참전해 이 법의 혜택을 받은 도널드 R. 키오는 코카콜라 회장이, 밥 돌은 상원 의원이 되었다. 척은 집에서 대학 학비를 지원받을 형편이 되지 않자 재향군인 장학금을 계속 염두에 뒀다.

제대를 앞둔 어느 날, 척은 기지 도서관에서 대학 관련 자료를 뒤졌다. 〈리더스 다이제스트〉를 뒤적이던 중 '요리사를 위한 학교'

라는 기사가 눈에 띄었다. 코넬대학교 호텔경영대학을 다룬 기사였다. 뉴욕주 북부 핑거호 지역의 이타카에 자리 잡은 코넬대학교는 세계 최초로 호텔경영학 학사 학위를 마련했다.

"이런 생각이 들었습니다. 내가 할 수 있는 일이군. 나라면 사람들을 잘 접대할 수 있어."

그런데 척은 대형 호텔에 발을 들인 적도 없었다. 하지만 머릿속에 떠오른 '여행, 우아한 분위기, 손님을 접대하는 사람들'이란 이미지가 마음에 들었다. 게다가 학과 과정이 척의 기업가 기질과 잘 맞아떨어졌다. 그래서 입학 지원서를 보냈고, 도쿄에서 입학 면접관을 만났다. 마침 척이 다니던 일본어 어학원 운영자가 면접관과 아는 사이였다.

"그 사람이 면접관 어깨너머로 슬쩍 보니, 온통 내 칭찬만 적혀 있었다더군요!"

1952년 7월 1일, 복무 수당 634.33달러를 받고 제대한 척은 뉴저지의 집으로 돌아가 코넬대 지원 결과를 기다렸다. 척이 거의 4년이나 집을 떠나 있었으므로, 가족들은 척을 뜨겁게 반겼다. 그런데 척이 코넬대학교에 지원했다고 하자, 부모님은 영 마뜩잖은 표정을 지었다. 그 시절에 척의 고등학교를 졸업한 가톨릭 신자들은 아이비리그 대학에 가지 않았다. 레오와 무척 가까운 친구이자 가톨릭계 고등학교 교장이던 존 드와이어가 척에게 하루 날을 잡아 집에서도 가깝고 자기가 연줄도 있는 가톨릭계 대학을 둘러보는 게 어떻겠냐고 제안했다. 드와이어는 어린 척이 꿈도 야무지게 일류 대학에 들어갈 희망을 품었다고 여기고 걱정이 이만저만이 아니었다. 하지만 이튿날, 코넬대학교 호텔경영대학의 합격 통지서가 우편으로 날아왔다. 척은 9월 학기에 맞춰 입학하면 되었다.

성모승천고등학교의 같은 반 동기 중 대학에 간 사람은 척, 그리고 러트거스 뉴저지 주립대학교에서 장학금을 받은 다른 학생 한 명, 단 두 명뿐이었다.

합격 통지서는 집안의 경사였다. 그때까지 집안에서 대학 문턱을 밟아 본 사람이 없었다. 척은 벌써 이때부터 평생에 걸쳐 빛을 발할 기질을 드러냈다. 바로 큰 포부를 품고, 도달하기 어려워 보일지라도 최고의 결과를 목표로 삼는 모습이었다. 코넬대학교 호텔경영대학 학장을 지낸 존 J. 클라크 2세에 따르면 척은 자기가 코넬대학교에 합격하리라고 생각하지 않았다고 했다. 클라크도 아일랜드계 가톨릭 신자라, 어린 척이 그런 선을 넘기가 얼마나 만만치 않았을지를 잘 알았다.

"척이나 내 세대 대다수는 집안에서 처음으로 대학에 들어간 세대였습니다. 그러니 1950년대에 코넬대학교, 그러니까 아이비리그에는 가톨릭 신자가 많지 않았습니다."

학생의 학습 잠재력을 평가하는 SAT 점수로만 보면 코넬대학교 단과대에서 호텔경영대학의 합격선이 가장 낮았다. 클라크 설명은 이랬다.

"다른 단과대들이 우리를 좀 깔봤습니다. 그리스 문화의 역사를 달달 꿰지 못해도 합격할 수 있는 곳이었으니까요. 하지만 호텔경영대학에서 찾는 입학생은 두뇌와 활기가 조화를 이루는 인재였습니다."

실제로 호텔경영대학은 버거킹을 공동 창업한 제임스 W. 맥라모어와 데이비드 에저튼, 알라모 렌터카를 세운 마이클 이건처럼 엄청난 성공을 거둔 기업가들을 꾸준히 배출했다.

척은 처음에 대학 생활에 이질감을 느꼈다. 다른 학생은 죄다 사립 고등학교를 나오고 자가용을 몰았다. 그래도 척은 이타카코넬대학 소재지 생활에 빠르게 적응했고, 죽이 맞는 학생들, 달리 말해 교육에 목마르고 세상을 탐험하고 싶고 큰돈을 벌고 싶은 미래의 사업가들과 어느새 한 무리가 되었다.

“그 무리에 들어가 보니, 내게도 그들과 제대로 경쟁할 능력이 있었습니다. 그걸 확인하기 위해서라도 거기에 들어가야 했어요.”

머지않아 척은 타고난 기업가 자질을 드러냈다. 이타카에는 웬디스도 맥도널드도 없었다. 그래서 대부분 상류층 출신인 학생들은 주머니에 두둑한 현금을 두고도 밤마다 출출한 배를 붙잡고 입맛만 다셔야 했다. 뛰어난 눈썰미로 틈새시장을 알아챈 척은 직접 샌드위치를 만들어 기숙사를 돌아다니며 팔기 시작했다. 그리고 얼마 지나지 않아 학교에 ‘샌드위치 장수’로 이름을 알렸다. 사실, 척은 코넬대에서 버틸 돈이 필요했다. 재향군인 장학금은 학기마다 다달이 110달러뿐이어서, 등록금을 내고 나면 거의 빈털터리였다. 샌드위치 재료를 살 때도 계좌에서 돈이 빠져나가는 것을 월요일까지 최대한 미루려고 금요일 느지막이 수표로 결제했다.

“그때 처음으로 적자 재정을 관리하는 법을 배웠죠.”

샌드위치를 팔 때면 잔돈을 넣을 커다란 주머니가 달린 낡은 야전잠바를 입고 샌드위치 바구니를 든 채 기숙사 바깥에서 휘파람을 불어 신호를 보냈다. 호텔경영대학 동창인 교육자이자 작가 프레드 앤틸은 척에게 샌드위치가 왜 이리 얄팍하냐고 농담을 던지곤 했다.

멋진 외모와 사교성으로 쉽사리 친구를 사귄 척은 그런 친구들을 잘 구슬려 숙소로 부른 뒤, 샌드위치를 만들고 자르는 일을 돕게 했다. 그리고는 이윤을 깎아 먹으면 안 되니 ‘발코니&치즈’ 샌드위치에 햄을 꼭 한 장만 넣으라고 신신당부하곤 했다. 같은 방을 썼던 태스 듀랜드는 척을 “언제나 웃음을 머금고 다니는 수완가”로 기억했다.

“나도 초저녁부터 척을 도와 샌드위치를 만들곤 했습니다. 아마 1만 6,000개는 만들었을걸요.”

샌드위치가 한창 잘 팔릴 때는 한 주에 평균 700개까지 나갔다. 코넬에서 만나 척 피니와 평생지기가 되었고 척스 스테이크하우스 체인을 세워 코넬대학교 호텔경영대학의 성공담에 한 자락을 보탠 척 롤스는 척과 사귀려면 샌드위치를 잘 만들어야 해서 척이 여자를 만나기 어려웠다고 농담을 던졌다.

척은 동에 번쩍 서에 번쩍 쉴 새 없이 움직였다. 롤스 덕분에 미식축구 경기장에서 일정표를 팔 권리를 얻었을 때도, 척이 판매원 중 한 명으로 나섰다. 학교에서는 크리스마스카드를 팔았다. 방학 때는 엘리자베스시의 식품업체에서 수습생으로, 뉴욕주 파이어 아일랜드에서 서머클럽이라는 곳의 관리자로, 제빵 믹스 제조사인 덩컨 하인스에서는 시식 평가자로 일했다.

1955년 마지막 여름 방학 때, 스물네 살이던 척은 롤스와 함께 하와이에서 여행도 하고 아르바이트도 했다. 하와이를 찾은 까닭은 롤스가 호놀룰루 출신 같은 과 여자친구 진 켈리와 시간을 보내고 싶어 했기 때문이다. 진이 하와이 아웃리거 호텔&리조트 체인의 창업자 로이 C. 켈리의 딸이라, 척과 롤스는 처음에 아웃리거 호텔에 묵었다.

"비행기에서 내린 뒤 아웃리거 호텔로 가 체크인하는데, 척이 느닷없이 직원한테 일본어로 말하지 뭡니까. 척이 일본어를 할 줄 안다는 걸 그때 처음 알았어요."

척은 롤스와 함께 호놀룰루에 자그마한 셋집을 얻어 여름을 보냈다. 밤에는 호놀룰루의 에지웨어 리프 호텔에서 야간 직원으로 근무했다. 주요 업무는 열쇠를 깜박 잊고 나와 방에 들어가지 못한 손님을 무사히 방으로 들여보내는 일이었다. 하와이는 척이 처음으로 국외 1959년까지 하와이는 미국의 식민지였다 의 호텔 사업을 경험하는 기회였다. 그해 여름, 척은 이국적인 하와이에 마음을 뺏겼고, 여행의 매력에 푹 빠졌다. 그리고 그때는 미처 알지 못했지만, 몇 년 뒤 운명에 이끌려 다시 하와이를 찾는다.

1956년 여름, 척은 호텔경영 학사로 코넬대를 졸업했다. 메리어트나 스태틀러 같은 여러 호텔에서 척에게 일자리를 제안했지만 척은 그런 곳에서 열심히 일하고 출세하는 것이 영 내키지 않았다. 어머니는 그렇게 좋은 제안을 왜 마다하느냐고 혀를 내둘렀다. 척은 자신에게 맞는 기회를 기다리고 있다고 답했다. 사실은 세상을 둘러보고 자기 사업을 꾸리고 싶은 마음이 굴뚝 같았다. 그래서 롤스와 함께 미국을 가로질러 캘리포니아로 가 괜찮은 기회가 있는지 살펴보기로 했다.

캘리포니아로 떠나기 전 롤스가 엘리자베스에 들렀을 때, 척이 뉴저지의 한 여관방에서 롤스에게 오랜 친구들을 소개했다. 그 가운데 퇴역 해병인 한 친구가 카지노의 룰렛 게임에서 돈을 따는 비법을 안다고 뽐냈다. 단, '0'만 있고 '00'이 없는 유럽식 룰렛이어야 했다. 그 친구는 그런 룰렛이라면 절대 돈을 잃을 일이 없다고 큰소리를 쳤다. 척과 롤스는 캘리포니아로 가는 길에 그 비법이 실제로 통하는지 시험해 보기로 했다. 둘은 당시 빠르게 성장하는 도박 도시로, 해럴드 클럽과 하라스를 포함해 여러 카지노가 있던 네바다주 리노로 향했고, 그곳에서 0만 있는 룰렛을 찾아냈다. 먼저 건설 노동자들이 묵는 하숙집에 방을 하나 빌린 뒤, 도박장을 이곳저곳 둘러보며 상황을 살폈다. 롤스의 말로는 "앉아서 맥주 같은 음료를 마시며 룰렛에서 나오는 숫자를 한 시간 남짓" 받아 적은 뒤 숙소로 돌아가 숫자를 연구했다.

드디어 이틀 뒤, 친구가 알려준 비법을 시도할 준비를 마쳤다. 계산해 보니 판돈으로 500달러가 필요했다. 롤스는 현금이 넉넉해 바로 250달러를 보탰지만, 척은 타자기와 카메라를 전당포에 맡겨야 했다. 척이 하와이에서 산 알로하 셔츠와 반바지를 입고 전당포에 들어가는 모습을 롤스가 사진으로 남겼다. 롤스는 그때 일을 생생하게 기억했다.

"카지노에 들어가 밤 11시부터 밤새 룰렛을 했습니다. 세상에, 그 비법이 효과가 있더군요. 우리는 연속한 숫자 여섯 개에 10센트를 걸었어요. 그중에 하나가 걸리면 50센트를 받았고요. 그렇게 숫자를 돌아가면서 계속 돈을 걸었습니다. 우리가 손해 볼 일은 0이 나올 때뿐이었지요. 0만 아니면 한 판 돌릴 때마다 우리가 돈을 땄어요."

일이 순조롭게 풀려, 척과 롤스는 계속 돈을 땄다. 둘은 여섯 시간 동안 게임을 한 뒤, 아침을 먹고 잠깐 눈을 붙였다가 농구를 한 다음, 밤이면 다시 도박장으로 돌아가 여섯 시간 동안 룰렛을 했다.

"혹시나 숙소로 가는 길에 지나가는 사람에게 두둑한 주머니를 들킬까 봐 도로 한가운데로 걸었어요. 하룻밤에 200~300달러를 땄으니까요. 부자가 된 기분이었습니다."

흥분한 두 코넬대 졸업생은 2년 정도 룰렛 게임에 몰두해 부자로 은퇴하는 꿈을 꿨다.

"그래서 게임을 멈추지 않기로 했습니다. 계속 룰렛을 했죠. 그런데 어느 아침 다섯 시 반에 느닷없이 상황이 꼬이기 시작하지 뭡니까. 그래서 숫자 열두 개에 한꺼번에 돈을 걸었습니다. 그렇게 스무 판, 스물다섯 판을 돌렸는데 어찌 된 일인지 하나도 맞지를 않더군요. 절대 일어날 리가 없다고 생각한 일이 벌어진 겁니다. 마지막 스물다섯 번째 판에서 맞는 숫자가 하나도 나오지 않으니까, 다음 판에는 아예 있는 돈을 몽땅 걸어야겠다는 생각이 들더군요. 나는 목숨이라도 걸 기세였어요."

그때 척이 롤스를 말렸다.

"척이 '안 돼, 할 만큼 했어.'라고 말하더군요."

둘은 칩을 바꿔 카지노를 떠났다. 그래도 여전히 주머니가 두둑해, 각자 1,600달러를 챙겼다. 전당포에서 척의 타자기와 카메라를 되찾은 척과 롤스는 캘리포니아로 차를 몰았다. 캘리포니아에서는 로스앤젤레스 외곽의 샌타모니카에서 다른 친구 두 명과 함께 셋집을 얻어, 낮이면 모래밭에서 배구를 하며 한가로이 여름을 보냈다. 그런데 척은 아침마다 슬며시 빠져나가 UCLA에서 강좌를 들었다.

"우리는 늦잠을 잤지만, 척은 계절 학기에 등록해 아침에 러시아어 수업을 들었습니다."

척은 코넬대에서도 프랑스어와 러시아어를 들었었다. 정보 요원이 되면 어떨까, 하는 생각을 잠깐 하던 시절이었다.

한 달 뒤, 아직 병역을 마치지 않은 척 롤스가 플로리다주 펜서콜라로 입소하라는 징집 영장을 받았다. 둘은 다시 동부로 돌아가는 긴 자동차 여행에 나섰다. 다시 네바다를 지나던 길, 외진 주유소 옆에 있는 작은 카지노에 차를 세웠다. 이번에는 롤스가 아니라 척이 비법을 제대로 시험해 보고 싶어 했다. 롤스는 자기는 실컷 했으니 차에서 기다리겠다고 대꾸했고 느긋하게 누워 잠에 빠졌다. 그런데 채 30분이 지나지 않아 척이 돌아왔다.

"이놈의 망할 구석에서 빨리 떠나자."

롤스는 척이 그날 얼마를 잃었는지 한 번도 듣지 못했다.

"그 뒤로는 도박이라면 쳐다도 보지 않습니다. 그때는 운이 좋아서 3,200달러를 벌고 그 돈을 몽땅 잃기 전에 게임을 멈췄던 겁니다."

한편 뉴저지의 여관방에 그 비법으로 척과 롤스가 큰돈을 벌었다는 소문이 돌았다. 그곳 사내들이 돈을 빌 셈으로, 가진 돈을 모은 다음 두 명을 대표로 뽑아 네바다에 보냈다. 그리고 돈을 몽땅 날렸다.

3

코넬의 날개를 달고

1956년 여름 중반까지도 척 피니는 코넬대 졸업장으로 무엇을 할지 마음을 정하지 못했다. 하지만 코넬대를 졸업한 뒤로, 마음만 먹으면 세상 어디든 갈 수 있다는 자신이 생겼다. 카지노에서 딴 돈을 합해 2,000 달러가 주머니에 있었고, 정부가 36개월 동안 지원하는 재향군인 장학금도 아직 넉 달 치가 남아 있었다. 남은 장학금을 받으려면 미국에서든 해외에서든 강좌에 등록해야 했다.

호텔경영대학 도서관에서 여러 관광 안내 책자를 틈틈이 뒤적이던 척은 세계를 둘러보고 싶다는 마음을 강렬하게 느꼈다. 특히 유럽은 꼭 가보고 싶었다. 가진 돈이 야금야금 줄어들자, 척은 더는 미루지 않고 프랑스 영사관에 찾아가 프랑스 대학교는 수업료가 얼마인지 문의했다. 이럴 수가! 프랑스에서는 대학 교육이 무료였다. 더욱 마음이 끌렸다. 곧장 해운회사 큐나드 라인의 여객선에 올라 파리로 갔다. 소르본대학교에서 한 달 동안 프랑스어 특강을 들은 척은 그르노블대학교와 스트라스부르대학교에 입학 지원서를 보냈다.

1956년 9월 초, 프랑스 동남부에 자리 잡은 그르노블대학교 입학처에 짧은 머리를 한 스물다섯 살짜리 미국인이 나타났다.

"저, 이 대학교에 등록하고 싶습니다. 정치학과에요."

척이 미국 억양이 물씬 배어나는 프랑스어로 말했다. 비서가 딱딱하게 대꾸했다.

"학과장님은 아무도 안 만나세요."

"그럼, 여기서 기다리겠습니다."

척은 사무실에 죽치고 앉아 잡지를 읽고 사무실을 들락날락했다. 꽤 짜증이 난 비서가 마침내 말했다.

"학과장님이 그쪽을 만나시겠다네요."

"당연히 그러시겠죠."

척은 드디어 학과장을 만났다.

"피니 씨는 흥미로운 지원자로군요."

"네, 알아봐 주셔서 고맙습니다!"

"그러니까 내 말은, 스트라스부르대학교 정치대학 입학 지원서를 그르노블대학교에 보낸 첫 지원자라는 겁니다!"

아뿔싸, 지원서 봉투가 서로 바뀐 것이다. 척이 곧바로 재치 있게 받아쳤다.

"맞습니다. 하지만 보시다시피 제가 여기 있으니 제가 다니고 싶은 학교는 그르노블이죠. 스트라스부르에 가고 싶었다면 뭣 하러 여기까지 왔겠습니까?"

척의 대응에 학과장이 두 손을 들었다.

"그건 그렇군요!"

그렇게 척은 14세기에 세워진 그르노블대학의 정치학 석사 과정에 입학했다. 학과에서 유일한 미국인이었다는 사실은 언제나 척의 자랑거리였다.

눈 덮인 알프스산맥으로 둘러싸인 널찍한 분지에 자리 잡은 그르노블대학교는 생활비가 적게 들었다. 한 달 기초 생활비가 15달러면 넉넉했다. 그르노블에 있는 동안 척의 프랑스어, 테니스, 스키 실력이 부쩍부쩍 늘었다. 게다가 무슨 일인지, 미국 정부가 척에게 넉 달이 아니라 여섯 달 동안 다달이 110달러를 보냈다. 척은 이렇게 생각했다.

'거기에 나를 마음에 들어 하는 사람이 있나 보군.'

1957년, 여덟 달짜리 석사 과정이 끝날 무렵, 척은 달랑 여행 가방 하나와 테니스 라켓을 들고 무전여행으로 프랑스 남부를 돌며 돈을 벌 기회를 찾았다. 하지만 목적지를 쓴 팻말을 들고 기다리는 사람이 도로에 수두룩해, 차를 얻어타는 것부터 만만치 않았다. 그래서 칸 근처의 앙티브를 벗어난 다음에는 테니스 라켓에 큰 글씨로 이렇게 적었다.

'영어 대화 가능.'

그 뒤로는 차를 얻어 타기가 쉬웠다.

그러다 지중해 해안에서 한 미국인을 만났다. 그림 같은 항구 빌프랑슈 쉬르 메르에 자리 잡은 미 해군 6함대 소속 기지에서 장교들의 아이들을 가르치는 사람이었다. 빌프랑슈는 지중해를 담당하는 미 해군 6함대의 기함으로 거의 2,000명에 이르는 장병이 소속된 중순양함 세일럼의 모항이었다.

"그러고 보니 주변에 해군 장병의 가족들이 눈에 들어왔습니다. 그 미국인 교사한테 해군 가족이 여름철에 무얼 하며 보내느냐고 물었더니, 딱히 하는 일이 없다더군요. 그래서 해군 자녀들에게 알맞은 여름 캠프

같은 프로그램을 짜기 시작했지요."

척은 사업을 어떻게 시작하는지, 어떻게 해야 고객에 도움이 되는지는 이미 경험으로 잘 알았다. 그래서 척은 빌프랑슈에서 방을 한 칸 빌린 뒤, 해변에 여름 캠프를 차렸다. 해군 부모들이 고맙다며 거의 일흔 명 가까운 아이들을 데려와, 미국인 직원을 네 명이나 고용해야 했다.

빌프랑슈에서 척은 테니스장 관리자와 협상해, 코트를 청소하는 대신 무료로 테니스를 쳤다. 마침 휴가차 가족과 함께 빌프랑슈에 왔다가 테니스장을 찾은 유명한 프랑스 정신과 의사 앙드레 모랄리-다니노스는 프랑스 학생이라면 창피하다고 마다했을 일을 석사 학위까지 있으면서도 선뜻 나서서 일하는 미국 젊은이에게 깊은 인상을 받았다. 오늘날 같은 대중 관광이 없던 시절이라, 그때까지 해변은 주로 모랄리-다니노스 가족 차지였다. 그래서 모랄리-다니노스의 딸이자 파리 소르본대학교 학생이던 스물세 살의 다니엘에게는 아이들 수십 명이 미국인 지도교사들과 함께 나타나 소리를 지르고 휘파람을 불며 해변을 휘젓는 모습이 조금 당혹스러웠다. 그래도 다니엘의 눈길을 가장 강렬하게 사로잡은 것은 친절하면서도 단호하게 아이들을 다루는 잘생긴 인솔자였다. 쾌활한 알제리계 프랑스인 아가씨와 스물여섯 살짜리 아일랜드계 미국인 젊은이는 그렇게 이야기를 주고받으며 사랑을 싹 틔웠다.

척은 빌프랑슈에서 6함대에 의존해 생계를 꾸리는 사람들을 만났다. 예쁘장한 여성들과 판매원들이 해병들을 불러 세워 세일럼함 매점에 물건을 대게끔 주문을 넣어달라고 매달렸다. 그 가운데 시 포돌린이라는 환전상이 낡은 사물함을 한 세트 사들여, 상륙 허가를 받은 해군들에게 빌려줬다. 해군들은 사복으로 갈아입은 뒤 사물함에 군복을 넣어뒀다. 척은 8월에 2주 동안 밤마다 포돌린 대신 '해군 사물함 클럽'을 관리하고, 술집에 드나드는 해병들에게 사물함을 열어주는 일로도 쏠쏠하게 가욋돈을 벌었다.

여름이 끝나자 척은 다시 유럽 북부로 떠나기로 했다. 대학 생활을 무척 좋아한 데다, 독일 대학에 갈 만큼 돈도 넉넉히 모았기 때문이다. 그런데 어느 날 밤 빌프랑슈의 한 술집에서 영국인 밥 에드먼즈를 만났다. 지중해 주변 항구에서 미국 해병들에게 면세 주류를 파는 사업을 시작할 계획이던 에드먼즈가 척에게 도움을 청했다.

에드먼즈는 미 해군이 함상에서 술을 마실 수는 없지만, 면세 증류주를 다섯 병까지 사서 별송 수하물로 모항에 부칠 수는 있다고 설명했다. 판로만 뚫는다면 큰 시장이 될 만한 사업이었다. 지중해에 배치된 6함대 함선이 무려 50척이고, 승조원이 1년에 세 번씩 임무를 교대했다. 더구나 해군 장병들은 모아놓은 돈이 많아, 거의 모든 승조원이 미국으로 돌아갈 때 다섯 병짜리 술 한 상자쯤은 수집용으로 살 형편이 되었다. 유럽에서 다섯 병짜리 증류주 한 꾸러미를 면세로 사면 배송비까지 합쳐도 10달러밖에 들지 않았지만, 미국에서 같은 제품을 사려면 30달러가 넘게 들었다. 에드먼즈는 영국군에 술을 공급하는 서콘&스피드에 먼저 협업을 제안했다가 거절당했다. 이제 혼자서 사업에 착수할 참이라, 자신을 도와줄 미국인이 절실했다. 에드먼즈가 상황을 설명했다.

"대규모 함대 이동이 있습니다. 함선 마흔 척이 새로 들어올 예정이에요. 그런데 내가 맡을 수 있는 건 스무 척뿐이고요."

"무슨 뜻이죠?"

"당신이 나 대신 나머지 스무 척을 돌아다니며 주문을 받아줘요."

척과 에드먼즈는 함선에 올라 승조원들에게 술을 주문받았다. 주문품은 주로 캐나디안 클럽 위스키와 시그램스VO였다. 주문을 다 받은 뒤에는, 벨기에 안트베르펜과 네덜란드 로테르담의 보세 창고에 연락해 미국 항구로 상품을 보내게 했다. 대금을 선지급하지 않아도 되었으므로, 자금은 필요 없었다. 두 사람은 그렇게 한동안 시장을 독차지했다. 그러나 순식간에 경쟁자들이 나타났다. 에드먼즈가 새로운 기회를 알아보겠다고 카리브해로 떠났다. 그동안 척은 영국 남부 하이드에 있는 에드먼즈의 집으로 가 주문을 처리했다. 일을 마친 뒤 10월에 빌프랑슈로 돌아오니, 6함대가 바르셀로나로 출항했다는 소식이 들렸다. 척은 부리나케 기차에 올라 바르셀로나에 도착했다. 함대는 예정과 달리 아직 도착 전이었다.

그때 코넬대학교 동창회 회보에서 호텔경영대학 졸업생인 로버트 밥 밀러가 바르셀로나의 리츠 호텔에서 일하기 시작했다는 소식을 읽은 기억이 떠올랐다. 어차피 시간도 남고 해서, 가로수가 늘어선 그란 비아 델레스 코르스 카탈라네스 거리에 있는 리츠 호텔로 밥을 찾아 갔다. 로비에 들어서니 부스스한 갈색 머리에 자신만만한 웃음을 짓는 낯익은 얼굴이 프런트에 서 있었다. 척보다 한 학년 빨라 코넬대학교에서 친구로 지내지는 않았지만, 밀러는 푸른 눈동자에 날렵하면서도 다부진 체격의 척을 곧바로 알아봤다.

"피니, 여긴 웬일이야?"

"내가 할 말이지."

기업 역사에서 손꼽히게 높은 수익을 올릴 동업 관계가 이렇게 시작되었다.

밥 밀러는 보스턴 남부 퀸시에서 산업용 정유 판매원의 아들로 태어났다. 척과 달리 고등학교를 졸업할 때 입대를 미루고, 장학금을 주는 코넬대로 곧장 진학했다. 그래도 집안 형편이 어렵기는 척과 다를 바 없어서, 대학에 다닐 때 웨이터와 간편식 요리사로 아르바이트를 했다. 1955년에 졸업한 뒤 캘리포니아 뉴포트비치에서 주방 보조로 일한 지 두 달쯤 지났을 때, 퀸시에 사는 아버지가 소집 영장이 도착했다는 소식을 알렸다. 밀러는 뉴포트비치에서 가까운 샌타애나로 가 해병대에 지원했고, 샌디에이고 신병 훈련소에 입소했다. 그런데 신체검사에서 어릴 때 사고로 머리에 생긴 상처가 드러났다. 한 해병대 대령이 전투에서 머리를 다쳐도 해병대에 책임을 묻지 않겠다는 문서에 서명하라며, 서명하지 않으면 명예 제대로 처리하겠다고 덧붙였다. 밀러는 명예 제대를 택했다. 그리고 78달러를 받은 뒤 샌디에이고행 버스에 올랐다.

척이 그랬듯, 밀러도 사무직으로 일할 마음이 없었다. 헤밍웨이를 닳도록 읽었던 스물두 살의 코넬대 졸업생은 작가나 모험가가 되는 낭만을 꿈꿨다. 참치잡이 원양 어선에도 타보고 싶었다. 그래서 석 달짜리 계약을 맺었다. 출항을 앞둔 주말, 배에 오르기 전 신나게 놀려고 국경을 건너 멕시코 티후아나로 갔다. 그런데 어쩌다 싸움에 휘말려 흠씬 두들겨 맞은 채 철창에 갇히고 말았다. 셔츠는 갈가리 찢기고 신발 한 짝은 잃어버린 몰골로 풀려났을 때, 참치잡이 배는 이미 출항한 뒤였다. 밀러 인생에서 최악의 시기였다. 밀러는 자신을 다잡기로 했다. 먼저 미국 호텔에서 일자리를 얻어 3,000달러를 모은 다음, 무작정 스페인으로 향했다. 스페인에 도착한 뒤에는 마드리드로 갔다가 바르셀로나로 옮겨, 리츠 호텔에서 프런트 자리를 얻었다.

그날 밀러의 근무가 끝난 뒤, 밀러와 척은 함께 저녁을 먹었다. 밀러에게는 3,000달러가 고스란히 남아 있었고, 꼴사나운 제복 차림으로 일하는 데 벌써 싫증이 난 참이었다. 그래서 둘은 가진 돈을 탈탈 털어 미 해군 함대를 상대로 사업을 벌이기로 뜻을 모았다. 밀러는 지배인 후안 빈케에게 계획을 말하고 사직서를 냈다. 빈케가 껄껄 웃었다.

"이보게, 그런 사업은 전망이 없어. 리츠에서 계속 일하게. 자네라면 언젠가는 대단한 호텔 경영자가 될 거야."

밀러가 사직 절차를 밟는 동안, 척은 스페인어 강좌에 등록했다. 밀러의 말마따나 척은 활기가 끓어 넘치는 사람이라 잠시도 가만히 있지 못했다.

"그러니 바르셀로나에 있는 김에 스페인어를 배우는 게 낫겠다고 생각한 거죠."

밀러는 전후 유럽에서 흔했던 면세품 밀거래를 이미 어렴풋이나마 알고 있었다. 홍콩에서 온 한 신부가 자기 뒷방에서 파는 시계, 카메라, 필름, 담배 같은 물건들을 밀러에게 보여줬었다. 피레네산맥에 자리 잡은 자그마한 조세 회피지 안도라 공국에서 사제복 아래 숨겨 밀수한 물건들이었다. 이 신부는 그렇게 번 달러를 암시장에서 환전했다.

"걱정 마요. 수익은 모두 성당으로 들어가니까."

쾌활한 목소리로 밀러를 안심시킨 신부는 거의 모든 제품이 면세인 홍콩에 가보라고도 덧붙였다.

척과 밀러는 빌프랑슈를 본거지 삼아 미 해군 함대의 해병들에게 술을 주문받기 시작했다. 여러 항구를 돌아다니기 위해 각자 차도 마련했다. 둘은 차를 몰거나 기차를 타고 마르세유부터 칸, 바르셀로나, 발렌시아, 지브롤터, 제노바, 나폴리까지 6함대가 정박하는 지중해 항구 곳곳을 갔다. 그렇게 몇 주 동안 따로 떨어져 얼굴도 못 본 채 일하다가 빌프랑슈에서 만나 다음 할 일을 협의한 뒤, 또다시 방향을 달리해 출발하곤 했다. 척은 위스키별 가격표를 봉투에 넣어 승조원들에게 돌렸다. 함선에서 호객꾼을 찾아내, 모항에서 받을 다섯 병짜리 면세 주류 상자를 주문할 해병을 모아오면 수수료를 주겠다고 약속했다. 함선에서 면세 주류를 사는 사람이 어찌나 많았던지, 승조원들이 포커 게임에서 돈 대신 영수증을 판돈으로 걸기도 했다.

그런데 1958년 들어 증류주 판매 경쟁이 몹시 치열해졌다. 척과 밀러는 해병들에게 팔 만한 다른 물건을 찾아보기로 했다. 둘은 4월에 벨기에 수도 브뤼셀에서 열린 세계 박람회를 관람한 뒤 향수, 카메라, 장난감 기차, 최신 제품인 트랜지스터라디오, 그리고 해병대의 좌우명인 셈페르 피델리스Semper Fidelis, 언제나 충성하라와 휘장을 새긴 독일식 맥주컵으로 판매 물품을 늘렸다.

판매에 성공하느냐 마느냐는 민간인 출입을 대부분 금지하는 함선에 승선하느냐 못하느냐에 달렸었다. 척과 밀러는 향수부터 정장까지 온갖 물건을 팔려는 프랑스, 영국, 네덜란드, 벨기에의 판매상들과 경쟁해야 했다. 민간인에게 쌀쌀맞은 함선에 접근하기란 만만치 않았다. 하지만 척은 점잖은 미국인처럼 차려입고 '미국식 영어'로 헌병을 잘 구슬려 승선해 보급 장교를 만날 수 있었다. 해병들에게 공개적으로 물건을 팔려면 보급 장교에게 허락을 받아야 했다. 이따금 코넬대 졸업생인 장교가 있으면, 청금석에 대문자 C가 큼직하게 새겨진 코넬대 금반지를 이용했다. 이들과 친구가 되면 점심에 초대받아 함선에 탈 기회가 많아졌다. 척과 밀러는 미국에 연락해, 지중해로 출항하는 함선에 코넬대 졸업생, 특히 호텔경영대학에 다닌 보급 장교가 있는지 알아봤다. 나폴리에서 해군 함선들이 민간인 승선을 엄격하게 금지했을 때는, 척이 쓰레기 청소부와 함께 통로를 올라가 보급 장교에게 "쓰레기 때문에 왔습니다."라고 말한 적도 있었다. 해군에서 복무한 척 롤스는 이렇게 회고했다.

"해변에 있던 척이 어찌 된 일인지 작은 배에 있다가, 다음에는 더 큰 배에, 그다음에는 항공모함에 올라 장교 숙소에서 물건을 팔곤 했다는 이야기가 돌았습니다. 그곳에 외부인이 있을 수가 없는데, 척이 어떻게 항공모함에 올랐다가 어떻게 내렸는지 아무도 몰랐어요."

척이 항공모함의 탑승 계단에 나타나자, 제독이 어처구니가 없어 물었다.

"자네, 우리가 여기 있는 걸 도대체 어떻게 안 건가?"

척이 답했다.

"제독님, 누가 제독님을 여기로 보냈을 것 같습니까?"

가장 큰 과제는 함선의 목적지를 알아내는 것이었다. 미 해군은 보안을 유지하고자, 이를테면 나폴리나 바르셀로나로 항해할 예정이었다가도 마지막에 목적지를 바꿨다. 실상 가장 정확한 정보원은 주로 항구의 매춘부들이었다. 밀러는 니스의 미국 영사관에서 일하는 젊은 여성에게 환심을 사 6함대의 이동 정보를 얻었다.

한번은 이 여성이 밀러에게 항공모함 한 척과 구축함 한 척이 그리스 로도스섬에 정박할 예정이라고 귀띔했다. 밀러는 나폴리행 기차에 오른 뒤 나폴리에서 다시 브린디시행 기차로 갈아탔고, 그다음에는 올림픽항공 DC-3에 올라 코르푸, 아테네를 거쳐 로도스섬에 도착했다. 진이 다 빠진 채 로도스에 도착했는데, 기밀인 미군 함대의 이동 정보를 얻은 사람이 밥 말고도 또 있었다. 스마일리 차우라는 중국인 양복장이가 해군에게 수제 맞춤 양복을 팔려고 홍콩에서 건너와 있었다. 하필 두 사람이 같은 호텔 방을 써야 했다. 차우의 사각팬티에 바느질로 고정된 두툼한 미국 달러 뭉치가 밀러의 눈에 들어왔다. 차우는 군용 칼을 보여주며 "허튼 생각은 꿈도 꾸지 마쇼!"라고 으름장을 놨다. 그러면서도 술보다 양복을 파는 쪽이 더 쏠쏠하고, 돈을 벌기에 더 좋은 장소가 있다는 정보를 알려줬다.

"홍콩에 가 보슈."

바르셀로나에서 만난 신부와 같은 말이었다.

갈수록 주문이 쌓였고, 그만큼 돈도 쌓였다. 한껏 기가 산 척은 밀러에게 이러다 백만장자가 되겠다며 흐뭇해했다. 둘은 자신들을 영턱스Young Turks, 거침없는 젊은이라 불렀다. 거침없는 젊은이 척과 밀러는 여러 항구를 돌아다니며 달러와 재무부 수표를 주머니에 꽉꽉 채웠고, 기회가 날 때마다 스위스 제네바의 로이드 은행 계좌에 넣었다. 스위스 은행은 프랑스보다 미국 달러 계좌를 운용하기가 덜 복잡했다. 게다가 세금 혜택도 있었다. 두 사람이 뛰어든 사업에서는 세금을 한 푼도 내지 않거나 최소로 내는 것이 승리의 조건 중 하나였다.

밀러가 부모님을 빌프랑슈로 모셨을 때 일이다. 정원이 딸린 자그마한 셋집의 책상에 재무부 수표가 수북이 쌓여 있었다. 밀러의 아버지는 깜짝 놀랐다.

"세상에나, 저기 쌓인 수표가 도대체 얼마어치냐? 3~4만 달러는 되겠구나."

밀러는 그때를 회상하며 웃음 지었다.

"실제로는 아버지가 상상도 못 할 액수였습니다. 정말 짜릿했죠."

4

기회를 낚아채다

1950년대 말, 사람들의 머릿속에서 2차 세계대전이 가물가물해질 즈음, 유럽에 번지르르하게 차려입고 카메라를 든 미국인 관광객이 떼를 지어 모습을 드러냈다. 가파르게 늘어난 미국 중산층은 대공황 이후 처음으로 마음껏 소비할 수 있는 실소득이 생기자, 생필품 말고도 여러 상품을 사들이기 시작했다. 특히 칵테일이 사교생활의 윤활유 역할을 하고 텔레비전 광고까지 이를 부추기자, 주류 소비가 늘었다.

어느 날 척은 미국에서도 관세청이 지정한 15개 주에 사는 관광객이라면 외국에서 산 술에 관세를 내지 않아도 된다는 사실을 알아냈다. 미국 관세청이 해당 지역 거주자에게는 31일마다 한 번씩 750*ml*들이 술 다섯 병 즉 약 3.8ℓ에 관세를 매기지 않았기 때문이다.

"불현듯 그런 생각이 들더군요. '아, 이런! 어디서든 아무 미국인 관광객한테나 술을 팔 수 있다는 거잖아.' 미국에 돌아갈 때 신고만 하면 술을 어디서 샀는지, 어디서 부쳤는지는 문제가 되지 않았으니까요."

문제는 어떻게 미국인 관광객을 구슬려 다섯 병짜리 술 한 상자를 파느냐, 어떻게 주문품을 고객의 집으로 배송하느냐였다. 해군 고객이 귀국 뒤 찾아가도록 술을 보세 창고에서 미국 항구로 보내는 일은 그런대로 간단했다. 하지만 관광객에게 물건을 보내는 일은 훨씬 복잡했다.

문제를 해결하고자, 척이 뉴욕으로 날아갔다. 답은 레일웨이 익스프레스에 있었다. 이제는 역사 속으로 사라진 레일웨이 익스프레스는 미국 전역에 소형 화물을 배달하던 업체로, 당시에는 도로에서 이 회사의 초록색 트럭을 심심찮게 볼 수 있었다. 법에 따르면 레일웨이 익스프레스는 모든 물품을 미국 어디로든 배송해야 했다. 레일웨이 익스프레스와 함께 우편 배송 체계를 수립한 척은 유럽을 찾는 미국 관광객에게 나눠줄 팸플릿 수만 장을 인쇄했다. 15개 주 거주자가 '투어리스트 인터내셔널^척과 밀러가 세운 회사 이름^'에서 면세 주류를 사면 집 앞까지 배송된다는 내용이었다. 면세 주류를 산 고객이 미국 세관을 통과할 때 별송 수하물이 있다고 신고한 다음 유럽에 있는 척의 사무실로 영수증을 보내면, 벨기에 운송 상인이 술을 포장용 종이 상자에 담은 뒤 컨테이너에 실어 미국 항구로 배송했고, 이어서 레일웨이 익스프레스가 미국 항구에서 물건을 찾아 고객의 집까지 배달했다. 기꺼이 서류를 작성하고 기다릴 생각이 있는 여행객은 쏠쏠한 이득을 봤다. 뉴욕에서 시그램스VO 다섯 병을 사려면 47달러 75센트가 들었는데, 투어리스트 인터내셔널에서 사면 22달러 50센트로 집 앞까지 배송되었다.

척은 끊임없이 곳곳을 돌아다니느라, 개인 시간을 즐길 여유가 많지 않았다. 그래도 면세 주류 배송 문제를 해결하느라 뉴욕에 있던 척은 마침 휴가차 뉴욕에 들른 다니엘 모랄리-다니노스와 재회했다. 빌프랑슈 해변에서 처음 만난 지 1년 만이었다. 그 뒤로 영국에서 함께 시간을 보낸 두 사람은 1959년 5월에 척이 파리에 들렀을 때 결혼을 약속했다.

사람들은 다니엘이 유대인 출신이니, 파리에서 아버지 앙드레와 함께 일하는 어느 점잖은 유대인과 결혼하리라고 생각했다. 하지만 다니엘은 척과 마찬가지로 모험가 기질이 넘치는 데다, 척을 통해 완전히 새로운 세계에 눈떴었다. 다니엘에게는 척의 끝없는 활기에 맞먹는 발랄한 생기가 있었다. 교육 수준이 높고 유행을 잘 아는 다니엘 덕분에 두 사람의 관계에 프랑스의 세련미가 더해졌다. 다니엘에 이어 다니엘의 가족도 이제 프랑스어가 유창하고 언제나 도움을 주려 하는 미국 젊은이 척에게 차례로 매혹되었다. 다니엘과 척은 1959년 10월에 파리에서 결혼했다. 처음에는 센강이 휘도는 파리 16구 구청에서 혼인 신고를 하고, 이튿날 교회에서 척 롤스가 들러리를 선 가운데 결혼식을 올렸다.

결혼 뒤 척과 다니엘은 스위스로 가 유럽에서 지낼 거처를 마련했다. 척에게는 유럽 어딘가에 '쉼터'가 있어야 했다. 두 사람은 중세 도시 루체른 동북쪽에 자리 잡은 에비콘에서 아파트를 한 채 찾아내 1년 임대계약을 맺고 침대와 소파를 들였다. 그리고 채 한 주도 지나지 않아, 척의 진짜 목적지인 리히텐슈타인 공국으로 차를 몰았다.

스위스와 오스트리아 사이에 워싱턴 D.C.만하게 자리 잡은 내륙국 리히텐슈타인은 거주 자격을 엄격하게 제한해, 외부인이 정식으로 보금자리를 마련하기 어려웠다. 하지만 금융 및 세금과 관련한 법규가 거의 없다시피 해, 척의 말마따나 "우리 같은 사람들이 사업을 하려고 가는 최고의 조세 회피지"였다. 리히텐슈타인의 수도 파두츠는 13세기에 라인강 오른쪽 유역에 들어선 도시로, 기암절벽 위에 우뚝 선 성이 도시를 내려다보고 있었다. 척과 다니엘은 파두츠의 라인 계곡 산등성이, 전나무 숲에 자리 잡은 4층짜리 발트 호텔에 투숙했다. 하지만 경찰이 관광객인 척 불법으로 장기 체류하는 사람이 없는지 7일마다 꼼꼼히 확인하는 바람에, 매주 한 번씩 짐을 꾸려 체크아웃해야 했다.

척은 발트 호텔에 작은 방 두 개를 빌려 투어리스트 인터내셔널의 첫 본사를 차렸다. 타자와 서류 작업을 맡길 상근직으로 젊은 영국인 여성 두 명도 고용했다. 그리고 정식 회사 주소를 얻고자, 알텐바흐 거리 534번지 오베라하우스에 등록된 수십 개의 페이퍼컴퍼니 사이에 '투어리스트 인터내셔널'을 새긴 황동 명판을 내걸었다.

1년 뒤, 코넬대 동창인 리 스털링이 척에게 편지를 한 통 보냈다. 미군에서 독일 슈투트가르트 지역의 장교 클럽을 관리하던 스털링은 척과 마찬가지로 유럽에 푹 빠져 제대 뒤에도 유럽에 머물 수 있는 일자리를 찾고 있었다. 마침 코넬대학교 호텔경영대학 동창회 회보에서 학창 시절 샌드위치를 팔던 척이 리히텐슈타인에 있다는 소식을 봤기에, 척에게 파두츠의 호텔에 괜찮은 일자리가 있는지 물었다. 척은 그러지 말고 자기네 회사에서 일하면 어떻겠냐고 제안했다. 1960년 10월 24일, 스털링이 기차로 리히텐슈타인에 도착했다. 그리고 얼마 지나지 않아 척은 스털링에게 파두츠 사무소를 맡겼다.

"척이 '이게 우리가 하는 일이네.'라고 말하고는 떠나더군요. 그때 척이 어떤 사람인지 알았습니다. 척은 책임을 맡긴 다음에는 담당자가 알아서 하게 내버려 두는 사람이었어요. 주위를 맴돌며 지켜보지 않고요. 척은 더 많은 주문을 따내려고 밖으로 나갔습니다."

파두츠를 떠난 척은 투어리스트 인터내셔널을 위협하는 신흥 미국 회사와 계약을 맺고자 제네바로 향했다. 얼마 전, 척의 판매원 한 명이 제네바에서 트랜스오션이라는 이름으로 거래하는 회사 '듀티프리쇼퍼'의 화려한 컬러 카탈로그를 척에게 보냈다. 스물여덟 쪽짜리 카탈로그는 미국 관광객들에게 르갈리옹이나 몰리뉴 같은 향수, 캐시미어, 시계 같은 여러 사치품을 '믿기지 않는 가격'에 소개했다. 많은 상품이 미국 소매가의 반값이었다.

척이 보기에는 듀티프리쇼퍼가 투어리스트 인터내셔널보다 한참 앞서 있었다. 그래도 이 회사가 술을 팔지 않는다면 다음 카탈로그에 투어리스트 인터내셔널의 주류 팸플릿을 끼워 줄 것도 같았다. 서른 살이 코앞이던 1960년 12월 19일, 제네바에 도착해 호숫가 근처 롱주말 광장의 어느 소박한 호텔에 방을 잡은 척은 트랜스오션에 전화를 걸어 경영자를 찾았다. 놀랍게도 경영자가 직접 전화를 받았다. 게다가 지금 당장 찾아오지 않겠느냐고 제안했다. 척은 크리스마스 쇼핑으로 바쁜 인파를 헤치고 론 거리에 있는 트랜스오션을 찾아갔다.

듀티프리쇼퍼는 이탈리아 나폴리에서 근무했던 미 해군 교환 장교 스튜어트 데이먼이 해외의 미국인 관광객에게 면세품을 팔 목적으로 만든 회사였다. 데이먼은 미국인 기업가 해리 애들러와 함께 뉴욕의 투자자 열일곱 명을 설득해 9만 5,000달러를 투자받았고, 제조사에서 상품을 곧장 포장해 발송하는 배송 체계도 마련했다. 그런 다음 여행객에게 나눠줄 카탈로그를 50만 장 찍은 뒤, 물밀듯 밀려들리라고 예상한 주문을 처리하고자 제네바에 사무실을 열었다. 하지만 예상은 완전히 빗나갔다. 주문이 쏟아지기는커녕 가뭄에 콩 나듯 드문드문 들어왔다.

그해 9월, 데이먼이 미국으로 돌아가 회사를 정비하려 안간힘을 썼으나 뜻을 이루지 못하고 사임했다. 해리 애들러의 손에 남은 것이라고는 빚 3,700달러와 창고에 쌓인 1,700달러어치 향수뿐이었다. 척이 사무실에 찾아간 날, 애들러는 지급 기한이 지난 어음을 갚고 책상을 정리하고 있었다. 이제 친척에게 빌린 돈으로 비행기표를 끊어 아내와 두 아이를 데리고 뉴욕으로 돌아갈 참이었다. 달리 말해 그날은 듀티프리쇼퍼를 정리하는 마지막 날이었다.

그런 애들러 앞에 '기껏해야 스무 살로밖에 보이지 않는 금발 머리에 푸른 눈의 젊은이'가 사무실로 찾아와 자신을 척 피니라고 소개했다. 듀티프리쇼퍼가 파산 상태인 줄을 까맣게 몰랐던 척은 애들러의 아이디어가 대단히 멋지니 틀림없이 크나큰 성공을 거뒀겠다며, 투어리스트 인터내셔널의 주류 팸플릿을 다음 카탈로그에 끼워주면 그에 따른 모든 주문에 수수료를 주겠다고 제안했다. 애들러는 회고록에 이렇게 적었다.

"이렇게 얄궂을 수가! 우리 말고도 그 아이디어가 실패할 리 없다고 철석같이 믿는 사람이 있다니. 그리고 말도 안 되는 전단을 뿌리게 도와달라고 찾아오다니. 정말이지 솔직히 말할 수밖에 없었다. '이봐요, 우리가 뿌린 카탈로그는 어마어마하게 큰 한판 도박이었고, 아주 참담하게 실패했어요.'"

척의 얼굴에 충격이 번졌다. 그래도 말문을 잃지는 않았다.

"척이 흥분한 목소리로 빠르게 묻더군요. 회사와 사무소는 어떻게 되며, 지금 들어오는 주문은 어떻게 할 거냐고요. 그러더니 이 매력 있는 젊은 친구가 파커 볼펜을 꺼내 삐딱하게 기운 손글씨로 온갖 내용을 빠짐없이 적더군요."

척은 동업자인 밥 밀러에게 전화한 뒤, 애들러에게 내일 다시 만나 사업을 의논하자고 말했다.

척은 듀티프리쇼퍼의 사업 구조가 탄탄하니 회사가 살아남을 가능성이 여전히 클 뿐더러, 시장만 제대로 찾으면 번창하리라고 굳게 믿었다.

면세 주류 판매 사업을 면세 사업 전체로 확장한 것이 듀티프리쇼퍼였기 때문이다.

다음날 척이 애들러에게 거래를 제안했다. 이듬해 초에 자기와 함께 미국으로 날아가 회사 주식을 만 달러에 팔되, 그때까지 한 달에 1,000달러를 받고 투어리스트 인터내셔널에서 일하자는 제안이었다. 그것도 석 달 치 월급을 미리 주고서. 애들러는 귀를 의심했다.

그날 밤 척은 애들러, 그리고 애들러의 아내이자 홀로코스트 생존자인 엘라에게 꽤 비싼 저녁을 대접했다.

"저녁 식사로 애들러의 마음을 사로잡았지요."

파두츠로 돌아간 척은 크리스마스를 이틀 앞둔 23일에 애들러에게 계약서와 석 달 치 월급 3,000달러, 뉴욕행 왕복표를 보내 더 깊은 감동을 안겼다.

"겨우 나흘 사이에, 나는 비참한 패배자에서 흥미진진한 미래를 앞둔 중요한 인물이 되었습니다."

그런데 얼마 뒤 투어리스트 인터내셔널이 곤경에 빠졌다. 리히텐슈타인 당국이 척의 거주를 참을 만큼 참았다는 판단을 내렸기 때문이다. 1961년 3월, 호텔 소유주가 안절부절못하며 척을 찾아와 애원했다.

"이제 나가주셔야겠습니다. 더는 경찰을 막을 수가 없어요."

척은 유럽에서 사업하기 좋은 다른 도시를 찾아봤다. 가장 가까운 곳은 세계에서 두 번째로 작은 독립 국가, 모나코 공국이었다. 지중해에 자리 잡은 모나코는 빌프랑슈에서 동쪽으로 겨우 몇 킬로미터 떨어져 있었다. 그러나 그 무렵 투어리스트 인터내셔널에는 서류와 기록물이 수북했고, 타자기와 캐비닛도 여러 개였다. 차 한 대에 싣고 가볍게 국경을 넘을 만한 양이 아니었다.

"여러 국경을 넘어야 하는 상황이었습니다. 첫 관문은 스위스였습니다. 스위스에서 사업 허가증을 받은 적이 없었으니, 관리들이 서류를 봤다면 아마 이렇게 물었겠죠. '저기 저 뭉텅이들은 다 뭡니까? 저 많은 서류로 뭘 하는 거죠?' 스위스가 그런 문제를 어떻게 다루는지 잘 알잖습니까. 허가증이 없으면 벌금을 매기죠."

그래서 이들은 밤을 틈타 국경을 넘기로 했다. 먼저 리 스털링이 독일 루트비히스부르크에 있는 미 육군 기지로 차를 몰아, 자신의 차를 옛 전우이자 군사 병원 지휘관인 숀 오마호니 소령의 널찍한 군용 스테이션 왜건과 잠시 바꿨다. 그리고 파두츠로 돌아와 서류 캐비닛과 사무실 집기를 미군 차량에 실은 뒤 세탁물로 뒤덮었다. 척도 서류와 다른 문서를 자신의 차 뒷자리에 실은 뒤 리넨과 더러운 셔츠로 덮어 감췄다. 1961년 3월 16일 늦은 밤, 이들은 파두츠를 떠나 스위스의 13번 고속도로를 타고 남쪽으로 달려, 이튿날 새벽 3시에 이탈리아 국경에 도착했다. 스털링은 국경 경비원에게 미 육군 중위 신분증을 보인 뒤 이제 막 복무를 마쳤다고 둘러댔다. 자신도 갓 제대한 신분이던 경비원이 물었다.

"퇴역 군인한테 뭘 해주실 수 있겠소?"

척 일행이 돈을 쥐여주자, 경비원이 지나가라는 손짓을 보냈다. 그 뒤로는 별문제 없이 프랑스 국경을 지나 모나코에 도착했다. 그렇게 파두츠를 떠났지만, 조세 회피지 리히텐슈타인을 포기할 척이 아니었다. 척은 리히텐슈타인 영구 거주자인 아르노 슈칼레트라는 사람을 투어리스트 인터내셔널 파두츠 본사의 비서 겸 대외 창구로 고용했다. 물론 알텐바흐 거리 오베라하우스에 걸어둔 회사 명판도 그대로 뒀다.

지중해에 자리 잡은 도시 국가 모나코는 외국 기업가들에게 너그러웠다. 척은 붉은색 지붕을 덮은 집이 늘어선 조용하고 오래된 주택가에 새로 투어리스트 인터내셔널 사무실을 차린 뒤 스털링에게 맡겼다. 그런데 리히텐슈타인에서처럼 모나코에서도 이들은 노동 허가증을 받지 않았다. 당국의 눈길을 끌지 않으면서, 필요할 때 궁지에서 빠져나오게 도와주고, 프랑스 공급업자들도 찾아줄 현지 해결사가 필요했다. 스털링이 우연히 그런 사람을 찾아냈다.

"어느 날 누가 밖에서 고래고래 소리를 지르기에 나가 보니, 덩치가 산만 한 젊은이가 한 명 서 있더군요. 알고 보니 우리 차가 그 사람 트럭을 가로막고 있었습니다. 며칠 뒤에도 같은 일이 벌어졌고요. 영어를 할 줄 알고 영리해 보이기에 물었지요. '우리랑 일해 볼 생각 없나요?'"

트럭 기사 장 겐츠부르제는 알제리 전쟁에 참전한 프랑스인 퇴역 군인으로, 한 달에 600프랑을 받고 건축 현장에 목재를 배달하고 있었다. 스털링은 투어리스트 인터내셔널에서 일하는 대가로 800프랑을 제시했다. 겐츠부르제는 그 길로 배달회사 상사한테 찾아가 그만두겠다고 알렸다. 겐츠부르제는 투어리스트 인터내셔널을 드나드는 미국인 판매원이 죄다 불법으로 일한다는 것을 빠르게 알아챘다.

"여기서 일하려면 노동 허가증을 받아야 합니다. 안 그러면 모두 곤란해져요."

스털링이 답했다.

"자네가 유일한 합법 노동자니, 대표를 맡는 게 어떤가?"

그렇게 겐츠부르제가 모나코 사무소의 법적 책임을 지는 대표가 되었다. 겐츠부르제의 업무 중 하나가 판매원들이 모나코 경찰의 주시를 받을 때 곤경에서 꺼내주는 것이었다. 한번은 이탈리아 제노바에서 온 어느 판매원이 진흙투성이 모페드모터가 달린 자전거를 타고 모나코에 도착했다가 경찰에 붙잡혔다. 겐츠부르제는 경찰서로 달려가 판매원의 신원을 보증하고, 군대에서 맺은 연줄을 동원해 풀려나게 했다.

척은 모나코 사무소에 가끔 들를 뿐이었다. 함대에 뿌릴 팸플릿을 가득 채운 묵직한 여행 가방을 끌고 언제나 성큼성큼 빠른 걸음걸이로 이곳저곳을 돌아다녔다. 그리고 늘 새로운 사업 아이디어를 내놓았다. 다음 사업은 파리의 라페 거리 12번지에 기발한 방식으로 영업하는 새로운 매장을 여는 것이었다. 대개 나흘 동안 4개국을 여행하는 미국인 관광객은 이 매장에서 모든 제품을 한꺼번에 살 수 있었다. 즉, 스코틀랜드산 캐시미어 스웨터, 오스트리아산 비드 장식 가방, 아일랜드 워터포드사의 크리스털 제품, 이탈리아산 가죽 지갑을 한 번에 둘러보고 주문하면, 모든 상품을 산지에서 곧장 미국의 고객 집까지 별송 수하물로 보내는 방식이었다. 그러면 재고를 쌓아놓을 필요 없이 매장에 견본만 전시하면 되었다. 척은 매력 넘치는 젊은 여성들을 고용해 대형 관광호텔 로비에서 주문을 받게 했다. 그리고 겐츠부르제를 파리로 보내 매장 운영을 맡겼다. 여성 판매원들이 밤마다 매장에 들를 때면 주문 대금으로 받은 현찰이 지갑에 그득했다. 척은 파리에 들를 때 매장을 찾곤 했다.

"척은 한 번 올 때 이틀 정도 머물고, 라 퀘시라는 식당에서 점심을 먹었습니다. 대개 카운터에 앉아 오늘의 요리를 시켰는데, 음식이 나오면 한입에 욱여넣고 나왔지요. 덕분에 빨리 먹는 법을 배웠어요. 척은 쉴 새 없이 말을 했습니다. 머리가 정말 번개처럼 빠르게 돌아갔거든요."

정부 당국이라면 질색하는 관행이 가끔은 회사의 발목을 잡기도 했다. 겐츠부르제가 한숨을 내쉬며 일화를 들려줬다.

"척이나 리 스털링이 새로 나온 시계를 파리로 가져와 옛날 시계와 그냥 바꿔만 놓곤 했습니다. 하루는 세관원이 파리 매장에 들러 제품을 확인했는데, 시계 번호가 송장과 죄다 달랐지 뭡니까."

세관은 벌금으로 2만 프랑을 물렸다. 이번에도 뛰어난 관리자 겐츠부르제가 나서, 벌금을 1,000프랑으로 싹둑 깎았다.

5

호랑이 등에 올라타다

척과 밀러가 해군 군함에서 주문을 받을 때였다. 생각지도 않게, 자동차를 파느냐는 질문을 받았다. 그때는 자동차를 팔지 않았지만, 둘은 곧 자동차도 팔기 시작했다. 알고 보니 해외에서 근무하는 미국 장병은 면세로 차를 사 합법적으로 모항으로 배송할 수 있었고, 이미 몇몇 판매상이 면세 자동차 판매에 발을 담그고 있었다. 밀러와 척은 자동차 전시장에서 팸플릿을 가져와 군함에 뿌렸다. 자동차 판매도 주류 판매와 다르지 않았다. 계약금을 받은 뒤 자동차 판매상에게 대금을 치르면, 주문한 차를 고객의 모항으로 선적했다. 자동차를 판다고 입소문이 나니, 주문이 물밀듯 쏟아졌다. 당시는 유럽의 자동차 제조업이 강세를 띠던 때라, 미국에서 유럽 자동차의 인기가 높았다. 척과 밀러는 지중해의 항구와 군 기지를 돌아다닐 판매원을 고용했다. 서독에서 복무한 조 라이언스와 밥 마투섹 같은 제대 군인을 고용해, 미군 병력이 모두 30만 명이나 주둔하는 독일 기지들을 돌며 영업하게 했다.

척과 밀러는 이 사업을 '카 인터내셔널'이라 불렀다. 사업은 빠르게 커졌다. 척은 서유럽을 종횡무진 돌아다니며, 미군에 자동차, 술, 담배를 파는 대리인들을 한 조직망으로 엮었다. 전단을 디자인하고 미군 발행물에 광고를 실었다. 6함대에서 그랬듯, 자동차 판매의 성공도 어떻게 군 기지의 관사, 부사관 클럽, 장교 클럽에 접근하느냐에 달렸었다. 카 인터내셔널의 판매원들은 군인 출신이라 군대 상황을 속속들이 잘 알았다.

병역을 마친 뒤 척과 계약한 전직 미군들은 1950년대에 미국을 억누른 엄격한 관습에서 해방되어, 돈을 벌자마자 마음껏 쓰며 인생을 즐겼다. 미국에 새로운 풍요의 시대가 찾아왔다는 것은 미국인에게 마음 편히 쓸 수 있는 현금이 있다는 뜻이었다. 그리고 그 돈은 척의 회사로 굴러들어왔다.

척과 동료들은 돈을 벌기 좋은 시기에 돈을 벌기 좋은 장소에 있었다. 거침없고 자신감 넘치는 이들은 합법과 불법의 경계를 넘나들며 동지애로 똘똘 뭉쳤다.

척과 밀러는 서독에 자동차 판매소 여덟 곳을 세웠다. 미군의 유럽 군관구 중심부인 프랑크푸르트에서 볼보 전시장을 하나 넘겨받은 뒤, 다른 판매상들한테 전시용 차량을 받아 고객들에게 선보였다. 또 낡은 군수 공장 한쪽을 빌려 팸플릿을 무더기로 인쇄한 뒤, 전시장에 올 수 없는 장병들에게 우편으로 보냈다.

전단에는 영국의 선빔 타이거부터 독일의 포르셰 911, 폴크스바겐 비틀, 프랑스의 르노 R8, 스웨덴의 볼보까지 당시 유행하던 외제 차를 모두 실었다. 특히 독일의 자동차 설계자 페르디난트 포르셰가 만들어 튼튼하고 성능 좋기로 이름난 폴크스바겐은 미국에서 소형차로 수요가 많아 가장 잘 팔렸다. 미국에서는 1,700달러인 폴크스바겐113을 유럽에서는 1,200달러면 살 수 있었다.

구매자가 카 인터내셔널에 차 가격의 10%를 내면, 카 인터내셔널은 5%를 내고 공급처에 차를 주문했다. 척의 말마따나 "고객들이 계약금을 내는 데다, 재밌게도 차량 공급업체가 외상까지" 줬다. 돈이 없는 장병들에게는 미국의 자동차 보험사와 협력해 자동차 대출을 알선했다.

모든 사업이 그렇듯, 자동차 판매에서도 성공의 열쇠는 재고를 쌓아두지 않는 것이었다. 투어리스트 인터내셔널과 카 인터내셔널이 파는 술과 자동차는 선급금이 한 푼도 필요 없었다. 게다가 '국외' 사업이라 미국에 세금을 낼 이유도 없었다. 아무리 뜯어 봐도 더할 나위 없이 완벽한 사업 모델이었다. 고객은 구매한 자동차를 프랑스나 독일에서 받아도 되고 기다렸다가 미국에서 받아도 되었다. 유럽에서 차를 몰면 중고차로 분류되어 나중에 미국에서 자동차세를 적게 내는 이점이 있었다. 마투섹이 세금이라면 질색인 어느 장군에게 자동차 두 대를 팔았을 때 일이다.

"그 장군이 차를 몰고 단지 주변을 빙빙 돌았습니다. 그다음에는 독일에서 몰던 차처럼 꾸민 뒤 배에 실어 미국으로 보냈지요."

그런데 주문을 따내도 큰 문제가 있었다. 당시 프랑스, 독일, 이탈리아에서 국내 수요가 가파르게 늘어, 유럽의 자동차 제조사들이 밀려드는 주문을 채 감당하지 못했다. 프랑스에서만도 1950년대에 자가용 소유자가 세 배나 늘어 600만 명에 이르렀다.

척과 밀러는 자동차 공장 관계자에게 뒷돈을 주고 '회색시장' 제품을 카 인터내셔널로 배달받기로 했다. 밥 밀러는 슈투트가르트의 다임러벤츠 수출부 부장인 한스 셰퍼를 구슬려 한국으로 갈 회색시장 차량을 공급받았다. 달리 말해 서류에는 차량을 한국으로 배송한 것처럼 꾸민 뒤 실제로는 미국으로 보냈다. 그런데 플로리다주 잭슨빌로 배송하라고 주문한 차를 살펴보고자 다임러벤츠 공장에 들른 어느 해군 소령에게 이 꼼수가 들통나고 말았다. 공장 직원이 곧이곧대로 "아, 예, 소령님. 주문하신 차는 약 두 달 뒤 대한민국 서울로 배달될 예정입니다."라고 말했기 때문이다. 속임수는 그렇게 끝이 났고, 한스 셰퍼는 회사에서 잘렸다. 하지만 한스와 비서 헬가 플라이츠는 곧장 프랑크푸르트의 카 인터내셔널에 고용되었다.

한창 호황을 맞은 카 인터내셔널은 해외 주둔 미군용 〈타임〉에 전면 광고까지 냈다.

"장병 여러분, 카 인터내셔널만의 본국 배송 프로그램을 이용하면 미국과 유럽의 다양한 차량 492종을 저렴한 수출 가격에 살 수 있습니다."

광고와 함께 인쇄된 주문서에는 "판매 이사 찰스 피니가 확실히 보증하건대" 45일 뒤에도 차량에 불만이 있는 고객에게는 돈을 돌려주겠다는 내용도 적혀 있었다.

척은 한발 앞선 홍보 기법으로 군인들의 눈길을 사로잡아 판매를 늘렸다. 미 해군 항공모함 포리스털의 승조원 5,000명이 참여한 자선 복권 행사에 영국 자동차 회사 MG의 2,650달러짜리 MGB 스포츠카를 기부한 뒤 "여인을 사로잡을 비장의 무기"라고 적은 팸플릿을 뿌렸다.

"아내가 없으신가요? 여성을 사로잡는 데 MGB가 아주 쓸모 있을 겁니다!"

다음 팸플릿에서는 복권 당첨자인 미시간주 출신 기관병 윌슨 호이의 말을 실었다.

"아내요? 바로 여기 이런 깜찍이가 있는데 아내가 왜 필요하죠?"

척은 사업을 확장할 곳을 찾아 더 멀리 발걸음을 옮겼다. 어디든 군기지가 있는 곳이라면 잠재 고객이 있었으므로, 영업소를 세울 기회를 찾아 세계 곳곳을 돌아다녔다. 당시 미군이 병력을 배치하고 있던 베트남 사이공현재 호찌민에 들렀다가, 혁명군에 점령된 쿠바 아바나를 거쳐 쿠바 남부의 미군 기지 관타나모까지 갔다.

그사이 또 다른 코넬대 출신이 자동차 판매 사업에 합류했다. 나중에 자동차 판매 사업을 세계 곳곳으로 넓힐 때 중요한 역할을 하는 제프 코니시 말스테트였다. 코네티컷주 올드그리니치 출신으로 코넬대 호텔경영대학 시절 척에게 샌드위치를 사 먹던 말스테트는 태평양을 담당하는 미군 7함대에서 중위로 복무했다. 그런 어느 날 척한테서 편지 한 통이 날아왔다.

'제대하면 꼭 유럽으로 오게. 재미있고 햇볕도 좋은 곳이야. 예쁜 여자들도 많고.'

그런데 얼마 지나지 않아 척이 다른 제안을 내놓았다. 태평양 지역에 머물며 자동차를 팔아달라는 제안이었다.

"제프에게 우리가 얼마나 큰 부자가 될지, 동아시아 전역이 얼마나 기회가 많은 곳인지를 말했습니다. 백만장자가 될 거라고 했더니, 제프가 그러더군요. '나도 끼겠네!'"

당시 유럽에서는 카 인터내셔널과 투어리스트 인터내셔널이 치열한 경쟁에 부대끼고 있었다. 자동차부터 향수, 술까지 안 파는 것이 없는 판매상들이 어떻게든 미군 군함에 오르려고 아귀다툼을 벌였다. 척이 보기에 경쟁자가 별로 없는 태평양 지역이야말로 더 큰돈을 벌 기회가 있었다. 그래서 말스테트에게 사업 자료를 보냈다.

제대가 예정된 1960년 1월, 말스테트는 함장에게 부탁해 일본 요코스카에서 제대했다. 도쿄만 어귀에 자리 잡은 요코스카에 미군 동아시아 사령부의 본부 역할을 하는 대규모 해군 기지가 있었다. 미군 군함이 끊임없이 드나드는 항구였지만, 전후 일본에서 해병들이 돈을 쓸 곳이라고는 세계 어느 항구에나 있는 오락거리뿐이었다. 말스테트가 알아보니 이 군인들에게 면세품을 파는 사람이 아무도 없었다. 7함대의 모항이 캘리포니아에 있는 데다 해병 1인당 허용되는 면세 주류가 딱 한 병뿐이라 술을 팔 만한 곳은 아니었다. 그래서 차를 팔기로 했다.

"작은 여관에 방을 하나 잡고 일본인 여자친구를 사귀어 통역을 맡겼습니다. 그리고 현역 시절 쓰던 신분증을 이용해 날마다 해군 기지에 드나들었지요. 군함에 올랐을 때 '무슨 일로 오셨습니까?'라는 질문을 받으면 '잠깐 친구를 보러 왔습니다.'라고 둘러댔고요. 그리고는 사관실로 가 말을 걸었습니다."

하지만 군함에 판매원이 나타나리라고 예상하지 못해서인지, 많은 해군이 말스테트의 영업 활동을 미심쩍게 여겼다. 3주가 지나도록, 차는 한 대도 못 팔았다. 그런데 도쿄에서 주말을 보내려고 기차에 올랐을 때, 생각지도 못한 기회가 찾아왔다. 기차에서 이야기를 나눈 미 육군 대위가 차를 한 대 사고 싶으니 괜찮은 차를 추천해달라고 요청했다. 판매상답게 재빨리 머리를 굴리던 말스테트가 흘깃 보니 무릎에 놓인 〈타임〉에 푸조 광고가 실려 있었다.

"푸조가 올해의 차로 뽑힌 건 아십니까?"

대위는 기차에서 내리기 전 계약금으로 400달러를 건넸다.

"그 사람 주머니에 얼마가 있는지 들었던 것 같습니다. 거기에 맞춰 계약금을 불렀죠."

드디어 요코스카에서 끈덕지게 버틴 보람이 나타났다. 그 뒤로 3주 동안, 말스테트는 자동차를 스무 대나 주문받았다. 주문서는 빌프랑슈에 있는 척과 밀러에게 보냈다. 그리고 '리히텐슈타인 파두츠, 투어리스트 듀티프리세일즈'라고 적힌 명함을 만들었다. 문구가 너무 길고 복잡해,

무슨 뜻인지 알아듣는 사람은 없었다.

말스테트가 보기에 동아시아 지역에서 진짜 큰돈을 벌 기회는 일본이 아니라 홍콩에 있었다. 홍콩은 미 해군 군함이 본국으로 돌아가는 길에 정박하는 곳이라, 해병들이 돈을 아낌없이 펑펑 썼다. 1960년 봄, 말스테트는 홍콩으로 가는 일본 화물선에 표를 예약했다. 그리고 일본을 떠나기 전 마지막으로, 홍콩으로 향하는 항공모함의 군목에게 자동차를 한 대 팔고 계약금으로 200달러를 받았다. 그런데 말스테트가 탄 화물선이 늦게 도착하는 바람에 소동이 일었다. 홍콩에 먼저 도착한 군목이 아무리 찾아도 말스테트가 보이지 않자 사기를 당했다고 신고한 것이다. 신고를 받은 해군 제독은 7함대 전체에 경고문을 내보냈다.

"리히텐슈타인에서 왔다고 소개하는 제프 말스테트를 조심하라."

말스테트는 홍콩 출입국 관리소에서 체포되었다. 다행히 상황을 설명한 뒤 풀려났고, 군목은 마침내 차를 받았다.

우여곡절 끝에 홍콩에 도착한 말스테트는 주룽반도 네이선 거리에 있는 호텔 1404호에 사무실을 차리고, 1960년 6월 23일에 회사 설립을 신고했다. 사명은 '투어리스트 듀티프리세일즈 유한회사'였고, 등기 이사는 척 피니, 밥 밀러, 제프 말스테트였다. 벽을 자동차 포스터로 도배하다시피 한 사무실은 말이 좋아 사무실이지 정말 코딱지만 해, 침대와 사무집기들을 비집고 드나들어야 했다.

태평양 지역의 미 해군들 사이에 자동차 할인 판매가 입소문이 나자 사업 실적이 쑥쑥 올라갔다. 척은 밥 밀러에게 유럽은 자신이 계속 사업을 키울 테니, 홍콩으로 건너가 말스테트와 함께 동아시아에서 사업을 넓혀보라고 제안했다. 이것은 밀러의 말마따나 '세상을 둘로 나눈' 결정이었다. 1960년 9월, 밀러가 홍콩에서 말스테트와 함께 일을 시작했다.

두 달 뒤, 밥 밀러와 제프 말스테트가 짙은 색 정장에 넥타이를 매고 상업 지구인 완차이의 리디퓨전 하우스에 자동차 전시장을 열었다. 기념으로 샴페인을 터뜨리고, 액운을 내쫓는다는 폭죽을 길게 매달아 터뜨렸다. 밀러는 그날을 생생하게 떠올렸다.

"날짜도 기억합니다. 테이블에 펼쳐진 〈사우스차이나 모닝포스트〉에 'JFK, 미국 대통령으로 당선'이라고 쓰여 있었으니까요. 1960년 11월 9일이었습니다."

전시장은 목이 좋았다. 건물 앞 부두로 해군의 대형 보트가 들어왔다. 그해에 인기를 끈 영화 〈수지 웡의 세계〉에 나오는 룩퀵 호텔이 같은 거리에 있었다. 게다가 자동차 전시장과 딱 맞게도, 리디퓨전 하우스 꼭대기에 메르세데스의 상징처럼 보이는 삼각 별 모양의 네온사인이 있었다. 말스테트는 상륙 허가를 받은 해병들에게 삼각 별 모양의 네온사인을 따라오라고 안내했다.

"우리는 안 파는 것이 없었습니다. 메르세데스나 선빔 알파인을 사고 싶다면 살 수 있었어요. 우리한테 당장 물건이 있느냐 없느냐는 문제가 되지 않았습니다. 어떻게든 구했으니까요."

그런 가운데 캘리포니아주가 면세 주류 반입을 다섯 병까지 허용했다. 척을 면세 주류 사업으로 이끈 영국인 밥 에드먼즈가 독자 사업을 벌이면서 캘리포니아 새크라멘토의 주의회에 찾아가, 면세 주류 규제가 군인들을 차별하니 법을 바꾸라고 청원한 덕분이었다. 밀러와 말스테트는 동아시아에 주둔하는 해군에게도 술을 팔기 시작했다.

그사이 밀러가 하와이에도 면세품을 팔 시장이 있다는 정보를 들었다. 밀러가 홍콩으로 가는 길에 하와이에 들러, 1951년에 코넬대 호텔경영대학을 졸업한 옛친구 피터 피시언의 집에 머물 때였다. 보스턴 출신인 피시언은 하와이를 찾는 승객들을 훌라 치마 차림인 젊은 여성들이 입맞

춤과 하와이 고유의 화환 레이로 환영하는 일을 하는 회사 '그리터스 오브 하와이'를 운영했다. 당시 호놀룰루 공항의 터미널은 길쭉한 반원형 몸체에 함석으로 지붕을 이고 바닥에 합판을 깐 간이 건물이었다. 그런데 팬암과 아메리칸항공이 80석짜리 더글러스 DC-8 여객기를 170석이 넘는 보잉 707로 바꾼 뒤 관광객이 밀려들자, 하와이 주 정부가 새로 공항을 짓고 있었다. 피시언이 밀러에게 공항 영업권 소유자를 몇 명 소개했다.

"그 사람들이 무슨 일을 하느냐고 묻기에 면세 사업을 한다고 답했습니다. 그러자 '아, 흥미롭네요. 새 공항을 완공하면 면세점 입찰이 있을 예정이거든요.'라고 말하더군요."

1년 뒤인 1961년, 밀러가 출장으로 일본에 들렀을 때였다. 하와이에서 피시언이 전화를 걸어, 호놀룰루 공항의 면세점 입찰이 그 주에 마감된다고 알렸다. 입찰서를 내려면 곧장 하와이로 날아가 재무제표와 입찰 보증금을 내야 했다. 밀러는 제네바에 있는 척에게 전화했다.

"척, 24시간 안에 결산 보고서를 보내줘야겠어. 어떻게든 한 부 보내주게."

척은 제네바 사무소로 회계사를 불러 수치를 꼼꼼히 따진 끝에 입찰액을 계산한 다음, 자료를 밀러에게 텔렉스팩스 이전에 사용하던 통신 방식로 보냈다. 하와이로 날아간 밀러는 투어리스트 인터내셔널 세일즈라는 이름으로 제출한 입찰서에 면세점 영업권을 얻는 대가로 1962년 5월 31일부터 5년 동안 호놀룰루 공항에 7만 8,000달러를 내겠다고 제안했다. 새 공항에 들어서는 작은 소매점 영업권치고는 엄청난 금액이었지만, 척과 밀러는 관광객이 늘어 면세 사업이 성장하고 있으니 도박을 해 보기로 했다. 입찰서를 개찰하기 전날, 밀러는 거의 뜬눈으로 밤을 지새웠다. 입찰한 회사는 다섯 곳이었다. 정부 건물에 모인 이들은 하와이 교통부 수장이 커다란 칠판에 입찰액을 쓰는 모습을 가슴 졸이며 지켜봤다. 승자는 투어리스트 인터내셔널이었다. 두 번째로 높은 입찰액을 써낸 곳은 머큐리 인터내셔널이라는 환전 업체였다. 입찰에 실패한 머큐리 인터내셔널의 경영자가 밀러에게 낙찰을 포기하면 10만 달러를 주겠다고 제안했다. 밀러가 딱 잘라 말했다.

"그럴 일은 절대 없습니다!"

몇 달 뒤, 밀러와 척은 홍콩 카이탁 공항의 첫 면세점 영업권도 따냈다. 홍콩에서도 영국이 반원형 간이 건물로 지어 2차 세계대전 이후로 승객을 맞이하던 공항을 대체하고자 새 공항을 짓고 보잉 707에 맞춰 활주로를 넓히고 있었다.

당시 홍콩에서 비상근 차량 판매원으로 일하던 딕 폴타가 공항 입찰 계획을 실은 주간지에서 홍콩 당국이 새 공항에 술과 담배의 면세점 영업권을 도입하려 한다는 소식을 눈썰미 좋게 알아보고 본사에 귀띔했다. 척과 밀러는 투어리스트 인터내셔널 세일즈라는 이름으로 영업권 입찰에 참여했다. 이번에도 밀러가 홍콩 민항처 건물로 가 상자에 입찰서를 넣었다. 척과 밀러는 3년짜리 영업권을 따내고자 영업권 이용료 및 각종 수수료에 더해 총매출액의 28%를 약속했다. 당시 영국 식민지이던 홍콩에서는 입찰 가격을 공개하지 않았다. 어느 날 아침 밀러에게 영업권을 따냈다는 정부 서한이 날아왔을 뿐이다.

그런데 이때까지만 해도 척 피니, 밥 밀러, 리 스털링, 제프 말스테트에게 호놀룰루와 홍콩 두 곳의 공항 면세점 영업은 돈이 될 수도 있고 안 될 수도 있는 부수 사업일 뿐이었다. 면세점에 상품을 갖추고 관리자를 뒀지만, 태평양 지역 관광이 걸음마 단계일 때라 홍콩과 호놀룰루의 자그마한 면세점에는 거의 파리만 날렸다. 큰돈을 버는 곳은 군인에게 자동차를 팔고 미국인 관광객에게 술을 파는 사업이었다. 이들은 계속 자동차와 술 판매에 주력했다. 그래도 기회가 생길 때마다 성공할 희망을 놓지 않고 도전할 준비가 되어 있었다. 정리된 전략이나 계획이라곤 없이 기회가 닥치는 대로 덤볐는데도, 사업이 날로 커졌다. 밀러의 말대로였다.

"마치 호랑이 등에 올라탄 듯했어요. 어디로 갈지는 호랑이가 정했습니다."

이 무렵 척은 북아메리카에서 큰 돈벌이가 될 만한 또 다른 판로를 살펴보고 있었다. 1961년 초, 척은 스위스에서 쫄딱 망한 듀티프리쇼퍼를 사들이고자 해리 애들러와 함께 미국에 들렀다. 그런데 주식 소유주들이 투자금을 이미 손실로 처리한 뒤였다.

듀티프리쇼퍼의 사업 구상은 미국 국경 바깥 어디에서든 미국인 관광객에게 면세품을 팔 수 있다는 것이었다. 척과 해리 애들러는 시장을 확인하고자 멕시코시티로 날아갔다. 한 중개인에게 5,000달러를 주고, 여러 문화가 뒤섞인 소나로사 지구 한복판에 자그마한 매장을 하나 열었다. 진열대에는 이웃 상점에서 산 시계, 스카프, 캐시미어 스웨터, 뻐꾸기시계, 술병을 견본으로 전시했다. 매장에 견본 말고 다른 재고는 없었다. 그러면 물건은 어떻게 팔았을까? 애들러는 이렇게 설명했다.

"미국인 관광객이 가게에 들러 카탈로그나 가게 안에 있는 견본을 보고 물건을 사는 거죠. 그러면 우리는 '댁으로 상품을 보내드리겠습니다.'라고 말하고요. 이 관광객이 귀국할 때 예컨대 스코틀랜드 프링글사의 캐시미어 스웨터를 해외에서 사 별송 수하물로 부쳤다고 세관에 신고합니다. 그러면 제네바로 주문서가 들어가고, 암스테르담의 창고에서 미국으로 상품을 발송하는 거죠. 이제 우체부가 소포를 들고 고객을 방문해 '관세를 내야 합니다.'라고 말하겠지요. 그러면 고객이 멕시코에서 귀국

할 때 별송 수하물로 신고했다고 말하고 영수증을 건네줍니다. 우체부가 영수증을 우리한테 보내고요. 이 방식이 꽤 효과가 좋았습니다."

다음 행보로 척은 훨씬 큰 시장이 될 만한 캐나다 국경에서 면세 사업이 가능한지 살펴봤다. 프랑스나 독일을 찾은 미국인 관광객이 유럽의 보세 창고에서 보내는 술을 주문할 수 있다면, 캐나다에서도 마찬가지일 터였다. 척이 확인해보니, 그때껏 이 가능성을 활용한 사람이 딱 한 명, 1960년에 아이티에서 우편을 이용해 주류 통신 판매를 시작한 캐나다 출신 해운업자 엘리아스 노스타스였다. 척은 아이티의 수도 포르토프랭스로 가, 노스타스에게 우편으로 술을 판매하는 방법을 물었다. 그런 다음 홍콩에 있던 제프 말스테트에게 연락해, 뉴욕으로 건너와 투어리스트 인터내셔널이 캐나다에서 우편 판매 사업에 착수하게끔 도와달라고 부탁했다. 밀러와 사이가 껄끄러웠던 말스테트는 기꺼이 동아시아를 떠나 뉴욕으로 건너갔다.

척은 사업을 할 때 웬만하면 돈을 쓰지 않았다. 말스테트에 따르면, 아침마다 사업 전략을 짤 때도 커피숍을 이용했다.

"전략을 메모하고 공중전화로 사람들에게 연락했습니다. 이 커피숍에서 쫓겨나면 저 커피숍으로 옮겼고요. 팸플릿을 만들 때도 커피숍에 앉아 여러 서류를 오려 붙인 뒤 인쇄업자한테 가져갔습니다. 처음에 들어가는 돈이라고는 팸플릿을 인쇄하는 비용뿐이었어요. 게다가 인쇄업자한테 인쇄비를 바로 주지도 않았고요. 그러다가 뉴욕 5번가와 웨스트 42번가가 만나는 곳의 낡은 건물 꼭대기 층에 사무실을 빌렸습니다. 세상에, 홍콩에서 쓰던 호텔 방보다 더 작았어요! 책상이 공간을 다 차지해 비집고 돌아다녀야 했으니까요. 그래도 척은 천하태평이었습니다. '5번가라니, 정말 멋진 주소야. 이보다 더 나은 곳이 어디 있겠나?'"

언제나 새로운 아이디어를 떠올리던 척은 절취선에 구멍을 뚫은 주문서를 고안해냈다. 말스테트는 광고 우편에 처음으로 그런 방식을 쓴 업체가 자기들이라고 주장했다. 척은 투어리스트 인터내셔널 앞으로 발행할 무기명 수표를 첨부하는 아이디어도 떠올렸다. 주문서에는 이렇게 적었다.

"캐나다부터 멕시코, 카리브해, 유럽, 동아시아, 사모아까지 어디에 가시든, 다섯 병짜리 면세 주류 한 상자를 댁으로 배송할 수 있습니다. … 캐시미어, 카메라, 시계, 도자기, 크리스털, 은, 진주, 가죽 제품, 비취, 스키복을 포함한 여러 상품도 면세 가격으로 살 수 있습니다."

고객은 세관에서 구매품을 '별송 수하물'로 신고한 뒤 세관 신고서 양식을 작성해, 스위스 제네바 론 거리 94번지의 투어리스트 인터내셔널 면세품 판매부에 항공 우편으로 보내면 됐다. 이곳은 척이 파산한 듀티 프리쇼퍼를 사들일 때 취득한 사무실이었다.

"나머지 절차는 저희가 맡습니다. … 댁에 돌아가시면 곧 저희가 주문을 확인해, 주문하신 술이 댁에 도착할 예정일을 알려 드립니다."

배달까지 6주가 걸리는 복잡한 과정이었지만, 무려 반값에 물건을 살 수 있었다. 이 사업에서 가장 중요한 요소는 고객이 방문한 나라에서 생산하지 않은 술도 살 수 있다는 것이었다. 미국인 관광객이 캐나다에서 스코틀랜드산 조니 워커 다섯 병을 주문하고 제네바에 세관 신고서를 보내면, 암스테르담의 보세 창고에서 상품을 보냈다.

척은 전자 정보 처리 시스템을 마련해 배송품의 인수자 이름과 주소, 배송품 내용, 인수자 참조 번호를 알파벳 순으로 정리했다. 인수자 이름과 주소가 적힌 소포가 평균 2,000개씩 철제 컨테이너에 실려 암스테르담에서 뉴욕항으로 발송되었다. 세관을 통과한 배송품은 레일웨이 익스프레스가 수거해 고객에게 배달했다. 술을 자체 보관하지 않았으므로,

투어리스트 인터내셔널은 재고를 확보할 투자금도, 재고를 보관할 창고도 필요 없었다.

말스테트는 캐나다로 가 나이아가라 폭포 근처의 파크 호텔에 면세점을 세웠다. 그 뒤로 1년이 채 안 되어, 미국인 관광객이 면세 주류를 주문할 수 있는 국경 근처에 면세점 여섯 곳을 열고 주유소에 팸플릿을 뿌렸다. 지역별 대리인을 뽑은 뒤 미국인 방문객으로 붐비는 호텔과 모텔로 보내, 주문서가 첨부된 전단을 나눠주게 했다. 또 주문서에 담당 대리인과 호텔 직원을 식별할 번호를 적어, 주문이 들어오면 수수료를 떼줬다. 이 사업이 커지자 척은 유럽에 있던 리 스털링까지 불러 사업을 돕게 했다. 이들은 전시 매장을 열어, 이를테면 우편으로 몇 달 뒤에야 도착할 노르웨이산 손뜨개 스웨터 같은 다양한 상품을 홍보했다. 그래도 큰돈을 버는 사업은 말스테트의 말마따나 초기에 '어마어마하게 많은' 수익을 올린 술 판매였다.

캐나다에서 사업을 벌인 첫해 여름, 그곳에서 우편으로 술을 파는 면세사업자는 사실상 투어리스트 인터내셔널뿐이었다. 머잖아 이들이 한 해에 미국으로 배송하는 술이 50만 병을 넘겼다. 이쯤 되자, 온타리오주의 주류 판매를 독점하던 온타리오 주류 통제위원회가 자기네 판매량이 줄어드는 것을 알아챘다. 왕립 캐나다 기마경찰이 팸플릿을 나눠주는 말스테트의 뒤를 밟아 꼬투리를 잡으려 했지만, 불법 행위를 하나도 찾아내지 못했다.

오늘날 기준으로 보면 팸플릿 내용 중 일부는 '올바름'에 어긋났다. 엄마, 아빠, 열 살쯤인 아이가 저마다 앞에 술을 다섯 병씩 쌓아두고 웃는 그림 아래 '식구 한 명당 다섯 병씩 주문할 수 있습니다.'라고 적었다. 한 그림은 파리의 에펠탑 사진과 함께, 한 해에 투어리스트 인터내셔널이 판 술을 줄줄이 쌓아 올리면 에펠탑보다 115배나 높다고 주장했다.

그런 가운데 경쟁자들이 나타났다. 척은 이렇게 설명했다.

"캐나다에서 면세 주류 사업을 시작할 때, 우리에게 독점권이 없다는 사실을 알지 못했습니다. 머잖아 다른 회사 열다섯 곳이 우리와 같은 방식으로 술을 팔기 시작하더군요."

캐나다 국경 근처 호텔과 모텔에 다른 사업자들의 전단과 주문서가 밀려들었다. 게다가 미국에서도 면세 주류 판매에 반감이 커졌다. 말스테트에 따르면 그럴 만도 했다.

"뉴욕주 버팔로시의 주류 소매상들이 우리 때문에 아주 죽을 지경이라고 하소연했다더군요. 우리가 면세 주류를 판다는 말을 들은 사람들이 국경 다리를 건너 술을 주문하고서 다른 다리를 거쳐 돌아가며 이틀 동안 캐나다에 머물렀다고 둘러대곤 했으니까요. 나이 제한도 없던 때라, 열 살짜리 아이들을 차에 태우고 캐나다로 와 머릿수만큼 양껏 술을 샀어요."

미국 소매상의 원성이 빗발치자, 미국 여러 주의 법무부 장관이 면세 주류 열풍을 멈출 법적 방법을 찾아 나섰다. 어느 날은 뉴욕주 주류관리국 공무원이 투어리스트 인터내셔널의 뉴욕 사무소에 나타나 해리 애들러에게 항의했다.

"당신은 허가도 없이 뉴욕주 사람들에게 술을 팔고 있습니다."

애들러는 당당하게 맞받아쳤다.

"뉴욕주 사람이 아니라 관광객한테 파는 겁니다."

마침내 뉴욕주 주류관리국이 투어리스트 인터내셔널을 고소했다. 결과는 당국의 패소였다.

그 무렵 척은 아내 다니엘과 함께 파리 몽마르트르에 아파트를 마련하고 뉴욕과 파리를 오갔다. 원래 척은 사업을 벌이느라 유럽 전역을 돌아다녔다. 워낙 출장을 많이 다녀, 일정한 주소도 없었다.

"그 시절 내게는 일정한 주소라는 것이 없었습니다. 너무 많아 쓸모가 없었달까요."

그래도 가족이 머물 집을 급히 마련해야 했다. 1962년 1월에 큰딸 줄리엣이 태어났고, 같은 해 12월에는 파리에서 둘째 딸 캐롤린이 태어났기 때문이다.

이렇게 성공했지만, 척은 뉴저지 고향 집에 들를 때 성공을 뽐내지 않았다. 천성에도 맞지 않았을 뿐더러, 그랬다가는 계속 연락하고 지내던 고향 친구들이 달가워하지 않을 것이 뻔했다. 그래도 부모님에게만큼은 번듯한 대접을 해드리고 싶었다. 1963년 11월, 척은 어머니와 아버지를 설득해 크루즈 여행을 보내드렸다. 그리고 그사이, 팰리세이드 거리에 있는 2층짜리 벽돌집을 부모님 몰래 새로 단장하기로 했다. 일꾼들이 오기에 앞서, 누나 알린의 남편 짐 피츠패트릭과 함께 집을 청소했다. 피츠패트릭이 그때 이야기를 들려줬다.

"지하실에 쌓인 짐을 많이 내다 버렸습니다. 장인어른은 물건을 절대 버리지 않는 분이셨거든요. 신문을 천장에 닿을 만큼 쌓아두신 바람에 불이 날 위험도 있었어요. 다락방도 사정이 다르지 않았고요. 그래서 척과 내가 트럭을 빌려 그런 물건을 모조리 없애버렸지요. 여행에서 돌아오신 장모님은 바뀐 집을 보고 얼굴이 환해지시더군요. 커튼과 가구를 포함해 모든 것이 온통 다 새것이라, 집이 반짝반짝 빛이 났으니까요. 그런데 장인어른은 바뀐 집을 보자 곧장 지하실로 내려가셨어요. 표정을 보아하니, 누구 하나 요절을 낼 기세더라고요! 그래서 냅다 줄행랑을 쳤습니다."

6

벼랑 끝에 몰리다

1964년 중반, 카 인터내셔널과 공항 면세점 두 곳을 거느린 투어리스트 인터내셔널은 27개국에서 직원 200명이 일하는 회사로 성장했다. 뉴욕 본부는 렉싱턴 거리에 있는 더 큰 사무실로 옮겼다. 그런데 이 다국적 기업을 운영하며 중구난방으로 사업을 확장하면서 척 피니, 밥 밀러, 제프 말스테트, 리 스털링이 그때껏 한 번도 한자리에 모인 적이 없었다. 투어리스트 인터내셔널은 나라마다 다른 회사명으로 등록된 반독립 법인으로 구성되었고, 척이 중심에서 동력과 비전, 아이디어를 공급했다. 하지만 이제는 적절한 관리 체계를 세워야 할 때였다. 그해 9월, 척이 코넬대 동창이자 동업자인 세 명을 뉴욕으로 불러 처음으로 연례 이사회를 열었다.

회의를 주관한 척은 밀러, 말스테트, 스털링에게 투어리스트 인터내셔널의 덩치가 워낙 커져 관리가 어렵다고 고민을 털어놓았다. 그러므로 모임의 주요 목적은 회사 전반을 체계적으로 균형 있게 성장시켜 확장할 기반을 세우는 것이었다. 지난 5년 동안 눈부시게 성장했지만, 투어리스트 인터내셔널에는 성장 계획이나 조직도, 회사 내력은커녕 직원 명단조차 없었다. 척이 세 사람에게 말했다.

"회사를 더 효율적이고 활기 넘치는 조직으로 키워야 해."

그래서 업무 절차의 능률을 높이고자 세 사람에게 지역 대표 이사를 맡겼다. 밥 밀러가 동아시아, 제프 말스테트가 북아메리카, 리 스털링이 유럽을 맡았다. 척은 세 사람의 보고를 종합해 사업 방침을 정하는 역할을 맡기로 했다.

창업자인 척과 밀러는 회사 지분을 어떻게 나눠야 공평할지도 정해야 했다. 고심 끝에 두 사람이 각자 38.75%를 갖고, 말스테트가 12.5%, 스털링이 10%를 갖기로 했다. 말스테트와 똑같은 대접을 받아야 마땅하다고 생각한 스털링에게는 마뜩잖은 결과였다. 다만 합의는 구두로 마무리되었을 뿐, 서류로는 한 글자도 작성되지 않았다.

투어리스트 인터내셔널은 누가 봐도 큰 수익을 올리고 있었다. 자동차만 해도 한 달 최대 판매량이 무려 4,000대였다. 회사로 돈이 물밀듯 들어왔다. 하지만 재무제표가 없으니, 수익이 정확히 얼마인지 알 길이 없었다. 그래서 밥 밀러가 홍콩에서 고용한 투실투실하고 허풍이 센 영국인 회계사 데스먼드 번을 투어리스트 인터내셔널의 회계 담당자로 지정하고, 회계 과정을 통합 관리해 척에게 곧바로 보고하게 했다.

그 무렵 척이 우연히 만난 어릴 적 친구에게 세계 곳곳에서 회사 스물일곱 개를 운영한다고 말했더니, 그 친구가 이렇게 물었다.

"그런데 돈은 좀 버는 거야?"

아주 적절한 질문이었다. 1965년 1월, 척과 밀러, 말스테트, 스털링이 이번에는 스위스 제네바의 헬베티크 거리에 있는 사무실에서 2차 이사회를 열었다. 이 자리에서 데스먼드 번이 지점을 한 바퀴 돌며 발견한 사실을 보고했다. 투어리스트 인터내셔널은 분명 빠르게 성장하고 있었다. 그런데 늘 현금이 부족했다. 번이 무뚝뚝하게 말했다.

"이보게, 돈이 없어. 도대체 돈이 어디로 갔을까?"

번이 알아보니, 자동차 판매 부문에 몇 가지 심각한 문제가 있었다. 배송 시기가 되었을 때 차량 대금을 현찰로 치러야 하는데, 실제로 돈이 들어오는 시기는 한참 뒤였다. 그래서 군인들이 낸 계약금으로 각종 경비와 배송비를 치루고 있었다.

네 사람은 말문이 막혔다. 넘쳐나게 많은 자금이 회사 조직 곳곳을 돌고 있을 줄로만 생각했기 때문이다. 비용을 크게 줄이고 해결책을 찾기로 했다. 척은 먼저 월급을 깎자고 제안했다. 그때껏 이들은 해외 거주 미국인의 면세 한도인 2,000달러를 다달이 월급으로 가져갔다. 월급은 1,200달러로 줄이기로 했다. 말스테트가 그때 상황을 설명했다.

"우리는 우리가 자금을 어떻게 처리하고 있는지 전혀 몰랐습니다. 어딘가에 사무소를 열면 누구든 돈이 있는 사람이 그곳으로 돈을 보냈어요. 미친 짓이었지요. 회계 처리는 전혀 하지 않았습니다. 기록을 남기지 않았다는 뜻이 아닙니다. 돈을 어디선가 홍콩 사무소로 보내거나, 또는 홍콩 사무소가 캐나다 사무소로 보내면서도 재무제표를 연결하지 않았다는 거죠."

사업이 워낙 빠르게 성장한 터라, 이들은 회계 처리에 충분히 주의를 기울이지 못했다. 밀러도 같은 부분을 지적했다.

"그때껏 우리는 사업 체계 구축 같은 것에 조금도 신경 쓰지 않았습니다. 자동차와 술을 팔아 돈을 벌고, 그 돈을 은행에 계속 넣었다가 빼내기만 했어요."

코넬대 호텔경영대학에서 호텔과 식당 경영을 잘 배웠다지만, 이제는 바삐 돌아가는 국제적 기업을 관리하는 원리를 익혀야 할 때였다. 네 사람은 앨프리드 P. 슬론이 1963년에 펴낸 베스트셀러 『나의 GM 시절』북코리아, 2014을 돌려가며 읽었다. 책에서 슬론은 자신이 GM 경영에 성공한 원인으로 분권 관리와 재무 통제를 꼽았다. 분권 관리는 투어리스트 인터내셔널에 있었다. 하지만 재무 통제는 손톱만큼도 없었다. 척이 그때를 떠올리며 말했다.

"재무 통제는 필요 없었습니다. 돈이 없는데, 통제는 무슨!"

이들은 또 다른 문제도 마주했다. 자동차 판매 사업에 미군이라는 만만찮은 경쟁자가 나타났다. 1960년 전까지만 해도 해외 기지의 미군 복무지원단 상점PX은 미국산 자동차와 사치품을 팔지 않았다. 그런데 이제 유럽 기지의 PX가 고국에 보내는 조건으로 장병들에게 미국산 자동차를 면세로 팔기 시작했다. GM, 포드, 크라이슬러에 아예 전시장까지 내줬다. 척에 따르면 군은 '아주 군침 도는 구매 조건'까지 내걸었다.

"해외 복무를 끝내고 귀국한 뒤 거주지의 포드 판매상을 찾아가면 유럽에서 주문한 차를 찾을 수 있었습니다. 우리한테는 그런 조건을 열어주지 않았고요."

홍콩에서도 자동차 판매에 다른 경쟁자가 나타났다. 그때껏 태평양은 척과 밀러의 판매원들 차지였다. 그런 어느 날, 태평양의 7함대 소속 군함 한 척이 지중해의 6함대로 전출되어 이탈리아 나폴리 항에 들어갔다. 어느 경쟁사 판매원이 누구보다 잽싸게 군함에 올랐는데, 장교들한테서 이미 홍콩에서 차를 샀다는 이야기를 들었다. 쉬쉬 진행하던 홍콩의 면세 사업이 마침내 들통이 났다.

카 인터내셔널의 혈관에 돈을 뿜어주는 사업은 척이 캐나다 국경에서 운영하는 주류 우편 판매였다. 그러나 여기도 척의 사업 방식을 그대로 베낀 경쟁자들이 나타나 매출이 가파르게 줄었다. 1963년에 2,000만 달러이던 판매액이 1964년에는 500만 달러로 반의반 토막이 났다.

다른 심각한 문제도 있었다. 까딱하면 네 사람이 법정에 설지도 모를 문제였다. 한해 전인 1964년, 스털링이 뉴욕 거리에서 코넬대 동창인 옛 친구 하비 데일을 우연히 마주쳤다. 데일은 이제 막 뉴욕의 법률 회사에서 일을 시작한 초보 변호사였다. 스털링은 데일에게 자신이 맡은 자동차 판매 사업을 이야기했다. 국제법에도 꽤 밝았던 데일은 이야기를 듣다가 투어리스트 인터내셔널의 자동차 판매 사업이 심각한 세금 문제를 겪을 위험에 놓였다는 사실을 알아챘다.

"자네들, 이 문제를 해결하는 게 좋을 거야. 법이 바뀌고 있거든."

스털링이 이 사실을 알리자, 척과 밀러가 더 자세한 내용을 알고자 하비 데일이 다닌다는 커티스 맬릿 사무실을 찾았다. 척이 회사 자금을 어떻게 운용하는지 간략히 설명하자, 변호사들이 기가 막힌다는 듯 고개를 가로저었다. 그해에 미국 정부가 해외에 거주하는 자국민 사업자의 세금 규제를 강화한 터라, 투어리스트 인터내셔널의 동업자 네 명이 막대한 세금을 물고 법적 책임까지 져야 할 위험이 있었다.

회의에는 하비 데일도 참석했다. 하버드 법학대학원을 우등으로 졸업한 데일은 그에 앞서 코넬대학교에서 철학을 공부할 때 척의 이야기를 들은 적이 있었다. 척과 밀러는 막대한 조세 부담을 피하려면 회사 구조를 어떻게 바꿔야 할지 알고자 데일에게 세계 곳곳의 지사들을 둘러봐달라고 부탁했다. 척 피니의 삶에 가장 큰 영향을 미칠 하비 데일은 이렇게 척과 인연을 맺었다.

척은 커티스 맬릿 사무실 회의에서 장차 척의 사업에 큰 역할을 할 활달하고 청산유수인 이탈리아계 미국인 변호사 토니 필라로도 만났다. 당시 버지니아대학교 법학대학원을 갓 졸업하고 커티스 맬릿에 입사한 필라로는 회의록을 작성하고자 회의에 들어왔었다. 몸집은 작아도, 토니 필라로는 고등학교에서 야구부, 미식축구부, 농구부 주장이었다. 척은 이 영리하고 자신만만한 새내기 변호사에 깊은 인상을 받았다. 그래서 1964년 12월에 필라로가 바하마의 어느 법률 회사로 옮기려 한다는 말을 듣자 투어리스트 인터내셔널로 옮기라고 제안했다. 필라로도 척이 타고난 기업가라 엄청난 성공을 거두겠다는 느낌을 받았던 터라 제안에 동의했다. 필라로는 척이 자신에게 무슨 일을 맡길지 몰랐지만, 세금 자문이나 거래를 성사시키는 역할을 맡기겠거니 생각했다.

얼마 뒤, 하비 데일이 투어리스트 인터내셔널 앞에 파산은 저리 가라 하게 심각한 문제가 놓여 있다는 사실을 알아냈다. 데일에 따르면 상황이 이랬다.

"투어리스트 인터내셔널의 사업 방식에는 네 사람을 교도소에 집어넣을 수도 있는 법적 위험이 있었습니다. 비록 고의는 아니었다지만, 이를테면 존스 몫인 신탁금을 빼서 스미스에게 차를 배송할 계약금으로 썼기 때문입니다. 그게 다단계 금융 사기에서 쓰는 수법이니까요. 만약 상황이 최악으로 치달았다면, 네 명 모두 형사 책임을 져야 했을 겁니다. 재무 위기뿐 아니라 쇠고랑을 찰 위험까지 있었던 거지요."

투어리스트 인터내셔널은 재무 위기를 해결하고자 새 인물을 영입하기로 했다. 투어리스트 인터내셔널의 회계장부를 살펴본 회계법인 프라이스워터의 한 간부가 뛰어난 회계사를 고용하라며 추천한 앨런 무어 파커였다. 영국령 짐바브웨에서 태어나고 자란 파커는 넓은 이마에 커다란 안경을 쓴 유능한 기업 분석 회계사로, 당시 제네바에 살고 있었다. 척은 파커에게 런던에서 면접을 보자고 요청했다. 그리고 파커를 고용했다. 파커는 그 만남에서 가장 기억에 남는 일로 척이 런던 거리를 빠르게 걷던 모습을 꼽았다.

"언제나 척이 세 걸음 앞서 걸었습니다. 내가 기를 쓰고 빨리 걸어도 도저히 따라잡을 수가 없더군요."

파커는 빠르게 문제점을 찾아냈다.

"사람들이 돈을 물 쓰듯 펑펑 쓰고 있었습니다. 제네바 사무소 직원들이 하나같이 회삿돈으로 점심을 사 먹더군요. 계산은 밥 밀러나 제프 말스테트가 하고요. 그래서 얼른 그런 관행부터 막았습니다. '앞으로는 이렇게 하시면 안 됩니다.'라고 말했지요."

엎친 데 덮친다고, 그 와중에 나쁜 소식이 또 들렸다. 척이 캐나다 국경에서 벌인 사업이 너무 커지자, 손실을 본 주의 국회의원들이 정부에 압력을 넣었다. 마침내 백악관이 나서 주류의 우편 판매를 금지했다. 1965년 2월 25일, 린든 존슨 대통령이 면세 주류 허가 한도를 다섯 병에서 한 병으로 낮추고 구매자 나이를 스물한 살 이상으로 제한하는 입법안을 발표했다. 어린아이 몫까지 포함해 인당 다섯 병씩 허용받던 면세 혜택이 이제는 사라질 참이었다. 존슨 대통령은 국제 수지를 따졌을 때 어마어마하게 해외에 나가는 미국인의 소비를 "이제는 옹호할 수 없다."라는 말로 법안의 정당성을 내세웠다.

입법안이 법으로 제정되려면 하원과 상원을 모두 통과해야 했다. 척은 워싱턴으로 날아가 상·하원 의원들에게 이 법안을 막아달라고 로비를 벌였다. 토니 필라로도 척과 동행했다. 척이 서른세 살, 필라로가 스물아홉 살로 젊을 때라, 정당한 논리만 있으면 워싱턴에 맞서 이길 수 있다고 생각했다. 필라로의 말마따나 '배짱 빼면 시체'이던 시절이었다. 둘은 힐튼 호텔에 진을 치고, 로비를 벌일 법률 회사로 워싱턴 정가에 연줄이 많은 아놀드, 포터스&포터를 고용했다. 회사 대표 중 한 명인 에이브 포터스가 존슨 대통령과 가까운 친구였고, 폴 포터도 워싱턴에서 영향력이 아주 막강했다. 포터는 척과 필라로에게 "대통령을 난처하게 하지 않을 논거를 댄다면 이 로비를 맡겠습니다."라고 답했다.

조세 회피지인 리히텐슈타인 파두츠에 본사가 있다는 사실이 알려지면 국회의원들의 지지를 얻지 못할 터였다. 척과 필라로는 자신들을 '관광 무역'을 표어로 내건 '미국 관광무역협회'의 회장과 간사로 소개했다. 두 사람이 임시방편으로 만든 이 단체에 미국의 면세 주류 판매 경쟁사 몇 곳도 등록했다. 그야말로 미국다운 일이었다.

척은 폴 포터의 주선으로 일리노이주 상원 의원이자 야당인 공화당의 원내대표 에버렛 더크슨과 10분 동안 면담했다. 공산주의라면 질색한 더크슨은 "여기서 10억 달러, 저기서 10억 달러. 그리고 머잖아 진짜 큰돈을 이야기한다."라는 말로 유명한 인물이었다. 숱 많은 은발에 턱살이 늘어진 무뚝뚝한 얼굴의 더크슨은 처음부터 내키지 않는 기색을 드러냈다. 필라로가 그날 만남을 이렇게 회고했다.

"더크슨 의원이 척과 내게 앉으라더니 인디애나주 포도로 만든 브랜디를 대접하더군요. 그래서 더크슨이 해외에서 들여오는 프랑스산 브랜디를 같잖게 여긴다는 것을 어느 정도 눈치챘습니다."

척은 최대한 빠르게 호소했다.

"이 법안은 끔찍하게 부당한 조처가 될 것입니다. 전 세계를 위해 해외에서 묵묵히 견디는 모든 미군 장병한테서 면세로 술을 살 권리를 빼앗다니요."

척에 따르면 더크슨은 메모도, 질문도 하지 않았다.

"그래도 해외 파견 장병을 공정하게 대우하는 데는 관심을 보이더니 자리를 뜨더군요. 그리고 엄청난 열변을 토했습니다."

척은 미국 관광무역협회 회장이자 투어리스트 인터내셔널의 이사로서 하원 세입 위원회에서 증언하는 데 희망을 걸었다. 여러 날 동안 힐튼 호텔에 머물며, 하원 상정 법안 7368의 통과에 반대하는 진술서를 작성했다.

1965년 5월 3~4일, 청문회가 열렸다. 척이 청문회에 참석하려고 의사당에 도착해 보니, 행정부의 거물들을 줄줄이 상대해야 했다. 맨 먼저 재무부 장관 헨리 파울러가 위원회에 출석했다. 파울러는 국가 재정 적자가 무려 31억 달러라 외국 여행을 장려할 때가 아니라며, 법안이 국제수지 개선과 관세 행정에 도움이 되리라고 밝혔다. 또 널리 악용된 탓에 여러 주에서 주류 관련 세금이 줄어들어 크나큰 골칫거리가 된 '별송 수하물'의 관세 면제 혜택을 없애야 한다고 주장했다. 포터는 미국 관광무역협회 편에 서, 미국 내 주류 소비량 10억 4,477만ℓ 가운데 '별송 수하물'로 들어온 술은 170만ℓ뿐이라고 반박했다.

이튿날, 미국 버번위스키 산업의 본고장인 켄터키주 하원 의원으로 세입 위원회 위원장을 맡은 존 C. 와츠가 척을 증인으로 불렀다. 척은 선서 뒤 증언대에서 해외 면세품을 집으로 배송하는 서비스가 자기 아이디어에서 시작했으나, 이제는 열다섯 개 회사가 같은 배송 방식을 이용한다고 밝혔다. 따라서 이런 배송 방식을 없앤다면 '산업 전체를 난폭하게 끝장낼' 뿐 아니라 법안의 목적도 이루지 못하리라고 주장했다. 그 근거로 면세품 배송이 달러 유출에 그리 큰 영향을 미치지 않는 데다, 미국 내 관련 산업 종사자 수백 명이 일자리를 잃을 것이라고 강조했다. 또 이 법안이 적용되면 케네디 국제공항에서 관광객들이 주류 상자를 신고할 때 미식축구 선수처럼 온갖 사람을 헤치고 나아가느라 추가로 어려움을 겪을 것이라고 호소했다. 척은 하원 의원들에게 눈물겹게 하소연했다.

"여러 달 동안 공산주의자들의 공격을 막다가 돌아오는 젊은 조종사 같은 귀국 장병들을 부디 차별하지 말아 주십시오."

하지만 세입 위원회는 꿈쩍도 하지 않았다. 하원 다수당인 민주당이 존슨 대통령의 법안을 승인했으므로, 법안은 순조롭게 상원으로 넘어갔다. 그런데 더크슨 상원 의원에게 호소했던 것이 어느 정도 효과가 있었다. 더크슨과 상원 금융 위원회의 제이컵 재비츠 의원이 법안의 발효일을 1965년 6월 1일에서 10월 1일로 미뤘다. 그 덕분에 척과 필라로는 넉 달을 벌었다.

로비를 맡았던 아놀드, 포터스&포터의 한 변호사에 따르면, 척이 법안을 뒤집을 가망은 전혀 없었다.

"그 법안을 놓고 의원들 사이에 의견이 엎치락뒤치락하자, 존슨 대통령이 의회 지도부를 대통령 집무실로 불러 이렇게 말했다더군요. '이 법안대로 해야 합니다. 정부는 관세 면제 한도를 바꿀 겁니다. 타협은 없습니다.'"

이 변호사는 워싱턴에서 대통령이 그렇게 의회의 팔을 비트는 일을 한 번도 본 적이 없었다고 전했다. 이때는 버번위스키 소비가 많이 줄어든 시기였다. 면세 주류 판매 때문만은 아니었지만, 버번위스키 생산자들은 면세 주류 판매자들이 "스코틀랜드나 프랑스산 브랜디만 판" 탓이라고 비난했다. 나중에 한 신문 칼럼니스트가 존슨 대통령의 입법안 뒤에 미국 주류 업체의 이해관계가 있고, 워싱턴의 유명한 로비스트이자 존슨 대통령과 버번을 즐겨 마신 토머스 코코런이 입법을 도왔다고 적었다. 필라로가 여러 해 뒤 스페인에서 열린 한 회의에서 코코런을 만났을 때 그 법안에 관여했는지 물었다. 코코런은 언급을 거부했다.

1957년에 회사를 설립해 손에 꼽는 다국적 소매업체로 키운 지 8년이 지난 1965년 한여름, 척 피니와 밥 밀러는 최악의 상황을 맞닥뜨렸다. 투어리스트 인터내셔널은 잇단 좌절로 휘청였다. 존슨 대통령이 면세 주류 사업에 큰 타격을 안겼고, 지중해와 캐나다 국경에서 존폐가 걸린 치열한 경쟁이 벌어졌고, 미군 PX가 면세 자동차 판매 경쟁에 뛰어들었고, 아시아에서는 면세 자동차 시장을 독점하던 시절이 막을 내렸다. 이 모든 난관에 잘못된 회계 처리 관행과 과도한 낭비까지 더해졌다. 선견지명이 있는 지도자가 이끄는 혁신 기업이 어떻게 무너지는지를 고스란히 보여주는 상황이었다.

의회에서 패배를 맛본 지 며칠 지나지 않아, 척이 회사를 구할 조처를 단행했다. 이제는 제네바 사무소를 닫고 모든 역량을 뉴욕에 집중하기로 했다. 그 바람에, 고용된 지 겨우 넉 달밖에 안 된 앨런 파커가 해고되었다. 리 스털링은 취득했던 스위스 노동 허가증 서른여섯 개를 버나드 콘펠드에게 팔았다. 스위스에 본사를 두고 미국 뮤추얼 펀드에 투자하는 상품을 판매했다가 나중에 미국과 유럽의 여러 은행을 파산시키는 바로 그 콘펠드였다.

파커가 새 일자리를 알아보고 있을 때, 뉴욕에서 제프 말스테트가 다시 일을 맡아달라고 연락했다. 말스테트는 유럽에서 복잡한 수치를 파악하는 파커에게 깊은 인상을 받았었다. 그래서 파커에게 당장 미국으로 건너와 회사의 재정 문제를 도와 달라고 부탁했다. 파커의 결혼식이 코앞이었을 때였다. 그래도 제안을 받아들인 파커는 6월 12일에 결혼식을 올린 뒤 덴마크인 아내 에테와 함께 뉴욕행 비행기에 올랐다. 파커에게는 모험이라 할 일이었다. 미국은 머리털 나고 처음이었다. 그해 5월, 밥 밀러도 에콰도르 출신인 마리아 샹탈과 결혼해 말레이시아 카메론 하이랜드로 신혼여행을 떠났다. 그런데 척이 밀러를 찾아내 급히 미국으로 돌아오라고 연락했다. 밀러 부부는 신혼여행을 중단하고 미국으로 날아갔다.

파커가 뉴욕에 도착해 보니, 재정 상태가 엉망진창이었다. 현금 흐름은 기막히게 좋았지만, 배송 시기가 되었을 때 공급업체에 줄 돈이 언제나 모자랐다. 답이 보이는 않는 난제였다. 자동차 판매 사업을 접어야 했지만, 현금이 나올 구멍이라 당장은 그럴 수도 없었다.

앨런 파커는 회계 감사 몇 명을 이끌고 장부를 샅샅이 살폈다. 그리고 뉴욕에 도착한 지 사흘 뒤, 마침내 상황이 얼마나 나쁜지 파악했다. 결손액이 자그마치 160만 달러였다.

"지금이야 큰돈도 아니지만, 그때는 어마어마하게 큰 액수였습니다."

투어리스트 인터내셔널은 파산 직전이었다. 어쩌면 이미 파산했는지도 모를 일이었다.

암울했던 그해 여름, 전문가 자격증이 있는 직원들이 하나같이 겁을 먹고 회사를 나갔다. 어느 날 데스먼드 번, 토니 필라로, 그리고 캐나다 출신 회계사 밥 루이스가 렉싱턴 거리에 있는 투어리스트 인터내셔널 사무실로 함께 찾아와, 회사에 남아 있다가 평판을 떨어뜨리고 싶지 않다고 퇴사를 통보했다. 재정 비리에 휘말릴까 봐 두려웠기 때문이다. 데스먼드 번이 솔직히 털어놓았다.

"자네들은 파산할 거야. 회사는 기껏해야 두세 달밖에 못 버틸 거고. 나는 그만두겠네. 공인회계사인 내가 회사가 파산했을 때도 여기 있다가는 이름에 먹칠을 할 테니까."

밀러가 번에게 회사가 살아남을 확률을 물었다. 번이 사무실을 나가며 답했다.

"백만 분의 일."

다음은 토니 필라로였다. 밀러의 말을 빌리자면 "공포에 질린 토니"가 자기도 그만두겠다고 말했다.

"그래서 데스먼드도 떠나고, 토니도 떠났습니다. 가라앉는 배에서 뛰어내리는 쥐처럼요."

그런 필라로의 모습이 밀러의 마음속에 깊이 남았다.

"토니는 상황이 어려워질 때마다 바싹 겁을 집어먹습니다."

제프 말스테트도 회사를 떠났다. 말스테트에게는 빚이 그리 큰일이 아니었다. 하지만 지난 5년 동안 하루도 빠짐없이 하루에 열일곱 시간씩 일한 탓에 너무 지쳐 있었다.

"몸이 물에 젖은 솜뭉치 같았습니다. 진이 다 빠졌었으니까요."

게다가 필라로가 되도록 빨리 회사에서 나오라고 조언했다.

"안타깝게도, 필라로의 경고가 내 결정에 영향을 미쳤습니다."

말스테트는 척과 밀러에게 앨런 파커를 계속 고용하고 자기 지분 12.5%를 파커에게 줬으면 좋겠다고 부탁했다. 그리고 지분을 청산한 대가로 받은 6,000달러짜리 캐딜락을 몰고 캐나다 국경으로 향했다. 나이아가라 폭포 근처에 터를 잡은 말스테트는 존 F. 케네디 대통령의 아버지 조 케네디 같은 사람들이 캐나다에서 미국으로 술을 들여오던 금주령 시절에 주류 밀매점이 있던 자리에 식당을 열었다.

코넬대 호텔경영대학 졸업생이자 척의 친구로 카 인터내셔널 운영을 도왔던 딕 브래들리도 머잖아 회사를 떠나 호텔경영대학 동창들과 함께 빅토리아 스테이션이라는 식당을 차렸고, 미국과 캐나다, 일본에 100개에 이르는 매장이 있는 회사로 키웠다.

밀러는 그때를 이렇게 회고했다.

"정말 힘겨운 시기였습니다. 결혼한 지 두 달밖에 안 된 때였어요. 회사는 파산할 것 같지, 핵심 인력은 출구를 찾아 도망가지."

그래서 회계법인인 라슨&울프의 회계사 레스터 울프에게 회계장부를 살펴보고 회사가 정말로 회생할 가망이라고는 없는지 확인해 달라고 부탁했다. 울프는 사업 전체의 현금 흐름을 살펴 은행 계좌에 얼마가 있는지, 앞으로 배송할 차가 몇 대인지, 직원을 몇 명이나 해고해야 할지, 청구서 만기가 언제인지를 파악했다. 몇 시간에 걸쳐 수치를 살펴본 울프가 마침내 입을 열었다.

“그러니까, 자네하고 척이 회사를 살릴 수 있을 것 같네. 하지만 지출이 너무 많으니 그것부터 빨리 줄여야 해.”

밀러는 기쁨에 겨운 나머지 펄쩍펄쩍 뛰었다. 울프는 밀러의 모습에 눈이 휘둥그레졌다. 밀러가 그런 울프를 안고 볼에 입을 맞췄다.

밀러는 앨런 파커에게 전화해 떠나지 말아 달라고 부탁했다.

“앞으로 어떻게 해야 할지 알아낼 회계 책임자가 필요하네.”

사실, 파커는 오도 가도 못하는 딱한 처지였다. 미국에 온 지 겨우 며칠밖에 되지 않았고. 노동 허가도 받지 않은 상태였다. 회사가 위태로워 보이는데, 그렇다고 유럽으로 돌아가자니 돈이 없었다. 그래서 회사 지분을 주겠다고 약속하면 5년 동안 함께 일하겠다고 제안했다. 밀러는 “회사가 파산할 것 같으니, 지금 주식을 받은들 부채가 될 걸세.”라고 답하면서도 척에게 파커의 제안을 전했다.

“우리는 파커의 제안에 동의해 지분을 나눠주기로 했습니다.”

나중에 파커를 세계에서 손꼽는 부자로 만들어줄 결정이었다.

척과 밀러는 거의 원점으로 되돌아갔다. 어느 날 둘이 뉴욕의 한 간이식당에서 참치 샌드위치를 먹을 때였다.

“이봐, 척. 이제 자네하고 나 둘뿐이야. 아주 날벼락을 맞은 기분이군. 어떻게든 이 상황을 벗어나야겠어. 자네와 내가 다시 해결책을 알아내야 해.”

척은 난관을 벗어날 가망이 아직 남아 있다고 답했다. 당장은 현금이 나오는 곳이니 자동차 판매 사업을 접을 수 없지만, 홍콩과 하와이의 면세점에서 현금 흐름을 늘린다면 빚을 깨끗이 갚을 수도 있을 것 같았다.

“당연히 절망스러웠습니다. 사업을 하다 보면 그런 일이 생기기 마련이고요. 하지만 달리 별 방도가 없었습니다. 우리가 시작했던 일이고, 그

일로 백만 달러를 벌 것으로 생각했으니까요. 회사를 살려 고비를 넘기는 수밖에 없었습니다."

하비 데일은 상황을 바로잡으려는 척과 밀러의 굳은 의지에 깊은 인상을 받았다.

"밥과 척은 현금이 나올 곳을 찾아내 빚을 갚고 곤경에서 벗어나는 것이 명예를 지키는 길이라고 생각했습니다."

이 무렵 척의 아내 다니엘은 위기를 겪는 동안 남편이 바뀌는 모습을 지켜봐야 했다. 그때껏 다니엘이 아는 척은 언제나 성공하고 싶은 열망에 사로잡혀 살았다. 다니엘은 어려운 환경에도 코넬대에 들어가고 프랑스어를 배우고 마침내 성공해 세계를 무대로 활동하는 남편을 무척 대단하게 여겼다. 결혼했을 때 척은 돈 타령을 하지 않았다. 위험을 무릅쓰고 사업에 성공하는 이야기만을 했다.

다니엘이 보기에 척의 진짜 목표는 부자가 아니었다. 척에게는 일이 곧 자신을 증명하는 과제였다. 그런데 이제 다니엘의 눈앞에 희망이 무너져 자존심을 다친 척이 서 있었다. 예전처럼 가족에게 유쾌하게 장난을 치고 다정한 모습을 보였지만, 이따금 불안을 이기지 못해 화를 내기도 했다. 그리고 어떻게든 위기를 해결하고자, 집안을 드나드는 사람들과 쉴 새 없이 일했다. 1964년 6월에 파리에서 셋째 딸 레슬리가 태어난 참이라 책임져야 할 식구도 더 늘었다. 하지만 다니엘은 척이 위기를 벗어날 길을 찾아내리라고 믿어 의심치 않았다.

척과 밀러는 경비를 줄여나갔다. 맨해튼 한복판 렉싱턴 거리에 있던 투어리스트 인터내셔널 사무실을 조지 워싱턴 다리 건너 뉴저지주 포트리에 있는 값싼 건물로 옮겼다. 그곳에서 파커가 마른 수건 짜내듯 동전 하나까지 알뜰하게 챙겼다. 어느 날 사무실에 들른 하비 데일의 눈에 바닥에 버려진 서류 가방이 들어왔다.

"판지로 만든 낡은 서류 가방이었습니다. 안에 아무것도 없더군요. 내가 돈을 많이 못 벌 때라 작은 서류 가방이 하나 필요한 참이었습니다. 앨런에게 내가 가져도 되느냐고 물었더니, '되고 말고요. 5달러입니다.' 라더군요. 그래서 5달러를 냈습니다."

접대비는 아예 한 푼도 남기지 않고 없앴다. 업무차 사람들과 밥을 먹을 때는 상대가 밥값을 내게 했다. 새로운 비용 처리 방식은 밀러가 현금을 쓰는 방식에도 큰 영향을 미쳤다. 자기 밥값은 자기가 내기로 동의한 은행 사람들과 점심을 먹을 때면, 밀러가 동석한 사람들의 밥값을 모두 걷은 뒤 자기 신용 카드로 결제했다. 파커는 회사 명의의 수표책을 서랍에 넣고 자물쇠를 채워버리는 간단한 방식으로 지출을 틀어막았다. 밥 밀러가 "앨런, 이 청구서를 계산해야 하네."라고 사정사정하면, 파커가 웃음기라고는 하나 없이 대꾸하곤 했다.

"열흘 안에 수표를 발행하겠다고 말하세요."

모두 열심히 노력했지만 리 스털링마저 회사를 떠났다. 1965년 초에 척이 스털링에게 하와이로 가 면세점을 관리해 판매를 늘려달라고 요청했다. 그때껏 하와이 면세점은 피터 피시언에게 감독을 맡겼었다. 하지만 갓 결혼한 스털링의 아내가 호놀룰루에서 살고 싶어 하지 않았다. 게다가 제프 말스테트와 마찬가지로, 스털링도 밥과 사이가 껄끄러웠다. 회사를 떠나게 한 결정타는 밀러가 보낸 편지 한 통이었다. 편지에서 밀러는 '거만하기 짝이 없는 말투로' 하와이 면세점에서 카 인터내셔널로 6만 5,000달러를 송금하라고 요구했다.

"밥과 내 사이가 좋아질 가망이 전혀 없었습니다."

그 와중에 아버지가 돌아가시자, 스털링은 뉴욕에 있는 아버지의 사업체를 정리하는 시간을 갖기로 했다. 그래서 척에게 다른 사람을 구하라고 말하고 회사를 떠났다. 그 뒤로 스털링은 콜로라도에서 부동산 전문 변호사로 성공했다.

밥 밀러가 척의 친구인 리 스털링, 제프 말스테트와 빚은 마찰이 척과 밀러의 관계에도 먹구름을 드리웠다. 함께 회사를 세우고 같은 목표를 향해 달리는 동안 기쁨을 나누기는 했지만, 척과 밀러 사이에 우정이 쌓인 적은 없었다. 이렇게 시작된 냉랭함은 그 뒤로 두 사람 사이가 삐거덕거릴 것을 알리는 전조였다. 하지만 당장은 어떻게든 회사를 살리는 일이 급했다. 이 목적에 맞춰 두 사람은 담당 영역을 나눴다. 척은 호놀룰루로 가 면세 사업을 개선하고, 밀러는 뉴욕에 남아 세계 곳곳에서 발생하는 경비를 최대한 빨리 줄이기로 했다.

사태가 진정되자, 이들은 지분 비율을 조정했다. 말스테트와 스털링이 회사를 떠났으므로, 두 사람이 받기로 했던 지분 22.5%가 남았다. 척과 밀러는 앨런 파커에게 20%를 주기로 했다. 파커는 3분의 1을 받고 싶었겠지만, 밀러가 이 이야기를 꺼내자 척이 콧방귀를 뀌었다.

"말도 안 되는 소리! 그러고 싶으면 자네 몫을 떼주든가."

이번에도 합의 내용은 한 줄도 문서로 작성되지 않았다. 남은 2.5%는 무료로 투어리스트 인터내셔널을 돕는 조건으로 토니 필라로에게 주기로 했다. 비록 다른 곳에서 일하고 있었지만, 척은 필라로처럼 법에 빠삭한 변호사를 잃고 싶지 않았다. 워싱턴에서 존슨 행정부에 맞서 싸울 때 필라로가 얼마나 영리하고 열심히 일하는지를 봤기 때문이다. 필라로도 회사를 그만둔 것이 미안하고 속상했던 터라, 제안을 받아들였다.

유동성 위기의 또 다른 피해자는 장 겐츠부르제였다. 하와이로 가기에 앞서, 척은 겐츠부르제에게 파리에서 매장을 운영하느라 프랑스에 세웠던 회사를 정리하라고 지시했다. 그리고 프랑스로 직접 건너가 그나마 건질 만한 물건을 살펴본 뒤, 파커에게 전자계산기와 그룬디그사의 녹음기는 다른 곳에서 팔아도 좋겠다는 메모를 보냈다. 허투루 빠져나가는 돈을 꽁꽁 틀어막아야 한다는 생각이 척의 머릿속에 어느 때보다 간절했다.

하비 데일의 조언에 따라, 척과 밀러는 미국 세법을 적용받지 않도록 회사 소유권을 외국인인 아내에게 넘겼다. 회사 기록에 따르면 대주주는 프랑스 출신 이사인 다니엘 줄리엣 피니와 에콰도르 출신인 마리아 샹탈 밀러였다.

면세 자동차 판매와 주류 판매 사업이 주저앉았으므로, 척과 밀러는 투어리스트 인터내셔널과 카 인터내셔널이라는 간판도 내렸다. 홍콩 공항과 호놀룰루 공항의 소매 사업으로 규모가 줄자, 척이 뉴욕에서 사들였던 회사명을 쓰기로 했다. 척과 밀러가 널리 이름을 알릴 듀티프리쇼퍼, 즉 DFS의 새로운 시작이었다.

7

행운의 하와이, 행운의 인연

1960년대까지도 공항에서 면세품을 판다는 것이 꽤 낯선 개념이었다. 하지만 세계 최초의 면세 협약은 서기 700년대까지 거슬러 올라간다. 8세기에 영국의 왕 애설레드가 런던의 주교가 들여오는 수입품에 관세를 면제했다. 그리고 군인들에게 면세 주류와 담배를 공급한 유럽 군대, 그리고 전통적으로 접수국에서 면세 혜택을 누렸던 대사관들이 이 발상을 받아들였다. 그 뒤로 많은 국가가 수입 상품을 보세 창고에 보관했다가 선박에만 공급하며 항구에 면세 지역을 설정했다. 이런 상품은 내수 경제로 들어오지 않아 세금을 매길 까닭이 없었다.

첫 면세점은 2차 세계대전 전 원양 여객선에 있던 기념품 가게와 승객들이 면세 가격으로 술을 즐길 수 있어 애용하던 선상 바였다. 2차 세계대전 뒤 국제선 여객기 탑승객에까지 면세 혜택이 확장되었지만, 1940년대와 1950년대의 공항은 면세점 운영에 느리게 대응했다. 공항 터미널이 체계가 잡히기 전이라, 상업 구역이 거의 없었다. 1947년, 대서양을 횡단하는 항공기가 연료를 채우고자 들르는 아일랜드 서부의 섀넌 공항에 첫 공항 면세점이 들어섰다. 이 공항에서 일하던 브렌던 오리건이 공항 면세점이라는 아이디어를 떠올리고, 1.8m짜리 판매대 하나로 면세점을 차렸다. 선반에 아일랜드산 위스키와 아일랜드 담배 회사 캐롤의 담배를 채우고, 근사한 정장 차림의 점원 세 명을 고용했다. 공항 면세점이라는 개념이 어찌나 낯설었던지, 의심 많은 아일랜드 세관이 보세 창고에서 매장으로 술 상자를 옮길 때마다 동행했고, 하루에 세 번씩 재고를 하나하나 조사했다. 공항에서 술병을 따는 것도 금지였다. 혹시라도 병을 떨어뜨려 깨뜨리면 술병을 딴 것으로 보고, 세관이 깨진 병을 조사해 그 자리에서 소비세를 부과했다. 1950년대 들어 오리건은 판매 상품을 확대해, 주로 미국인 환승객에게 향수, 시계, 캐시미어를 팔기 시작했다. 물건은 런던과 파리의 제조사에서 직접 공급받았다. 이 공급 방식은 뒤에 생겨날 다른 공항 면세점들에 중요한 선례가 되었다.

1965년 후반에 척이 도착했을 때, 호놀룰루 국제공항의 면세점도 가판대나 다름없는 수준이었다. 국제선 대기실에 자리 잡은 면세점은 9㎡ 약 3평 조금 넘는 넓이에 스카치테이프로 이어붙인 1.2m짜리 판매대 세 개가 전부였다. 그런데 척이 지켜보니, 하와이를 찾는 여행객이 날로 늘고 있었다. 1959년에 미국이 하와이를 주로 인정한 데다, 태평양 노선에 보잉 707기가 투입되어 캘리포니아에서 하와이까지 비행기로 세 시간밖에 걸리지 않은 덕분이었다.

화창한 날씨, 살랑이는 야자수, 쪽빛 바닷가가 어우러진 하와이 제도는 미국인들이 꿈꾼 낙원에 가까웠다. 게다가 1958년에 오스카상을 받은 영화 〈남태평양〉으로 미국인들에게 널리 이름을 알렸다. 본토인들이 돈 호 같은 유명한 하와이 연예인들의 쇼를 보고자 찾는 해변 휴양지 와이키키에는 밤 문화도 발달해 있었다. 척의 코넬대 친구인 척 롤스가 1959년에 처음으로 샐러드바가 있는 미국식 레스토랑을 연 곳도 바로 이곳이었다. 1960년대 중반에 새로 호텔들이 들어서자, 와이키키는 해변의 맨해튼으로 탈바꿈했다. 공사를 어찌나 많이 하던지, 하와이의 상징은 크레인이라는 말이 돌았다. 그때까지는 와이키키 해변의 한적하고 오래된 로열 하와이안 호텔과 모아나 호텔이 하와이를 즐겨 찾은 부유한 관광객과 할리우드 스타들을 맞이하기에 모자람이 없었다. 하지만 이제는 단체 여행객을 맞이하는 호텔들에 가려 빛을 잃었다.

국제선 대기실에 자리 잡은 DFS 상점 주변을 서성이는 관광객 대다수는 본토를 오가는 미국인이었다. 달리 말해 미국 내 여행객이라 면세품을 살 수 없었다. 그런데 적잖은 미국인이 하와이를 외국으로 착각한 탓에, 척이 DFS에 들어온 미국인 관광객을 숱하게 내보내야 했다.

그래도 아시아로 가는 도중에 연료를 넣고자 비행기 몇 대가 착륙하는 정오부터 두 시간 동안은 매장이 바삐 돌아갔다. 매장에 진열된 물건을 둘러보는 승객 가운데 일본인이 갈수록 늘었다. 1960년대 중반만 해도 외국을 여행하는 일본인이 드물었다. 2차 세계대전으로 풍비박산이 난 경제를 되살리려는 일본 정부가 일반 국민의 해외 관광을 여러 해 동안 금지했다. 사업차 해외 출장을 나갈 때만 일회용 여권을 발급했고, 갖고 나갈 수 있는 외화 액수도 엄격하게 제한했다. 그런데 1964년 도쿄 올림픽과 맞물려 해외여행 금지가 느슨해지자, 상황이 바뀌기 시작했다. 이 무렵 일본은 경제 대국으로 탈바꿈하는 마지막 허물을 벗고 있었다. 일본에서 복무했고 도쿄 올림픽 대회에도 다녀온 척은 인구가 1억 명에 이르는 일본이 빗장을 열고 밖으로 나오려는 낌새를 알아차렸다.

1964년에 일본인 약 2만 명이 해외 관광 여행을 허가받았다. 그래 봤자 하루 평균 55명에 그치는 숫자였지만, 목적지가 대부분 호놀룰루였다. 진주만 공습으로 미국인 사이에 일었던 분노가 시간이 흐르며 희미

해진 때였다. 하와이는 일본인 관광객에게 매력 있는 여행지였다. 아열대 기후와 모래 해변이 흥미를 끌었을 뿐더러 일본에서 쉽게 올 수 있는 데다, 현지인 가운데 일본인의 후손이 많았다. 게다가 소비주의의 심장인 미국 땅이었다.

초창기 일본인 관광객의 주요 목적은 꼬깃꼬깃 아껴둔 돈으로 일본에는 아예 없어서 못 사거나 터무니없이 비싸 엄두를 못 냈던 외제 상품을 사는 것이었다. 이들이 눈독을 들인 상품은 고급 양주, 향수, 시계, 만년필, 보석, 가죽 제품이었다. 척에 따르면 "아주 초창기에 여행 온 관광객은 시골 사람들"이었다.

"그 사람들은 가게에 들어와 허리띠를 풀고 바지를 내린 뒤 속옷 안에 손을 집어넣어 엔화 다발을 꺼내곤 했습니다. 집에 모아놨던 돈을 들고 왔던 거지요."

일본에서 복무했던 척은 일본의 복잡다단한 선물 문화를 잘 알았다. 일본은 선물을 설명하는 단어가 무려 서른다섯 개나 있는 나라다. 센베츠는 여행을 떠나는 사람에게 돈을 주는 관습이고, 오미야게는 상사와 동료, 가족, 친구들에게 여행지의 특산품을 선물하는 관습이다. 누가 해외에 나가면 상사부터 고객, 친구들이 여행비를 주니, 여행객에게는 답례품을 사가야 할 의무가 생긴다. 오세이보는 연말에 보내는 선물을, 오추겐은 한여름인 백중에 보내는 선물을 가리킨다. 호놀룰루 공항의 판매대를 지키는 동안, 척은 그런 관습이 어떻게 작동하는지를 더 자세히 깨달았다. 이를테면 사무직 직원으로 보이는 일본인은 부서원들에게 줄 립스틱 열다섯 개, 직속 부하에게 줄 가죽 지갑 하나, 상사에게 줄 시계 하나, 관리자나 가까운 지인에게 줄 위스키 한 병을 사곤 했다.

작은 면세점 안이 갈수록 더 많은 일본인으로 북적이자, 척은 일본에서 복무할 때 배운 일본어를 되살려야겠다 싶어 일주일에 5일씩 아침마다 일본어를 배웠다. 흔히 쓰는 표현을 외우고 나니, 머잖아 일본인 손님을 일본어로 응대할 수 있었다. 척은 매장에서 일하는 직원은 누구나 일본인 손님에게 일본어로 말하라고 요구했다. 판매 여직원 가운데는 전직 미군과 결혼한 일본 여성들도 있었다. 일본에서 비행기가 올 시간이면, 이들이 작은 판매대 뒤에 늘어서 손님을 기다렸다.

"내가 한가운데 서고, 직원들을 프리킥을 막는 선수들처럼 양옆으로 세웠습니다."

비좁은 매장에 워낙 다닥다닥 붙어 서야 해서, 척이 "살찌면 안 됩니다."라고 농담을 던지곤 했다.

척은 우수 판매원 제도를 마련해, 가장 많은 이윤을 남기고 상품을 파는 점원에게 수수료를 줬다. 직원들에게 고객 응대도 가르쳤다.

"상품을 시답잖게 진열해 놓으면 시답잖은 고객이 찾아옵니다. 고객에게 물건을 파는 것은 파리 잡기와 같습니다. 파리를 잡으려면 잽싸게 움직여야 하지요."

이렇게 말하는 척이 오히려 한 수 배운 점원들도 있었다.

"한 점원이 50달러짜리 만년필 여섯 개를 팔더니 이렇게 덧붙이더군요. '친구가 모두 여섯 명인가요? 저라면 더 좋은 65달러짜리 만년필을 여섯 개 더 사겠어요.'"

찔러도 피 한 방울 나지 않을 것 같은 한 일본인 점원은 어찌나 물건을 잘 팔았던지, 손님들이 자기가 무슨 물건을 샀는지도 모른 채 상점을 나가곤 했다. 한번은 어떤 손님이 다시 찾아와 DFS에서 산 시가에 구멍이 숭숭 뚫려 피우기 어렵다고 불평했다. 그런데 그 직원은 벌레가 먹어서라고 시인하기는커녕, 구멍 난 시가가 더 고급이라고 설득했다.

일본인 여행객들은 면세품 가격에 진심으로 놀랐다. 보호주의 정책을 쓴 일본은 고급 코냑과 위스키에 관세를 220%나 매겼다. 도쿄 소매점에서 25달러에 파는 위스키가 면세점에서는 달랑 6달러, 50달러에 파는 코냑은 10달러면 살 수 있었다.

수돗물처럼 쫄쫄 찾아오던 일본인 관광객이 1년이 채 지나지 않아 개울물처럼 불어났다가 마침내 파도처럼 밀려왔다. 1966년 3월 23일, 파리의 장 겐츠부르제에게 보낸 편지에 척은 "이곳에서 면세 사업이 쭉 호황을 이어가고 있다네."라고 적었다.

여기에 힘입어, 척과 밀러를 거의 파산으로 몰고 간 위기도 수그러들었다. 면세품 판매로 얻은 이익 덕분에, 밀러는 자동차 판매 사업으로 진 빚을 갚을 수 있었다. 무엇보다도, 척이 다시 사업으로 성공을 거뒀다. 척은 호놀룰루 국제공항에서 차로 20분 거리인 아이나하이나 해변에 임대한 집에서 파티를 열었다. 세 딸 줄리엣, 캐롤린, 레슬리와 함께 짜릿한 기쁨을 나눴다. 겐츠부르제에게 보낸 다른 편지에는 "아이가 있으면 좋다네. 자네도 몇 명 만들게!"라고 적었다. 같은 편지에서 다니엘이 갈수록 새까매진다며 "다니엘이 햇볕을 조금만 더 쬐면, 인종이 달라질지도 모르겠네."라고 익살을 부렸다.

공항 면세점의 전망이 무척 밝아 보이자, 자신감에 찬 척과 동업자들은 1967년에 입찰가 100만 달러를 써내 3년짜리 면세점 영업권을 갱신했다. 호놀룰루 신문들이 입찰 결과를 대문짝만하게 다뤘다. 자그마한 공항의 영업권치고는 터무니없이 비싸 보였기 때문이다. 하지만 척과 동업자들은 자기들이 무슨 일을 하는지 잘 알았다. 1968년 즈음, 전후 경제 회복에 크게 성공한 일본이 세계에서 두 번째로 큰 자유 시장 국가가 되었다. 돈을 물 쓰듯 쓰는 일본인 관광객의 물결은 이제 겨우 시작일 뿐이었다.

1968년 1월, 척은 가족과 함께 유럽으로 돌아가 다시 파리에 보금자리를 꾸렸다. 하와이 면세점은 앨런 파커가 총괄 책임을, 유럽에서 자동차 판매를 책임졌던 조 라이언스가 판매 담당을 맡아 운영했다. 척과 마찬가지로 파커도 사업이 날로 성장하는 기세에 깜짝 놀랐다.

"내가 하와이에 도착했을 때만 해도 매장이 정말 코딱지만 했습니다. 날로 방문객이 늘어나던 모습을 기억합니다. 어찌나 빠르게 늘어나던지, 판매대가 점원들 위로 넘어진 적이 한두 번이 아니었어요. 믿기지 않게 많은 일본인이 일본에서는 살 수 없거나 값이 열 배나 비싼 물건을 사겠다고 잔뜩 몰려왔습니다. 초창기 단체 관광객은 회사의 지원을 받아 여행 온 사람들이었습니다. 바로 이 사람들 덕분에 물건이 날개 돋친 듯 팔렸습니다. 우리가 알맞은 시기에 알맞은 장소에 있었던 거지요. 정말 운이 좋았어요. 그래도 우리가 영리하기는 했습니다. 일본에서 틀림없이 해외 관광이 폭발할 것을 알아봤으니까요."

DFS는 호놀룰루 공항 면세점을 전보다 약 네 배 큰 37m^2[약 11평]로 넓혔다. 일간지 〈호놀룰루 스타 불리틴〉의 당시 기사에 따르면 진열대에 '술, 담배, 향수 말고도 악어가죽 핸드백, 시계, 보석, 가죽 제품, 볼펜과 연필 세트, 다이아몬드'가 채워졌다.

척은 호놀룰루를 오가며 앨런 파커, 조 라이언스와 함께 일본인 관광객의 물결에 올라탈 방법을 더 많이 궁리했다. 1969년에는 시내에 거의 농구장 두 개 넓이인 730m^2[약 225평]짜리 면세점을 열었다. 영업권 계약서에는 공항 밖으로 매장을 넓히면 안 된다는 조건이 없었다. 새 매장을 연 곳은 일본항공 본사 꼭대기의 와이키키 비즈니스 플라자였다. 관광객이 한가롭게 매장을 둘러보다 사고 싶은 물건을 골라 계산하면, DFS가 비행기까지 물건을 배달했다. 이 무렵 호놀룰루를 찾는 일본인 관광객은 이전보다 주머니가 훨씬 더 두둑했다. 1968년에 일본 정부가 외화 반출 한도를 1인당 500달러로 올렸고, 여행 규제도 한층 완화한 덕분이었다. 1969년에는 호놀룰루를 찾는 일본인 열에 여덟이 휴식보다 쇼핑을 목적으로 삼았다.

척과 동업자들은 일본인 여행객을 능수능란하게 시내 면세점으로 끌어들였다. 그 덕분에 매장은 비행기 격납고만큼 커졌다. 이들은 여행사 직원에게 수수료를 쥐여주고, 관광객들이 호텔에 체크인하기도 전에 면세점부터 들르게 했다. 현지 관광 가이드, 버스 기사, 택시 기사들에게 간식거리와 텔레비전이 있는 대기실을 제공해, 손님을 면세점 점원에게 맡기고 느긋하게 머물게 했다. 하와이 출신으로 일본어를 할 줄 알던 고객 관리 담당자 모리스 카라마츠가 공항에서 관광 가이드를 맞이했고, 단체 손님을 시내 면세점으로 데려오는 기사들과도 친하게 지냈다. 그리고 누구에게나 선물을 돌렸다. 일본인들을 매장으로 안내할 때는 "이제부터 작은 도쿄로 가시겠습니다. 물건이 훨씬 싼 도쿄로요!"라고 손님들을 부추겼다. 고객 카드를 발급하고, 다시 매장을 찾은 사람에게 사은품을 줬다. 그 덕분에, 호놀룰루를 찾은 일본인들이 DFS 매장을 적어도 평균 두 번은 찾았다.

하와이는 1778년에 영국 해군의 제임스 쿡 대령이 후원자인 샌드위치 백작에게 경의를 표하는 뜻에서 샌드위치 제도라고 부른 곳이다. 그런 하와이에서 척이 성공을 거뒀다는 소식을 듣자, 코넬대 친구들이 척에게 가짜 신문을 한 부 보냈다. 머리기사는 '샌드위치 장수, 샌드위치 제도에서 크게 성공하다'였다.

척과 밀러의 재정 상태가 아직 불안정했던 1965년 어느 날, 훤칠하고 품위 있어 보이는 프랑스인 남성이 호놀룰루 공항의 국제선 대기실을 지나 DFS 매장을 둘러본 뒤 물었다.

"여기는 왜 카뮈를 진열하지 않습니까?"

남자는 코냑 회사 카뮈의 회장 미셸 카뮈였다. 미셸 카뮈는 당시만 해도 거의 알려지지 않은 카뮈의 브랜디를 홍보하러 아시아로 가는 길이었다. DFS가 유동성 문제로 신용 거래를 하기 어려워서라는 답을 듣자, 카뮈가 척을 파리로 초대했다.

미셸 카뮈와 척은 이전에도 거래한 적이 있었다. 몇 년 전 지중해에서 미 해군에게 술을 팔 때, 척이 장 겐츠부르제에게 군인들이 부담 없이 살 만큼 비싸지 않은 브랜디를 찾아보라고 요청했었다. 이에 파리에서 열린 국제 식품&와인 박람회를 찾은 겐츠부르제가 '카뮈'의 판매대를 발견했다. 미셸 카뮈는 겐츠부르제를 프랑스 서부 코냐크에서 가까운 저장고로 초대해 코냑 50상자를 싼값에 팔았다. 그 뒤로 척과 밀러는 카뮈의 고객이 되었다. 1963년에는 미셸 카뮈가 100주년 기념으로 내놓은 '카뮈 셀리브레이션' 한 병을 척에게 선물하기도 했다.

1965년에 미셸 카뮈가 하와이를 찾았을 때, DFS는 공급사 대다수와 신용 거래에 어려움을 겪고 있었다. 척의 설명은 이랬다.

"크게 성공을 거듭하는 회사라면 신용 거래를 할 수 있겠지만, 이제 막 걸음마를 뗀 회사라면 이야기가 다르지요."

사치품 제조 기업 대다수가 보기에, 면세 사업은 코딱지만 한 매장에서 사기꾼들이 운영하는 미심쩍은 사업이었다. 잘 나가는 업체들은 '할인점'과 얽히면 자기네 상표의 이름값이 떨어진다고 생각했다. 카뮈에서 수출 담당자로도 일한 장 겐츠부르제는 "그 시절에 면세사업자는 탈세자나 마찬가지였습니다. 사람들은 면세 사업을 이해하지 못했어요. 덮어놓고, 보나 마나 문제가 있을 거라고 지레짐작했지요."라고 전했다.

도매업자들도 면세 사업에 치를 떨었다. 면세점 경영주들이 도매업자를 건너뛰고 제조업자와 직거래해 공장도 가격으로 물건을 받았기 때문이다. 이 점도 신용 거래를 늘리는 데 걸림돌이었다. 특히 주류 공급업자들이 DFS에 유난히 콧대를 세웠다. 주류 업체들은 대체로 소매상들에게 60일짜리 신용장을 받았다. 하지만 DFS에게는 15일에서 30일짜리 신용장만 받았고, 선지급을 요구할 때도 있었다. 예컨대 척이 한 상자에 20달러인 술 1,000상자를 사려면 현금 2만 달러를 마련해야 했다. 술은 한 병도 팔지 않았는데 말이다.

명성이 높은 헤네시와 마르텔은 DFS가 작다는 이유로 몹시 거만하게 굴었다. 샤넬은 자기네 향수를 크고 화려한 매장에서만 팔게 했다. 제네바의 고급 시계 제조업체 파텍 필립은 "DFS가 파텍 필립의 명품 시계를 팔 만한 위치에 있지 않다"라는 이유로 앨런 파커를 대놓고 박대했다. 다른 시계 제조사들도 냉정하기 짝이 없어, 주요 업체들이 DFS와 거래를 마다했다. 그래도 롤렉스의 수장이 아일랜드인 여성과 결혼했다는 말을 들었을 때, 척은 업무 회의 뒤 담소를 나누며 아일랜드계라는 것을 연결 고리로 친해졌고, 마침내 롤렉스 시계의 판매를 허락받았다.

이렇듯 신용 거래가 DFS의 발목을 잡았으므로, 척은 곧장 파리로 날아가 미셸 카뮈를 만났다. 카뮈에게 신용 거래에 어려움을 겪는 사정과 자동차 판매 사업을 줄이려는 상황을 설명하고, DFS가 호놀룰루와 홍콩에서 소매 사업으로 성공하리라는 장밋빛 전망을 전했다. 또 코냑을 제조업체와 직거래해야 하고 만기가 긴 신용장이 필요하다고도 털어놓았다. 그렇게만 해준다면 DFS가 카뮈의 판매를 촉진할 테니, 카뮈는 일본인 여행객이 돈을 펑펑 쓰는 태평양과 동아시아에서 필요한 유통망을 얻을 수 있다고 설득했다.

미셸 카뮈에게는 잃을 것이 거의 없는 제안이었다. 한때 카뮈 가문은 상트페테르부르크로 브랜디를 수출해 번창했었다. 러시아의 마지막 황제 니콜라이 2세가 카뮈를 왕궁의 공식 코냑으로 사용한 덕분이었다. 하지만 1918년 10월 혁명으로 이런 번영도 막을 내렸다. 그 뒤로 소련산

보드카와 코냑을 교환하는 사업을 벌였지만, 그다지 돈벌이가 되지 않았다. 1960년대 중반 무렵 카뮈는 세계 코냑 판매 순위에서 초라하게도 20위에 머물렀다. 꽤 많은 코냑이 재고로 쌓였고, 회사는 거의 파산 상태였다.

미셸 카뮈는 푸른 눈동자의 전직 군인이 마음에 들었다. 카뮈도 척도 경쟁에 뒤처져 있었다. 미셸 카뮈는 코냑 도매업자 세계에서, 척은 주류 소매업 세계에서 밑바닥 신세였다. 카뮈가 직거래와 신용장 만기 120일을 제안했다. 주류 거래에서 유례가 없던 통 큰 양보였다. 이제 DFS는 카뮈 코냑 한 병을 단돈 2달러에 살 수 있었다. 그리고 6달러에 사들인 쿠브와지에 코냑과 똑같이 한 병에 9.95달러에 팔았다.

DFS가 빚을 갚느라 발버둥 치던 때라, 카뮈의 중요성이 훨씬 커졌다. 준비금이 없는 DFS가 카 인터내셔널을 폐쇄할 현금을 더 확보하려면 은행에서 높은 여신 한도를 받아야 했다. 토니 필라로가 스위스 금융권을 이용하고자 제네바의 롬바드 오디에 은행에 접근해 여신 한도로 100만 달러를 요청했지만, 단칼에 거절당했다.

"거기 담당자가 나를 별 미친놈을 다 보겠다는 눈초리로 보더군요."

다행히, 기꺼이 위험을 무릅쓰겠다는 은행가를 찾아냈다. 필라로가 잠시 일하기도 했던 바하마 나소의 버틀러 은행 소유주 앨런 C. 버틀러였다. 버틀러가 필라로와 파커의 계획에 맞춰 여신 한도를 50만 달러로 늘려줬다. DFS는 바하마에 카뮈 코냑의 전 세계 독점 유통업체가 될 대리점을 세우기로 했다. 이 대리점이 미셸 카뮈한테서 대규모로 코냑을 사들인 뒤 DFS와 아시아의 다른 면세 업체들에 되팔면, 척과 동업자들은 바하마에서 세금 한 푼 내지 않고 현금 수익을 챙길 수 있었다. 그러면 카뮈는 유통망을 얻고, 척과 밀러, 파커, 필라로는 자동차 판매 사업에서 빠져나올 현금을 얻을 터였다. 게다가 나소를 거쳐 흐르는 돈이 앨런 버틀러에게 받을 단기 대출의 담보가 될 것이다. 1965년 9월, DFS는 나소에 '에어포트 챈들러 유한회사'라는 이름으로 유통 대리점을 등록했다. 척, 밀러, 파커, 필라로 네 명이 DFS 지분 비율대로 주주가 되었다.

겐츠부르제에 따르면 대리점은 계획대로 순조롭게 굴러갔다.

"DFS에서 주문을 넣으면 에어포트 챈들러가 카뮈로 주문서를 보내고, 카뮈가 에어포트 챈들러에 청구서를 보냈습니다. DFS가 에어포트 챈들러에 대금을 주면, 에어포트 챈들러가 다시 카뮈에 대금을 치른 뒤 남은 수익을 챙겼고요."

머잖아 카뮈가 생산하는 술의 90%를 에어포트 챈들러가 취급했다.

이 계획이 성공하려면, DFS가 일본인 관광객에게 그때껏 흔히 사던 술이 아니라 카뮈 코냑이 최고급이라고 믿게 해 구매 습관을 바꿔야 했다. 척이 내건 보너스에 군침을 삼킨 하와이 DFS 매장 점원들이 관광객들을 살살 구슬려 카뮈로 관심을 돌렸다. 카 인터내셔널 판매원이었던 밥 마투섹이 그때 일을 들려줬다.

"매장을 방문한 일본 남성들이 조니 쿠로 두 병을 주문하곤 했습니다. 그 사람들은 조니 워커 블랙을 그렇게 불렀어요. 일본의 주류 면세 한도가 두 병일 때라, 조니 워커가 큰 선물이었습니다. 그러면 매장 여직원들이 이렇게 말했죠. '어머, 새로 나온 코냑 못 들어보셨어요? 요즘 인기인데.' 그러면 손님들이 마음을 바꿔 카뮈로 주문했죠. 보고 있자니 자동차를 팔 때가 생각나더군요. 트라이엄프를 사겠다는 사람의 마음을 돌려 볼보를 팔던 때요. 볼보가 더 돈이 되었거든요. 장사에서는 그게 가장 중요합니다. 우리는 크게 성공했어요. 그것도 입이 떡 벌어지게요."

1966년 3월, 척은 그 작은 호놀룰루 공항 면세점에서 한 달에 카뮈 코냑을 무려 1,600병이나 팔아치웠다. 겐츠부르제에게 보낸 편지에, 여성 점원들이 '그야말로 손님들에게 융단폭격을 퍼부어' 카뮈를 팔고 보너스를 받는다고 적었다. 또 홍콩에서는 카뮈가 한 병도 안 팔리니, 몇 주 동안 거기로 가 '분위기를 조금 띄워볼' 생각이라고도 썼다.

DFS 판매원들은 가는 곳마다 신나게 카뮈를 알렸다. 출장차 일본에 가면, 나이트클럽에서 꼭 카뮈 코냑을 주문하고, 카뮈가 없으면 기가 막힌다는 표정을 지었다.

그런데 척이 가만히 보니, 일본인 관광객들이 다른 어떤 브랜디보다 쿠브와지에 나폴레옹을 선호했다. 쿠브와지에는 나폴레옹의 검은 실루엣을 상징처럼 라벨에 넣고서 '나폴레옹이 마신 브랜디'라고 뽐냈다. 실제로도 나폴레옹 보나파르트가 세인트헬레나섬으로 유배될 때 쿠브와지에를 몇 통 주문해 가져갔다. 아시아에서 나폴레옹이라는 이름은 정통성과 남자다움을 상징했다. 쿠브와지에는 코냑 시장을 지배했고, 코냑으로는 유일하게 허가를 받고 일본에 수입되었다. 쿠브와지에가 나폴레옹 코냑 시장을 장악한 듯 보였다. 그런데 쿠브와지에의 마케팅에 빈틈이 있었다. 일본 사람들이 쿠브와지에가 아니라 코냑의 숙성 등급인 '나폴레옹'을 상표 이름으로 인식했다. 코냑의 숙성 기간에 따라 2년 이상은 VS, 4년 이상은 VSOP, 6년 이상은 나폴레옹, 10년 이상은 XO 등급을 매긴다 게다가 '나폴레옹'을 상표로 등록한 곳이 한 군데도 없었다. 척이 미셸 카뮈에게 카뮈 나폴레옹을 널리 홍보하자고 제안했다. 그러나 카뮈는 쿠브와지에와 정면으로 맞부딪치기를 꺼렸다. 사람들이 카뮈의 나폴레옹 코냑을 뻔뻔한 베끼기 상품으로 여겨 쳐다도 보지 않을까 두려웠기 때문이다. 척이 대안을 내놓았다. 처음에는 라벨에 나폴레옹을 작은 글씨로 넣다가 점차 카뮈의 글씨 크기를 줄이고 나폴레옹을 더 키우자고. 아니나 다를까, 이런 변화를 알아챈 사람이 거의 없었다. 브랜디를 살 때 '나폴레옹'이 박힌 제품을 찾던 일본 사람들이 머잖아 쿠브와지에와 카뮈가 같은 술이겠거니 여겼다.

척은 카뮈를 알릴 마케팅 전략에 적잖이 몰두했다. 한번은 미셸 카뮈에게 편지를 보내, 나폴레옹이 그려진 책 옆에 카뮈 두 병을 세워둔 홍보 사진을 수정해달라고도 요청했다. 병 앞에 있는 코냑 잔을 '시각 효과를 높이도록' 다른 쪽으로 옮겨 달라, 라벨을 고쳐 달라, 실크스크린으로 인쇄해 달라는 요구도 보탰다. 자신이 생각한 광고 시안을 손수 그려 함께 보내기도 했다. 그뿐 아니라 다른 요구사항도 깨알 같이 덧붙였다.

"책을 살짝 왼쪽으로 옮겨 주십시오. 카뮈 나폴레옹도 책만큼 왼쪽으로 옮겨 주시고요. '나폴레옹 엑스트라'가 모두 보이게 병을 살짝만 왼쪽으로 돌리고요."

카뮈는 오래 숙성한 브랜디를 다른 모양의 술병에 담아 선택의 폭을 넓혔다. 그 덕분에, 해외 출장을 자주 다니는 일본인들이 상사에게 그때그때 다른 선물을 할 수 있었다. 프랑스의 고급 크리스털 제조사 바카라의 디캔터나 유명한 도자기 생산지 리모주에서 갖가지 색으로 나폴레옹을 그려 넣은 책 모양의 도자기에 담은 카뮈 코냑은 일본인 출장 여행객에게 선물로 제격이었다. 카뮈 조세핀도 크게 성공한 상품 중 하나였다. 가늘고 긴 병의 라벨에 아르누보 화가 알폰스 누하의 화풍대로 호리호리한 여성을 그려 넣은 카뮈 조세핀은 일본의 '오피스 레이디' 사이에 큰 인기를 누렸다.

DFS는 아르마냐크라는 브랜디를 상품으로 만들어 세계적 상표로 키우는 데도 관여했다. 피레네산맥 근처 아르마냐크 지역에서 생산되는 아르마냐크는 코냑과 달리 한 번만 증류해 도수가 훨씬 높았다. 미셸 카뮈가 겐츠부르제의 제안을 받아들여, 스페인 국경 근처 마을인 라바스

티드 다르마냐크의 샤보 가문에서 만들었으나 당시에는 사용되지 않던 오래된 상표 샤보를 사들이고, 생산 시설을 마련했다. 겐츠부르제가 샤보 나폴레옹을 담을 병을 디자인하고 '프린스 드 샤보'라는 이름을 붙였다. 그런데 어떤 사람이 이 이름의 상표권을 주장하고 사용료로 판매액의 1%를 요구하는 바람에 아쉽게도 사용을 중단했다.

DFS에 신뢰를 보낸 프랑스 제조업자가 미셸 카뮈만은 아니었다. 유명한 향수 회사 니나리치는 로베르 리치가 어머니 니나 리치와 함께 차린 기업이다. 이 로베르 리치의 사위 질 푹스가 아직 유동성 위기를 겪던 DFS의 앨런 파커에게 만남을 요청했다.

"푹스가 한 병에 3달러인 7*ml*짜리 니나리치 향수 1,000병을 팔고 싶어 하더군요. 그래서 '이러면 어떨까요? 한 병에 1달러로 3,000병을 사겠습니다.'라고 답했습니다. 푹스가 그러겠다고 하더군요. 니나리치 향수를 계속 아주 낮은 가격에 사들여 이윤이 무척 많이 남은 덕분에, 우리는 지옥을 벗어났습니다. 그리고 니나리치는 오랫동안 일본에 큰 시장을 확보했고요. 영리하게도 푹스는 우리를 니나리치 향수에 홀딱 빠지게 하면 장차 수백만 병을 주문할 테고, 그러면 시장을 뚫기 어려워 발을 동동 굴렀던 일본에 굳이 돈을 들여 니나리치를 홍보하지 않아도 된다는 사실을 알았던 거죠. 우리는 니나리치를 3분의 1 가격에 사니 이윤을 두 배로 남겼고요."

판매 점원들은 자기네 말을 곧이곧대로 믿는 일본인 관광객에게 니나리치를 팔고 수수료를 챙겼다. 마투섹에 따르면 "점원들이 향수를 파는 데도 아주 능수능란"했다.

"손님 팔에 향수를 뿌린 뒤 '새로 나온 향수예요. 요즘 가장 많이 팔리는 제품이죠.'라고 말하곤 했습니다."

덩치가 커진 DFS는 매장 입구에 카뮈와 니나리치를 진열했다. 시간이 지나자 일본인 관광객은 서양 사치품 하면 카뮈와 니나리치를 먼저 떠올렸다.

카뮈와 거래를 트고 에어포트 챈들러를 설립한 지 2년 만에, DFS는 자동차 판매 사업으로 진 빚을 깨끗이 갚았다. 차를 주문한 육군과 해군 장성들에게 약속대로 모든 차를 제때, 심지어 예정보다 일찍 배송했다. 이제 에어포트 챈들러는 순익을 냈을 뿐만 아니라 DFS보다도 먼저 배당금을 나눠줬다. 파커에 따르면 그때 에어포트 챈들러는 현금을 쭉쭉 벌어들이는 '캐시 카우'였다. 1967년에 나온 첫 배당금 3만 1,250달러는 네 소유주의 지분 비율에 따라 척 피니와 밥 밀러가 1만 2,110달러, 앨런 파커가 6,250달러, 토니 필라로가 780달러를 받았다.

척과 동업자들은 옛일을 잊지 않았다. 어려울 때 DFS를 우습게 봤던 제조사의 코냑은 카뮈보다 더 유명한 제품일지라도 몇 년 뒤에야 DFS 매장의 진열대에 올렸다. 주로 DFS와 거래한 카뮈는 1980년대 중반에 코냑을 50만 상자 가까이 팔아 일본 판매 1위, 세계 판매 5위인 코냑 회사가 되었다. 이름뿐이던 샤보는 프랑스에서 가장 많이 수출되는 아르마냑크가 되었다.

사업이 정점에 오른 1980년대에 에어포트 챈들러가 주주 네 명에게 준 현금 배당금 총액은 한 해 평균 무려 5,000만 달러였다. 회사 바깥에서는 그런 사실을 아무도 몰랐다. 에어포트 챈들러는 그야말로 전 세계에 돌풍을 일으킨 소매업체가 되었다.

"우리에게는 국제 판매권이 있었습니다. 가격도 우리가 정했고요."

척은 미셸 카뮈가 자신에게 보여준 믿음을 절대 잊지 않았다.

"카뮈의 믿음은 멋진 관계의 시발점이자 우리에게 찾아온 엄청난 행운이었습니다."

미셸 카뮈는 척에게 아버지이자 스승 같은 존재가 되었다. 척과 밀러의 가족은 프랑스 서부 코냐크 마을 외곽에 있는 카뮈의 저택을 꾸준히 방문했다. 미셸 카뮈는 손님들에게 이렇게 말하곤 했다.

"멋진 코냑을 만들기란 어렵지 않습니다. 코냑을 만드는 데 인생을 바친 증조할아버지, 할아버지, 아버지만 있다면요."

8

면세 천국 홍콩을 사로잡다

척이 호놀룰루 공항에서 돈을 긁어모으고 밀러가 카 인터내셔널을 정리하는 동안, DFS는 홍콩 카이탁 공항의 면세점 관리를 포르투갈계 홍콩인인 회계사 존 몬테이루에게 맡겼다. 차이나 라이트라는 조명 회사의 관리자였던 몬테이루는 미국에 이민하려던 참에 척과 밀러의 설득으로 DFS에 합류했다. 척과 밀러는 홍콩을 잘 아는 사람이 필요했다. 둘은 몬테이루에게 나중에 미국으로 전근시켜 주겠다고 약속했고, 계약서에 이 조건을 넣었다.

1960년대 후반에 인구가 400만 명이던 영국 식민지 홍콩은 자유방임 자본주의의 본거지였다. 돈이라면 못 사는 것이 없고 안 파는 것이 없었다. 듣자 하니 홍콩 사람들이 어찌나 지독한 구두쇠였던지 먹이를 하나도 던져 주지 않아 홍콩항에 갈매기가 없었다고 한다. 지휘권은 영국 총독에게 있었지만, 홍콩의 진짜 실세는 홍콩상하이은행 이사회, 그리고 자딘 매시선, 버터필드&스와이어, 사우스시 텍스타일 같은 대형 무역회사였다.

도쿄에서 홍콩까지는 비행기로 세 시간밖에 걸리지 않았다. 거리에는 서양식 상점, 이층 버스, 영어로 쓰인 도로 표지판이 있었다. 거의 영국 같은 느낌이 나는 홍콩은 외국을 맛보고 싼값에 물건을 사고 싶은 일본인 관광객에게 아시아 최고의 관광지였다. 홍콩에서는 술과 담배 말고는 어떤 물건에도 관세를 매기지 않았다. 게다가 DFS에서만은 술과 담배도 무관세로 살 수 있었다.

하와이에서와 마찬가지로 카이탁 공항의 면세점도 거의 구멍가게 수준이라 4.5*m*짜리 판매대 두 개가 다였다. 처음 몇 년 동안은 척과 밀러가 신경을 쓰지 못해 운영이 엉망진창이었다. 한번은 크리스마스 때 화가 난 일본인 관광객들이 굳게 닫힌 매장 앞에 몰려든 적도 있었다. 그날 관광객 수십 명이 술을 찾아가기로 했는데, 점장이 그 사실을 까맣게 잊은 채 직원들을 휴가 보내고 자기도 골프를 치러 갔기 때문이다.

하와이에서 그랬듯, 카이탁 공항에도 1964년 뒤로 일본인 관광객이 몰려들었다. 관광객이 하도 많이 몰려들자, 판매원들이 면세 주류와 담배 주문을 미처 다 소화하지 못했다. 몬테이루는 일본말을 할 줄 아는 사람들을 고용해, 관광버스에서 면세품을 주문받고 공항 면세점에서 찾아가게 했다. 일본이 해외여행 규제를 한층 더 완화하자, 달이 바뀔 때마다 매출이 두 배로 뛰었다. 몬테이루의 말을 빌리자면 "관광 광풍이 몰아쳐 도무지 대처가 안 되는" 지경이었다. DFS의 단위 면적당 매출이 런던의 해러드 백화점보다 무려 50배나 높았다.

척과 동업자들은 홍콩 매장이 돈을 벌어들이는 족족 빼내 자동차 판매 사업을 정리하는 데 쏟아부었다. 달리 말해, 몬테이루는 공급업체에 대금 지급을 미루면서도 재치를 발휘해 빚은 지지 않아야 했다. 한번은 가장 많이 팔리는 위스키의 판매 대리인이 참다못해 수표를 끊어줄 때까지 배달을 멈추겠다고 으름장을 놓았다. 몬테이루는 은행에서 받아주지 않게끔 번호가 틀린 수표를 보냈다. 그 대리인이 "어떻게 이따위 수표를 보냅니까?"라고 화를 내자, 몬테이루가 넙죽 사과했다.

"아이고, 이런. 죄송합니다. 그 수표를 갖다주시면 다른 수표를 써드리겠습니다."

그렇게 2주를 더 벌었다.

"재미있는 숨바꼭질이었죠."

몬테이루는 시내에 더 큰 매장을 지어 날로 늘어가는 수요에 대응하고 판매 상품을 늘리면 좋겠다는 생각을 떠올렸다. 카이탁 공항 면세점은 관광객이 찾는 물건을 20%밖에 소화하지 못했다. 일본 사람들은 카메라, 향수, 화장품, 고급 볼펜을 포함한 여러 사치품을 사고 싶어 했다. 영업권 계약에 따르면 DFS가 공항에서만 장사해야 한다거나 술과 담배만 팔아야 한다는 제약이 없었다. 그러니 시내에 온갖 물건을 다 팔 수 있는 매장을 열고 고객이 산 물건을 공항으로 배달한다면, 관광객의 마음을 더 사로잡을 수 있을 것 같았다.

척과 밀러, 파커, 필라로는 몬테이루의 제안을 놓고 고민을 거듭했다. 홍콩 시내에 고급 매장을 임대해 새로 꾸미고 직원을 네 배로 늘리려면 자금이 필요했다. 혹시라도 계산이 삐끗 어긋났다가는 또다시 회사가 주저앉을 위험이 있었다. 홍콩은 호놀룰루보다 경쟁이 더 치열했다. 시내 매장이 성공하려면 중국인인 여행사 직원들이 일본인 관광객을 DFS로 데려오게 해야 했다. 그런데 여행사 대다수가 저마다 비싸게 물건을 파는 소매점을 운영하거나, 단체 관광객을 데려가면 뒷돈을 한 뭉치씩 챙겨주는 친구들이 있었다. 관광객들만 모를 뿐, 아는 사람은 다 아는 구린 돈벌이였다.

몬테이루가 홍콩의 관광 사업을 주무르는 상위 스무 개 여행사를 찾아가 제안을 하나 내놓았다. 여행사가 소매 사업을 접고 모든 일본인 관광객을 DFS의 시내 매장에 데려오면, 단체 관광객이 산 핸드백이나 만년필, 시계 같은 물건에 수수료를 두둑이 챙겨주겠다는 제안이었다.

"무엇 하러 상점을 운영하려 하십니까? 제가 당신을 대신해 상점을 운영하는데요. 그것도 더 좋은 물건을 더 좋은 가격으로 팔아 수수료까지 드리고요."

제안이 효과가 있었다.

"한두 군데 빼고는 아주 좋은 생각이라며 그러마, 하더군요. 그래서 척과 밥에게 소식을 알렸어요. 두 사람이 그러더군요. '해 봅시다.'"

DFS는 가오룽 한커우 거리에 있는 호퉁 하우스 1층에 매장을 열었다. 동아시아 지역 호텔의 귀부인이라 할 페닌슐라 호텔 뒤편이었다. 그리고 관리자 두 명과 판매원 여럿을 고용했다. 풍수로 볼 때 아주 좋은 터였다. 공식 개점식도 열었다.

그런데 선뜻 협력할 듯했던 여행사들이 자기네 사업을 쉽게 포기하려 들지 않았다. 그뿐 아니라 홍콩의 사치품과 기념품 공급업자들에게 만약 DFS에 도매로 물건을 넘기면 거래를 끊겠다고 어깃장까지 놓았다. 홍콩의 포르투갈 클럽 루지타누에서 만난 몬테이루가 차 한 잔을 앞에 두고 그때를 떠올렸다.

"여행사들이 공급업자들을 단단히 '단속'한 거지요. 뒤퐁 라이터는 일본인들이 빼놓지 않고 사는 상품이었는데, 뒤퐁이 우리한테 물건을 주려 하질 않았습니다. 롤렉스도 우리한테 물건을 안 줬고, 샤넬도 마찬가지였어요."

견디다 못한 몬테이루가 척에게 전화를 걸었다.

"나는 이 여행사들을 모두 상대해야 합니다. 매장도 단장해야 하고,

직원도 뽑아야 하고요. 관리 업무는 거의 손도 못 대고 있습니다. 여력이 안 되니까요. 그 와중에 물건을 받으려고 공급업자들을 죄다 만나야 하고요. 나 혼자서는 못 할 일입니다. 당신이 와서 도와야 해요."

이 무렵 밀러는 회사 일에서 한발 물러나 쉬고 있었다. 10년 동안 척과 함께 사업을 일구고, 투어리스트 인터내셔널과 카 인터내셔널의 사무소를 정리하는 달갑지 않은 일을 하느라 세계 곳곳을 돌아다닌 뒤였다. 이제는 배당금을 투자해 다른 일에 도전해보고 싶었다. 그래서 아내 샹탈과 갓 태어난 맏딸 피아를 데리고 런던에 보금자리를 마련했다.

척이 생각해보니 자신이 홍콩으로 가봐야 할 상황이었다. 척과 몬테이루는 공급업체들을 반씩 맡아, DFS에 물건만 준다면 DFS의 판매 수익을 포기하는 가격으로 제품을 사겠다는 제안을 내놓았다. 하필이면 매장도 파리를 날리고 있었다. 도매업자들을 압박해 DFS에 물건을 주지 못하게 막은 여행사들이 매장에 단체 관광객도 데려오지 않았기 때문이다. 두 사람은 악어 떼 같은 위선자들 틈바구니에서 고군분투했다. 몬테이루에게는 '평생 가장 끔찍한 때'였다.

"지옥이 따로 없었습니다. 여행사 스무 곳을 다시 찾아가 도대체 무슨 일이 벌어지고 있는지 확인했지요. '이 개새끼들, 이렇게 나오시겠다. 덤벼볼 테면 해 봐. 관광객을 우리 매장에 안 데려오면 나도 당신네 관광객한테는 술을 안 팔 테니까.' 하고 이를 갈았죠."

몬테이루는 여행사에 앞으로 한 주만 술을 주문받고, 그 뒤로는 일본인 관광객을 DFS 매장에 데려오지 않는 곳과는 거래를 끊겠다고 못 박았다. 마침내 두 손을 든 여행사들이 시내의 DFS 매장에 단체 관광객을 데려오기 시작했다. 한 주가 가기도 전에 DFS 매장이 발 디딜 틈 없이 북적여, 판매원을 더 고용해도 손이 모자랐다. 척은 이렇게 회고했다.

"여행사들은 누구든 뒷돈을 많이 챙겨주는 사람과 일하려 했습니다. 그리고 얼마 뒤 홍콩에서 우리가 가장 쏠쏠한 수입원이라는 사실을 깨달았고요. 우리한테 받는 수수료가 더 많았으니까요. 지금까지도 그렇습니다. 점심때 식당에 관광객을 데려가면 인당 1달러를 받겠지만, DFS에서는 꽤 많은 돈을 받았어요."

관광객을 DFS 매장에 데려가 수수료를 받는 쪽이 더 쏠쏠하다는 계산이 서자, 몇몇 여행사는 아예 직영 상점을 닫았다.

홍콩의 소매업 역사에서 손꼽히게 대담한 도박이 마침내 성공을 거뒀다. DFS는 이제 술과 담배뿐 아니라 매장의 다른 상품도 모두 면세품이겠거니 여기는 관광객에게 온갖 최고급 사치품을 팔 수 있었다. 척의 말마따나 "술과 담배를 미끼 삼아 시계를 사게" 했다.

그런데 손님이 너무 많이 몰려드는 바람에, 여성 판매원들이 숨 돌릴 틈도 없이 고되게 일해야 했다. 이들은 하루 열다섯 시간씩 휴일도 없이 물건을 팔았다. 참다못한 남편들이 매장에 연락해 불만을 터트렸다.

"젠장, 아내를 못 본 지가 한참입니다. 아이들도 제 엄마를 본 지가 언젠지 모르겠고요. 도대체 언제쯤 사정이 나아지는 겁니까?"

끝내는 화가 머리끝까지 치민 남편들이 함께 시내 매장에 들이닥쳤다. 척과 몬테이루가 점원을 혹사한다고 비난을 퍼붓는 남편들을 마주했다. 척은 "부디 조금만 더 기다려 주십시오."라고 간청했다. 몇몇 판매원이 그만뒀지만, 대다수는 회사를 떠나지 않았다. 그리고 직원을 두 배, 네 배로 늘린 끝에야 마침내 업무 강도가 줄어들었다.

하지만 몬테이루의 업무는 줄지 않았다. 12월 31일에도 관리자 한 명과 함께 턱시도 차림으로 재고를 파악해야 했다. 밖에서는 두 사람의 약혼녀들이 일이 끝나기를 기다렸다. 그날 밤 일은 새벽 두 시가 되어도 끝나지 않았고, 약혼녀들은 하는 수 없이 집으로 발길을 돌렸다.

시내 매장을 찾는 수요가 워낙 많아지자, 가게를 넓혀야 했다. 호퉁하우스 건물주에게 다른 임차인들을 설득해 내보내 달라고 요청했는데, 몇몇 임차인이 DFS가 떼돈을 버는 것을 보고 나가지 않겠다고 버텼다. 한 홍콩인 관리자가 '귀뚜라미 공격'으로 임차인들을 몰아내자고 제안했다. 귀뚜라미에 사람 똥을 묻힌 뒤 다른 매장에 풀어놓자는 뜻이었다. 내게 이 일화를 들려주던 몬테이루가 웃음을 터트렸다.

"그 관리자한테 아주 기발한 생각이기는 해도 그렇게 할 생각은 없다고 말했지요."

척과 몬테이루는 일본인 관광객의 쇼핑 습관을 연구했다. 관광객은 3박 4일 일정 중에 첫날보다 셋째 날 돈을 30% 더 많이 썼다. 셋째 날이 되면 가격을 파악한 뒤라 사고 싶은 물건을 마저 사야겠다는 욕구가 컸기 때문이다. 몬테이루는 다시 여행사를 찾아가, 일본인 관광객을 DFS 매장에 한 번 더 데려오라고 요청했다.

"그러마, 라고 한 여행사도 있었지만, 많은 곳이 펄쩍 뛰었습니다. 이런 헛소리를 하더라고요. '벌써 상점 여섯 곳을 들렀고, 그중 하나가 당신네 상점입니다. 도대체 무슨 핑계로 같은 곳에 다시 여행객을 데려가라는 겁니까?' 그래서 말했죠. '좋아요, 내가 매장을 하나 더 내겠습니다. 그러니 지금 있는 매장에 들른 다음, 새 매장에 가세요.'"

DFS는 정말로 가오룽의 그랜빌 거리와 네이선 거리가 교차하는 곳에 '단골' 매장이라고 부른 또 다른 시내 매장을 차렸다. 몬테이루는 여행사에 관광객이 두 번째 시내 매장에서 어떤 물건을 사든 수수료를 주겠고, 관광객이 제 발로 들르더라도 그렇게 하겠다고 약속했다. 어느 여행사가 데려온 관광객인지는 호퉁 하우스 매장에서 물건을 산 고객에게 공항 배달용으로 발급한 쇼핑 카드로 확인했다.

이번에도 몇몇 여행사가 미심쩍다는 눈길을 보냈다. 몬테이루는 이들을 저녁 식사에 초대해, 두 번째 방문으로 여행사가 벌어들일 수수료를 계산해 보여줬다.

"다들 믿기지 않아 입을 다물지 못하더군요. '어림도 없는 소리 하지 맙시다.' 그래서 말했지요. '정말입니다! 다음 달에 한 번 보십시오!'"

술과 담배는 일본인 관광객을 불러들이는 미끼 상품이었고, 사회적 지위를 신경 쓰는 일본인들이 DFS에서 실제로 가장 많이 사는 것은 일반 상품이었다. 그런데 DFS의 공식 상호에 들어가는 듀티프리 즉 '면세'라는 문구가 경쟁 업체와 마찰을 불러일으켰다. 홍콩의 다른 업체들이 듀티프리쇼퍼가 면세라는 문구를 악용해 관광객들에게 모든 물건을 일반 가게보다 더 싸게 판다는 착각을 일으킨다고 비난했다. 이때부터 DFS는 듀티프리쇼퍼가 아니라 약자인 DFS만 쓰기 시작했다.

그런데 지금 생각해보면 희한하게도, 홍콩과 하와이의 유서 깊은 회사들은 면세 사업에 뛰어들 기회를 잡지 않았다. 앨런 파커도 이 점에 동의했다.

"하와이나 홍콩을 좌지우지한 회사들 이를테면 자딘 매시선 같은 무역회사가 초창기에 아무런 움직임을 보이지 않았습니다. 그런 회사들이 기회를 놓치다니, 믿기지 않았지요."

자동차 판매 사업으로 진 빚을 모두 갚은 뒤 면세점 사업이 상당한 수익을 올리자, 척과 동업자들은 배당금의 90%를 현금으로 받기로 의견을 모았다. 그리고 그 뒤로 25년 동안, 이 관행이 변함없이 이어졌다. 척의 말로는 "회사에 현금을 쌓아놓을 마음이 없어서, DFS가 성공한 때부터 수익을 언제나 배당금으로 배분했다"고 한다. 네 소유주는 주로 분

기마다 한 번씩 현금 뭉치를 나눴다. 치욕스럽게도 파산의 벼랑에 몰린 지 3년 뒤, 척과 밀러는 백만장자가 되겠다는 목표를 거의 이뤘다. 면세점이 갈수록 커지는 물줄기처럼 더 많은 수익을 쏟아냈다.

척이 몬테이루를 돕고자 홍콩으로 온 지 반년이 지난 1968년 3월 18일, 다니엘이 남편과 함께 지내고자 거처를 홍콩으로 옮겼다. 이제 두 사람은 네 딸의 부모였다. 막내 다이앤은 태어난 지 겨우 열흘이 지난 갓난쟁이였다. 척은 가족을 위해 바다가 내려다보이는 마운트 데이비스 거리의 케이프 맨션 20층에 아름다운 보금자리를 마련했다. 이제 서른일곱 살이 된 척은 당시 기준으로 부자였다. 하지만 홍콩에 정착하기 전만 해도 다니엘은 자기들이 부자가 되었다는 사실을 의식하지 못했다. 그렇다고 어느 날 불현듯 돈이 많다는 사실을 깨달았다는 뜻은 아니다. 홍콩으로 옮긴 뒤로 다른 사람들의 시선이 서서히 현실을 일깨웠다. 사람들은 척의 가족을 여느 사람과 다르게 바라보고 다르게 대했다.

척의 가족은 부유하고 화려한 삶을 살기 시작했다. 영국의 명차 재규어를 사고, 작은 요트도 한 척 마련했다. 운전기사를 고용하고, 집안일을 도울 사람도 여럿 부렸다. 사교 단체에 가입하고 파티를 열었다. 척은 턱시도도 두 벌 마련했다. 가족은 유명한 상류층 클럽, 레이디스 레크리에이션을 즐겨 찾았다. 일요일이면 이곳에서 척과 다니엘은 테니스를 치고 아이들은 수영장에서 물장구를 쳤다. 홍콩은 유럽에 견줘 집과 음식이 쌌고 적은 돈으로도 집안일을 도울 사람을 부릴 수 있었다.

다니엘은 홍콩에서 누리는 이런 호화로운 삶을 거부감 없이 받아들였다. 보석과 골동품을 사들이고, 집안을 아름다운 물건과 장식으로 화려하게 치장했다. 다니엘은 부유층 출신이 아니었다. 알제리에서 파리로 옮긴 이주민이었고, 아버지 앙드레 모랄리-다니노스가 저명한 정신과 의사로 자리 잡기 전까지는 온 가족이 허리띠를 졸라매고 살았다. 2차 세계대전이라는 어려운 상황을 겪었고, 척의 사업 때문에 이 나라 저 나라를 자주 떠돌아다녀야 했다. 그런데 이제 홍콩에 오니, 마음껏 쓸 돈이 있었다. 식민지의 화려한 삶 뒤편에 공허함이 도사리고 있다는 것을 잘 알았지만, 그래도 상류층 생활이 즐거웠다.

깔끔하게 자른 머리와 짧은 구레나룻, 햇볕에 그을린 탄탄한 몸을 자랑하는 척에게는 전후 미국 기업가들이 흔히 보인 자신감과 활력이 넘쳤다. 척은 너그럽고 근면하고 가정에 충실한 훌륭한 미국인이었다. 일을 즐겼고, 사업에서 이룬 성취에 만족했다. 그리고 적어도 처음에는 풍족한 삶을 적잖이 즐기는 듯 보였다. DFS 직원들에게도 사랑받았다. 척은 직원들이 회사에 충실하기를 기대하는 만큼이나 자신도 직원들에게 충실했다. 점원 이름을 한 명도 빠짐없이 다 외웠고, 직원들의 가족에 관심을 보였다. 어려움에 빠진 직원을 돕는 것으로도 유명했다. 존 몬테이루의 여덟 살배기 아들 마이클이 불붙은 성냥을 오토바이 연료탱크에 던졌다가 끔찍한 화상을 입었을 때는 척이 발 벗고 나서 뉴욕의 일류 병원으로 이송해 여러 번 수술받게 했고 치료비도 모두 대줬다.

척은 가난한 아이들의 삶에도 우려를 드러냈다. 이런 모습은 평생에 걸쳐 이어졌다. 그러고 보면 빌프랑슈 해변의 여름 캠프에서 아이들을 돌보던 열정이 그저 돈을 벌려는 속셈에서만 나온 것이 아니었다. 홍콩에서도 아래층에 사는 청각 장애인 소녀 수재나가 최고의 치료를 받도록 갖은 애를 썼다. 미국인 학교로 학생들을 실어 나르는 미니버스의 기사가 아이들이 선루프 밖으로 머리를 내미는 데도 내버려 둘 때면 한숨을 내쉬곤 했다.

"급 브레이크를 밟거나 사고라도 나면 아이들이 크게 다칠 텐데!"

그래서 기사를 찾아가 우려를 전했지만 되레 "닥치고 꺼져."라는 말을 들었다. 척은 학부모들을 하나하나 찾아가 기어이 일을 바로잡았다.

홍콩의 면세 사업이 크게 성장하고 태평양 지역으로 사업을 확장할 전망이 무척 커진 1969년, 척이 밥 밀러에게 돌아오라고 설득했다.

"혼자서는 홍콩 사업을 모두 감당하기 어려웠습니다. 그래서 밥한테 '모두 돌아와야 하네. 훨씬 더 많은 사업을 벌일 수 있어.'라고 말했지요."

그때 척은 알래스카와 태평양제도에 첫 면세점을 열 가망이 있을지 눈여겨보고 있었다.

"밀러가 그러더군요. '좋아, 돌아가지.'"

밀러는 가족과 함께 런던에서 홍콩으로 돌아와 쭉 그곳에 머물렀다. 하와이는 앨런 파커가, 홍콩은 밀러가 맡았으므로, 척은 이제 홍콩을 벗어나 새로운 사업 기회를 찾아볼 수 있었다.

척의 가족과 밀러의 가족 모두 영국령 홍콩의 사교계 인사였지만, 함께 어울리는 일은 드물었다. 다니엘은 밀러를 좋아했고 밀러네 가족과도 잘 지냈다. 하지만 밥 밀러의 가족이 척의 집을 방문한 적은 한 번뿐이고, 척도 밀러네 집을 딱 한 번 방문했을 뿐이다. 두 창업자 사이의 냉랭함은 서로 다른 포부 탓에 한층 더 차가워졌다.

밥과 샹탈은 최고급품에 돈을 쓰는 것이 마땅하다고 믿었고, 우아함을 갈망하며, 사회적 지위의 꼭대기에 오르고 싶어 했다. 한번은 샹탈이 다니엘에게 이렇게 다짐했다.

"우리 딸들은 왕자와 결혼할 거예요." 실제로 두 딸이 왕족과 결혼했다

하지만 척은 달랐다. 시간이 흐르자 어릴 적 삶과, 또 뉴저지주 엘리자베스에서 가족과 친구들이 여전히 살아가는 삶과 완전히 동떨어진 이런 화려한 생활 방식을 되돌아봤다. 그리고 어릴 적부터 몸에 밴 절약의 가치를 곱씹었다. 안타깝게도 다니엘은 남편 척이 얼마나 강렬하게 정장 차림의 만찬과 호화 요트의 세계가 자신과 맞지 않다고 생각했는지, 부를 과시하는 행동을 얼마나 혐오했는지, 홍콩의 부유한 사교계 명사

들의 삶을 얼마나 경멸했는지를 나중에야 깨달았다.

두 창업자의 성향이 이렇게나 달랐으므로, 회사의 기부 활동에도 이견을 드러냈다. 회사가 흑자로 돌아서자, 척은 세전 수익의 5%를 기부하자고 제안했다. 그 정도 수익을 기부하는 것은 그 시절의 기업 풍토와 거리가 멀었다. 자유주의 시장경제를 옹호한 경제학자 밀턴 프리드먼이 1970년에 〈뉴욕 타임스 매거진〉에 '기업이 져야 할 사회적 책임은 수익을 늘리는 것뿐이다.'라는 말을 남기던 시절이었다.

홍콩에서 조금이라도 의미 있는 기부를 하는 회사는 열 곳 남짓이었다. 밀러는 5%가 너무 많다고 생각했지만, 척은 생각이 달랐다. 그리고 공익 신탁 단체를 세워 몬테이루에게 운영을 맡겼다. 몬테이루는 나중에 홍콩의 행정장관이 되는 고위 정부 관료 앤슨 찬, 전직 총독 데이비드 애커스-존스 경, 전직 행정장관 데니스 브래디 경을 포함한 저명인사 몇 명에게 자문 위원을 맡겼다. 노숙자, 시각 장애인, 노인을 도운 이 공익 신탁의 기부에 힘입어, DFS는 홍콩 사회의 존경을 얻었다.

척과 밀러의 사이는 회사를 키우는 데 누구 공이 더 큰가를 놓고 한층 더 껄끄러워졌다. 내부 사람들이 보기에 온갖 일을 다 하는 사람은 척이었다. 그런데 애초에 하와이와 홍콩에서 DFS의 면세점 영업권을 따낸 사람은 밀러였다. DFS의 한 관리자는 두 사람을 놓고 "밥은 즐기기를 좋아했고, 척은 사업에 성공하기를 좋아했습니다."라고 평했다. 또 척이 다시는 밀러와 사업을 벌이지 않겠다고 다짐했다는 말도 보탰다.

"그렇다고 밀러가 영리하고 예리한 사업가가 아니었다는 뜻이 아닙니다. 다만 척이 일을 더 많이 했다는 거죠."

밥 마투섹은 밀러를 '세련된 재담가', 삶에서 좋은 것을 실컷 즐기는 사람으로 기억했다. 앨런 파커에 따르면, 척은 자신이 회사를 이끌고 창의적 아이디어를 거의 모두 내놓으니 DFS를 통제할 발언권을 쥐어야 한다고 생각했다.

어쩌면 당연하게도, 척은 단독으로 주도권을 쥔 사업을 시작했다. 면세점 사업과 별도로, DFS가 활동하는 아시아 시장에 카뮈 코냑과 아르마냐크를 팔고 샤넬 향수의 중개상 노릇을 할 회사를 차릴 기회를 엿봤다. 1970년 4월 1일, 척은 면세점 동업자에게 알리지 않은 채 바하마에 별도 법인을 등록했다. 그리고 이윤을 배분하는 조건을 걸고 장 겐츠부르제에게 이 회사를 도맡아달라고 설득했다. 겐츠부르제에게 꽤 쏠쏠한 합의라는 것을 확신시키고자, 예상되는 월간 운영 내용을 연습장 한 페이지에 정리해 보여줬고, 운영비를 뺀 수익의 50%를 겐츠부르제가, 나머지 50%를 자신이 가져간다고 알렸다. 두 사람은 합의서에 서명하고 악수했다. 회사 이름은 DFS 주주 네 명이 소유하는 에어포트 챈들러 유한회사와 구분하고자 에어포트 챈들러 주식회사로 정했다. 두 달 뒤, 겐츠부르제는 치과 의사인 아내 이렌과 함께 프랑스에서 홍콩으로 옮겨 사업을 시작했다. 나중에 척은 이 일에 대해 그저 아무도 보지 못한 기회를 알아봤기 때문에 별도로 카뮈 유통 회사를 차렸을 뿐이라고 해명했다.

"아시아 전역이 아니라 DFS에서만 팔았다면 카뮈가 이류 브랜드가 되고 말았을 겁니다."

따지고 보면 유통 사업은 동업자들에게도 이익이 될 적절한 결정이었다. 카뮈가 아시아 전역에서 인지도를 높일수록 DFS에서도 더 많이 팔렸다.

1년 뒤, 토니 필라로가 도쿄에서 겐츠부르제와 마주쳤다.

"여긴 웬일이야?"

그리고 척이 유통 사업을 벌였다는 사실을 알았다. 필라로, 파커, 밀러는 척이 따로 회사를 차렸다는 사실에 몹시 기분이 상했다. 앨런 파커가 생각하기에 척과 카뮈의 인연은 DFS와 카뮈의 관계에서 비롯했으므로, 누구도 독점해서는 안 되는 것이었다.

"척은 그렇게 생각하지 않았습니다. 그렇게 생각할 줄을 몰랐어요. 모르긴 몰라도 지금도 그럴 겁니다."

동업자들의 반발에 척이 선선히 카뮈 유통 사업을 에어포트 챈들러 유한회사로 합병하는 데 동의했다. 밀러는 "척이 군말 없이 동의했습니다. 하지만 늘 그렇듯, 속으로는 부글부글 끓었을 겁니다."라고 말했다. 겐츠부르제는 합병의 대가로 입이 떡 벌어지게 많은 37만 5,000달러를 받았다. 합병한 두 회사는 이름을 카뮈 해외유통 유한회사로 바꾸고, 세계 최대의 카뮈 코냑 유통사가 되었다. 척과 밀러, 파커, 필라로는 이 사업으로도 꽤 두둑한 배당금을 챙겼다.

9

금고를 가득 채운 엔화

1969년, 홍콩을 떠나 호놀룰루로 옮길 준비를 마친 존 몬테이루가 척에게 DFS와 계약할 때 걸었던 조건을 근거로, 하와이 비자를 받아달라고 요청했다. 그런데 비자를 받기가 영 만만치 않았다. DFS는 호놀룰루에서 변호사를 고용해, 호놀룰루 DFS에 포르투갈어, 광둥어, 영어, 그리고 일본어도 조금 할 줄 아는 관리자가 반드시 있어야 하고, 그런 조건에 맞는 사람이 존 몬테이루뿐이라고 미국 이민 당국에 증명했다.

"마침내 미국행 비자를 승인받았습니다. 그래서 짐을 다 꾸려 배로 부치고 비행기표를 샀죠. 그런데 척 피니가 만나자더군요. 막상 만나니 그러더라고요. '기분 나쁘지 않았으면 하네만, 자네가 꼭 알래스카에 가줘야겠어. 하와이가 아니라.'"

몬테이루와 아내 캐럴은 그때껏 고온다습한 홍콩에서만 살았다. 그런데 이제 척의 지시에 따라, 겨울이면 살이 에이게 춥고 눈이 거의 사람 키만큼 쌓이는 앵커리지에서 살아야 했다. 그 시절 인구가 겨우 10만을 넘긴 앵커리지는 국경 도시 같은 분위기에 범죄까지 들끓었다. 게다가 1964년에 일어난 지진의 피해를 미처 다 회복하지도 못했다. 앵커리지는 몬테이루가 이 세상 어디보다 가고 싶지 않은 곳이었다. 아들이 갓 돌을 지났고, 아내 캐럴의 뱃속에 둘째가 자라고 있었다. 홍콩의 아파트에서 가정부 두 명을 부리는 안락한 삶에 익숙했던 캐럴이 이제 사방이 눈이라 운전도 못 하고 남편은 밤낮으로 바빠 얼굴도 구경하기 어려운 알래스카에서 살아야 했다. 척은 딱 1년만 참고 견디면 그다음에는 하와이로 보내주겠다고 다짐했다.

척이 몬테이루처럼 추진력과 경험을 갖춘 사람을 알래스카로 보내려 한 까닭은 1969년에 알래스카주 당국을 설득해 앵커리지 공항의 면세점 영업권을 받았기 때문이다. 현금 부자인 일본인 관광객이 이제 하와이와 홍콩만으로 만족하지 않고, 유럽과 미국 본토로 향하고 있었다. 보잉 747 점보 여객기의 시대가 열린 뒤로, 세상이 한층 가까운 지구촌이 된 시기였다. 그런데 동아시아에서 유럽이나 미국을 오가는 자유 진영의 비행기들이 소련 영공에 들어갈 수 없어 중간 기착지인 앵커리지에 들러 연료를 공급받았다. 급유 시간 동안 비행기에서 내린 승객들이 할 수 있는 일이라고는 허름한 공항 건물 안을 서성이는 것밖에 없었다.

밥 마투섹이 그때 상황을 들려줬다.

"중간 급유지인 알래스카로 가 면세점을 열겠다는 계획을 누가 생각이나 했겠습니까? 그런데 척은 그런 생각을 했습니다. 위험을 무릅쓸 각오가 되어 있었어요. 척한테는 기묘한 재능, 그러니까 아무도 보지 못하는 사업 기회를 알아보는 통찰력이 있었습니다. 747 비행기 덕분에 사업이 폭발적으로 성장했습니다. 747이 수문을 열어젖힌 셈이죠."

박제된 북극곰이 떡 하니 손님을 맞이하는 앵커리지 매장은 문을 열자마자 성공을 거뒀다. 일본에서 출발해 런던이나 파리로 가는 비행기

여섯 대가 아침마다 앵커리지에 도착하면, 승객들이 우르르 터미널로 몰려나와 낮은 면세 가격에 열광하며 정신없이 쇼핑에 빠졌다. 오후에도 유럽이나 아시아행 비행기가 도착하면 또다시 아수라장이 벌어져, 관광객들이 술, 시계, 향수, 모피를 덥석덥석 사들였다. 구매품은 앵커리지 공항에 맡겨뒀다가 돌아오는 길에 찾아갈 수 있었다. 알래스카산 킹크랩과 연어도 구매품 목록에서 빠지지 않았다.

앵커리지 공항의 성공에 들뜬 DFS는 파리에도 일본인 관광객을 불러들일 면세점을 차리기로 했다. 척의 말을 빌리자면, 이 결정은 "대참사"였다. 척과 허물없는 친구로 지냈고 1970년에 DFS가 파리 오페라 거리에 매장을 열었을 때 그곳을 관리한 밥 마투섹도 DFS의 "최대 실패"라고 인정했다. 발상은 파리행 일본인 단체 관광객이 앵커리지나 홍콩을 거쳤을 때, 그곳 매장 관리자가 자세한 비행 정보를 파악해 파리에 텔렉스로 알려주고, 파리 DFS에서는 여행객이 매장에 들르도록 일정을 마련하는 것이었다. 그러면 관광객이 값싼 면세 주류와 담배뿐 아니라, 공항에서 세금을 돌려받을 수 있는 향수, 넥타이, 스카프, 가죽 제품을 살 것이라는 계산이었다. 하지만 DFS는 파리의 '악어 떼'에 상대가 되지 않았다. 경쟁 매장과 중개상들이 DFS의 전술을 역으로 활용했다. 척은 실패 원인을 이렇게 설명했다.

"파리는 가게가 수도 없이 많은 도시입니다. 게다가 경험이 쌓인 일본 여행사들이 갈수록 약아져 현찰로 보수를 받았고요. 가장 큰 실수는 관광 가이드들이 우리를 속이는 줄 몰랐다는 겁니다. 매장을 유지하는 것이 미친 짓이라는 결론이 나오더군요. 그래서 결국 매장을 닫았습니다."

그래도 다른 매장, 특히 하와이 매장의 성공은 관광 무역 업계에서 화제가 되었다. 하와이의 면세점 영업권은 확실한 노다지였다. 얼마나 많은 현금을 긁어모으는지는 척과 세 동업자만 알았지만, 다른 소매업체들도 대충 눈치는 챘다. DFS는 1967년에 하와이 영업권을 별다른 문제 없이 3년 더 연장했다. 매장을 연 지 10년째인 1970년에 새로 계약을 맺어야 할 때가 되자, 척과 동업자들은 혹시라도 더 높은 입찰액이 나와 영업권을 잃지 않을까 걱정이 태산 같았다. 그랬다가는 그동안 쏟아부은 모든 노력과 고객이 다른 업체 차지가 될 판이었다.

1970년 7월, 척과 밀러, 파커, 필라로가 하와이 면세점의 영업권을 갱신하는 데 얼마를 써낼지 결정하고자 호놀룰루로 날아갔다. 듣자 하니 엠파이어 보에키라는 일본 회사가 DFS에 맞서 꽤 많은 입찰액을 써낼 계획이었다. 기가 막히게도, 이 일본 회사에 전략을 조언하는 사람이 DFS의 전직 수석 회계사였다가 1965년 유동성 위기 때 발을 뺐던 영국인 데스먼드 번이었다. 번은 DFS의 네 소유주를 잘 알았다. DFS가 회사를 어떻게 운영하는지, 얼마나 잠재력이 큰지도 훤했다.

상황이 상황이니만큼 철통같이 비밀을 유지해야 했다. 입찰자들은 입찰액의 일정 비율만큼 채권을 사야 했다. 그런데 채권을 살 자기앞 수표를 은행 한 곳에서 한 장짜리로 끊었다가는 누군가가 최종 입찰액을 알아챌 위험이 있었다. 척과 동업자들은 최종 입찰액을 감추고자 여러 은행에서 자기앞 수표를 대여섯 장씩 나눠 끊었다. 네 사람은 척이 아이나하이나 해변에 빌린 집에 함께 모여 입찰액을 계산했다. 입찰액은 10년짜리 영업권의 대가로 해마다 하와이주 정부에 줄 임대료의 합계였다. 회계사라 숫자에 밝은 앨런 파커가 계산에 필요한 데이터를 제시했다. 척이 예상 판매액을 가장 높게 전망했다. 마침내 네 사람은 입찰 총액을 6,900만 달러로 정했다. 1년 치로 계산하면 거의 700만 달러였다.

1970년 9월 1일 화요일 정오, 하와이 교통부의 칙칙한 사무실. 천정에서 팬이 돌아가고 칠판 앞에 의자가 놓인 그곳에서 밀봉된 입찰서를 공개하는 행사가 열렸다. 척과 파커 옆으로 밥 마투섹, 그리고 DFS가 홍콩에서 고용한 재무 이사 마이크 윈저가 앉았다. 공항 관계자 몇 명도 낙찰 과정을 지켜보려고 참석했다. 앨런 파커는 안절부절못했지만, 척은 꽤 침착하게 과정을 지켜봤다.

입찰자는 네 곳이었지만, 유력한 곳은 DFS와 엠파이어 보에키 두 곳뿐이었다. 관리 한 명이 각 입찰자가 제시한 연간 임대료를 칠판에 적었다. 승부는 아슬아슬하게 갈렸다. 엠파이어 보에키의 총 입찰액이 6,500만 달러로, DFS보다 겨우 400만 달러 적었다. 행사에 참석한 일간지 〈스타 불리틴〉의 기자 케이 룬드는 낙찰가가 높으리라고 예상은 했지만, 최종 낙찰가가 공개되자 공항 관리자들마저 입을 다물지 못했다고 적었다. 또 이 경이로운 액수가 면세 사업이 DFS뿐 아니라 하와이주에 얼마나 많은 수익을 안기는지를 보여준다고 덧붙였다.

마이크 윈저는 이 입찰이 "네 소유주의 삶을 완전히 바꾼" 대성공이라고 봤다.

"그때 만약 입찰에 실패했다면, 사업에 엄청난 차질이 일어 다시는 회복하지 못했을 겁니다."

> 이 영업권을 유지한 덕분에, DFS는 밀려드는 일본인 관광객의 물결에 올라탈 수 있었다. 그 뒤로 3년 동안 일본인 해외 관광객이 두 배로 늘어 무려 230만 명에 이르렀다. 1962년에 달랑 여섯 명이던 와이키키 매장 점원이 1972년에는 160명으로 늘었다. 매장은 커졌지만, 그래도 여전히 어깨를 다닥다닥 맞댄 채 주문을 받기는 마찬가지였다. 세계에서 저축률이 가장 높은 일본인이 전대에 달러와 엔화를 꽉꽉 채운 채 나타났다. DFS는 달러와 엔화를 모두 받았다. 구매액 중 3분의 1이 엔화라, DFS는 외국에서

엔화를 받는 주요 업체가 되었다. 경영진은 엔화를 가득 채운 여행 가방을 들고 도쿄로 날아가 은행에서 미국 달러로 바꿨다. 홍콩 매장에서는 엔화가 하도 많이 쌓여 철제 여행 가방을 이용해야 할 정도였다.

앨런 파커가 이렇게 말했다.

"우리는 엔화 가치가 틀림없이 오르리라고 확신했습니다. 그래서 홍콩상하이은행HSBC에 커다란 안전 금고를 빌려 여러 달 동안 엔화를 쌓기만 했습니다. 그다음에는 홍콩 지사의 재무 담당자인 콜린 라이트가 구식 철제 여행 가방에 만 엔짜리 지폐를 채운 뒤 도쿄로 날아가 은행에 입금했다가 달러로 찾곤 했고요."

1970년대 초에 엔화 가치가 달러 당 360엔에서 280엔으로 가파르게 상승해, DFS는 금고에 쌓아둔 엔화로도 엄청난 수익을 올렸다.

이들은 엔화를 다른 방식으로도 거래했다. DFS는 호놀룰루에 킨카이 부동산이라는 회사를 차린 뒤, 시내에 매장을 낼 부동산을 사들였다. 토니 필라로의 말로는 "킨카이가 사들인 건물을 DFS에 임대하고 엔화로 거래"했다. 그뿐이 아니었다.

"일본 산와은행에서 이자율 1%로 5,500만 달러를 빌린 뒤 계좌에 넣고, 이 돈을 이자율 7%인 미국 단기 국채에 투자했어요. 위험률 0%에 수익률 6%! 크리스마스 선물 보따리가 따로 없었죠."

척은 1970년에 도쿄로 가 무척 영리한 일본 여성 노리코 사가와에게 DFS 도쿄 사무소를 맡겼다. 이곳의 역할은 일본의 관광 동향을 파악하고 여행 설계사들과 '대량' 계약을 맺는 것이었다. 척은 도쿄 임페리얼 호텔에 사무소를 마련했다가, 나중에는 일본 사람 태반이 여권을 찾아가는 건물에 사무소 겸 전시장을 마련했다. 1년 전에 여행 일정을 잡는 일본의 주요 여행사와 친분을 다져, 이듬해에 관광객이 어디로 갈지 알아냈다. 일본항공이 추정한 승객 규모와 여행 경로도 연구했고, 노무라종합연구소와 손잡고 '계량 경제 모델'이라는 것을 정기적으로 새로 수립해 일본인의 여행 계획을 예측했다. 이 무렵에는 DFS가 여섯 달 앞서 상품을 주문했으므로, 예측 모델을 정확히 수립해야 했다.

고객이 귀국하고 보니 구매한 면세품이 사라졌거나 망가지는 일이 간혹 발생하자, DFS는 오사카 공항과 도쿄 나리타 공항에서 A/S까지 제공했다. 척은 일본 고객들의 머릿속에 DFS가 해외에서 휴가를 보낼 때 당연하게 들르는 기분 좋은 곳, 고객을 살피고 상품을 반드시 무사히 전달하는 회사로 남기를 바랐다. 확실한 진품만 판매했고길거리에 가짜 상품이 넘쳐나는 세상에서는 중요한 요소였다, 결함이 있거나 망가진 물품은 모두 교환해줬다. 이따금 고객이 귀국편 비행기로 구매품을 전달받지 못하면, 불만 접수창구에서 틀림없이 물건을 배송하겠노라고 고객을 안심시켰다. 일본 DFS 사무소에 면세품 견본을 줄줄이 전시하고, 방문객용으로 만든 네 쪽짜리 팸플릿 〈여권부터 쇼핑까지〉에 목적지의 DFS 매장에서 살 수 있는 물건을 상세히 소개했다. 나중에는 DFS 신용 카드도 신청받았다. 해마다 후원사들과 함께 상금 20만 달러가 걸린 골프 대회도 개최했다. 한편으로 도쿄 당국에 로비를 벌여, 귀국길에도 면세품 구매를 허용하는 법안이 제정되지 않게 막았다. 밥 마투섹은 이런 말도 보탰다.

"일본 사무소 직원을 모두 동원해 여행사라는 여행사마다 빠짐없이 연락했습니다. 단체 여행객이 언제 어떤 비행기를 타는지 알아내려고요. 고객 관리 직원들이 비행기에서 내리는 인솔자를 만난 뒤 인솔자가 우리 직원과 함께 관광객들을 시내 매장으로 안내하면, 여행사에 수수료를 줬고요."

DFS는 인솔자와 여행사에 DFS 매장에 들르는 관광객 한 명당 1달러를 줬을뿐더러 판매액의 5%를 따로 수수료로 떼줬다.

척은 또 다른 기회를 찾아 나섰다. 일본을 한가운데 놓고 일본인 관광객이 갈 만한 다음 관광지를 머릿속에 그려봤다. 필리핀이 떠올랐다. 그런데 필리핀을 찾았을 때 대통령 부인이자 수도권인 메트로 마닐라의 주지사인 이멜다 마르코스가 지나친 요구를 했다. 척의 설명은 이랬다.

"이멜다 마르코스는 자기는 뇌물만 챙기고 투자부터 매장 운영, 위험 부담까지 모든 것은 우리에게 떠맡기는 제휴를 원했습니다. '부패'라는 단어가 떠오르더군요. 그래서 발을 뺐습니다."

부패 정치인에게 코가 꿰이는 것은 여행사에 수수료를 주는 관행과는 차원이 다른 문제였다.

필리핀 외에 일본인이 찾을 만한 관광지로 척이 꼽은 또 다른 곳은 미국 땅 중 하루가 가장 먼저 하루가 시작되는 섬, 괌이었다. 척은 도쿄에서 네 시간 거리인 이 섬이 어떤 곳인지 둘러보려고 괌으로 날아갔다. 마리아나 제도 최남단에 있는 괌은 1898년 스페인-미국 전쟁 뒤 미국에 양도된 미국 영토였다. 1941년에는 일본군이 점령했지만, 3년 뒤 미군이 다시 탈환했다. 워싱턴 D.C.보다 세 배가량 큰 국토 중 3분의 1을 미군 군사 시설이 차지했고, 원주민 인구는 6만 5,000명뿐이었다. 미국 달러를 화폐로 썼고, 상점에서는 미국 제품을 팔았다.

아직 일본인 관광객의 발길이 닿지 않았지만, 척이 보기에 틀림없이 일본인들이 찾아올 곳이었다. 미국 문화, 쾌적하고 따뜻한 날씨, 산호초가 있는 곳이니, 일본인들에게 최고의 휴양지가 될 가망이 컸다.

"우리가 찾던 곳이라는 생각이 들었습니다. 일본인 관광객이 찾을 수밖에 없는 곳이었어요. 홍콩이 그랬듯 술과 담배에만 세금이 붙었으니까요. 그러니 우리 매장에서 술과 담배 말고도 다른 상품들을 팔 수 있었습니다. 생각하고 자시고 할 것도 없는 결정이었지요."

토니 필라로가 1971년에 괌으로 가는 비행기에서 척이 했던 말을 기억했다.

"'토니, 우리가 이곳을 독차지할 수 있어.' 그러더니 나한테 깃발을 건네는 시늉을 하더라고요. '자네가 이곳을 맡아주게.' 그래서 내가 괌으로 들어가 공항 매점 영업권, 호텔 매장처럼 사들일 수 있는 것을 죄다 사들였습니다. 아주 잽싸게 움직였지요."

당시 브루어 필드 해군 항공 기지로 불렸던 괌 공항에는 달랑 목조 건물만 한 채 있을 뿐, 민간인용 터미널이 아예 없었다. 1944년에 미국이 괌을 되찾은 뒤로 케네스 T. 존스 주니어라는 미국인이 괌에 존스&게레로라는 소매업체를 세우고 공항 매점 영업권을 얻었지만, 척이 보기에 이 사람은 공항 매점을 어떻게 운영해야 하는지 전혀 몰랐다. 모래 해변 너머 산호초에 둘러싸인 환초호가 푸르게 펼쳐지는 투몬 만에 외국인용 호텔로는 처음 들어선 다이이치 호텔이 있었다. DFS는 그곳에 매장을 열고, 니나리치 향수와 카뮈 코냑을 진열해 괌에 파리의 향취를 살짝 덧입혔다. 1972년에는 시내에 매장을 하나 더 열었고, 그해 말에는 공항 면세점 영업권을 얻었다. 투몬 만에 줄지어 들어선 최상급 호텔 네 곳에도 매장을 열었다. 예상대로 일본인 관광객이 대규모로 몰려들기 시작하자, 척은 미 해군에서 보급 장교로 일했던 뛰어난 자동차 판매원 밥 브루소를 데려와 괌 지사장 자리를 맡겼다.

괌에서 크게 성공하자, 척은 괌보다 크기는 훨씬 적어도 일본에서 더 가까운 북마리아나 제도의 사이판을 살펴봐야겠다고 생각했다. 사이판은 1차 세계대전이 끝난 뒤부터 2차 세계대전 전까지 일본이 신탁 통치했던 곳이다. 2차 세계대전 때는 미군과 일본군이 치열하기 짝이 없는 전투를 벌인 끝에, 마침내 1944년 7월에 미국 해병대가 승리를 거뒀다.

이때 일본군 3만 2,000명 가운데 2만 9,500명이 전사했다. 그리고 태평양 전쟁에서 손꼽히게 비극적인 일도 벌어졌다. 일본군과 민간인 수백 명이 미군에 항복하기를 거부하고 가족과 함께 섬 최북단의 라데란 바나데로 절벽에서 240*m* 아래 바다로 몸을 던졌다. 유엔 협정에 따라, 사이판은 미군의 신탁 통치 지역이 되었다. 척이 처음 방문한 1974년에는 공항조차 없었다. 섬과 섬을 오가는 경항공기가 비포장 활주로를 달려 반원형 임시 건물에 승객을 내렸다. 척이 작은 경비행기를 타고 도착해 보니, 아직도 전쟁의 상처가 남아 있었다. 하지만 괌보다 더 멋진 해변이 있었고, 서쪽 해변을 따라 아름답기 그지없는 산호초가 펼쳐져 있었다. 게다가 전사자를 추모하려는 일본인들이 이곳을 찾았다.

앨런 파커가 기억하기로 "사이판은 관광 사업은커녕 호텔도 하나 없는 곳"이었다.

"척은 사이판이 틀림없이 좋은 관광지가 되리라고 생각했습니다. 하지만 전쟁 뒤 남은 것이라고는 낡고 풀투성이인 활주로뿐이었지요. 그래서 사이판 정부를 찾아가 '우리에게 20년 동안 면세점 영업권을 주면, 공항 건물과 활주로 건설에 필요한 돈을 대겠다.'라고 제안했습니다."

필라로가 상황을 더 자세히 들려줬다.

"마침내 세상에서 가장 멋진 세금 합의를 끌어냈지요. 우리는 사이판을 미국에서 가장 큰 조세 회피지로 만들었어요. 만세가 절로 나오더군요. 당국을 설득해, 사이판에서 얻은 소득에 세금을 면제하는 법을 제정하게 했거든요. 우리가 모든 것을 새로 만든 겁니다. 사이판은 노다지였어요. 세금 한 푼 안 붙는 노다지요."

DFS는 500만 달러를 들여 공항 터미널을 건설했다. 드디어 1976년에 사이판에 민간 공항이 문을 열자, DFS도 공항에 면세점, 선물 가게, 카페를 열었고, 이어서 호텔 네 곳과 시내 매장을 열었다. DFS 직원들은 공항 활주로를 필라로 활주로라 불렀다. 그만큼 필라로의 공이 컸다. 머잖아 해마다 10만 명에 이르는 관광객이 사이판을 찾았고, 거의 모두 일본인이었다. 대형 호텔 체인이 사이판에 착륙하자, 일본인 관광객이 더 늘었다. 필라로는 이렇게 회고했다.

"사이판은 정말이지 사업하기에 아주 좋은 곳이었어요. 해변에 가거나 우리 매장에 들르는 것 말고는 할 일이 하나도 없었으니까요."

그 뒤로 한참 동안, 주말에 도쿄에서 괌이나 사이판으로 날아가 골프를 치고 200~300달러어치 물건을 산 다음 도쿄로 돌아가도 일본에서 골프 한 라운드를 치는 것보다 돈이 덜 들었다.

관광객이 가파르게 늘어나는 시대를 맞아, DFS는 캐나다 토론토 공항, 캘리포니아의 샌프란시스코 공항과 오클랜드 공항에서도 처음으로 면세점 영업권을 얻었고, 샌프란시스코와 로스앤젤레스 시내에도 외국인 관광객을 상대로 매장을 열었다. 월스트리트가 침체를 맞은 이 시기에 관광업에는 오히려 봇물이 터진 듯 돈이 몰려들었다. 1968~1974년에 미국의 평균 주가가 무려 70%나 폭락했다. 그런데 같은 시기에 DFS의 현금 배당은 해마다 수백%씩 뛰었고, 1977년에는 배당금이 무려 3,400만 달러에 이르렀다. 척과 밀러가 각각 1,200만 달러를 챙겼고, 파커가 거의 600만 달러, 필라로가 거의 100만 달러를 챙겼다. 그것도 모두 현금으로. 이들은 정말로 엄청난 부자가 되어갔다.

GOING UNDERGROUND

Chuck Feeney

• 2부 •

소리소문 없이 조용히

THE

BILLIONAIRE

WHO WASN'T

"내 목적은 부자들이 살아 있는 동안 기부하는 데 관심을 기울이게 하는 것입니다. 그런데 지금까지는 자선 단체를 운영하지 않는 은둔의 억만장자로 알려져 그러기가 어려웠습니다."

10

얼마나 많아야 부자일까?

홍콩을 본거지 삼아 DFS를 운영한 지 4년 뒤인 1971년, 척은 DFS와 별도로 새로운 사업을 시작할 자금을 넉넉히 모았다. 이제 회사 운영에 몰두하는 임무에서 물러나겠다고 동업자들에게 알렸다. 같은 해에 열린 한 이사회에서는 토니 필라로에게 최고 경영자 자리를 맡기자고 제안했다. 그래도 새로 매장을 열 곳을 찾고 전체 전략을 개발하고 영업권 갱신을 위해 입찰액을 결정하는 일에는 계속 참여하기로 했다.

홍콩 생활에 질린 척은 다니엘과 함께 프랑스로 돌아왔다. 무엇보다 아이들을 프랑스 학교에 보내고 싶었다. 1971년 11월에 아들 패트릭이 태어나, 척과 다니엘은 이제 다섯 아이의 부모였다. 부부는 처음에 파리로 갔다가, 다시 유럽 부유층이 즐겨 찾는 지중해의 휴양지 생장카프페라로 옮겼다. 척은 15년 전 다니엘과 처음 만난 빌프랑슈가 내려다보이는 곳에 으리으리한 저택을 한 채 샀다. 그리고 1972년 5월, 식구들과 함께 이 집으로 이사했다. 관리 상태가 엉망이고 정원에는 잡초가 무성했지만, 식구들은 이 집을 사랑했다. 척은 낡은 등나무 의자와 해신 벨벳이 씌워진 가구를 그대로 쓰겠다고 고집했다. 그제야 다니엘은 척이 큰 돈을 들여 집을 꾸미는 풍토를 마뜩잖게 여기는 것을 알아챘다. 척은 부유함에서 느끼는 즐거움과 화려한 생활에서 느끼는 불편함 사이에서 혼란스러운 듯했다. 척에게 집은 쌓이는 현금을 투자할 대상일 뿐이었다. 부를 과시하는 행위나 부자는 마땅히 값비싼 물건을 써야 한다는 시선을 불편하게 여기는 기색이 갈수록 짙어졌다.

> 척은 자신에게 그토록 많은 돈을 가질 권리가 있는지조차 의심하기 시작했다. 현재 부자냐는 질문을 던지자 이렇게 답했다.
> "재산이 얼마나 많아야 부자일까요? 사람들의 예상을 훌쩍 뛰어넘어야겠지요. 말하자면, 내가 받아 마땅한 정도를 넘어서야 해요. 곰곰이 생각해보니 나는 돈이나 값비싼 요트, 온갖 그럴싸한 물건들에 매력을 느끼지 않더군요."

척은 일부러 검소한 생활을 추구해, 값싼 타이멕스 시계를 차고 중고 볼보를 몰았다. 대양을 가로지르는 장거리 비행에서마저 가성비가 좋다는 이유로 식구들까지 일반석에 타게 했다. 파리와 몬테카를로에서 열리는 정장 차림의 만찬에 마지못해 두어 번 참석했는데, 주간지 〈파리 마치〉에 자신과 다니엘의 사진이 실리자 화가 머리끝까지 치밀어 그런 행사에 아예 발길을 끊었다. 그뿐이 아니었다. 이제 막 얼굴을 익힌 프랑스 남부 사회의 부유층과도 모조리 인연을 끊었다.

척이 겉치레를 얼마나 싫어하는지는 옷차림에 고스란히 드러났다. DFS에서 사업 기획을 담당했던 토머스 하빌이 척의 첫인상을 들려줬다.

"맨해튼의 컨설팅 회사 크레섭, 매코믹&패짓에서 일할 때 DFS에 의뢰받은 일본의 관광 흐름을 보고하러 호놀룰루로 날아가 DFS 경영진을 만난 적이 있습니다. 빛바랜 알로하 셔츠에 하얀 멜빵 바지, 맨발에 구두를 신은 남자가 걸어들어오더군요. 그 사람이 척 피니였어요."

성공한 사업가인 척이 검소한 차림새만 고수한 데는 다른 이유도 있었다. 피니가 사는 생장카프페라는 이탈리아 국경에서 겨우 48㎞ 떨어진 곳이었는데, 1970년대 이탈리아에서는 몸값을 뜯어내려고 아이를 유괴하는 일이 숱했다. 1970년부터 1982년까지 이탈리아의 범죄 집단이 저지른 어린이 유괴가 무려 512건이었다. 척은 자녀들이 크리스티나 마초티 같은 운명을 맞을까 봐 두려웠다. 열여덟 살이던 이탈리아 소녀 크리스티나는 1975년에 몸값으로 200만 달러를 치르고서도 끝내 살해당했다. 게다가 유괴 집단이 국경을 넘을 때도 있었다. 1977년에는 제네바에 살던 다섯 살배기 이탈리아 소녀가 학교에 가던 길에 유괴되었다가 200만 달러를 주고서야 풀려났다. 척은 딸들이 성인이 될 때까지 이탈리아에 발도 들이지 못하게 막았다.

게다가 둘째 딸 캐롤린이 이사벨라 리졸리와 친구가 되자, 자녀들의 안전을 걱정하는 시름이 한층 깊어졌다. 이사벨라는 이탈리아 영화제작자이자 이탈리아 최대 일간지 〈코리에레 델라 세라〉의 발행인 안젤로 리졸리의 딸이었다. 두 집이 차로 5분 거리라 캐롤린은 이사벨라와 같은 학교에 다녔고 이사벨라를 집에 데려오기도 했다. 캐롤린이 이사벨라네 집에 갔을 때는 기관단총을 든 경호원들이 구내를 순찰했다. 또 놀이 공원에 갔을 때는 안젤로 리졸리가 두 아이를 방탄 차량에 태우고 무장 경호원 여섯 명을 붙였다. 척의 말마따나 이사벨라의 아버지는 "눈에 띄는 목표물"이었다.

"그래서 늘 걱정스러웠습니다. 그 집이 여봐란듯이 돈을 펑펑 쓰고 학교에 커다란 차를 몰고 왔으니까요."

척은 캐롤린이 이사벨라와 함께 이탈리아에 가는 것을 허락하지 않았다.

"그랬다가는 캐롤린까지 덤으로 유괴될 테니까요."

이사벨라는 척의 가족을 무척 좋아했다. 몇 년 뒤 척의 가족이 미국으로 옮겼을 때는 자기도 함께 미국에 보내달라고 부모를 졸랐다. 하지만 이사벨라의 부모는 이사벨라를 부유층이 다니는 스위스 학교에 보냈다. 그곳에서 마약에 중독된 이사벨라는 안타깝게도 스물세 살 생일을 맞은 지 한 달 만인 1987년 7월에 스스로 목숨을 끊었다.

"캐롤린의 친구이던 그 예쁜 아이가 마약에 빠진 나머지 모나코의 한 건물에서 몸을 던져 목숨을 끊었습니다."

이사벨라의 짧은 삶은 척에게 돈이 행복을 보장하지 않는다는 것을 피부에 와 닿게 보여줬다. 척은 이사벨라처럼 갈피를 못 잡고 불행에 빠진 사람들, 특히 한부모 가정의 아이들을 기꺼이 집으로 맞아들였다. 십 대들에게 일자리를 마련해주거나 대학에 보내고 조언자가 되었다. 척의 자녀들은 그런 상황에 대처하는 법을 배워야 했다. 척은 뉴저지에서 살던 십 대 시절에도 친구들을 집으로 데려와 돌보기로 유명했다. 어느 여름밤에는 한부모 가정의 사내아이를 집으로 데려와 여름 내내 머물게 한 적도 있었다.

중년에 가까워진 이 무렵부터, 척은 세상을 걱정스럽게 바라보기 시작했다. 사업을 시작한 초창기는 미국인에게 낙관의 시대였다. 척에게 새로운 세상은 불가능한 것이 없는 활기찬 곳이었다. 대공황과 2차 세계대전을 지난 세상은 유례없는 안정과 번영을 누렸다. 그러다 1963년에 존 F. 케네디 대통령이 암살되었고, 미군이 베트남 전쟁에 본격적으로 뛰어들었다. 세계 곳곳에서 반미 시위가 벌어졌다. 척의 아들 패트릭은 이렇게 생각했다.

"아버지나 친구분들은 밑바닥에서 시작해 성공하셨습니다. 아버지는 세상이 그 기세를 몰아 더 나은 곳이 되리라고 기대하셨던 것 같아요. 하지만 나이가 들어도 그런 일은 일어나지 않았죠. 젊을 때 워낙 큰 희망을 품으셨기에 실망을 느끼신 겁니다."

역설적으로, 척은 더 검소하게 사는 동안 국제적인 면세 사업을 구축하고자 더 맹렬하게 일했고, 그래서 훨씬 더 부자가 되었다. 척은 더 의욕에 불탔고 사업 확장에 한층 더 몰두했다. 경영서와 성공한 사업가의 전기를 읽었고, 런던과 뉴욕, 하와이, 홍콩, 도쿄, 괌, 사이판으로 쉴 새 없이 출장을 떠났다. 토머스 하빌이 보기에도 그 시절 척은 '의욕이 넘치는 사람'이었다.

"척은 끊임없이 새로운 기회를 찾아 이곳저곳을 돌아다니고 학습했습니다. 출장지마다 갈아입을 옷을 놓아두고서, 짐이라고는 거의 없이 홀가분하게 돌아다녔어요."

그래도 아이들에게는 이때가 가장 행복한 시절이었다. 아이들은 지중해에 자리 잡은 학교를 사랑했다. 산속 '겨울 학교'에 갔을 때 아버지 척이 차에 영사기와 스크린을 싣고 세 시간이나 차를 몰아, 참석한 아이들에게 〈사운드 오브 뮤직〉이나 〈야성의 엘자〉 같은 최신 영화를 보여주곤 했던 일은 잊히지 않는 추억으로 남았다. 척은 이제 나이가 지긋해진 아버지를 생장카프페라로 모셨다가 뉴저지로 함께 가족 여행을 떠났다. 집안에 손님의 발길이 끊이지 않았고, 언제나 즐거움이 넘쳤다.

척은 늘어가는 사업 수익을 관리하려고 해안을 따라 10㎞ 남짓 거리인 모나코에 개인 사무실을 마련했다. 세금 전문가로 잭 무어를, 비서로는 카 인터내셔널 때부터 DFS에서 일한 헬가 플라이츠를 고용했다.

척은 1975년에 다시 DFS 경영에 복귀했다. DFS에 경영 위기가 닥쳤기 때문이다. 이사장 자리를 맡은 토니 필라로가 전문 경영인 체제를 도입한 뒤, 첫 외부 경영인으로 하와이 소매업체 리버티 하우스의 에드 애터베리를 고용했었다. 애터베리는 측근들을 데려온 뒤 하와이의 조 라이언스, 괌의 딕 웨이드, 홍콩의 존 몬테이루 같은 지사장들에게서 자율 결정권을 거의 박탈했다. 물품 창고를 제네바로 모으고 스위스 중앙 구매 사무소라 불렀다. 몬테이루의 말로는 끔찍한 악몽이었다.

"하와이산 셔츠가 홍콩으로 가고, 홍콩 특산품이 와이키키로 가는 참사가 일어났습니다."

애터베리는 한술 더 떠, 그때껏 땀 흘려 회사를 일군 사람들을 함부로 대했다.

"우리를 우습게 여기고 악담을 퍼붓더군요. 애터베리한테 불려갈 때마다 고성이 오갔습니다."

끝내는 모든 지사장이 그만두겠다고 들고 일어났다. 척은 애터베리를 내보내야 좋겠다고 판단했다. 밥 밀러와 앨런 파커도 동의하자, 필라로에게 뜻을 전했다.

"애터베리를 해고하게!"

필라로가 보기에는 돈을 벌어들이는 현장과 본사 사이에는 언제나 마찰이 있기 마련인데, 애터베리는 면세 사업의 그런 본질을 이해하지 못했다.

척은 제네바의 중앙 구매 사무소에서 DFS 이사회를 열고 최고 경영자 자리에 올라 경영권을 되찾았다. 척은 거침없이 회사를 바로잡았다. 애터베리와 측근들이 떠났으므로, 척과 동업자들은 회사를 전문적으로 운영할 최고 경영자로 보스턴 출신의 로버트 푸토랜을 고용했다. 척은 몇 달 동안 경영에 참여하며, 푸토랜이 DFS의 문화를 명확히 이해하게 도왔다. 푸토랜이 최고 경영자로 자리를 잡자, 중앙 구매 사무소의 힘이 줄고 지사장들이 다시 권한을 회복했다. 그리고 DFS는 계속 성장했다.

그런데 소유주의 주머니로 갈수록 더 많은 현금이 들어가자, 경영진 가운데 소유주들이 지나치게 탐욕스럽다고 생각하는 사람들이 생겨났다. DFS의 사업 기획과 운영 부문 부사장으로 승진했던 토머스 하빌도 그중 하나였다. 1977년 6월에 넌더리를 내며 회사를 그만둔 하빌은 소유주들에게 편지를 보내 그들의 행동에서 느낀 윤리적 문제를 낱낱이 꼬집었다. 인터뷰에서 하빌은 퇴사 사유를 완곡하게 에둘러 말했다.

"욕심껏 한없이 부를 쌓는 네 주주의 이익만을 위해 내 경력의 전성기를 바쳐야 한다니, 실망스러워 진절머리가 나더군요."

푸토랜이 회사 경영을 책임지자, 척은 다시 DFS 경영에서 물러나 동업자들과 한층 더 거리를 뒀다. 척에게는 대주주로 머물러야만 회사 정책에 관여할 수 있다는 현실이 큰 골칫거리였다. 1977년 후반 들어 척은 이사회에 직접 참석하지 않고, 제프 말스테트의 친구이자 해군 동료인 조지 파커를 대리인으로 지정했다. 그 뒤로 척은 이를테면 회사의 사활이 달린 영업권을 갱신하고자 입찰액을 결정할 때처럼 빠지기 어려운 모임에서만 동업자들을 만났다. 1977년 11월 24일, 척은 미셸 카뮈에게 코냑 사업을 물려받은 아들 장-폴 카뮈에게 "하루가 다르게 자라는 아이들과 시간을 더 많이 보내고자" 경영에서 물러나려 한다는 편지를 보냈다. 척은 자신이 함께 세우고 키운 회사의 운명을 통제하지 못한다는 현실에 좌절했다.

"솔직히 발을 빼고 싶었습니다. 무엇보다, 내가 경영에 나선다면 예전처럼 나 혼자 모두 떠맡는 식으로는 하지 않겠다고, 저마다 제 몫을 해야 한다고 말했으니까요."

척은 토니 필라로를 자기 몫만큼 "열심히 일하는 친구"로, 앨런 파커를 "뛰어난 회계사"로 봤다. 하지만 밥 빌러와는 그동안 쌓인 해묵은 갈등이 곪을 대로 곪아 있었다.

"초창기에는 두 사람이 좋은 동업자였습니다."

두 가족과도 가까이 지냈던 홍콩 출신 파리드 칸의 말이다.

"둘이 죽이 척척 맞아 돈을 긁어모았어요. 척은 앞장서 사업을 지휘했고, 밥은 뒤에서 강인하게 밀어붙였지요. 하지만 다른 소유주들이 더 통제하려 들자, 척이 화를 참지 못했습니다. 창업자인 자기를 시답잖은 녀석들이 떼로 공격했으니까요. 척 혼자서는 계약서를 승인할 수 없었고요. 그래서 발을 뺐습니다. 더는 패배를 받아들일 수 없어서요."

토니 필라로가 척이 했던 말을 떠올렸다.

"토니, 자네도 참 어리석군. 회사에 100%를 쏟아붓고도 겨우 2.5%밖에 못 가져가잖나. 나는 100%를 쏟아붓고 38.75%만 가져가는 짓은 하지 않으려네."

척은 이미 자신만의 투자 기회를 찾아 태평양을 둘러봤었다. 자칭 사랑의 섬인 남태평양의 프랑스령 타히티로 날아가, 수도 파페에테의 해안가에 자리 잡은 주상 복합 시설 바이마센터에 1,200만 달러를 투자했다. 바이마센터는 프랑스산 향수를 전문으로 파는 면세점 영업권을 얻었다. 이 소식을 들은 DFS 동업자들은 척이 DFS의 핵심 사업을 방해한다고 생각해 화가 났지만, 바이마센터의 면세점이 워낙 작아 크게 불평하지는 않았다. 게다가 타히티가 있는 폴리네시아제도는 도쿄에서 비행기로 열 시간이나 걸리는 곳이라, 일본인이 즐겨 찾는 관광지도 아니었다. 척은 "하찮은 일이라 논쟁거리가 되지 않았습니다."라고 말했다. 밀러도 비슷하게 말했다.

"짜증은 났지만, 사업에 피해를 주지는 않았습니다."

하지만 이 일을 계기로 네 동업자는 일본인 관광객이 즐겨 찾는 전 세계 어느 공항에서도 개인이 면세점 영업권에 입찰해서는 안 된다는 경쟁 금지 조항에 서명했다. 그 권리는 DFS에 속했다.

척이 다음으로 진행한, 그리고 훨씬 더 큰 갈등을 불러일으킨 중요한 투자는 우연히 일어났다. 1976년 12월, 척이 하와이에서 나이 지긋한 소매업자 딕 휠러를 만났다. 딕 휠러와 아내 실비아가 공동으로 소유한, 오래되고 활기를 잃은 회사 안드라드는 하와이 제도에 일반 소매점과 리조트 매장 서른네 곳을 운영했다. 삶의 마지막 자락에 있던 휠러는 안드라드를 팔되, 기업보다는 개인 소유주에게 넘기고 싶었다. 척은 200만 달러에 안드라드를 사기로 합의하고, 안드라드의 직판점을 넘겨받았다. 안드라드 매장에서는 면세품을 팔지 않았다. 그런데 DFS가 면세점 고객으로 점찍은 일본인 관광객이 가끔 안드라드를 찾았다.

척은 가족과 함께 1년 동안 하와이에 머물며 안드라드의 소매점들을 넘겨받았다. 또 안드라드 매장뿐 아니라 태평양 지역에서 다른 사업체를 개발하고 운영할 제너럴 애틀랜틱 퍼시픽을 세우고, 책임자로 호놀룰루에 있던 마이클 윈저를 영입했다. 윈저의 머릿속에 가장 먼저 떠오르는 척 피니는 타히티의 면세점에 들어섰을 때 혼자 판매대 뒤에 서서 어느 일본인 관광객에게 일본어로 물건을 팔던 모습이었다. 그때 윈저는 척이 사업에 매우 진지하게 몰두하는 사람이라는 것을 깨달았다.

"척은 내가 그때껏 본 적이 없던 집중력을 보여줬습니다. 문제가 생기면 척은 네댓 가지 해결책을 생각해냅니다. 사업을 다양한 각도에서 볼 줄 아니까요. 꼼꼼하게 문제에 접근하고요. 척은 오후 늦게 호놀룰루로 날아가서도 집에 가기 전에 본점을 방문하곤 했습니다. 판매원들과 이야기를 나누고 상품 진열과 가격을 확인했어요. 다음 날 아침이면 의논거리를 들고 나타났고요. 경영자들이란 대개 거드름만 피우고 웬만해서는 아랫사람들에게 귀 기울이지 않습니다. 하지만 척은 달랐어요. 판매원들에게 귀를 기울였지요."

1978년, 다시 프랑스로 돌아온 척은 대리인인 조지 파커에게 의뢰해 자신의 투자처를 하나로 묶어 지주회사를 세우게 했다. 파커는 알맞은 설립 장소로 버뮤다를 점찍었다. 영국령 버뮤다는 개인이나 회사 수익에 세금을 매기지 않았다. 회사 이름은 제너럴 애틀랜틱 그룹 유한회사였다. 제너럴 애틀랜틱 그룹은 1978년에 버뮤다에 비상장 지주회사로 등록했다. 자산은 척이 소유한 DFS 지분 38.75%, 그리고 부동산과 소매점을 포함해 투자를 크게 늘린 다른 사업체들이었다. 미국인인 척은 미국 국세청의 관찰 대상이었으므로, 모든 등기는 프랑스 국민인 다니엘 줄리엣 피니의 이름으로 등록했다. 척이 이사장 겸 최고 경영자를, 조지 파커와 마이크 윈저, 잭 무어, 장 캐루비가 이사를 맡았다. 다니엘의 사촌이자 DFS 파리 지사장을 지낸 캐루비는 나중에 피니 가족의 자산 운용사를 이끌었다.

모호한 회사명은 눈에 띄기를 꺼리는 척의 성향에 잘 맞아떨어졌다. 회사 이름에 '제너럴'과 '애틀랜틱' 같은 막연한 단어를 쓰는 곳은 많았지만, 둘 다 쓰는 곳은 없었다. 귀에 익은 회사처럼 들렸지만, 어떤 회사인지 알려주는 실마리는 전혀 없었다. 버뮤다의 어느 호텔에서 직원회의를 열었을 때, 로비에서 '제너럴 애틀랜틱 모임'이라는 안내문을 본 한 남성이 척에게 물었다.

"제너럴 일렉트릭 주주 모임인가요?"

척은 능청스럽게 시침을 뚝 뗐다.

"네, 그렇습니다."

제너럴 애틀랜틱 그룹은 빠르게 성장했다. 몇 해 지나지 않아 뉴욕부터 델라웨어, 텍사스, 일리노이, 하와이, 괌, 영국령 버진아일랜드, 버뮤다, 네덜란드령 앤틸리스까지 세계 이곳저곳에서 투자하거나 설립한 기업이 스무 개가 넘었다. 투자 대상도 로열 하와이안 퍼퓸, 퍼시픽 리조트부터 텍사스 G.A. 토지 개발, 파리 소시에테 시빌 제너럴 애틀랜틱까지 다양했다. 규모도 하와이의 소매점 체인 안드라드부터 뉴욕의 골동품 회사 이언 매클레인까지 폭넓었다. 척은 한동안 B급 제품을 팔아 성공을 거둔 텍사스주 샌안토니오의 매장 여섯 개짜리 유통업체 솔로 서브, 뉴욕주 북부의 소규모 백화점 체인 칼에도 투자했다. 시카고의 리치몬트 호텔을 수백만 달러에 사들여 개조한 뒤 운영했고, 프랑스의 미니-모트라는 모텔 체인에도 한동안 관심을 보였다.

초기에 꼼꼼히 분석하지도 않은 채 덥석 투자한 사업은 완전한 실패작이었다. 타히티의 바이마센터는 한 번도 수익을 내지 못했다. 1979년에 중국을 방문했을 때 베이징에서 본 관광객 전용 대형 상점을 본떠 와이키키의 로열 하와이안 센터에 중국 수입품 판매점을 냈는데, 십 대인 딸 캐롤린을 익살맞은 홍보 모델로 썼어도 도무지 인기를 끌지 못했다. 캐롤린은 대학생 시절 방학 때마다 판다 인형탈을 쓰고 관광객을 매장에 끌어들일 팸플릿을 나눠줬다. 캐롤린의 판다 인형탈 홍보가 꽤 명물이 되자, 일본인 관광객들이 관광 사무소에 언제 판다 인형탈 홍보가 시작하느냐고 묻기도 했다. 그 바람에 '공공장소를 북새통'으로 만든다는 이유로 홍보를 멈춰야 했다. 척은 3년 뒤 끝내 400만 달러를 손해 보고 매장을 닫았다.

그래도 1978년에 괌에서 수백만 달러를 투자한 객실 800개짜리 호화 호텔은 큰 수익을 올렸다. 일본인 관광객이 어찌나 많이 밀려들었는지, 야간 비행기로 떠날 일본인 관광객이 체크아웃하자마자, 밤늦게 도착한 관광객이 곧바로 객실을 채웠다.

그사이 DFS의 배당금도 날로 늘었다. 1978년에 척이 은행에 예치한 현금이 자그마치 1,800만 달러였다. 1980년에는 배당금이 2,300만 달러로 늘었다. 기업 역사에서 주주가 그토록 많은 현금 배당을, 그것도 액수가 꾸준히 늘어나는 배당을 받은 적은 거의 없었다.

DFS 말고도 직접 투자한 사업체에서 수익이 생기자, 척은 1980년에 뉴욕에 투자 전문 자회사를 세웠다. 사명은 제너럴 애틀랜틱 주식회사였다. 처음에는 매킨지의 파트너였던 에드 코헨이, 그다음에는 전직 해군 장교 스티브 데닝이 회사를 이끌었다. 제너럴 애틀랜틱은 새로운 투자처로 세계 곳곳의 부동산, 소프트웨어 회사, 정유 회사를 골랐다. 월스트리트가 오랜 침체에서 벗어나는 참이라 투기성 투자와 기업 인수가 돈이 되었다. 맨 먼저 400만 달러를 투자한 회사 트랜스포테이션 매니지먼트 시스템은 완전한 실패로 끝났지만, 예외일 뿐이었다. 500만 달러를 투자한 유니버설 헬스 서비스라는 회사는 3년 만에 세 배에 이르는 수익을 올렸다.

척은 부동산도 계속 사들였다. 부유함을 불편하게 여겼지만, 식구들이 살 집은 늘 근사한 곳으로 마련했다. 생장카프페라에서는 나이가 들어 돈이 궁한 집주인들의 간청에 못 이겨 같은 거리에 있는 부동산 두 채를 샀는데, 집주인들을 계속 머무르게 했다. 홍콩에 사둔 집도 1980년까지 계속 보유했다. 파리 외곽의 부유층 거주지인 뇌이쉬르센에 주택 한 채를, 호놀룰루 외곽의 해변에 저택 한 채를 샀고, 맨해튼에서는 아파트 한 채를 빌렸다.

척은 그때그때 기분에 따라 부동산을 사곤 했다. 하루는 맨해튼의 꽉 막힌 도로에서 택시에 앉아있다가 55번가의 타운하우스가 매물로 나왔다는 광고를 보고 사무실로 쓰겠다고 사들였다. 1976년 8월에 가족과 함께 몬트리올 올림픽을 구경한 뒤 자동차를 몰고 뉴욕으로 돌아가던 길에도 덥석 기분 내키는 대로 저택을 한 채 사 오랫동안 별장으로 썼다. 그때 척과 가족은 곧장 뉴욕으로 가지 않고 코네티컷 서북부의 솔즈베리 타운에 들러 코넬대 동창 존 하니를 만났다. 척의 가족은 19세기에 지어진 화이트 하트 인이라는 곳에 머물며, 밤에 하니의 집 뜰에서 파티를 열었다. 아이들이 어찌나 즐거웠는지 하루만 더 있자고 졸랐다. 2주 뒤, 척이 가족을 데리고 솔즈베리의 호숫가에 있는 레이크빌이라는 마을로 가 커다란 집 앞에 멈췄다. 솔즈베리의 단체장이 살던 집이었다. 척은 식구들에게 "안에 들어가서 거래할 일이 좀 있어."라고 말하고 혼자 집으로 들어갔다. 그리고 돌아와 말했다.

"어때, 새로 산 집이 마음에 들어?"

척의 가족은 레이크빌을 여름 별장으로 썼다. 아이들은 방학 때 친구들을 데려왔고, 척과 다니엘도 손님을 초대했다. 거실에 놓은 2층 침대에 스무 명 남짓한 아이들이 뒹구는 일이 다반사였다. 척 롤스 같은 코넬대 친구들이 머물 때면 척이 대학 때처럼 샌드위치를 만들었다. 척은 날마다 걷거나 뛰고, 집 뒤편 베란다의 커다란 야외 테이블에서 신문 네댓 개와 책을 읽었다. 여름 방학에 레이크빌에 머물 때면 아이들을 따로 불러내 목표와 예산, 절약, 나눔 같은 진지한 이야기를 나누는 것이 의례가 되었다. 캐롤린이 대학 연극에서 배역을 맡았을 때는 대역과 역할을 나눠 대역에게도 기회를 주면 어떻겠느냐는 뜻을 비쳤다. 캐롤린은 연극이 그런 식으로 공연되지 않는다는 사실을 척에게 하나하나 설명하느라 진을 뺐다.

다니엘과 척 모두 아이들에게 돈을 너무 많이 쓰면 위험하다는 것을 잘 알았다. 다니엘은 자신이 아이들의 응석을 지나치게 많이 받아줘도, 척이 아이들에게 이타심과 자립심, 지식의 중요성이라는 든든한 버팀목을 가르친다고 생각했다. 아버지 레오가 그랬듯, 척도 자녀들을 공공 도서관에 데려갔다.

척은 어디에서든 달리기를 즐겼다. 뚱뚱했던 어머니 매덜린이 1964년에 겨우 예순두 살로 세상을 떠났기 때문에, 가족들에게 날씬하고 건강한 몸을 유지하라는 말을 귀에 딱지가 앉게 자주 했다. 모든 일에서 그랬듯 달리기에서도 자신을 끝까지 밀어붙인 척은 1979년에 세계에서 손꼽히는 유명한 보스턴 마라톤 대회를 완주하기로 마음먹었다. 보스턴 대회에 참가하려면, 먼저 다른 마라톤 대회를 완주해야 했다. 척은 호놀룰루 마라톤 대회에 참가하고자 다니엘과 함께 하와이로 날아갔다. 장 겐츠부르제도 응원차 하와이로 날아왔다. 몸 상태는 아주 좋았지만, 언덕진 42.195km 코스와 무더운 날씨가 너무 버거웠다. 결승선이 가까워졌을 때, 척이 중심을 못 잡고 이상하게 갈지자로 달리다 다른 주자와 부딪혔다. 다른 주자들이 거치적거리는 척을 어깨로 밀치자, 결국은 척이 길가 한쪽에 쓰러졌다. 상황을 지켜보던 다니엘과 장 겐츠부르제가 달려왔다. 척의 몸이 마비를 일으켜 뻣뻣하게 굳어 있었다. 척은 링거주사를 팔에 꽂은 채 구급차에 실려 병원으로 이송되었다. 심장 전문의의 말을 들어보니, 체액 부족과 영양 부족으로 척의 심장이 하마터면 그대로 멎을 뻔했었다.

척은 그 뒤로 이 일을 입에 올리지 않았다. 틀림없이 자존심에 상처를 입어서였을 것이다. 탈수가 일어났을 뿐이라고 말하면서도 "핑계가 참 거하죠."라고 인정했다. 하지만 이때 죽음의 문턱까지 갔다 온 일이 어쩌면 척 자신도 모르는 사이에 지난 삶을 되돌아보고, 날이 갈수록 쌓이는 어마어마한 재산으로 정말 무엇을 해야 할지 곱씹어 보게 했을 것이다.

11

버뮤다를 둥지 삼아 시작된 기부

척은 갈수록 더 부유해졌다. 그리고 틈틈이 조금씩 기부를 시작했다. 함께 일하는 사람들에게 아낌없이 도움을 베풀어, 직원이나 직원 자녀들의 병원비를 자주 내줬다. 척이 기억하기에 초창기에 가장 뜻깊었던 기부는 1960년대에 친구이자 코넬대 호텔경영대학 학장 밥 벡에게 보낸 1만 달러였다. 노르망디에서 한쪽 다리를 잃은 벡은 1961년부터 1981년까지 호텔경영대학 학장을 지냈다. 원래 호텔경영대학이 요청한 기부금은 1,000달러였다.

"의미 있는 기부를 하고 싶었습니다. 생각해보니 만 달러면 괜찮겠더군요."

벡은 생각보다 훨씬 많은 기부금에 흥분해 수표를 더 자세히 보려고 위로 쳐들었다. 하필 그때 바람이 휙 불었다.

"그 바람에 벡이 수표를 붙잡으려고 교정을 이리저리 뛰어다녔다더군요."

척이 껄껄 웃으며 말했다.

척이 활발하게 자선 활동에 나선 첫 사례는 니스에서 아이들이 다니던 블랑카 데 카스테야 가톨릭 학교의 스포츠 센터였다. 척은 학교 언덕배기에 농구장 겸 핸드볼 경기장으로도 쓸 수 있는 실내 시설과 외부 테니스장을 갖춘 복합 스포츠 센터를 짓도록 건설비를 댔다.

그 뒤로 다양한 자선 단체에 기부했지만, 척은 기부자에 머무는 것으로 만족하지 않았다. 1980년 6월에 호놀룰루에서 끈질기게 자기 뒤를 밟은 〈퍼시픽 비즈니스 뉴스〉의 어느 기자에게 밝혔듯이, 자선 단체를 도우려면 그저 돈을 주는 것으로 그치지 말고 그 돈이 제대로 쓰여 최대한 많은 사람을 도왔는지 직접 확인해야 한다고 생각했다.

"나는 돈에 그다지 흥미를 느끼지 않습니다. 돈에서 짜릿함을 느끼는 사람들이 있기는 하지요. 하지만 내 취향은 아닙니다."

누구보다 경쟁심이 강했지만, 척을 자극하는 것은 이미 존재하는 것을 창의적으로 개선하는 활동이었다. 척이 생각하는 성공이란 원하는 만큼 양껏 돈을 버는 것이 아니라 행복하고 건강한 가정을 일구는 것이었다.

"우리는 삶에서 균형을 잡아야 합니다. 사업, 가족, 배우고 가르칠 기회의 균형을요."

척은 이미 이때부터 하비 데일과 자선 사업을 주제로 이야기를 나누곤 했다. 척은 1960년대 초반에 데일이 투어리스트 인터내셔널의 재정 상태를 개혁하라고 조언했을 때부터 친구로 지냈다. 또 데일에게 가족의 법률 고문을 맡겨 주로 세금과 관련한 조언을 받았다. 데일은 뉴욕의 여러 법률 회사에서 파트너로 일했고, 1979년에는 뉴욕대학교의 법학 교수가 되었다. 열정이 넘치고 집중력이 높고 법을 존중했지만, 사업에 참여한 경험은 없었다. 쉼 없이 사업만 생각하는 척에게는 완벽한 짝꿍이었다. 누구 말마따나 음양이 조화를 이루듯 합이 잘 맞았다. 데일은 척을 뛰어난 사업가로 여겼고, 척은 데일의 지적 능력에 감탄했다.

"하비하고 나하고 누가 더 똑똑하냐고 묻는다면 그야말로 바보 같은 질문입니다. 당연히 하비니까요. 하비는 머리가 컴퓨터처럼 휙휙 돌아가는 뛰어난 변호사입니다."

1970년대 후반 들어 재산이 2억 5,000만 달러에 이르렀을 무렵, 척은 하비와 자주 식사하며 진지한 자선 사업을 의논했다. 동업자들에게 크게 생각하라고 말하곤 했듯이, 진지한 기부란 무엇인가를 깊이 고민할 때도 자신에게 같은 조언을 건넸다. 척의 머릿속에서 그야말로 남다른 생각이 무르익었다. 얼마 지나지 않아 데일도 이를 눈치챘다. 척은 승승장구하는 사업에서 느끼는 기쁨도 컸지만, 인심 좋은 부자로 그치지 않고 짐스러운 재산을 자선 사업에 쓰고 싶었다.

많은 대화를 주고받는 가운데, 데일이 기부와 관련한 문헌을 소개했다. 하나는 역사상 첫 억만장자 존 D. 록펠러에게 프레더릭 게이츠 목사가 전한 조언이었다.

"록펠러 씨, 선생님의 재산은 눈덩이처럼 불어나고 있습니다. 그러니 눈덩이가 불어나는 것보다 빠르게 세상에 나눠줘야 합니다. 안 그랬다가는 그 눈덩이가 선생님과 자녀들, 손주들을 덮칠 테니까요!"

앤드루 카네기의 글을 놓고도 의견을 주고받았다. 스코틀랜드에서 태어나 부모와 함께 미국에 이민한 카네기는 19세기 후반에 미국의 철도 건설 사업에 철강을 공급해 막대한 부를 쌓았다. 그리고 인생 후반에 재산을 대부분 기부해 많은 도서관과 학교, 대학을 세웠다.

척은 1889년에 카네기가 월간지 〈노스 아메리칸 리뷰〉에 쓴 유명한 기고문 『부의 복음』을 읽고 또 읽었다. 카네기는 잉여 재산을 없애는 길이 세 갈래라고 주장했다. 첫째, 가족에게 물려주기. 둘째, 사후에 정부에 기증하기. 셋째, 그 재산을 잘 활용할 만한 사람들에게 생전에 나눠주기. 가족에게 물려주는 방식은 아이들을 향한 그릇된 사랑과 과시에서 비롯할뿐더러, 그렇게 물려준 재산이 아이들에게 크나큰 짐이 되다 못해 끝내는 저주가 된다. 사후에 정부에 기증하면 기증자가 죽고 난 다음에야 재산이 쓰일 테니, 기증자의 뜻과 어긋난 곳에 쓰일 위험이 있다. 마지막으로, 생전에 잉여 재산을 나눠주면 확실하게 좋은 목적에 쓸 수 있을뿐더러, 수백 년 뒤 한낱 푼돈이 되지도 않는다. 카네기는 부를 사용하는 가장 좋은 방법이 '큰 꿈을 품은 사람들이 위로 올라갈 수 있는 사다리' 즉 대학교나 도서관을 짓는 것이라고 결론지었다. 카네기는 부자가 "과시나 사치를 멀리한 채 겸손하고 소박한 삶을 사는 모범을 보여야 한다"라고도 충고했다.

척은 카네기의 주장에 큰 영향을 받았다.

"카네기가 코넬대에서 연설한 원고를 누가 건네주더군요. 왠지 구미가 당겨 그 연설문을 꼼꼼히 살펴보고, 카네기를 다룬 책도 두 권 읽었습니다."

또 유대인인 하비 데일은 12세기의 유대인 철학자이자 랍비 모셰 벤 마이몬의 글을 소개했다. 마이몬은 유대인의 의무인 체다카, 곧 나눔의 여덟 단계 중 최고가 교육을 통해 같은 핏줄인 유대인이 자급자족하게 돕는 것이요, 그다음 단계가 모르는 사람에게 베푸는, 달리 말해 수혜자가 돈의 출처를 모르게 하는 것이라고 가르쳤다.

척과 데일은 어떤 종교에서든 가장 고귀한 나눔은 자부심을 얻거나 정치적, 사회적 영향력을 미치겠다는 목적에서 비롯하지 않고, 수혜자에게 어떤 부끄러움이나 부채 의식도 지우지 않을뿐더러, 기부자에게 명예를 주는 공식 행사를 바라지도 않는다는 사실을 이야기했다. 예수 그리스도는 산상수훈에서 이렇게 가르쳤다.

"너희들이 궁핍한 자들에게 베풀 때, 회당과 거리의 거짓된 자들이 사람들에게 찬미 받고자 그러는 것과 같이 떠들썩하게 알리지 말라."

쿠란도 비슷한 가르침을 이야기한다.

"설사 자선을 널리 알리더라도, 자선은 여전히 선한 일이다. 하지만 네 이름을 감춘 채 가난한 이들에게 베푼다면, 네게 더 이롭고 더 많은 죄를 용서받을 것이다."

데일은 척이 처음에 기부를 결심한 원인이 카네기나 마이몬과 아무 관련이 없다고 봤다. 종교적 가르침과는 더욱 관련이 없었다. 타고난 선량함과 어릴 적 뉴저지에서 몸에 익힌 문화로 보아, 척이 자신의 부로 남을 돕겠다는 생각을 떠올린 것은 당연한 일이었다.

"척은 재산을 소유하지 않고 세상에 돌려주는 데 갈수록 큰 관심을 보였습니다."

척은 어떤 자선 활동을 하든 이름을 밝히지 않겠다고 마음먹었다. 거기에는 그럴 만한 이유가 있었다. 루게릭병을 앓는 이웃 빌 팰런을 역까지 데려다주려고 일부러 밖에 나가는 사실을 끝까지 감춘 어머니가 그랬듯, 척도 자기 행동을 동네방네 떠들썩하게 알리고 싶지 않았다. 만약 기부 사실이 알려지면 틀림없이 다른 기부자들이 자신과 같은 곳에 기부할 마음을 접을 테니, 그런 일도 막고 싶었다. 아울러, 코넬대에 꽤 많은 돈을 기부했을 때처럼 기부 요청이 쏟아지는 일도 피하고 싶었다.

큰돈을 기부하려면 세심하게 고른 본거지에 특별한 재단을 세워야 했다. 척의 의도대로 사업 자산을 재단에 양도하려면, 또 기부 범위를 전 세계로 넓히려면 더욱 그랬다. 하비 데일은 척이 요구한 조건에 맞는 법을 적용하는 지역을 찾기 위해 세계 곳곳을 샅샅이 뒤졌다. 미국에서는 익명 기부가 거의 불가능했기 때문에 후보에서 제외됐다. 게다가 연방 기관이 많은 부자가 기업을 자기 입맛에 맞게 영원히 통제할 목적으로만 자선 단체를 이용한다는 증거를 찾아낸 터라, 재단에 사업 자산이 집중되는 것을 금지하는 쪽으로 정부 정책이 바뀌고 있었다.

영국 해협의 채널 제도와 카리브해의 바하마를 놓고 저울질하던 데일은 마침내 버뮤다를 최종 장소로 골랐다. 영국 자치령으로 북대서양에 자리 잡은 크기 54㎢의 버뮤다는 개인 소득이나 기업 소득에 직접세를 한 푼도 매기지 않았고, 자선 단체나 재단에서 세금을 걷지 않았다. 게다가 재단 정보를 공개하지 않아도 되었고, 자선 단체가 전 세계에 기부금을 댈 수 있었다. 경제와 금융 체계가 무척 발달한 곳이었고, 척이 세운 제너럴 애틀랜틱 그룹 유한회사도 이곳 버뮤다의 수도 해밀턴에 있는 어느 상가 건물에 작은 사무실을 빌려 본사로 등록했었다.

그런데 버뮤다에 재단을 세우려면, 설립자가 1년 동안 버뮤다에 거주해야 했다. 더구나 척의 재산이 모두 다니엘 앞으로 등록되어 있어, 척뿐 아니라 다니엘도 함께 머물러야 했다. 1978년 3월, 척은 현지 은행가이자 버뮤다에서 잔뼈가 굵은 집안 출신인 커밍스 줄의 도움으로 버뮤다에 우드랜즈라는 커다란 저택을 한 채 샀다. 척은 줄이 뱅크오브버뮤다 홍콩 지점에서 일할 때 인연을 맺었다. 척의 가족은 1978년 여름에 버뮤다로 이사했다. 하비 데일의 말대로 번거로운 일이었다.

"척은 내가 자기에게 너무 심한 짓을 했다고 말할 겁니다. 다니엘도 틀림없이 같은 말을 할 거고요."

척이 버뮤다의 패짓이라는 지역에 마련한 우드랜즈는 푸르른 정원과 연못, 테니스장이 있는 저택이었다. 저택이 자리 잡은 길가에는 노란색과 흰색 꽃이 어우러진 협죽도 울타리, 화려한 자태를 뽐내는 히비스커스, 깔끔하게 다듬은 잔디가 눈에 들어왔다. 근처로 눈을 돌리면 야자수가 늘어선 작은 만과 분홍빛 해변이 있었다. 골프장과 요트 정박지도 가까웠다. 곳곳에 산호 석회암으로 벽을 쌓고 삼나무로 들보를 얹어 지은 식민지풍의 오래되고 멋진 주택이 남아 있었다. 바로 옆은 18세기에 지은 건물을 개조한 5성급 호텔 포웨이스 인으로, 턱시도를 입은 연주자가 피아노를 치고, 셔츠에 넥타이를 매고 반바지에 무릎 양말을 신은 웨이터들이 주문을 받았다. 수도 해밀턴도 코앞이었다.

하지만 다니엘은 버뮤다를 질색하게 싫어했다. 그도 그럴 것이, 버뮤다는 미국에서 1,000㎞ 남짓, 파리에서 5,600㎞ 남짓 떨어져 있었다. 아는 사람이라고는 없고, 비도 많이 왔다. 그 와중에 버뮤다의 운전면허 시험에도 떨어져, 시내에 나가려면 정원사의 손을 빌려야 했다. 낡은 집은 곳곳이 문제였다. 다니엘의 마음에 드는 문화생활도 거의 없었다. 레슬리의 말로는 "버뮤다는 도시라고도 하기 어려운 작은 고장"이었다.

"중산층은 영국인이 대부분이었고, 여자들이 하는 일이라고는 함께 점심을 먹고 테니스를 치고 차를 마시는 거였어요."

그 사이에서 활기찬 프랑스 여성 다니엘은 '유별나게 튀어'보였다.

척은 출장으로 자주 집을 비웠다. 척도 버뮤다를 썩 좋아하지 않기는 마찬가지였다. 버뮤다에 거주하는 다른 외국 사업가들이 한가할 때 시간을 보내는 골프나 요트, 바다낚시에는 전혀 관심이 없었다. 그 대신 자신이 언제나 사랑해 마지않은 일을 했다. 아이들을 가르치고 자신의 전문 지식을 남들에게 나눠줬다. 집 근처 학교에서 농구부를 가르쳤고, 버뮤다 관광 자문단에도 가입했다.

열한 살이던 다이앤과 여덟 살이던 패트릭은 버뮤다에서 학교에 다녔다. 십 대인 줄리엣과 캐롤린, 레슬리는 하와이에서부터 함께 온 중국인 가정부와 함께 맨해튼 5번가의 아파트에서 살며 미국 학교에 다녔다. 척의 아이들도 지루하기 짝이 없는 버뮤다를 질색하게 싫어했지만, 그래도 방학 때면 조금은 즐거움을 찾을 수 있었다. 사방에 방이 널린 널찍한 집에 아이들의 친구들이 찾아오면 척이 반가이 맞았다. 한 번에 많게는 스무 명까지 몰려와 여자아이들은 2층 방에서, 남자아이들은 1층 방에서 머물러 기숙사가 따로 없었다.

척은 깐깐한 아버지였다. 방학 때면 아이들에게 아르바이트를 시켰고 패트릭은 아이스크림을 팔았다, 용돈 관리를 엄하게 가르쳤다. 뉴욕에 사는 딸들이 생활비를 초과해 지출하면 스스로 책임지게 해 돈의 가치를 가르쳤다. 척은 이런 교육 방침을 지키고자 꽤 애썼다.

딸들과 친구들이 유럽에 있는 남자친구들과 통화하느라 정신이 팔려 전화 요금이 엄청나게 나왔을 때는 직접 맨해튼으로 가 전화선을 끊고, 뉴욕시 지도에 가까운 공중전화기 위치를 표시해 거실 벽에 붙였다. 지도 옆에는 스카치테이프에 10센트짜리 동전을 줄줄이 붙여 매달아 놓았다. 딸 친구들이 척의 침실에 있는 전화기를 사용했을 때도 단호하게 말했다.

"5분만 걸어가면 5번가와 51번가가 만나는 모퉁이에 공중전화가 있단다. 거기를 이용하렴."

쉰한 살 생일을 맞아 식당에서 축하 모임을 연 뒤 손님들과 아파트에 들르자, 딸들이 제발 벽에 매달린 동전들을 떼자고 빌었다. 척은 눈 하나 깜짝하지 않았다. 그 모습을 유쾌하게 지켜보던 손님 한 명이 말했다.

"우리 애한테도 이렇게 해야겠어!"

버뮤다로 옮긴 지 얼마 지나지 않아, 척과 다니엘은 처음으로 자선 기업을 만들었다. 회사 이름은 척의 어머니 매덜린의 결혼 전 성인 데이비스와 아버지의 성인 피니를 합쳐 데이브니 기금으로 정했다. 진짜 재단을 설립하기에 앞서 개인, 교육 단체, 자선 단체에 익명으로 기부하는 방식을 '시험'하는 단계라, 재단으로는 등록하지 않았다. 자신이 재향군인 장학금 덕분에 성공했으므로, 척은 주로 뛰어난 재능과 당찬 꿈을 지녔으나 집안 형편이 넉넉지 않은 아이들을 도왔다. 특히 직원 자녀들이 그 대상이었다.

"데이브니는 내가 진정으로 세상에 무언가를 돌려준 첫 시도였습니다."

그해에 척은 데이브니 기금에 100만 달러를 넣었다.

척은 뉴저지에 사는 여동생 어설라에게 데이브니 기금을 운용할 책임을 맡겼다. 어설라는 버뮤다로 날아와 은행 계좌를 만들었다. 첫 수혜자 중 네 명은 군대에서 척을 돌봐줬고 이제는 심장마비로 세상을 떠난 소방관의 네 아이였다.

척은 어설라에게 "네 아이 모두 꼭 교육을 받게 하고 싶어."라고 당부했다. 어설라는 데이브니 기금의 계좌에서 나오는 돈으로 하와이에서 청각 장애 아동과 시각 장애 아동 약 스물네 명을 돌보는 2주짜리 캠프를 운영했다. 이런 활동에서 어설라는 기부할 때 명심해야 할 교훈을 하나 얻었다. 자선 사업을 할 때는, 도움을 받을 자격이 있는 사람들을 도와야 했다. 데이브니 기금이 하와이 DFS의 직원 자녀 약 스무 명에게 장학금으로 1인당 2,000달러를 준 적이 있었다.

"그랬더니 아이들이 출석만 하면 학위를 주는 이상한 대학에 가더군요. 안 되겠다 싶어 내가 악역을 맡기로 했어요. 나한테 성적표를 보내라고 했죠. 두어 명이 놀랍도록 순식간에 명단에서 사라졌어요. 그 뒤로는 장학금 지원자들이 무임승차를 못 했죠. 기준치만큼 학점을 따야 했으니까요."

그사이 척과 하비 데일의 대화가 한층 깊어졌다. 척은 DFS 지분부터 개인 사업체, 투자금까지 전 재산을 재단에 넣겠다는 의지를 굳혔다. 물론 다니엘과 아이들을 돌볼 돈은 남기고, 여기저기 마련한 집도 가족 명의로 두기로 했다. 하지만 거기까지만이었다.

하비 데일은 척의 생각이 급격하게 발전했다고 회고했다. 데일이 보기에 척이 그런 결정을 내린 시기는 1980년에서 1982년 사이였다.

"척의 시간은 내가 아는 어떤 사람과도 다르게 흐릅니다. 척은 중요한 결정을 내린 뒤 한참 동안 숙성시킬 때가 많아요. 그렇게 시간이 흘러 마음속으로 이 방향이 맞다고 느끼면 속전속결이고요."

막상 척 자신은 '문턱'을 넘은 때가 언제인지 알지 못했다. 결론에 이른 뒤에는 심각하게 고민하지도 않았다.

"나한테는 많은 돈이 필요하지 않다는 결론이 나오더군요. 돈이 많이 드는 삶을 살 생각이 없었으니까요."

척이 무심하게 말했다.

재단 설립을 깊이 생각하는 동안, 척은 개인으로는 처음으로 큰돈을 기부했다. 1981년, 코넬대 1956년 졸업생의 25주년을 기념해 기금을 모으던 어니 스턴이 수소문 끝에 척에게 연락했다. 그 시절 코넬대 졸업생들에게는 졸업 25주년에 총 25만 달러를 모금해 학교에 기부하는 관례가 있었다. 그런데 아버지가 클리블랜드 전기조명의 사장인 부유한 졸업생 존 린드세스가 목표 금액을 100만 달러로 올리자고 제안했다. 코넬대 발전위원회가 보기에는 터무니없이 높은 목표였다. 스턴은 도움을 얻고자 척에게 연락했다.

"내가 흐릿하게 기억하는 척은 샌드위치 장수였습니다. 척이 입에 달고 다닌 말이 '살라미나 볼로냐는 너무 많이 넣지 말고, 빵을 두툼하게!'였을 겁니다."

척은 스턴에게 70만 달러짜리 수표로 화답했다.

"그 덕분에 우리 기수가 결국 200만 달러를 모았습니다."

척은 그 기부가 졸업 동기들을 빛나게는 했어도, 코넬대의 어려움을 그다지 해결하지 못했다고 봤다. 부모님의 본보기와 척의 기업가 기질에서 비롯한 강한 기부 열정은 또 다른 강렬한 신념으로 이어졌다. 그저 수표를 끊어주는 데 그치지 않고, 기부한 돈이 반드시 잘 쓰이도록 부를 쌓았던 재능을 활용하겠다는 신념으로.

그런데 척이 바라는 구체적 조건에 맞는 등기 자선 단체를 세우기가 영 만만치 않았다. 재단은 자선 활동을 매우 좁게 보는 버뮤다의 법률 해석을 해결해야 했다. 이를테면 버뮤다 법률은 스포츠에 기부를 허용하지 않았는데, 스포츠를 사랑하는 척은 이 분야에도 기부하기를 바랐다. 익명으로 기부하고 사업체를 소유하고 세계적으로 활동할 수 있는 독특한 자선 단체를 설립하려다 보니, 결국 버뮤다 의회를 움직여 특별법을 제정해야 했다.

1981년, 하비 데일이 버뮤다의 최대 법률 회사 코니어스 딜&피어맨의 영국 출신 변호사 프랭크 머치를 고용해 필요한 법안의 초안을 작성했다. 그리고 1년 뒤, 버뮤다 의회의 개별 법안 위원회에 '애틀랜틱 재단 회사법' 초안을 제출했다. 법안은 자선 재단인 '애틀랜틱 재단'을 세울 근거를 담았다. 재단에 다른 꿍꿍이가 없다는 것을 증명하고자, 버뮤다 자선 사업 감독 위원회에 애틀랜틱 재단의 운영을 감독할 권한을 줬다. 1982년, 애틀랜틱 재단 회사법이 개별 법안 위원회를 통과했고 이어 하원도 통과했다.

수도 해밀턴의 법인 설립 등기소에 서류를 제출한 애틀랜틱 재단은 1982년 3월 1일에 공식 재단으로 출범했다. 설립 자금은 500만 달러, 설립 목적은 세계 곳곳에서 가난과 재난 퇴치, 교육 증진, 건강 향상, 어린

이·청소년·노인 지원, 국제 정의 실현에 앞장서는 활동을 돕는 것이었다. 재단의 활동 방향과 사업은 제한하지 않기로 했다. 이사로는 척, 다니엘, 그리고 하비 데일이 이름을 올렸다. 척은 코넬대 발전 책임자로 일했던 레이 핸들런을 이사장으로, 자기 대리인인 조지 파커의 친구 잭 노드먼, 코넬대 동창인 척 롤스, 밥 벡, 프레드 아이트를 자문 위원으로 영입했다.

척은 재단 관계자 모두에게 카네기의 기고문을 읽어 보라고 나눠줬다. 사업 문제를 이야기할 때는 술술 막힘이 없는데, 인생철학을 설명할 때는 명료한 표현이 떠오르지 않을 때가 많았기 때문이다. 척에게는 당황스러운 일이었다. 그래서 그런 속내를 들키지 않으려고 재치와 유머를 이용했다. 지인들에게도 유머로 속내를 감췄다. 친구와 가족들에게도 속내를 설명하는 대신, 잡지와 신문에서 오려낸 기사나 글귀를 건넸다. 주변 사람들은 그런 글귀에서 척의 의도를 읽어야 했다. 『부의 복음』을 나눠주는 것은 척의 기부 아래 깔린 본질을 영리하게 이해시키는 방식이었다. 그리고 자기 책상에도 카네기의 글을 늘 올려놓았다.

그렇다고 척이 앤드루 카네기를 고스란히 본받으려 했다는 뜻은 아니다. 카네기는 인정사정없는 냉혹한 사업 방식으로 재산을 모았고, 도서관과 학교에 떡하니 '카네기'라는 이름이 붙는 것을 사랑했다. 척은 그렇지 않았다. 그래도 카네기가 건네는 가르침은 뚜렷했다.

"살아 있을 때 기부하라!"

척에게 『부의 복음』예림북, 2014을 건네받은 사람들은 이 뜻을 명확히 이해했다. 척이 면세 사업으로 쌓은 재산을 전부는 아니라도 대부분 기부하고, '탐욕의 1980년대'를 상징하는 과시적 소비에 등을 돌리려 한다는 것을.

기부 체계는 마련했지만, 데일은 척이 재단에 큰돈을 기부하기에 앞서 재단이 원래 의도대로 작동하는지 확인해야 한다고 봤다. 척에게 두어 해 동안은 재단에 돈을 집어넣은 뒤 그 돈을 기부만 하는 통과 법인으로 운영해보라고 조언했다. 게다가 다니엘과 아이들 몫으로 얼마를 떼 놓을지를 척과 다니엘이 진지하게 마무리 짓지 않은 상태였다.

"하지만 척의 결심은 확고했습니다. 다니엘과 아이들 몫만 빼고 모두 재단에 넣겠다고요."

고려할 사항은 또 있었다. 모든 자산이 프랑스에 거주하는 프랑스 국민인 다니엘 앞으로 등록되어 있었고, 아이들도 프랑스 국적자였다. 따라서 혹시라도 다니엘에게 무슨 일이 생기면, 프랑스 법에 따라 모든 자산이 아이들에게 상속되었다. 프랭크 머치가 이것이 왜 문제인지를 설명해줬다.

"세금 문제가 발생할 위험이 있었습니다. 척은 미국 시민이라 세계 어디에 있든 세금을 내야 했습니다. 프랑스 법에는 다니엘이 사망하면 다니엘이 소유한 자산을 아이들에게 상속하라고 규정한 법규가 있습니다. 법규를 피하려면 자산을 파는 수밖에 없고요. 따라서 문제는 자산의 소유권을 어디에 두느냐입니다. 관례대로라면 버뮤다에 신탁하겠지만, 신탁에는 수혜자가 있어야 합니다. 그러면 다시 프랑스 법을 적용받아야 하고요. 하지만 재단이나 자선 단체를 세우면 프랑스 법률에 구속되지도 않으면서, 척이 미국에 세금을 낼 일도 전혀 없었습니다. 그런 의미에서 보면 재단이 특이한 기부 조직은 아니었지요. 정말로 특이한 점은 척이 재단에 기부한 자산의 크기였습니다. 사업체 지분을 몽땅 재단에 기부하는 것이야말로 특별했어요. 세계적 사업체가 지분 30% 정도를 재단에 넣는 일은 많이 봤습니다. 하지만 척은 정말 보기 드물게도 사실상 전 재산을 재단에 집어넣었습니다."

척은 이 일이 얼마나 엄청난 것인지 데일과 진지하게 이야기했다.

"척과 내가 모두 동의한 한 가지는 자산 가치가 얼마든, 다니엘과 아이들 앞으로 떼 둔 몫을 빼고는 모두 재단에 집어넣는다는 것이었습니다. 매우 보기 드문 결정이었지요. 아마 세계 역사에 유례가 없는 결정일 겁니다. 척한테 아주 매섭게 못을 박았습니다. '이건 단단히 결심해야 할 문제입니다. 3주 뒤 마음이 바뀌어도 정말 어쩔 도리가 없어요. 자산이 모두 재단으로 들어간 뒤라 되찾지도 못하고 마음대로 쓸 수도 없습니다.' 척은 꿈쩍도 하지 않았습니다. 자신이 상황을 잘 이해했고, 그게 바로 자신이 원하는 바라는 것을 알았으니까요."

12

백만장자가 된 억만장자

많은 경쟁자를 제치고 하와이와 알래스카의 영업권을 갱신한 뒤라, 몇 년 동안은 DFS의 앞날을 걱정하지 않아도 되었다. 이제는 전 재산을 기부했을 때 다니엘과 아이들 앞으로 떼 놓을 몫을 결정해야 했다. 척과 다니엘은 4,000만 달러와 여기저기 사놓은 주택을 다니엘과 아이들 앞으로 남기기로 약속했다. 4,000만 달러는 몇 년에 걸쳐 나눠 받기로 했다. 하비 데일의 말로는 '아이들 교육, 주택과 보트, 예술품, 보석 관리'에 필요하다고 본 액수였다.

애틀랜틱 재단은 1982년 설립 뒤로 2년 동안 순조롭게 운영되었다. 그 무렵 척은 재단을 통해 1,500만 달러를 기부했고, 그 가운데 1,400만 달러가 코넬대로 흘러갔다. 척은 코넬대에서 모든 것을 얻었다. 아이비리그 교육, 세상으로 나아갈 발판, 충실한 친구들. 척은 코넬대에 언제나 가장 아낌없이 베풀었다. 사업에 성공할 자신감을 준 코넬대학교에 이루 말로 할 수 없는 고마움을 느꼈기 때문이다. 언젠가 호텔경영대학을 다시 찾았을 때 학생들에게 이렇게 말했다.

"나는 코넬대에서 많은 것을 얻었습니다. 대학 졸업장을 뛰어넘는 것을요. 코넬은 나를 준비시켰습니다. 코넬대를 졸업할 때면 여러분도 단단히 준비되어 있을 것입니다. '코넬대학교'라고 말하면 누구나 아주 좋은 대학이라고 인정합니다. 호텔경영대학은 세계 최고이고요."

다니엘도 척을 지지했고, 척과 다니엘 앞으로 날아드는 감사 편지에 행복해 했다. 두 사람은 코넬대학교에 공연장을 짓는 데 200만 달러를 기부했다. 여기에는 밥 밀러도 200만 달러를 기부했다. 기부금은 형편이 어려운 호텔경영대학 학생들을 위한 장학금으로도 쓰였다.

1984년 11월, 척과 다니엘은 전 재산을 재단에 넘길 준비를 마쳤다. 그런데 변호사 프랭크 머치가 따져보니, 버뮤다 땅에서 그렇게 많은 재산을 양도하면 인지세로만 무려 4,000만 달러를 내야 했다. 그래서 바하마에서 양도를 진행하기로 했다. 바하마에서는 재단이 자산을 기부받는 게 아니라 매입할 때는 인지세를 내지 않아도 되었다. 모든 자산이 다니엘 명의였으므로, 재단이 다니엘의 자산 즉 DFS 지분과 개인 사업체를 특정 기간에 걸쳐 사들인다는 약속 어음을 발행하기로 했다.

약정 날짜는 추수감사절 다음날인 11월 23일 금요일이었다. 협약에는 척과 다니엘, 그리고 변호사인 프랭크 머치와 하비 데일이 참석해야 했다. 드디어 11월 23일 아침, 척과 다니엘이 버뮤다에서, 프랭크 머치가 뉴욕에서 비행기를 타고 나소 국제공항에 도착했다. 데일은 웨스트 팜비치에서 비행기로 출발할 예정이었는데, 천둥 번개가 내려치는 폭우로 비행이 지연되었다. 마침내 승객들이 비행기에 올랐을 때 기장이 안내 방송을 했다.

"비행기가 뜰 수 있을 것 같습니다. 승객 여러분이 모두 준비되셨다면 이륙하겠습니다."

데일은 자기도 모르게 소리를 질렀다.

"모두 준비됐습니다."

그날은 데일의 머릿속에 아찔한 재앙으로 남았다.

"바하마에 도착하니 거의 오후 네 시였습니다. 회의실을 빌린 신탁 회사는 다섯 시에 문을 닫고요. 비행기가 착륙하자마자 달려 나와 택시를 잡아탔고, 택시에서 내리자마자 회의실로 뛰어 들어갔습니다. 척이 '어서 오게.'라고 말하더군요. 다들 앉아서 손가락을 꼼지락거리며 나를 기다리고 있었어요. 원래 두세 시간 동안 협약서를 작성할 예정이었는데, 남은 시간이 한 시간뿐이었고요."

네 사람은 서둘러 서류 작성에 들어갔다.

모든 서류에 서명을 마친 뒤, 애틀랜틱 재단은 엑서터라는 자회사를 통해 여러 해에 걸쳐 4,000만 달러를 지급하겠다는 양도 불가 약속 어음을 발행하는 방식으로 다니엘에게서 자산을 사들였다. 사업과 관련 없는 자산, 특히 세계 곳곳에 마련한 2,000~3,000만 달러 상당의 주택은 계속 다니엘이 소유하기로 했다.

> 쉰세 살이던 척은 법률 사무소에서 펜을 몇 번 끄적여 서명하는 것으로 거의 전 재산을 양도했다. 물론 재단 이사장으로서 재단 운영에 영향을 미칠 수는 있었다. 자신이 일군 기업 제국을 이제 모두 되돌릴 길 없이 재단에 넘겼지만, 극빈자가 되지도 않았고, 여전히 제너럴 애틀랜틱 그룹의 이사장으로서 회사를 운영하고 연봉을 받을 것이다. 그렇기는 해도, 저 꼭대기의 억만장자 자리에서 내려와 순자산이 500만 달러도 안 되는 사람이 되었다. 나중에는 이런 농담을 던지곤 했다.
>
> "백만장자가 되는 법이요? 먼저 억만장자가 되십시오."

역사에서 단일 규모로는 손에 꼽게 큰 자산 양도였지만, 상세히 관여한 사람조차 그 규모가 정확히 얼마인지는 알지 못했다. 억 단위조차 저마다 다르게 예측했다. 나중에 애틀랜틱 재단은 줄잡아 5억 달러였다고 밝힌다. 프랭크 머치는 당시 척의 자산이 총 6억 달러였다고 생각한다. 하비 데일은 당시 피지나 바베이도스의 국내 총생산에 맞먹는 8억 달러로 추측했다. 만약 8억 달러를 연수익률 7%로 투자했다면, 2007년 기준으로 38억 달러가 되었을 것이다. 척이 2년 전인 1982년에 법률 고문으로 고용한 폴 해넌은 당시 작성한 개인 메모에서 척의 자산 가치가 5~10억 달러로, 베어스턴스 같은 투자 은행에 맞먹고 모건스탠리를 훌쩍 뛰어넘었다고 적었다.

자산 규모를 정확히 파악하기 어려웠던 까닭은 DFS가 다국적 기업인 데다, 척의 지분 38.75%가 자산 가치로 얼마인지를 저마다 다르게 해석했기 때문이다. 그해에 토니 필라로가 동업자들의 지분을 사들이려 할 때 제시한 6억 1,000만 달러를 기준으로 보면, 척의 자산 가치는 약 2억 3,600만 달러였다. 만일 DFS가 주식 시장에 상장했다면, 기업 가치가 훨씬 더 높았을 것이다. 게다가 이 무렵에 제너럴 애틀랜틱이 보유한 자산과 투자액만 해도 어림잡아 적어도 5억 달러였다.

척과 데일은 재단 자산을 '교회'와 '국가'로 분류했다. '교회'는 기부금을 마련할 유동 자산, '국가'는 사업체와 DFS 지분을 가리켰다. 척의 양도로 자산 90%가 '국가'에 들어갔다. 오늘날 자선 재단 가운데 사업체를 조금이라도 지배하는 곳을 찾아보기 어려우니, 유례없이 높은 비중이다.

협약식이 끝난 뒤 축하주나 기념 만찬은 없었다. 다들 나소를 떠나는 밤 비행기를 놓치지 않으려고 서둘러 회의실을 나섰다. 척과 다니엘은 뉴욕으로, 하비 데일은 웨스트팜비치로, 프랭크 머치는 버뮤다로 되돌아갔다.

다니엘이 아는 한, 이 협약이 무척 중요한 일이기는 했어도 남편 척에게는 거래일 뿐이었다. 그런 문제에서 다니엘은 언제나 척의 결정을 따랐다. 비록 재산이 자기 앞으로 되어 있었지만, 자기 것이 아니라는 것을 잘 알았다. 하비 데일이 다니엘의 변호사이기도 했으므로, 척과 다니엘은 데일의 가족과도 가까이 지냈다. 다니엘은 자산 양도가 자기가 좋다 싫다 할 일이 아니라고 여겼고, 그런 일로 결혼 생활에 문제를 일으키고 싶지도 않았다. 4,000만 달러가 전체 자산의 일부에 지나지 않았지만, 재산을 빼앗겼다고는 느끼지 않았다.

하지만 다니엘의 마음에는 그때가 행복한 기억으로 남지 않았다. 1980년대 들어 다니엘과 척이 떨어져 사는 기간이 갈수록 길어졌다. 척은 언제나 출장 중이었다. 사업과 자선에 거의 모든 시간을 쏟은 탓에 어느 때보다 자주 집을 비웠다. 얼마 지나지 않아, 다니엘의 마음에 억울하고 불안한 감정이 싹텄다. 인생에서 무언가 몹시 심각하고 나쁜 일이 일어나는 느낌이었다. 아이들이 상속권을 잃지는 않을까 걱정이 들기 시작했다. 데일과도 몹시 껄끄러운 사이가 되었다. 데일이 척에게 너무 크나큰 영향을 미친다고 생각했고, 척과 만났을 때 여러 번 명확하게 이런 생각을 전했다.

자녀들은 아버지 척과 변호사 하비 데일의 관계를 어떻게 봐야 할지 판단이 서지 않았다. 데일의 영향력이 어느 정도인지, 데일이 어떤 식으로든 척을 조종했는지, 아니면 유대인 철학자 마이몬이 데일에게 영향을 미쳤고 다시 데일이 척에게 영향을 미쳤는지 의문이었다. 하지만 살아 있는 동안 기부한다는 생각이 아버지 척의 마음속에서 오랫동안 무르익었다는 것은 그리 의심하지 않았다.

척은 데일이 자기 삶에 가장 큰 영향을 미친 사람이라고 기꺼이 인정했다.

"그렇다마다요. 하비는 더할 나위 없이 정직하고, 노 좋은 사람입니다. 내가 왜 기부하려는지도 잘 알았고요. 내 생각은 한 번도 바뀐 적이 없습니다. 재산을 사람들을 돕는 일에 써라. 사람들을 도울 기관을 세우는 데 써라. 하비도 나처럼 실용주의 관점을 지녔을 겁니다."

프랭크 머치의 생각도 다르지 않았다.

"하비의 영향력이 컸습니다. 사실, 모든 일 뒤에 하비가 있었어요. 하비는 척의 생각을 지지했습니다. 독특한 점은 척이 자기 몫을 하나도 준비하지 않았다는 겁니다."

척의 법률 고문이던 폴 해넌은 데일이 척의 바람을 해석하는 데 그치지 않고 어느 정도는 바람을 불어넣었다고 봤다.

넷째 딸인 다이앤은 1984년 뒤로 언젠가 하비 데일이 재단 설립으로 나타날 영향을 가족들에게 설명했다고 전했다.

"하비가 우리를 한 명 한 명 찾아왔어요. 제가 코넬대학교에 다닐 때였어요. 미식축구 경기 중에 나를 밖으로 불러내더군요. 무척 큰일이구나 생각했죠. 나더러 자리에 앉으라더니, 아빠가 전 재산을 자선 단체에 기부하려 하고, 기부 절차를 진행 중이고, 우리에게 알리고 싶어 하신다고 설명하더군요."

그런데 버뮤다에서 용의주도하게 계획을 세운 지 1년 뒤, 실망스럽기 짝이 없게도 결함이 드러났다. 버뮤다 법에 따르면, 법인 설립 등기소에 제출한 재단 정관은 공개 문서였다. 누구든 재단 정관을 열람해 척과 다니엘, 하비 데일, 프랭크 머치, 커밍스 줄이 재단 이사라는 사실을 알아낼 수 있었다. 경제지 기자 같은 달갑잖은 인물이 재단의 등기부를 살펴봤다는 증거는 없었지만, 척이 비밀 자선 단체의 이사라는 사실이 언제라도 들통날 위험이 있었다. 해법은 하나뿐이었다. 법을 바꾸는 것!

다행히 버뮤다 법무상이 프랭크 머치와 함께 일한 적이 있었고, 척의 고민을 이해했다. 애틀랜틱 재단의 변호사들이 1982년 제정된 애틀랜틱 재단 회사법에 새 조항을 집어넣은 수정 법안을 작성했다. 이 법안에 따르면 자선 사업 감독 위원회나 대법원이 지명한 사람과 법무상만 애틀랜틱 재단의 등기부를 열람할 수 있었다. 그 밖에는 누구도 비밀을 알 수 없었다.

머치가 이렇게 설명했다.

"우리가 근거를 댔습니다. 이사회가 지원을 간청하는 연락이나 전화에 시달리고 싶지 않다고요. 비공개 재단일 뿐, 다른 무엇을 숨길 생각은 없다고요."

수정안은 쥐도 새도 모르게 통과되었다.

"기자들이 이사회 명단을 알아내기 전에 유출 위험을 없앤 거지요."

사실, 수정된 법은 정보의 자유를 가로막았다. 나중에야 상황을 파악한 일간지 〈로열 가제트〉가 언론의 자유를 제한한다는 기사로 항의했지만, 때늦은 일이었다. 그래도 어쨌든, 애틀랜틱 재단이라는 이름이 처음으로 신문 기사에 등장했다.

1986년에 척은 미국 내 자선 활동을 담당할 애틀랜틱 신탁도 버뮤다에 설립했다. 그럴 만한 이유가 있었다. 새로 제정된 미국 연방세 법안 때문에 척과 동업자들이 DFS의 사업 구조를 재편해 미국·괌 사업부와 미국 외 지역 및 환태평양 사업부로 쪼갰다. 이에 따라 미국·괌 사업부 지분은 애틀랜틱 신탁으로, 미국 외 지역 및 환태평양 사업부 지분은 애틀랜틱 재단으로 들어갔다.

이렇게 자선 사업의 틀을 잡았지만, 미국은 물론이고 전 세계 자선 사업계 누구도 새로운 거물이 등장했다는 사실을 알지 못했다. 애틀랜틱 재단의 회장 겸 최고 경영자를 맡은 데일이 척의 비밀 행보를 보호하려고, 재단 설립에 관여한 모든 사람에게 맨해튼의 법률 회사 캐드월러더, 위커셤&태프트가 작성한 매우 엄격한 비밀 유지 서약서를 받았다. 재단 활동과 관련한 규정도 엄격하게 정립했다. '어떤 지원 요청도 받아들이지 않는다. 익명으로 기부하고, 수혜처에 기부자가 누구인지 알리지 않는다. 수혜처도 비밀 유지 서약서에 서명해야 한다. 수혜처가 애틀랜틱 재단이나 척 피니와 관련한 사실을 알아내 공개하면 지원을 끊는다.' 이로써 애틀랜틱 재단은 세계에서 가장 큰 비밀 재단이 되었다.

척은 자신의 기부 활동이 알려지지 않기를 바란다고 처음부터 단단히 못을 박았다. 기금을 지원한 건물에 자기 이름을 붙이거나 명판을 달지도 말아야 하고, 감사 만찬이나 명예 학위도 금지였다. 재단 뒤에 척이 있다는 사실을 사람들이 몰라야 했다. 수혜처에 재단 이름조차 알리지 말아야 했다. 자선 활동을 숨기고 싶어 한 까닭은 타고나기를 주목받고 싶은 욕망이 없어서이기도 했지만, 은밀한 활동이 몸에 배어서이기도 했다. 척이 살면서 수행한 거의 모든 일이 비밀을 지키고 눈에 띄지 않아야 하는 일이었다.

척의 가족들은 척이 한국 전쟁 동안 일본에서 복무할 때 절대 발설해서는 안 되는 민감한 정보 업무를 맡느라 그런 습관이 몸에 배었다고 생각했다. 리히텐슈타인에서는 불법 거주자를 단속하는 경찰보다 언제나 한발 앞서 마치 첩보영화 속 주인공처럼 움직여야 했다. 유럽의 미군 함대에 면세 주류를 팔 때는 함대 이동과 관련한 기밀을 알아내야 했다. 태평양에서 면세 자동차를 팔 때는 누구도 그 시장을 모르게 해야 했다. 미국에서 면세 주류 판매를 독점했을 때는 경쟁자들이 눈치를 채고 끼어들자 사업이 내리막길을 걸었다. DFS의 모든 활동이 비밀 유지를 밑바탕으로 삼았다. 중요한 영업권 입찰에서 DFS가 얼마를 써낼지가 새나가면 낙찰에 실패해 업계에서 밀려날 위험이 있었다. 수익이 많이 나는 영업권을 확보하는 열쇠는 DFS가 얼마나 많이 버는지를 공항 당국이 모르게 하는 것이었다. DFS는 비상장 회사라 수익을 밝힐 의무가 없었다. DFS 경영진은 회사의 수익을 함구하겠다는 엄격한 비밀 유지 서약서에 서명해야 했다. 척과 동업자들도 언론사의 질문에 "저도 답하고 싶지만, 규정상 그럴 수 없습니다."라고만 답하기로 합의문을 작성했다. 존 몬테이루에 따르면 척이 회의에서 이렇게 고집했다고 한다.

"우리 회사가 얼마나 큰지, 돈을 얼마나 많이 버는지를 밖에 나가 자랑하지 마십시오."

프랑스에 살 때는 "여기 돈 많은 인간이 하나 더 있군."이라고 생각한 범죄 조직이 몸값을 노리고 아이들을 납치할까 봐 늘 불안에 떨었다.

척이 보기에는 경악스럽게도, 1978년에 밥 밀러와 샹탈 밀러가 카리브해의 스틸 드럼 밴드, 남미의 록그룹, 파리의 DJ를 불러와 홍콩의 리펄스 베이에서 사흘 동안 호화 파티를 열었다. 샹탈은 잉카 제국의 공주 차림으로 열기구를 타고 손님들 사이에 내렸다. 신문 사회면에는 파티 소식과 함께 부부가 파티 비용만큼 기부했다는 내용이 실렸다.

하비 데일은 이렇게 평가했다.

"내가 늘 입버릇처럼 말했습니다. 적게 말하고 적게 과시할수록 시기하고 분노하는 사람이 줄어든다고요. 밥 밀러는 그런 방식을 따르지 않았습니다. 하지만 다른 동업자들은 실제로 그렇게 했어요. 피니는 밥이 갈수록 거들먹거린다고 생각했습니다. 홍콩의 쇼군, 거물 노릇을 한다고요. 모두 피니가 밥맛 떨어지게 여기는 모습이었지요."

토니 필라로는 밥 밀러의 상류층 행태에 그다지 신경 쓰지 않았다.

"밀러가 롤스로이스를 몬다고 사람들이 DFS의 사업 모델을 알 수 있는 건 아니잖습니까. 우리가 돈을 많이 번다는 건 여행사, 샤넬 공급업자, 항공사가 다 아는 사실이었어요."

DFS는 면세점에서 파는 물건이 언제나 싸지는 않다는 사실도 널리 알려지지 않기를 바랐다. 하지만 슬슬 소문이 나기 시작했다. 1985년 3월, 홍콩의 시사잡지 〈파 이스턴 이코노믹 리뷰〉가 홍콩의 면세점들이 '도시 전체가 면세인 홍콩의 다른 상점 수천 곳보다 물건값을 적어도 10%는 비싸게 받으니' 주의하라고 관광객들에게 경고하는 기사를 실었다.

척이 재산을 대부분 기부한 1984년 뒤로도, 사람들은 척을 밥 밀러와 같은 갑부로 생각했다. 하지만 척은 기부 사실을 감춰, 사람들이 자신을 계속 부자로 여기게 내버려 뒀다. DFS 동업자들조차 척과 다니엘이 회사 지분 38.75%를 재단에 넘겼다는 사실을 몰랐다. 척은 영업권 입찰액을 결정할 때마다 공동 소유주로 참석했고, 제너럴 애틀랜틱 그룹의 이사장 겸 최고 경영자로 활동해 해마다 20만 달러를 받았다. 척의 자선재단이 제너럴 애틀랜틱 그룹의 모든 사업 자산을 소유했지만, 겉으로는 아무런 변화가 없어 보였다.

그래도 척이 이따금 실상을 넌지시 내비치곤 했다. 로버트 푸토랜의 뒤를 이어 1983년에 DFS의 최고 경영자 자리에 오른 에이드리언 벨러미가 이렇게 회고했다.

"척이 두 시간 반 동안 내게 이런 이야기를 하더군요. 자신이 소유한 것이 자기 것은 아니다. 말하자면 자기는 관리인이다. 운이 좋아 돈을 벌었으나 그 돈이 자기 것은 아니고, 따지고 보면 그 돈을 재활용하고 있을 뿐이라고요. 척이 재산을 불가역적으로 기부했다는 사실을 내가 알았는지는 모르겠습니다."

폴 해넌이 제너럴 애틀랜틱 그룹의 법률 자문으로 고용되었을 때, 척이 해넌에게 『부의 복음』을 한 부 줬고, 하비 데일이 해넌을 따로 불러 제너럴 애틀랜틱 그룹이 자선 단체라고 설명했다.

"척은 돈을 사랑하면서도 증오합니다. 돈이 성공을 보여주는 척도라 많이 벌고 싶어 하지만, 돈을 손에 쥐고 있는 것은 좋아하지 않아요."

해넌은 그제야 깨달았다. 척은 해넌 자신이 하는 일이 척을 부자로 만드는 일보다 더 중요하다는 것을 알기 바랐다. 해넌은 자기 연봉이 척보다 더 많다는 사실에 깜짝 놀랐다.

"나는 그 점이 불편하더라고요. 상사가 연봉을 더 적게 받는 상황에서 내가 연봉을 올려달라고 하면 이렇게 말하니까요. '그렇게 합시다. 그런데 그 돈은 아프리카의 굶주린 아이들 몫에서 떼 올 겁니다.'"

1980년대 중반 들어 제너럴 애틀랜틱 그룹의 덩치가 너무 커지는 바람에 금융 당국과 언론의 레이다에 걸려들었다. DFS 지분 말고도 제너럴 애틀랜틱이 1984년에 벌어들인 돈이 무려 3,000만 달러였다.

1985년 5월 23일, 해넌이 척에게 비밀 보고서를 제출했다. '비밀 유지의 장·단점'이라는 보고서에서 해넌은 엄청나게 많은 정보가 공개 기록에 남고 있다고 경고했다. 미국 기업이라면 국세청이 3,000만 달러의 절반을 떼 갔을 테고, 국세청이 제너럴 애틀랜틱을 겨냥해 국내 기업으로 판정한다면 비용이 끔찍하게 불어나 수억 달러에 이를 위험이 있었다. 그러니 역외 기업 구조, 소유주의 정체, 기업의 자산 규모를 미국 국세청이 알아채지 못하도록 모든 법적 수단을 동원해 피니는 노력을 기울여야 했다.

해넌은 제너럴 애틀랜틱 그룹이 '출처를 알 수 없는 자본이 모이는 곳'으로 비치면 '아랍의 석유 부호나 마피아처럼 정체를 감추는 인물'을 떠올리게 해 은행과 임직원들을 상대하기 어려워진다고도 경고했다.

제너럴 애틀랜틱이 거래하는 은행들은 거래 내용을 별도 비밀 서류로 보관하기로 동의했지만, 해넌이 어림잡기로 금융계 인사 약 200명이 제너럴 애틀랜틱에 비밀 자산이 있고 그 뒤에 피니라는 사람이 있다는 사실을 알았다. 제너럴 애틀랜틱이 지분을 소유한 많은 미국 기업이 증권 거래 위원회에 제출하는 보고서에 소유 구조를 밝혔다. 미국에서는 일정 비율 이상의 지분을 취득하면 법무부에 내용을 신고해야 한다. 제너럴 애틀랜틱이라는 단체가 DFS의 지분 38.75%를 보유한 사실이 이미 하와이와 알래스카의 영업권 입찰에서 공식 기록으로 남았다. 해넌은 이런 말로 보고서를 마무리했다.

"지금과 같은 투자를 이어간다면 앞으로 몇 년 안에 〈포브스〉, 〈월 스트리트 저널〉 같은 경제지가 우리를 대규모로 파헤치는 일을 피하기 어렵다. 그냥 지나치기에는 제너럴 애틀랜틱이 너무 크고 흥미로운 대상이다."

주장을 뒷받침하고자, 해넌은 어느 끈덕진 기자가 제너럴 애틀랜틱의 뒤를 밟아 〈월 스트리트 저널〉에 실을 법한 억측성 기사를 첨부했다.

베일에 싸인 미국인 부자

피니의 자산, 백만 달러인가 수십억 달러인가? 집요한 비밀 유지에도 마피아 관련성은 밝혀지지 않아

지난 수요일 정오, 찰스 F. 피니가 뉴욕 3번가의 아일랜드 술집 클라크의 문을 열고 들어왔다. … 호리호리한 피니는 재빠른 걸음으로 늘 앉던 자리로 갔다. 그리고 동료들과 함께 햄버거와 화이트와인을 먹으며 거대한 제너럴 애틀랜틱 제국의 문제를 매듭지었다.

피니와 동료들은 〈월 스트리트 저널〉의 질문에 시종일관 답변을 거부했고, 전화에도 답신하지 않았다. 하지만 본지가 깊이 파헤친 결과, 피니의 재산은 이름이 훨씬 널리 알려진 미국인 부호들을 훌쩍 뛰어넘는다. 자신을 드러내지 않는 피니에 견주면 T. 분

피컨스, 이반 보스키, 도널드 트럼프, 도리스 듀크는 개미 투자자에 지나지 않는다.

피니가 일군 제국은 집요한 비밀 유지가 특징이다. 외국계 재단, 신탁, 가족, 50개가 넘는 개별 기업이 그물망처럼 얽혀 자산 규모를 감춘다. 하지만 법에 따라 정부 기관에 제출한 서류, 서로 충돌하는 신문 기사 몇 개, 하나같이 실명을 밝히기를 거부한 은행원 및 전직 직원들과 나눈 인터뷰를 살펴보면 피니의 엄청난 재산을 대략 파악할 수 있다.

제너럴 애틀랜틱 그룹의 핵심은 홍콩 DFS의 지분 38.75%다. … 공항 당국에 제출한 보고서를 근거로 본지가 추정한 DFS의 매출은 연간 7.5~10억 달러이고, 세후 수익은 약 0.6~1억 달러다.

뉴욕의 자본가 토니 M. 필라로가 DFS에 적으나마 지분이 있다는 사실이 끊임없는 소문을 낳았다. … 이를테면 한때 필라로가 금융 사기를 저지르고 해외로 도망친 로버트 베스코의 가까운 조언자였다는 소문이 …

피니가 유일하게 사치를 부리는 대상은 집이다. 뉴욕시, 파리, 버뮤다, 호놀룰루, 샌프란시스코에 집이 있고, 들리는 말로는 프랑스 지중해 연안에 자리 잡은 호젓한 대부호 거주지 생장카프페라에도 다른 사람 이름으로 저택이 몇 채 있다.

피니는 더 작지만 특별한 소매 사업체도 소유하고 있다. 하와이에서 두 번째로 큰 소매업체 안드라드, 미국 서남부의 수익성 높은 할인점 체인 솔로 서브, 뉴욕주 북부의 오래된 백화점 체인 칼, 런던 벌링턴 아케이드에 있는 고급 캐시미어 판매점 N. 필도 그 가운데 하나다.

제너럴 애틀랜틱은 컴퓨터 소프트웨어 회사, 정유 회사, 의료 관

련 기업에 발 빠르게 투자했다. 또 인플라이트 서비스에도 몇 년 동안 상당한 지분을 보유했다. 증권 거래 위원회 서류로 보건대 피니는 인플라이트 지분을 프랑스 국적자인 아내 다니엘 J. 피니의 이름으로 보유했다. 다니엘 피니는 버뮤다에 거주한다고 알려져 있는데, 버뮤다의 이웃들 말로는 조금 방치되기는 했어도 대궐 같은 저택 우드랜즈에서 피니 부부를 거의 못 봤다고 한다.

해넌에 따르면, 피니는 그런 최악의 기사가 실제로 등장할지 모른다는 두려움에 충격을 받았다. 하비 데일도 보고서 사본을 모조리 없애버리고 싶어 할 만큼 깜짝 놀랐다. 그런데 이 보고서를 읽은 뒤로 척은 비밀 유지를 풀기는커녕, 오히려 모든 일을 비밀에 부치고 보안을 더 강화해야겠다고 굳게 마음먹었다.

13

묻지도 말고, 말하지도 말라

1982년에 버뮤다에서 애틀랜틱 재단을 설립할 때, 척은 미국 내에서 기부할 때 익명성을 보장할 조직도 하나 만들었다. 애틀랜틱 재단 서비스라는 밋밋한 이름을 붙인 이 조직은 코넬대학교가 있는 뉴욕주 이타카에 사무소를 하나 마련했다. 그리고 공시 법령을 적용받지 않으려고 '영리' 기업으로 등록했다. 수혜처를 선정하고 지원금을 처리하는 업무는 애틀랜틱 재단 이사장인 레이 핸들런이 맡았다.

척은 척 롤스를 포함한 믿을 만한 친구 몇 명으로 지원금 추천서를 심사할 자문단을 꾸렸다. 그리고 자문 위원들에게 해마다 각자 재단 자금 2만 5,000달러를 송금해 선택한 자선 단체에 기부하게 했다. 그 덕분에 애틀랜틱 재단 서비스는 팸플릿에서 주장한 대로, 익명으로 기부하기를 바라는 '여러 개인'을 상대하는 자문 회사 노릇을 했다. 회사 책자에 따르면 기부자는 여덟에서 열 명 정도였다. 핸들런은 이런 주장이 완전히 거짓은 아니었다고 주장했다.

"모두 척의 돈이기는 했지만, 기부는 다른 사람이 했으니까요."

핸들런은 애틀랜틱 재단 서비스의 업무와 관련해 버뮤다의 이사들에게 보낸 내부 기밀 보고서에서마저 시치미를 뚝 뗐다.

"이토록 배려심이 깊은 고객님들을 위해 함께 일해 더할 나위 없이 기쁩니다."

버뮤다 해밀턴에 세운 스털링 매니지먼트도 똑같은 재량권을 행사했다. 이 비공개 회사는 척과 제너럴 애틀랜틱 그룹의 은행 계좌를 관리하고 다른 업무를 처리하는 임무를 맡았다. 스털링 매니지먼트의 회계 담당자 마거릿 헌은 상근 사무소를 마련했다. 회사는 이곳을 '견고한 여러 비공개 자선 재단이 모인 단체'로 소개했다. 다소 오해를 불러일으킬 수는 있어도 정확한 표현이었다.

수혜처가 기부자를 절대 알지 못하도록 막을 추가 조처로, 고액 자산가나 가족 유산, 재단을 상대하는 개인 은행인 뉴욕의 베서머 신탁으로 기부금을 송금했고, 베서머 신탁이 돈의 출처를 조금도 드러내지 않은 채 수혜처에 수표를 발송했다.

수혜처에 우편으로 수표를 보낼 때, 수혜처가 반드시 지켜야 할 조건을 적은 서한도 같이 보냈다. 서한의 기본 메시지는 간단했다. '묻지도 말고, 말하지도 말라.' 서한은 이렇게 시작했다.

"기부자는 이 기부금에 어떠한 감사도 받고 싶어 하지 않습니다. 우리가 가치 있는 자선 활동을 찾아내 평가하고 지원할 수 있느냐는 비밀 유지에 크게 좌우됩니다. 따라서 기부자에게는 비밀 유지가 무엇보다 중요한 문제입니다. 특히 이 기부금을 대내외에 모두 개인 기부로 언급하시기를, 말로든 글로든 우리 재단의 기금에서 받았다고 언급하지 마시기를 요청합니다. 부디 연례 보고서와 내부 보고서에 그렇게 기록해 주십시오. 덧붙여, 이 기부금과 관련한 서류는 기밀을 유지해주셨으면 합니다. … 기부금을 받았다는 증거로 이 서한의 사본에 서명하여 저희에게 보내주시기 바랍니다."

커밍스 줄에 따르면 비밀 유지가 정말 엄격해, 수혜처가 돈의 출처를 추적하지 못하도록 복잡한 방식을 썼다고 한다. 익명성 규칙이 어찌나 엄격했던지, 재단 직원들이 가족들에게 무슨 일을 하는지 말하지 못하거나 이직용 추천서를 받지 못해 문제가 되었다.

"직원들이 애틀랜틱 재단 회의에 참석한다는 것을 비밀로 하려고 아내에게 술집에 있다고 말하곤 할 정도였습니다."

애틀랜틱 재단 회장인 하비 데일이 자문단에게 왜 철통같은 비밀을 유지해야 하는지 설교하곤 했다.

"나는 비밀을 자주 이렇게 정의합니다. 다른 사람에게 한 번에 하나씩 말하는 것. 그런데 이 문제에서는 그런 상황이 벌어지게 하고 싶지 않았습니다. 그래서 그렇게 되지 않도록 최대한 막았지요. 함께 모일 때마다 거의 빠짐없이 상기시키곤 했습니다. 이 일은 비밀이니, 몰랐다거나 어떻게 말해야 할지 몰랐다는 변명은 통하지 않는다고요."

데일이 어찌나 엄격했던지, 척조차 데일이 너무 빡빡하다고 느꼈다. 척과 데일이 자문단인 레이 핸들런, 척 롤스, 프레드 아이트, 잭 노드먼, 밥 벡과 함께 이타카의 사무실에서 회의를 진행할 때였다. 자문단과 미리 짠 비서가 급한 전화가 있다고 데일을 불러냈다. 사무실에 돌아온 데일은 잠깐 어찌할 바를 몰랐다. 참석자가 다들 등을 돌리고 앉아있었다. 그리고 조금 뒤 데일 쪽으로 돌아앉았다. 하나 같이 희극인 그루초 막스를 흉내 내 코주부 안경을 쓰고 있었다. 모두 핸들런이 준비한 것이었다. 데일은 사무실이 떠나가라 웃음을 터트렸다. 그리고 다 함께 그 모습으로 사진을 찍었다.

데일이 비밀 유지를 강조한 데는 나름대로 이유가 있었다. 자신이 커다란 재단을 관리한다는 사실이 알려지면 입방아에 오를까 걱정스러웠다. 데일은 한 번 자선가나 자선 재단 이사로 알려지면, 아무 음식이나 먹지 못하고 농담도 함부로 하지 못하는 것이 자선 사업의 이치라고 봤다. 그리고 어떤 사람이 록펠러 가문에게 경고한 말을 들려줬다.

"당신에게 돈을 줄 능력이 있다는 사실을 알아채면, 사람들이 시도 때도 없이 당신에게 거짓말을 하기 마련입니다."

"나는 이 경고가 늘 두려웠습니다. 내가 '멀쩡한 허우대로 남들 장단에 맞춰 춤추는 인사'가 되지 않을까 걱정스러웠습니다. '권력은 부패한다. 절대 권력은 절대 부패한다.'라고 말한 액턴 경이야말로 누구보다 인간의 본성을 잘 이해하지 않았나 싶습니다. 돈을 주는 자리에 있으면 유혹에 넘어가기 마련입니다. 거기에서 비롯하는 교만과 독선은 끔찍합니다. 나는 그런 상황에 빠지는 것이 몹시 싫습니다. 정말 불쾌하기 짝이 없습니다. 하지만 그런 상황이 벌어질 확률이 무척 높습니다. 그러니 친구나 동료들이 내가 거대 재단의 회장인 줄 모르는 쪽이 훨씬 더 편했습니다."

애틀랜틱 재단에서 법률 고문으로 일했던 폴 해넌은 비밀 유지가 재단을 제대로 운용하는 데 걸림돌이었다고 평가했다.

"내 생각에 하비 데일은 산타클로스처럼 움직이기를 좋아했습니다. 이를테면 이런 식이었어요. 척이 '나는 노화에 관심이 많아'라고 말하자, 하비가 그 분야의 전문가를 찾아냈어요. 그리고 둘이 밥 버틀러라는 사람을 후원해, 우리 재단이 그 사람한테 아주 많은 돈을 줬고요."

국제 장수 연구소의 회장 겸 최고 경영자인 로버트 버틀러 박사는 나중에 척이 자신을 돕는 익명의 후원자인 줄을 까맣게 모른 채, 기부금 제안을 검토하는 자문단에 연구 자금을 지원해 달라고 요청했다.

초기에 재단의 주요 수혜처는 코넬대학교였다. 1981년에 1956년도 졸업생 25주년 기금으로 척한테 거액을 기부받은 어니 스턴은 자신과 마찬가지로 척도 '부채' 의식에서 코넬대에 기부한다고 봤다. 두 사람 모두 어렸을 때는 그런 명문대학교를 졸업하리라고 꿈도 꾸지 못했다. 나치 독일에서 태어난 스턴은 수정의 밤(1938년 11월 9~10일에 나치 대원들이 유대인 상점과 사원을 약탈한 사건)이 일어나기 나흘 전인 1938년 11월 5일에 부모와 함께 미국으로 피난했다. 그리고 기업계에 발을 들여 세계적인 특수 전자 장치와 방위 전자 장치 공급사인 탈레스 콤포넌트의 이사장 겸 최고 경영자가 되었다. 스턴은 척이나 자신이 성공하고 든든한 친구를 사귄 것이 코넬대학교에 어마어마하게 빚진 결과라고 생각했다.

첫 기부 뒤 척과 스턴은 전통에 따라 동기생들이 5년마다 한 번씩 특별 기금을 모금할 때 기부금 액수를 높일 방법을 함께 궁리했다. 같이 만나 머리를 맞대고, 동기생들이 더 많은 돈을 내게끔 부추길 방법을 연구했다. 스턴이 동창들에게 이런 안내문을 보냈다.

"만약 누가 5,000달러를 기부하면 익명 기부 단체가 두 배 또는 세 배를 기부할 예정입니다."

스턴의 말을 빌리자면 척은 '마중물'이 되고 싶어 했다.

척은 호텔경영대학 교정에 객실 150개짜리 스태틀러 호텔을 새로 짓는 마중물이 되었다. 원래 그 자리에 있던 객실 52개짜리 낡은 호텔은 해마다 15만 달러에 이르는 손실을 냈다. 1981년에 밥 벡의 뒤를 이어 호텔경영대학 학장이 된 잭 클라크는 1983년에 낡은 호텔을 다시 지어야겠다고 생각했다. 또 척이 코넬대학교에 기부한다는 비밀도 알았다. 척이 클라크의 사무실에 들렀을 때였다. 책상에 건축가가 설계한 호텔 도면이 놓여 있었다.

"설계도가 마음에 드는군요. 그런데 미래를 생각했을 때 호텔이 어느 정도 크기여야 한다고 보십니까?"

"솔직히, 할 수만 있다면 객실을 100개가 아니라 150개로 늘리고 싶습니다."

"그럼 그렇게 합시다!"

5,000만 달러짜리 건축 계획에 척이 먼저 기부금을 내놓은 덕분에 메리어트 호텔의 빌 매리엇, 유나이티드 항공의 딕 페리스, 반피 빈트너스의 존 F. 마리아니 2세 같은 기업계 유명 인사들한테 기부금을 받을 수 있었다. 완공된 호텔은 수익성이 높은 알짜배기 호텔로 거듭났고, 오늘날에도 늘 만실을 이뤄 해마다 100만 달러 넘는 수익을 올린다.

클라크가 기억하기에 척은 학교에 들를 때마다 한결같이 연한 카키색 레인코트 차림이었다. 그 옷이 다 해지도록 차림새는 변하지 않았다. 척은 자신이 '허름한 자선가'였다고 웃어넘겼다.

손에 꼽게 획기적인 기부는 '코넬 트래디션'으로 알려진 장학 사업에 700만 달러를 기부한 것이다. 코넬 트래디션은 집안이 넉넉지 않은 똑똑한 학생들이 학업과 교내 업무를 병행할 때 장학금을 줬다. 척은 코넬 트래디션이 그냥 돈을 주는 게 아니라 학생들이 자기 힘으로 일어서도록 지원하는 점이 마음에 들었다. 코넬 트래디션은 이제 별도 기부금 없이 자립해, 해마다 600명에게 근로 장학금을 준다. 클라크는 교정을 거닐며 이렇게 말했다.

"여기 테니스장에서 접수를 담당하거나 다른 일을 맡은 아이들이 모두 코넬 트래디션 장학생입니다. 이 아이들이 바닥을 쓸고, 정리하고, 접수대에서 일합니다."

코넬대 총장이던 프랭크 로즈도 이 방식을 열렬히 지지했다. 〈뉴욕타임스〉도 코넬 트래디션에 관심을 보여, 고등 교육이 장학금을 주는 획기적인 방식이라고 환호했다. 레이 핸들런은 척이 코넬대학교에 들를 때도 남다른 행보를 보였다고 말했다.

"척은 굳이 총장과 자리를 같이하려 하지 않았습니다. 아래층 교수회관에 있거나 호텔경영대학 라운지에 앉아있거나, 아니면 아이들과 이야기를 나누곤 했지요. 척은 배려심이 아주 깊은 사람입니다. 인정이 넘치지요. 그래서 어린 학생들 옆에 앉아 앞으로 무슨 일을 할지를 자주 이야기합니다. 그럴 때면 학생들도 척이 경제적 지원이든 조언이든 자신들에게 필요한 도움을 주고자 거기 있다는 것을 아는 듯하고요."

핸들런의 주요 임무는 미국 전역에서 기부할 만한 가치가 있는 다른 일을 찾는 것이었다. 핸들런은 보스턴에서 비공개 기금을 지원받는 '시티 이어City Year'라는 프로그램을 발견했다. 1988년에 여름철 지역 봉사 프로그램으로 시작한 시티 이어는 자원봉사 학생 약 70명이 학교에 페인트를 칠하고, 노숙자 쉼터를 보수하고, 공원을 청소하는 활동을 펼쳤다.

핸들런은 연설을 마친 공동 설립자 마이클 브라운에게 다가가, 단체가 이루고 싶은 바를 꼬치꼬치 캐물었다. 그리고 1991년에 시티 이어에 수백만 달러를 기부했다. 그 덕분에 시티 이어는 10년이 지나지 않아 열네 개 도시로 활동을 넓혔다. 빌 클린턴 대통령이 추진한 청소년 봉사단체 '아메리코'도 시티 이어를 본뜬 것이다. 애틀랜틱 재단은 미네소타주 세인트피터시에 본거지를 둔 미국 시민장학재단CSFA에도 기금을 지원해, 장학생 지원 사업인 '달러스 포 스칼러스'를 미국 전역으로 확대하고, 효과를 확인할 후속 연구도 수행하게 도왔다.

애틀랜틱 재단이 익명으로 보내는 수표는 애틀랜틱 재단 서비스가 꼼꼼히 검토를 마친 다음에야 수혜처의 손에 들어갔다. 코넬대학교도 예외는 아니었다. 정말 돌다리도 두들겨 보고 건넜다. 커다란 수표를 들고 당첨자를 찾아가는 깜짝 쇼와는 완전히 달랐다. 애틀랜틱 재단은 기부금으로 무엇을 하라고 강제하지 않도록 신경 쓰면서도, 기부금이 얼마나 효과를 발휘하는지 추적했다.

핸들런은 종종 본능을 믿고 일을 진행하기도 했다.

"하워드 가드너가 교육 학회에서 강연하는 것을 듣고, 같은 비행기를 타고 돌아오는 길에 가드너에게 무엇이 필요한지 물었지요."

하버드대학교 심리학 교수인 가드너는 1980년대에 다중 지능을 실증적으로 연구해 교육, 예술, 인지 심리, 의료 분야에서 사람들이 생각하고 일하는 방법을 바꿨다. 가드너는 핸들런이 누구인지 전혀 몰랐는데도 함께 이야기를 나눴고, 핸들런을 공항에서 호텔까지 태워다 줬다.

"그리고 얼마 지나지 않아 내가 상상만 했던 지원금을 제안하더군요. '하버드 프로젝트 제로하버드대학교에서 인간의 학습, 사고, 창의성을 이해하고 향상하고자 1967년부터 진행하는 연구 프로젝트'에 속하는 우리 연구진은 불필요한 조건이 달리지 않은 넉넉한 연구 기금을 받았습니다. 이 기금이 없었다면 연구를 지속하지 못했을 겁니다. … 수치화하기 어려운 사회 과학과 혁신을 지향하는 광범위한 교육 연구를 지원하는 기금이 사라지고 있었으니까요."

가드너는 기금이 요구한 익명성을 지켰다. 대화에서 레이 핸들런을 렉스 해리슨으로, 프로그램 관리자 앤젤라 코버트를 애거사 크리스티로, 애틀랜틱 재단을 AF나 어나니머스 재단으로 불렀다. 나중에 가드너의 아이들이 애틀랜틱 재단 서비스의 회장을 만났을 때였다. 아이들이 가드너에게 물었다.

"이분이 AF에요?"

가드너는 그저 빙긋이 웃기만 했다.

핸들런이 널리 존경받는 사람이라, 수혜처 대다수에 지원금이 깨끗한 돈이라고 안심시킬 수 있었다. 핸들런은 그래도 수혜처들이 "기금을 모을 때는 돈이 안 모일까 봐 쩔쩔맸으면서도 기금이 혹시나 검은돈일까 봐" 겁먹었을지도 모른다며 껄껄 웃었다. 실제로 수혜처 후보 가운데 더러 머뭇거리는 곳이 있었다.

"그래도 내 배경과 이력 때문에 지원금이 마약이나 도박 자금이 아니라는 사실을 받아들이지 않았나 싶습니다."

사실, 수혜처들이 심각하게 고민할 만은 했다. 만약 지원금이 부정하게 취득한 돈이라면 법원이 기부자의 채권자에게 돈을 돌려주라고 요구했을 것이다.

난감한 상황이 벌어진 적도 있었다. 뉴욕 컬럼비아대학교에 수십만 달러를 익명으로 기부하겠다고 제안했는데, 대학 이사회 위원 한 명이 반대해 기부금을 거부하기로 했다. 그렇다고 핸들런이 돈의 출처를 밝힐 수는 없는 노릇이었다. 이곳은 결국 코넬대 총장 프랭크 로즈가 컬럼비아대 총장을 만나 비밀 재단의 합법성을 보장한 뒤에야 기부금을 받아들였다.

"익명 제안이 몹시 수상한 제안이라고 생각한 대학이 한두 곳 있었습니다. 그럼 사람들을 만나 '이 돈은 완벽히 합법적인 지원금입니다. 익명성을 유지하는 데는 그럴 만한 이유가 있고요.'라고 설득해야 했지요."

하비 데일의 말로는 사람들이 여러 방식으로 캐물었다고 한다.

> "우리는 대화가 이어지지 않게 입을 막을 셈으로 모범 답안을 마련했습니다. 단호하게 말했고, 지원금 약정서에도 이렇게 적었습니다. '그 질문은 하면 안 됩니다. 우리는 익명의 기부자들을 위해 활동합니다. 우리가 당신에게 돈을 — 우리 돈이 아니라 기부자들 돈을 — 줄 수 있는 조건은 당신이 기부자의 신원을 캐묻지 않고 이야기하지 않는 것입니다.'"

우려를 드러내는 사람은 백 명당 네 명꼴이었다.

"나머지는 이랬지요. '세상에, 맙소사! 고맙습니다! 크게 존경받으실 겁니다!'"

뉴욕의 어느 비영리 단체에서 이사회 위원 한 명이 출처를 모르는 기부금은 한 푼도 받으면 안 된다고 거부권을 행사했을 때는 속임수를 쓰기도 했다. 데일은 이 단체의 회장에게 다른 유명한 자선 단체에 기부금을 요청하라고 제안했다. 애틀랜틱 재단이 꾸준히 기금을 대는 대신 자기네가 추천하는 곳에 기부하라고 지원하는 단체였다. 이 자선 단체에 기부한 애틀랜틱 재단의 돈이 목표 단체에 전달되었는데도, 그 사실을 아무도 눈치채지 못했다.

"그 바람에 우리가 하지도 않은 일로 공치사를 받기도 했습니다. 우리가 조금 알려지자 사람들이 다가와 '당신들일 줄 알았습니다!'라고 말하더군요. 그런데 우리가 아닐 때도 있었어요."

찰스 디킨스의 『위대한 유산』에서 주인공 핍은 자신을 돕는 이름 모를 후원자를 부자인 해비셤으로 짐작하지만, 실제로는 탈옥수 매그위치였다. 마찬가지로 어떤 수혜처는 엉뚱한 사람을 기부자로 착각했다. 하지만 애틀랜틱 재단은 사실을 밝히지 않았다. 하비 데일은 매그위치를 위해 일한 변호사 재거스와 같은 조건을 내세웠다.

"이것은 극비일뿐더러, 더 중요하게는 알려고 하지 말아야 할 의무 조건입니다."

그래도 데일은 수혜처들이 기부자의 신원에 주의를 기울이는 것이 의미 있다고 봤다. 대학생 때 미국 대학생 연합에서 적극적으로 활동했는데, 나중에 보니 CIA가 미래의 좌경 지도자들을 색출할 셈으로 몰래 기금을 댔었기 때문이다.

코넬대 총장 프랭크 로즈는 공개 석상에서 척을 칭송할 길이 없어 낙담했다.

"척이 이름이 알려지지 않기를, 기부 자체를 비밀로 유지하기를 바랐습니다. 기부자라는 사실이 세상에 알려지기를 바라지 않았어요."

그래서 로즈는 카유가 호수가 내려다보이는 코넬대학교 허버트 F. 존슨 미술관의 별실에서 척을 위해 은밀한 만찬을 주최했다. 짧은 연설에서 로즈는 익명성을 바라는 마음은 존중하지만, 이 방에 모인 사람들은 돈이 어디서 오는지 잘 알고 척의 속 깊은 마음 씀씀이에 경의를 표한다고 말했다. 하비 데일은 당혹스러웠다.

"무엇보다 불안했던 까닭은 웨이터들이 돌아다니고 있어서였습니다. 그런데도 코넬대 총장이 '여기 아무도 모르는 사실이 있습니다. 이 엄청난 돈은 모두 척 피니가 기부한 것입니다. 엄청난 비밀을 아는데, 이 방에서만 공유할 수 있습니다.'라고 비밀을 흘리더군요. 프랭크 로즈한테 정색하고 이의를 제기할 사람은 없습니다. 하지만 나중에 내가 말했어요. '프랭크, 그렇게 말해서는 안 됐어요. 좋지 않은 생각이었습니다. 다시는 그러지 마세요.'"

로즈에 따르면 척은 익명성을 불가피하게 필요한 것으로 여겨 대수롭잖게 생각했는데, 오히려 데일이 비밀 유지를 너무 철저하게 강요하는 바람에 애틀랜틱 재단에서 기부받으려면 '거의 목숨을 걸고 서명'해야 했다. 애틀랜틱 재단은 비밀 기부를 둘러싼 여러 사안을 더 깊이 이해하려고, 인디애나주 자선연구소에서 익명 기부를 주제로 연 학회에도 자금을 댔다. 물론 익명 기부였다.

14

아일랜드에 찾아온 행운

척의 가족은 애틀랜틱 재단을 설립한 뒤 버뮤다를 떠났다. 다니엘은 버뮤다에 신물이 나 두 번 다시 발을 들이지 않겠다고 맹세했다. 1985년에 척과 다니엘은 런던으로 이사했다. 척은 이곳 런던을 애틀랜틱 재단을 위해 다국적 회사 제너럴 애틀랜틱 그룹을 운영할 본거지로 삼고 싶었다. 애틀랜틱 재단도, 제너럴 애틀랜틱 그룹도 소유하지 않았지만, 척은 여전히 두 곳을 효과적으로 통제했다. 애틀랜틱 재단을 설립한 뒤로 처음 몇 년 동안은 기부금을 거의 모두 미국에, 그리고 기업가로 성공할 멋진 발판이 되어준 코넬대에 기부하는 것이 마음에 들었다. 하지만 다른 곳에 기부할 계획을 배제하지는 않았다. 런던으로 옮긴 뒤, 척은 오랫동안 여러 자료를 읽고, 질문을 던지고, 돈을 벌고 또 기부할 새로운 기회를 찾았다.

그런데 런던 사무소를 등록하러 갔다가, 생각지도 못한 관료주의의 병폐를 마주했다. 영국 회사법에 따르면 회사명에 '제너럴'과 '애틀랜틱'

같은 일반 명칭을 함께 붙일 수 없었다. 하지만 약어가 'G.A.'인 회사가 있으면 'G.A.'를 회사명으로 등록할 수 있었다.

"그래서 전화번호부를 뒤져 제라드 앳킨스라는 오래된 무역회사를 찾아내 사들였습니다. 제라드 앳킨스라는 이름으로 회사를 운영하고 약어로는 G.A.를 사용했지요."

제라드 앳킨스라는 이름이 박힌 공식 서한은 익명성과 비밀을 유지하기에도 편리했다.

척은 고급 맞춤 양복점들이 모여 있는 새빌로 거리 한복판 17번지에 자리 잡은, 온갖 양식이 뒤섞인 큰 건물을 제너럴 애틀랜틱의 자금으로 사들였다. 용도는 제너럴 애틀랜틱 그룹의 본부 겸 척과 다니엘이 지낼 거처였다. 법률 고문인 폴 해넌에게 말한 대로 척은 '파격적인 건물'을 좋아했다. 건물 개조는 비행기에서 만나 친구가 된 브로드웨이 극장 설계자 프레드 폭스에게 도움을 받았다. 해넌이 그때 이야기를 들려줬다.

"척은 개조 과정을 즐겨 신나게 벽을 부수고 페인트를 칠했습니다. 척이 꼭대기 층에서 일해 우리가 계단을 오르내려야 했죠. 우리한테 좋기는 했지만, 그다지 효율적이지는 않았어요. 5층 건물인데, 승강기가 없었거든요. 척은 가족들도 꼭대기 층에 살게 할 계획이었습니다. 하지만 다니엘이 반대했어요."

척은 이 건물 대신 고급 주택지인 메이페어에 가족이 살 집을 마련해 이사했고, 당시 열네 살이던 패트릭을 런던의 프랑스 고등학교에 입학시켰다.

이때 척은 이미 세계적인 유명 캐시미어 브랜드 N. 필을 소유했다. 벌링턴 아케이드에 있는 매장 두 곳, 스코틀랜드 글렌이글스 호텔에 있는 매장 하나, 스코틀랜드 경계선에서 가까운 호익에 있는 공장 한 곳까지 포함이었다. 척은 N. 필 매장을 자주 찾아 상품 진열을 점검했다.

런던으로 이사한 지 얼마 지나지 않아, 척에게 뜻밖의 초대장이 날아왔다. 우연히 마주쳤던 토니 필라로의 친구가 보낸 것이었다. 초대장은 아일랜드인 투자자와 아일랜드계 미국인 투자자들에게 80명으로 구성된 애슈퍼드 성 매입 및 개조 컨소시엄에 참여해 달라고 호소했다. 애슈퍼드 성은 아일랜드 메이요주 코리브 호수 근처에 자리 잡은 700년 된 성으로, 1939년에 고급 호텔로 바뀌었다. 팸플릿에는 농담조로 이런 말이 적혀 있었다.

"콧대 높은 이탈리아계 미국인이라면 절대 끼어들지 않을 일이지만, 당신이라면 관심이 있을 것입니다."

한때 기네스 가문의 자택이었던 호텔은 미국 유명 인사들이 즐겨 찾는 곳이었다. 존 웨인과 모린 오하라가 1952년에 개봉한 존 포드 감독의 영화 〈말 없는 사나이〉를 찍을 때 그곳에 머물렀고, 로널드 레이건 대통령이 1984년에 아일랜드를 국빈 방문했을 때도 이곳에서 하룻밤을 지냈다.

아일랜드계 미국인 대다수와 마찬가지로, 척도 선조들의 땅에 아련한 정을 느꼈다. 피니 집안에서 성 패트릭의 날[아일랜드 성직자 패트릭이 서거한 3월 17일을 기리는 축제]은 언제나 큰 행사였다. 척은 아이들에게 농담 삼아 자신이 왕좌에서 쫓겨난 '아일랜드 대왕'의 후예라고 말했다. 가계를 꽤 조사한 척은 친할머니가 북아일랜드 퍼매너주 라르가나캐런이라는 자그마한 시골 출신이라는 사실을 알아냈다. 지갑에 아일랜드계 자선 단체 '가시지팡이'의 카드를 넣고 다녔고, 자신을 아일랜드계 미국인으로 소개했고, 아일랜드 문화와 관습에 강한 자부심을 느꼈다. 하지만 '여봐란듯이 알리지도, 요란을 떨지도' 않았다.

1971년, 척이 처음으로 다니엘과 아이들을 데리고 아일랜드를 찾았다. 가족은 클레어주 드로모랜드 성 호텔에 묵었다. 하프 연주자가 구슬픈 아일랜드 곡을 연주할 때 척의 얼굴에 눈물이 흘러내렸다. 아일랜드 서부 크로웰 가까이 있는, 영화감독 존 휴스턴의 조지 왕조식 저택을 살까 했지만, 값이 너무 비쌌다.

아일랜드에 더 가까이 다가갈수록, 척은 자신 같은 아일랜드계 미국인이 아일랜드를 더 많이 도와야 한다고 확신했다. 1980년대에 아일랜드공화국의 경제는 거의 고사 상태였다. 성인 다섯 명 중 한 명이 일자리가 없었다. 대학 졸업자 넷 가운데 셋이 기회만 오면 냅다 조국을 떠났다. 영국 신문의 한 기고가는 아일랜드를 기후만 빼면 제3세계 국가인 곳이라고 평했다. 많은 아일랜드인이 이 말에 고개를 끄덕이며 나라를 등졌다. 북아일랜드에서는 아무런 해결 기미도 보이지 않는 유혈 분쟁이 격렬하게 들끓었다.

척이 보기에, 다른 공동 소유주들이 부자이고 자신과 마찬가지로 아일랜드를 돕고 싶어 한다면 애슈퍼드 성 호텔을 사자는 제안이 괜찮은 시작점으로 보였다. 척은 어떤 문화에 익숙해질 때 늘 이런 방법을 썼다. 제너럴 애틀랜틱의 기금을 투자하기에 앞서, 척은 그곳을 이해할 '쉼터'를 찾곤 했다. 그리고 호텔 사업을 파악했다. 컨소시엄은 1985년에 애슈퍼드 성 호텔을 700만 달러에 사들였고, 그 가운데 7만 달러를 척이 냈다. 척은 법률 고문 폴 해넌, DFS의 조 라이언스도 설득해 지분을 사게 했다. 그리고 다니엘, 아이들과 함께 아일랜드 섀넌 공항으로 날아가 폭스바겐 밴을 몰고 호텔로 향해 며칠 머물렀다. 늘 그랬듯, 척은 자연스럽게 애슈퍼드 성의 관리자를 도와 호텔 매장을 정리했다.

애슈퍼드 컨소시엄의 공동 소유주 대다수는 골프와 연어 낚시 말고는 다른 것에 그다지 관심이 없어 보였다. 척이 개입하려면, 아일랜드를 잘 알면서 호텔 업계를 조사하고 투자 아이디어를 제시해줄 사람이 필요했다. 코넬대학교와 관련이 있으면 금상첨화고. 그래서 찾아낸 사람이 파드리그 베리였다. 베리는 척이 기부한 장학 기금 덕분에 장학금 2만 달러를 받고 코넬대에 다닌 열정적인 아일랜드 젊은이로, 호텔경영대학 학장 밥 벡의 조수로 일했었다. 피니는 벡을 만날 때 두어 번 베리를 본 뒤로 꾸준히 연락을 주고받았다. 베리는 척에게 매료되었다.

"처음에는 참 희한한 사람이라고 생각했습니다. 누가 자신을 알아보면 무척 당황했거든요. 나중에 척을 만났을 때 대화를 나눴습니다. 나를 빤히 바라보더군요. 푸른 눈동자가 정말 강철같이 빛났습니다."

두 사람은 베리가 회계사로 일하던 런던에서 점심이나 저녁을 먹으며 회의를 진행했다.

"척은 딱히 정해놓은 안건도 없이 아이디어를 툭툭 던진 다음 어떤 상황이 펼쳐질지, 우리가 함께 큰일을 할 수 있을지를 봤습니다."

마침내 척이 베리에게 아일랜드로 가 투자 기회를 찾아보는 것이 어떻겠느냐고 제안했다. 1987년 5월, 직장을 그만둔 베리가 폭스바겐 골프 GTI에 짐을 싣고 아일랜드행 여객선에 올랐다. 앞으로 무슨 일을 해야 할지는 감이 잡히지 않았다. 척은 베리에게 선금으로 목돈을 줬다.

"그 뒤로 나는 척을 위해 여러 해 동안 하루도 빠짐없이 하루 열여섯 시간씩 일했습니다."

베리에게 척은 아버지 같은 존재였다. 척은 여러 번 아일랜드에 들러 베리와 함께 차를 몰고 투자할 만한 곳을 둘러봤다.

"더블린에서는 밤마다 갤러리 22에서 저녁을 먹었습니다. 화이트와인을 두어 병 마시곤 했죠. 그게 의식이었어요."

척에 따르면 두 사람은 한동안 '느긋하게 돌아다니며 그때그때 즉석에서 일을 처리'했다. 척은 아일랜드에서 유일하게 인공 스키장이 있는 위클로 산맥의 안개 자욱한 언덕배기에 자리 잡은 킬터난 골프 컨트리 클럽 호텔을 사들였다. 더블린에서 뛰어난 조지 왕조식 건물로 손꼽히는 헤리티지 하우스도 사들인 뒤 프레드 폭스에게 맡겨 조지 왕조 시절 실내 장식의 정수를 선보이게 개조했다.

어느 날 척의 눈에 신문 기사 하나가 들어왔다. 더블린에서 '아일랜드계 미국인 동맹'이라는 단체를 만든다는 소식이었다. 여기에는 아일랜드 하원 의원 패디 하터가 중요한 역할을 했다. 하터는 성공한 아일랜드계 미국인들이 아일랜드에 엄청난 호의를 보이는데도 아일랜드가 이를 제대로 활용하지 못해 사업으로 발전하지 못한다고 생각했다. 이 단체의 회장 존 힐리는 아일랜드무역위원회 이사를 지낸 인물로, 상황 판단이 빠르고 사교에 밝아 상대의 마음을 열 줄 알았다. 척은 더블린에서 존 힐리를 만나기로 했다. 힐리는 척이 어떤 사람인지 미리 파악할 셈으로 무역위원회의 고위 관리들에게 전화했다. 아무도 척이 누구인지 몰랐다.

1987년 9월 4일, 척과 파드리그 베리가 힐리의 더블린 사무실에 들렀다. 척에게 아일랜드계 미국인 동맹이 무슨 일을 하는지 설명하면서도, 힐리는 척이 어떤 인물인지 확신이 서지 않았다.

"그러니까 척이 저기 앉아있었습니다. 말은 그리 많이 하지 않은 채 깊은 눈매로 골똘하게 우리를 바라봤어요."

마침내 설명을 끝낸 힐리가 척을 바라보고 말했다.

"지금 우리에게 필요한 일은 미국에 우리와 상응하는 단체를 만드는 것입니다. 활동의 중심지가 그곳이니까요. 그런 일을 할 자금을 어디서 얻을지 조언해주실 수 있으십니까?"

척은 아무 말도 하지 않았다. 그런데 점심을 먹으러 킬데어 스트리트&유니버시티 클럽으로 걸어가는 길에, 힐리의 제안대로 25만 달러를 기부할 곳을 안다고 알려줬다. 척은 힐리에게 뉴욕주 이타카시에 있는 애틀랜틱 재단 서비스의 레이 핸들런 씨한테 제안서를 보내보라고 귀띔했다. 점심 뒤 힐리는 뉴욕에서 자금 조달 전문가로 일하는 친구에게 전화를 걸었다.

"애틀랜틱 재단 서비스 회사라는 데가 도대체 뭐 하는 데야?"

"전혀 모르겠는데."

힐리는 고개를 갸우뚱하며 제안서를 만들어 이타카로 부쳤다. 그리고 답장으로 25만 달러짜리 수표를 받았다.

킬데어 스트리트&유니버시티 클럽은 아일랜드 학자들이 즐겨 찾는 식당이었다. 그날 점심을 먹으러 갔을 때, 힐리가 척에게 생긴 지 15년 된 리머릭 고등교육원 원장 에드 월시를 소개했다. 월시는 리머릭 고등교육원을 정식 대학으로 인정해달라고 청원하고자 더블린에 와 있었다. 월시가 척에게 정중하게 요청했다.

"언제든 서부에 오실 일이 있으면 리머릭을 한 번 방문해 주십시오."

"나중에 한 번 찾아뵙지요."

3주 뒤, 척이 리머릭을 찾았다. 월시는 원래 아일랜드계 미국인들에게 거리를 뒀다. "왜 망할 영국놈들이 아일랜드에서 나가지 않느냐"고 한탄만 늘어놨기 때문이다. 그래서 척에게도 틀에 박힌 응대를 준비했다. 사무실에서 15분 동안 함께 차를 마신 다음 섀넌강 옆 구릉지에 자리 잡은 교정을 둘러봤다. 그런데 척이 월시가 꿈꾸는 대학에 남다른 관심을 보여, 대학 설립 기금을 얻을 방법을 귀띔했다. 월시는 사람들에게 기부를 요청하지 않아야 한다는 것을 잘 알았다. '돈을 요청하면 조언을 받지만, 조언을 요청하면 결국 지원을 받는다.'가 월시의 신조였다. 베리는 척이 그때 월시의 속내를 알면서도 기꺼이 미끼를 물었다고 봤다.

척은 월시를 빤히 바라보며, 동문들에게 기부금을 얼마나 받았느냐고 물었다. 아일랜드에서는 대학들이 거의 국가 보조금에만 의존했다. 자선 문화가 없었고, 교육 기관 가운데 어디에도 재단이나 학교 발전 담당자가 없었다. 척은 왜 리머릭 고등교육원을 지원했을까.

"한눈에 봐도 어마어마하게 많은 돈이 들어갈 일이었습니다. 멋진 곳에 들어선 곳이었지만, 건물 상태가 엉망이었거든요. 그래도 나는 기지개를 켜는 학교와 카리스마 넘치는 지도자를 봤습니다. 어떤 단체를 지원하려면 두 가지가 다 있어야 하지요."

척은 경쟁에서 밀린 약자를 돕는다는 생각에도 매력을 느꼈다. 아일랜드가 유럽의 약소국이라면, 리머릭은 아일랜드 학계의 약체였다.

척이 월시에게 물었다.

"미국 최고 대학이 어디입니까?"

"스탠퍼드? 예일? 하버드?"

월시가 몇몇 이름을 술술 읊었다.

"아니요. 코넬입니다. 거기 한 번 가보시는 게 어떻습니까?"

월시는 머뭇거렸다. 월시 앞에 있는 방문객은 기성복에 값싼 시계를 걸치고 있었다. 게다가 어떤 사람인지, 무슨 일을 하는지도 전혀 알지 못했다. 하지만 미국 아이비리그 대학과 친분을 쌓으면 정식 대학 승격에 도움이 되면 됐지 해가 되지는 않을 터였다. 월시는 코넬대를 찾아가기로 했다.

12월에 뉴욕을 찾은 월시는 센트럴파크가 내려다보이는 5번가 아파트에서 척과 다니엘을 만났다. 잠시 자리를 비운 척이 갓 구운 베이글과 크림치즈를 들고 돌아왔다. 베이글로 점심을 먹은 세 사람은 비행기를 타고 코넬대가 자리한 뉴욕주 북부 이타카로 날아갔다.

"깜짝 놀랐습니다. 코넬대가 나를 특별 손님으로 대우했어요. 설사 리머릭을 아는 사람조차 리머릭 고등교육원은 안중에도 없었는데도요! 비행기에서 내리니 대학 고위직이 나와 있더군요. 틀림없이 척 때문에 나온 거였습니다."

척이 설레발이나 치는 그저 그런 사람은 아니라는 생각이 들었다. 은근슬쩍 척의 너그러움을 언급하는 말이 오갔다. 척이 월시를 레이 핸들런에게 소개했다. 핸들런은 월시에게 코넬이 그해에 동문들에게 5억 달러 넘는 기부금을 모았다고 소개했다. 월시에게는 그야말로 딴 세상 이야기였다. 그날 마지막 행사는 코넬대 총장 프랭크 로즈가 월시를 위해 주최한 비공개 만찬으로 끝났다. 척이 무슨 일을 하려는지 궁금하기는 로즈도 마찬가지였다.

"온통 수수께끼 같은 만남이었습니다."

만찬 뒤 월시가 로즈를 리머릭으로 초대했다. 물론 아이비리그 대학교 총장이 시간을 쪼개 정식 대학도 아닌 리머릭 고등연구원을 방문하리라고는 기대하지 않았다.

그런데 에드 월시가 아일랜드로 돌아간 지 몇 주 뒤, 미국에서 줄지어 손님들이 찾아왔다. 이타카대학교 총장인 제임스 휠런과 아내 질리언, 코넬대 경영대학 학장 데이비드 롱, 척과 다니엘이 동행한 코넬대 호텔경영대학 학장 일행, 잭 클라크와 레이 핸들런, 그리고 다시 프랭크 로즈와 함께 방문한 척. 척과 로즈는 이틀을 머물며 월시에게 리머릭 고등연구원을 어떻게 발전시킬지 날카로운 질문을 던졌다.

어느 날 척이 월시에게 전화했다.

"친구 하나가 마침 유럽에 있는데, 리머릭 고등연구원을 방문하고 싶다는군요. 뉴욕대학교에서 강의하는 훌륭한 교수고, 전문 분야가 자선사업 관련 법률인 친구입니다. 직접 학교를 안내해주면 안 되겠습니까?"

친구의 이름은 하비 데일이었다.

이 무렵 리머릭 고등연구원은 척의 친구라면 누구나 대환영이었다. 월시와 아내 스테파니는 데일 부부와 함께 더그 호수에서 요트를 타고, 번래티 근처의 전통 식당에서 저녁을 대접했다. 데일 부부는 며칠 머무는 동안 이런저런 물음을 던지고 학교를 둘러봤다. 데일은 월시에게 척과 어떤 사이인지를 알리지 않았다. 다만 월시를 한쪽으로 데려가, 앞으로 척이 리머릭 고등교육원을 도울 자금은 개인 자산보다는 척의 인맥에서 나오고, 모든 기금은 익명으로 지원된다고 알렸다. 또 척이 성가시게 언론에 연락받는 일이 있어서도 안 되고, 사진 촬영이나 인터뷰를 요청해서도 안 되고, 만약 이런 조건을 어기면 척의 지원이 모두 끊길 수 있다고 강조했다.

이야기를 들은 월시는 고개를 끄덕였다. 그리고 이사회에 지원 조건을 전달했다. 몇몇 이사가 출처도 모르는 돈을 받는 것이 꺼림칙하다고 밝혔다. 월시는 기금을 전달하는 사람이 미국 아이비리그 대학에서 매우 존경받는 사람이라는 말로 이사회를 안심시켰다.

파드리그 베리에 따르면 척은 리머릭 고등연구원을 발전시키는 데 그야말로 전념했다.

"그 뒤로 여섯 달 동안 리머릭대학교 이야기를 귀에 딱지가 앉게 들었습니다. 척이 그 이야기만 하려고 했어요."

척은 종종 리머릭대학교를 찾아 소리 소문도 없이 학교를 둘러봤다. 월시도 그런 척의 태도에 놀랐다.

"정말 믿기지 않게도 척은 평범하기를 바랐습니다."

척이 리머릭대학교에 끌린 데는 지도부의 자신감 넘치는 태도와 관료주의적 규제에 맞서는 모습도 한몫했다. 척은 에드 월시가 1980년대 후반에 새 기숙사를 지을 기금을 모으기로 했을 때 아일랜드 고등교육청이 격분해 반대했다는 사실을 알았다. 관료들 머릿속에는 학생들한테 걷는 기숙사비로는 기숙사 건설 융자금을 감당하지 못한다는 생각이 팽배했다. 다행히 리머릭 고등연구원의 재간둥이 재무 담당자 존 오코너가 법적으로 독립된 민간 기업을 만든 덕분에, 건설을 중지하라는 어떤 명령도 받지 않고 교육부의 규제를 빠져나갔다. 척이 처음에 리머릭을 찾았을 때 기숙사 단지 건설의 첫 단계가 마무리되어, 재학생 6,000명 가운데 1,000명을 수용했다.

척은 애틀랜틱 재단의 지출을 늘려 좋은 영향을 미칠 기회를 찾고 있었고, 리머릭은 척이 찾던 기회를 제공했다. 척이 리머릭에 처음으로 꽤 많은 기부금을 댄 곳은 콘서트홀로, 이곳은 나중에 리머릭대학교와 리머릭시의 음악 활동이 펼쳐지는 중심지가 되었다. 애틀랜틱 재단이 1,000만 달러에 해당하는 600만 아일랜드 파운드를 내놓자, 에드 월시가 교육부 장관을 설득해 같은 액수를 지원받는 데 성공했다.

"되돌아보면 그렇게 콘서트홀 건립을 주도한 것이 엄청나게 중요한 역할을 했습니다. 우리가 콘서트홀 건립에 성공하자, 정부 관료들이 공동 출자라는 개념을 이용하면 대학교에 큼직큼직한 민간 투자를 활성화할 수 있다고 확신했으니까요."

리머릭 고등교육원은 마침내 1989년에 리머릭대학교로 승격했다. 척과 프랭크 로즈는 월시에게 재단을 설립해 대학 발전과 관련한 조언을 받고 기금을 모으라고 권했다. 미국 대학에서는 총장들이 유명 사업가와 지역사회 지도자들에게 열렬하게 조언을 구했다. 아일랜드 대학들은 재단도 없었을뿐더러, 이사회가 주로 정부에서 지명한 사람들이라 제 잇속만 챙기고 거들먹거리고 정치적 야망에 따라 움직였다.

월시는 재단 설립 계획을 집행위원회에 알렸다. 격렬한 항의가 일었다. 집행위원들은 혹시라도 계획이 성공해 꽤 많은 기금을 모으면 정부가 기금을 핑계로 얼마 되지도 않는 보조금을 다른 대학교에 할당하지 않겠냐고 우려했다. 월시는 고집을 꺾지 않았다. 하비 데일에게는 기가 차고 화나게도, 월시는 척에게 리머릭대학교 재단의 첫 이사장이 되어 달라고 설득했다.

월시는 코넬대와, 그리고 척과 교류하며 크게 생각하는 법을 익혔다. 미국으로 건너가, 재단 이사 자리를 맡길 저명인사를 찾았다. 리머릭 고등연구원은 들어본 적도 없는 제너럴 일렉트릭 회장 잭 웰치를 설득해 고위 경영진인 프랭크 도일을 이사회에 합류시켰다. 월스트리트 금융가 루이스 글룩스먼도 목표물로 삼았다. 뉴욕에서 헝가리계 유대인 이민자 2세대의 아들로 태어난 글룩스먼은 켄 올레타가 쓴 『월가의 탐욕과 영광』에 기록된 1983년 중역실 대결에서 승리해 리먼브러더스를 장악했다. 젊은 시절 해군 장교로 아일랜드를 방문했던 글룩스먼은 아일랜드와 아일랜드 문학에 반해 코크주를 제2의 고향으로 삼았다. 그리고 뉴욕 출신의 유명한 아일랜드계 미국인이자 자선가 로레타 브레넌과 결혼했다. 글룩스먼은 월시와 척을 월가에 있는 사무실로 불렀다. 그날 척이 약속에 늦었다.

"척이 지하철에서 발이 묶였었다고 해명했습니다. 그러자 두 사람이 어릴 때 돈을 안 내고 개표구를 통과해 지하철을 탔던 이야기를 주고받더군요. 척이 우스갯소리로 '나는 하도 작아서 그냥 걸어서 지나갔습니다!'라고 말했어요. 그러자 글룩스먼이 이러더군요. '나는 딱 한 번 붙잡혔습니다. 경찰서에 끌려가 다른 서너 명과 유치장에 들어갔어요. 나처럼 어린 친구가 있기에 물었지요. 나는 지하철 무임승차로 여기 왔는데, 너는 왜 왔어? 그 친구가 이러더라고요. 나는 엄마를 죽였어.'"

글룩스먼은 재단 이사회에 합류했고, 주요 기부자가 되었다. 그리고 척의 뒤를 이어 리머릭대학교 재단의 이사장 자리를 맡았다. 둘 다 일찍 잠자리에 들기를 좋아한 글룩스먼과 척은 재단 이사회 저녁 식사 자리에서 누가 먼저 슬그머니 빠져나가는지를 놓고 내기했다. 상품은 넥타이였다.

사람들은 도대체 어디에서 기부금이 나오는지 궁금해했다. 월시가 한 달에 한 번씩 미국으로 날아가 부유한 미국인 사업가들한테서 여행 가방 가득 달러를 모금한다는 소문이 퍼졌다. 놀랍게도, 많은 사람이 철석같이 소문을 믿었다. 월시는 일부러 사람들이 그렇게 믿게 내버려 뒀다.

척이 리머릭대를 찾을 때면 호기심 가득한 눈들을 가릴 엄폐물을 마련했다. 누구든 카메라를 든 사람이 있으면 애틀랜틱 재단 사람들이 척과 카메라 사이에 섰다. 한번은 손님들을 모아놓고 공식 사진을 찍은 적이 있는데, 실제로는 학교 측에서 미리 사진사에게 카메라에 필름을 넣지 말라고 지시했다. 척이 누구인지 알게 된 교수진도 사교 모임에서 일부러 척을 모르는 척했다. 주간지 〈리머릭 리더〉가 척이 찍힌 사진을 실었을 때는 하비 데일이 펄펄 뛰며, 신문을 되는대로 사들여 없애라고 지시했다.

그래도 척은 자신이 고집하는 비밀 유지를 우스갯거리로 삼았다. 한번은 뉴욕에서 날아오는 애틀랜틱 재단 이사회를 맞으러 섀넌 공항에 나갈 때 이런 팻말을 들었다.

"익명 기부자가 되신 것을 환영합니다."

리머릭에 있는 동안 척은 면세 사업을 하는 동안 쭉 존경했던 사람과 가끔 시간을 보냈다. 바로 섀넌 공항에 면세점을 세워, 척이 돈을 벌 사업 모델을 제시한 브렌던 오리건이었다. 오리건도 아일랜드 평화연구소를 세워 아일랜드섬의 평화를 촉진한 이상주의자였다. 1988년 여름, 오리건은 리머릭 근처 드로모랜드 성에서 열린 평화 회의에 척을 초대했다. 그곳에서 우연히 만난 또 다른 사람이 척에게 새로운 시야를 열어줬다. 척과 이야기를 나누던 에스토니아 대표 칼레 텐노가 그때까지도 소련의 지배를 받던 발트해의 작은 공화국 에스토니아에 어떤 변화가 일고 있는지 보라며 척을 초대했다.

1988년 9월, 척은 마침 자기를 도와 사업 기회를 발굴할 셈으로 유럽에 와 있던 짐 다우니를 데리고 에스토니아를 여행했다. 짐은 어릴 적 친구 스킵 다우니의 아들이었다. 두 사람은 에스토니아의 지성을 대표하는 타르투대학교를 찾았다. 2차 세계대전 뒤 에스토니아가 소련에 합병된 뒤로 처음으로 타르투시를 찾는 서방 방문객이었다. 척은 타르투대학 지도부에 에스토니아가 서방과 유대를 맺게 돕겠다고 약속했다. 타르투대학교에 첫 팩스도 선물했다.

아일랜드로 돌아온 척은 더블린주 블래록에서 입양 시설로 쓰던 건물을 42만 6,000파운드약 72만 달러에 사들였다. 여섯 달 동안 개조를 거친 건물은 '무역경영연구소'로 거듭났다. 이곳에서 에스토니아 사람들을 포함한 소비에트 연방 주민이 경영 수업을 듣고 영어를 배웠고, 아일랜드 대학원생들이 러시아어, 프랑스어, 스페인어를 배웠다. 이곳을 수상쩍게 여긴 소련 대사관 직원들이 찾아와 무슨 일을 하는지 묻고 상부에 보고하기도 했다. 척은 아일랜드 학생들에게도 동기를 불어넣고 싶었다.

"나는 아일랜드 젊은이들이 사업에 그다지 노력을 기울이지 않아 크게 낙담했습니다."

1989년 3월, 아일랜드의 전 수상 개릿 피츠제럴드가 타르투대학교 졸업식에 연설자로 섰다. 척은 리머릭대학교, 더블린대학교, 코넬대학교 교수진의 강의도 주선했다.

이 무렵 척이 에드 월시와 애슈퍼드 성 호텔에서 아침을 먹으며, 에스토니아가 소련의 지배를 받으면서도 단호하게 개혁을 추진한다는 이야기를 꺼냈다.

"총장님이 그곳에서 타르투대학교 총장을 만나 도울 일이 없는지 알아봐 주실 생각이 없으신지요?"

월시의 말마따나 "척이 주로 주기만 할 뿐 부탁하는 일이 좀체 드물었으므로" 그러마, 고개를 끄덕이는 수밖에 없었다. 월시는 리머릭시 시장 거스 오드리스콜이 이끄는 대표단을 꾸려 에스토니아로 출발했다. 그리고 타르투대학교와 학생 교류 합의서에 서명했다.

이제 척의 관심은 완전히 두 갈래로 나뉘었다. 제너럴 애틀랜틱 그룹을 위해 기회가 있을 때마다 여기저기서 사업체를 사들이는 방식이 자선 활동에도 고스란히 옮겨갔다. 리머릭대학교가 그 증거였다. 좋은 기회를 보면 그것이 사업상 거래로 양도 불가능한 재단 자산을 늘리는 것이든, 아니면 기부 활동으로 재단의 유동 자산을 줄이는 것이든 놓치지 않았다. 그리고 그 기회를 지렛대 삼아, 계속 확장하는 관계 속에서 다른 단체들을 도왔다.

15

부유하고, 가차 없고, 단호한

1988년 10월 7일, 한 동료가 척에게 〈포브스〉를 건네며 물었다.

"이거 봤나?"

동료가 가리킨 36쪽의 기사 제목은 '부유하고, 가차 없고, 단호한'이었다. 척은 소스라치게 놀랐다.

"이런, 망할!"

〈포브스〉가 선정한 미국 400대 부자에 척의 이름이 올라 있었다. 뉴욕에 본사를 둔 이 잡지에 따르면, 찰스 F. 피니는 자산 13억 달러를 보유해, 루퍼트 머독, 데이비드 록펠러, 도널드 트럼프를 제치고 미국인 부자 23위에 올랐다. 3년 전 폴 해넌이 DFS가 '너무 크고 무척 흥미로운' 회사가 되고 있어 〈포브스〉의 눈길을 피하지 못하리라고 지적한 예견이 적중했다.

밥 밀러는 미국 시민권을 포기하고 영국 시민권을 얻었으므로 명단에 오르지는 않았지만, 〈포브스〉는 밀러도 자산이 10억 달러 이상이리라고 추산했다. 앨런 파커도 영국 국민이라 명단에 오르지 않았다. 토니 필라로는 추정 자산 3억 4,000만 달러로 231위에 이름을 올렸다. 그런데 〈포브스〉는 필라로의 DFS 지분율을 2.5%가 아니라 10%로 틀리게 보도했다.

〈포브스〉의 기사는 척의 온 식구들을 흥분으로 몰아넣었다. 뉴저지에 사는 두 누이에게는 13억 달러가 '머릿속이 하얘지게' 많은 액수였다. 다니엘은 알린에게 연락해, 척이 잔뜩 화가 났으나 자기가 보기에는 경영계에서 성공한 사업가로 인정받았다는 데는 꽤 뿌듯해하는 것 같다고 알렸다. 동네 친구 밥 코건은 성모승천고등학교를 다닌 뉴저지 사람은 누구나 〈포브스〉를 샀다고 전했다.

"이게 무슨 일인가 싶어 어안이 벙벙했지요. 척이 무슨 일을 하는지 전혀 몰랐으니까요. CIA라도 다니나 보다 했거든요. 척이 하도 입을 다물어서요. 아마 척은 우리가 자기를 더 잘난 사람으로 여기기를 바라지 않았을 겁니다. 그러다 느닷없이 유명해져 그 대단한 록펠러 가문과 어깨를 겨룬 거지요."

척이 〈포브스〉 기사에서 가장 걱정한 대목은 척이 프랑스인 아내, 다섯 아이와 함께 런던에 살며, 버뮤다에 본사를 둔 제너럴 애틀랜틱 그룹을 통해 유럽, 아시아, 미국의 기업 수십 곳에 투자하거나 사업체를 직접 세웠다고 밝힌 것이었다.

하비 데일이 당장 팔을 걷어붙이고 여파를 차단하고자 움직였다. 데일은 록펠러 가문에 언론의 관심에 어떻게 대처해야 할지 조언을 구했다. 척에게는 가명으로 여행하고 경호원을 고용하라고 제안했다. 하지만 척은 전과 다름없이 살기로 했다. 다만 보안 회사를 운영하는 코넬대 동문 줄스 크롤의 조언에는 주의를 기울였다.

"택시를 잡으려는데 어떤 택시가 기다리고 있다면, 그 택시는 절대 타지 말고 다음 택시를 타세요."

〈포브스〉가 기사 제목으로 쓴 '부유하고, 가차 없고, 단호한'은 척과 밀러를 가리키는 표현이었다. 〈포브스〉는 척을 몹시 예민하고 말과 생각이 빠르고 검소하고 10만㎞ 상공에 있을 때 가장 마음이 편하고 비행기 일반석만 고집하는 사람으로, 밀러를 유행을 좇아 은발을 길게 기르고 고급 맞춤 양복을 즐겨 입는 외향적인 사람으로 묘사했다. 또 척이 언젠가 런던에서 열린 업무 회의에 옷핀으로 바짓단을 고정하고 나타났더라는 일화도 덧붙였다.

런던 사무소 담당자였던 보니 서첏은 척이 평범해 보이고 싶어서 그랬다고 설명했다. 척은 기사에서 농담거리를 찾아냈다. 메모지에 〈포브스〉 기사를 옷핀으로 고정한 다음 동료들에게 보냈다.

기사를 쓴 〈포브스〉 기자 앤드루 탠저와 마크 보샹도 척의 자선 활동은 까맣게 몰랐다. 하지만 DFS에 좋은 내부 정보원이 있었던 것만은 틀림없다. 두 기자는 DFS가 어떻게 일본인 관광객과 친밀한 관계를 맺었는지, 이들을 시내 매장으로 이끌고자 어떤 복잡한 전략을 세웠는지, 어떻게 공급업체를 쥐어짜 이윤을 두 배로 늘렸는지를 설명했다. 이들은 카뮈와 DFS의 관계도 다뤘다. 또 호놀룰루에서 면세 사업 분석가로 일했던 데스먼드 번의 말을 인용했다. 네 동업자는 번이 DFS를 떠나는 실수를 저지른 탓에 자신들을 싫어한다고 봤다. 만약 번이 계속 DFS를 떠나지 않았다면, 앨런 파커의 자리에 번이 있었을 터였다. 그해 초 번은 일간지 〈호놀룰루 스타-불레틴〉에 편지를 보내 DFS가 탐욕스럽게도 하와이주 의원들을 위한 골프 대회를 마련해주는 대가로 정부에 특별 대우를 받으려 했다고 비난했다.

〈포브스〉는 한해 전인 1987년에 DFS의 매출이 16억 달러까지 치솟았다고 추산했다. 꽤 정확한 수치였다. DFS 재무팀이 그해에 소유주 네 명에게 보낸 기밀 보고서에 따르면, 1988년까지 10년 동안 연간 매출이 2억 7,800만 달러에서 15억 4,300만 달러로 늘었다. 매출이 해마다 거의 19%씩 늘어난 셈이니, 입이 떡 벌어지게 놀라운 성장이었다. 아무도 몰랐지만, 이 기간에 네 소유주는 모두 합쳐 8억 6,700만 달러를 현금으로 배당받았다. 척이 받은 몫은 3억 3,600만 달러였다.

척은 자신을 미국 23위 부자로 소개한 호에 〈포브스〉 부편집장 로런스 미나드가 쓴 사설도 읽었다. 미나드는 〈포브스〉 선정 미국 400대 부자에서 빠지는 방법이 (1)돈을 날리거나, (2)기부하거나, (3)죽는 것 세 가지뿐이라고 적었다. 5일 뒤, 척이 하비 데일에게 특유의 삐딱하게 기운 글씨체로 이렇게 적어 보냈다.

"이런 결론에 이르렀네. 나와 가족을 위해, 내년에는 〈포브스〉에 이름이 오르지 않았으면 하네. 〈포브스〉가 명단에서 빠질 방법도 적어놨더군. 1번은 일어날 일이 없고, 3번은 마음에 들지 않아. 그래서 남은 것이 2번이네. … 최선은 앞으로 명단에서 내 이름을 빼고, 재단을 되도록 노출하지 말아 달라고 〈포브스〉를 설득하는 거야."

척은 〈포브스〉 부회장 제임스 J. 던과 은밀히 만나 비밀을 유지해야 할 필요를 설명하는 것이 어떻겠느냐고 제안했다.

데일과 해넌은 전문가의 조언을 얻고자 뉴욕의 홍보 회사 플레시먼 힐러드를 찾았다. 수석 부사장 피터 매큐가 딱 잘라 말했다.

"척이 〈포브스〉 부자에서 조용히 빠질 방법은 없습니다."

그보다는 자기네 방식대로 공식 발표를 준비하라고 조언했다.

"정의의 기사인 마냥, 척에게 비열하거나 미심쩍은 동기가 있다고 손가락질하고 싶어 안달 난 언론인들이 잘못된 정보를 전달하는 일을 막아야 합니다. 그러려면 먼저 척이 칭송받아야 할 점을 제시해야 하고요."

〈포브스〉와 비밀 회동은 그런 뒤에 마련해야 했다.

그 뒤로 여러 주 동안 플레시먼 힐러드는 척을 〈포브스〉 400대 부자에서 빼낼 여러 가능성을 길고 상세하게 평가해 제시했다. 1988년 11월 22일, 피터 매큐는 이런 방안을 보고서로 제시했다. 1안, 척의 순자산과 관련한 진실을 〈포브스〉의 경쟁사에 알린다. 2안, 기자 회견을 열어 애틀랜틱 재단의 존재를 밝힌다. 3안, 〈포브스〉 사주인 맬컴 포브스와 척의 비밀 회동을 마련해, 척이 400대 부자가 아니라는 증거를 제시하고 그 대가로 기사를 정정하게 한다. 매큐는 첫째 방안을 제외했다. 그랬다가는 〈포브스〉의 자존심을 긁어 도리어 자기네 기사가 옳다고 증명하고자 척의 추문을 캐려 할 터였다.

"쥐도 구석에 몰리면 고양이를 무는 법입니다."

기자 회견도 〈포브스〉를 '대놓고 세계적으로' 망신 줘 궁지로 몰기는 마찬가지였다. 하지만 척이 직접 맬컴 포브스를 만난다면 포브스에게 멋진 크리스마스 선물이, '명예로운 일로 진정한 자부심을 느낄 기회'가 될 것이었다. 척은 이 제안 옆에 "뭐?"라고 휘갈겼다 만약 맬컴 포브스가 '바른 일'을 하지 않는다면, 첫째나 둘째 방안을 쓰면 되었다.

매큐가 선호한 방식에는 한 가지 문제가 있었다. 보고서 여백에 명확히 밝혔듯이, 척은 맬컴 포브스를 만날 생각이 없었다.

척과 하비 데일이 아직은 비밀인 재단에 세상의 이목이 쏠리는 것을 걱정하는 데는 그럴만한 이유가 있었다. 애틀랜틱 재단이 미국에 등록된 단체였다면, 미국 10대 자선 단체에 들었을 것이다. 〈포브스〉가 추산한 자산 13억 달러를 기준으로 실제로는 더 많았다 볼 때 멜런 재단에 맞먹었고, 자선 단체의 선두 주자인 록펠러 재단의 자산 규모 16억 달러를 바짝 뒤쫓았다. 그런데 폴 해넌이 1988년 11월 20일에 척에게 보낸 보고서에서 지적한 대로, 앞서 3년 동안 애틀랜틱 재단의 연간 기부액이 1,000~2,000만 달러에 그쳐 재단 자산의 2%에도 턱없이 모자랐다. 게다가 직원도 다섯 명뿐이었다. 이와 달리 멜런 재단이 한 해 전인 1987년에 기부한 액수는 거의 6,500만 달러였다. 멜런에 견주면 애틀랜틱 재단은 인색하기 짝이 없어 보였다. 어쩌면 그보다 더 나빠 보일 수도 있었다.

〈포브스〉가 애틀랜틱 재단은 척이 세금을 적게 내면서도 자산 대부분을 관리하려는 수단일 뿐이라고, 그렇지 않고서야 무엇 하러 광범위한 정보 공개와 높은 기부율을 요구하는 미국 법을 따르지 않고 해외에 자신이 통제권을 쥔 비밀 재단을 만들었겠느냐고 물을지도 모를 일이었다. 미국은 관련 기업에 대규모로 투자하는 것을 법으로 금지했다. 하지만 척은 수익을 낼 기회가 있으면 애틀랜틱 재단을 통해 아무 규제 없이 투자할 수 있었고, 해외 투자로 생긴 소득은 미국 세법을 적용받지 않고 버뮤다로 흘러 들어갔다. 〈포브스〉가 외국 법인인 애틀랜틱 재단이 미국에 투자해 거둔 매출에 자본 이득세를 내지 않았을 뿐만 아니라, 척이 미국 국세청에 세금 한 푼 내지 않고 애틀랜틱 재단에서 돈을 챙긴다고 주장할 수도 있었다.

척은 이렇게 회고했다.

"하비는 재단의 존재를 밝히지 말아야 한다고 아주 강경하게 주장했습니다. 나도 같은 생각이었고요. 하지만 문제는 무슨 일을 하는지 밝히지 않으면 사람들이 미심쩍게 여겨 '여기서 무슨 일이 벌어지는 거지? 틀림없이 나쁜 일을 벌이고 있을 거야.'라고 말한다는 겁니다."

해넌은 설사 척이 맬컴 포브스를 만나더라도 〈포브스〉가 척을 400대 부자 명단에서 빼지 않을지 모른다는 의견을 내비쳤다. 〈포브스〉가 척이 정말로 재산을 자선 단체에 기부했는지, 아니면 미국 정부의 손아귀를 벗어나 세금을 내지 않고 재산을 늘릴 약삭빠른 방법을 찾아낸 것은 아닌지 확신하지 못할 수 있었다. 여러 달 동안 고민한 끝에, 척은 아무런 조처도 하지 않기로 했다. 즉 〈포브스〉를 포함해 부호 명단을 발표하는 여러 잡지가 그대로 척의 이름을 올리게 내버려 두기로 했다. 재단의 존재를 비밀로 감춰야 했기 때문이다. 재단 관계자는 다들 아는 바가 없다고 기자들을 속여야 했다. 비밀을 발설하지 않는 문화를 유지해야 했다. 척조차 비밀을 지키겠다고 서약했다. 그해에 제너럴 애틀랜틱의 이사장이자 최고 경영자로서 연봉 7만 5,000달러를 받겠다는 정식 계약서를 쓸 때 이런 구절이 들어갔다.

"재직 기간에 얻은 어떤 정보도 발설해서는 안 된다."

따라서 척도 침묵해야 할 법적 의무를 졌다. 척과 가까이 일하는 직원들은 척의 비밀을 알 수밖에 없었다. 하지만 보니 서쳇의 말대로 "척에게 워낙 충직한 사람들"이라 배신하지 않았다. 새로 입사한 고위직은 엄격한 절차를 거쳤다. 데이비드 스미스가 제너럴 애틀랜틱의 태평양 지역 자회사인 인터퍼시픽에 최고 재무 책임자로 뽑혔을 때, 플레시먼 힐러드의 임원을 만나라는 지시를 받았다. 그 임원은 스미스에게 회사와 관련한 내용은 누구 앞에서든 입도 뻥긋하지 말고, 무슨 말을 해야 할지 모르겠으면 "아는 바가 없습니다."라고 답하라고 조언했다. 스미스가 하비 데일과 밥을 먹을 때도, 그때마다 데일이 비밀을 지켜야 한다고 거듭 강조했다. 스미스는 금융업자들의 질문에 능숙하게 대처했다.

"투자 때문에 대출을 받으려고 은행에 가면, 자기 자본의 출처가 어디냐는 질문을 많이 받았습니다. 그때마다 지금도 앞으로도 신분을 밝히고 싶어 하지 않은 개인이 출자했다고 솜씨 좋게 얼버무렸습니다. 그러면 은행 사람들이 대개 '아! 아주 좋습니다. 우리가 그분을 만날 수 있을까요?'라고 반응했어요. 나는 '아뇨, 그러실 수 없습니다.'라고 답하고요. 마침내는 은행 사람들도 출자자가 신분을 밝힐 생각이 없어 자기네를 만나지 않으리라는 현실을 받아들였습니다."

제너럴 애틀랜틱 그룹 유한회사가 척의 사업체들을 지배하는 모회사라는 사실을 알아낸 〈포브스〉도 이곳이 수익성이 매우 높은 투자 자회사 제너럴 애틀랜틱 주식회사와 관련한다는 사실은 알아내지 못했다. 제너럴 애틀랜틱 주식회사는 코네티컷주 그리니치의 녹음이 우거진 외곽에 자리 잡은 회사로, 척의 자선 재단에 유동 자산을 공급해주는 엔진 노릇을 했다. 이 회사는 1989년에 제너럴 애틀랜틱 파트너스로 독립했지만, 주로 척의 자선 재단에 자금을 공급하기는 마찬가지였다. 제너럴 애틀랜틱 주식회사가 추진한 수익성 높은 사업은 1981년 7월에 콜로라도주에 세운 석유 탐사 기업 제너럴 애틀랜틱 에너지로, 1988년 12월에 프리시디오 정유에 1억 달러에 팔렸다. 뉴욕에서 활동하는 아일랜드 출신 언론인 나이얼 오다우드가 어느 텍사스 기업가의 말을 들려줬다.

"여기서는 사람들이 온통 이 피니라는 사람을 이야기했습니다. 석유 시장이 바닥일 때 들어와 활황일 때 팔았으니까요. 다들 이렇게 말했어요. '젠장, 어떻게 그렇게 한 거지? 그런데 도대체 척 피니가 누구야?'"

제너럴 애틀랜틱 주식회사를 이끈 에드 코헨은 부동산 전문가이자 손꼽히는 고지도 수집가인 친구 데이비드 럼지를 영입해, 뉴욕과 샌프란시스코에서 척을 대신해 부동산을 거래하게 했다. 코헨은 럼지에게 이렇게 말했다.

"척 피니는 자네가 흔히 보는 사업가가 아니야. 자선가거든. 그러니 앞으로 자네가 부동산 사업도 하겠지만, 척 피니의 자선 사업을 돕는 일도 하는 셈이야."

또 DFS에서 흘러나오는 현금을 확실한 대상에 투자하고 부동산, 석유·가스, 그리고 "소프트웨어라는 것"을 섞어 확보해야 한다고 알렸다. 럼지가 물었다.

"소프트웨어가 뭔데?"

"아, 컴퓨터에 들어가는 거야."

소프트웨어 투자는 애틀랜틱 재단에 여러 번 대성공을 안겼다. 이를테면 소프트웨어 회사 모리노에 300만 달러를 투자했는데, 5년 뒤인 1988년에 모리노가 크게 성공해 레젠트라는 회사로 바뀌면서 세금 한 푼 내지 않고 팔 수 있는 유가 증권 5,200만 달러어치로 불어났다.

스미스와 마찬가지로 럼지도 불법 자금을 세탁하는 것이 아니라고 은행가들을 설득해야 했다.

"은행에 가 '제너럴 애틀랜틱에서 왔습니다.'라고 말하면 은행 사람들이 이렇게 말하곤 했습니다. '아, 그러시군요! 당신들 이야기는 들었습니다. 재무제표를 모두 보여주시겠습니까?' '그게, 모두 보여드릴 수는 없습니다. 소유주가 공개를 몹시 꺼리는 분이시라서요. 재무 상황을 모두 공개하면 우리 회사의 현금 가치가 수억 달러라는 사실이 드러날 테니까요.' 이쯤 되면 은행 사람들이 눈이 휘둥그레져 묻습니다. '도대체 어떤 사업을 하십니까?'"

럼지는 언제나 답변을 거절했다.

럼지는 샌프란시스코에서 18층짜리 JH 달러 건물과 샌프란시스코의 상징인 험볼트 은행 건물을 포함해 여러 대형 부동산을 사들였다. 그중에서도 척이 샌프란시스코에서 가장 야심 차게 투자한 대상은 사우스비치 한복판의 엠바카데로에 원룸이나 침실 1~2개짜리 아파트 865세대가 입주할 베이사이드 빌리지를 짓는 사업이었다. 원래 그곳은 사방에 낡은 파이프와 방치된 창고가 널려 있던 곳이었다. 지역사회도 무너져 있었다. 하지만 샌프란시스코를 사랑한 척은 관광 명소인 피셔맨스 워프까지 걸어갈 만한 거리에 알맞은 가격의 주택을 공급한다면 지역을 되살릴 수 있다고 봤다.

척은 자본금 1,200만 달러에 채권 발행액 8,000만 달러로 단지를 건설하기로 하고, 부동산 투자 회사 포리스트 시티 라트너와 동업을 맺었다. 데이비드 럼지와 포리스트 시티 라트너의 스티브 앨버트가 8,000만 달러를 융자받으려고, 뱅커스 트러스트의 잭 마스터렐리를 현장으로 데려왔다. 현장을 살펴본 마스터렐리는 혀를 끌끌 찼다.

"제정신이 아니시군요."

두 사람은 투자가 성과를 내리라고 마스터렐리를 설득했다. 그런데 이때 빈곤과 학대 피해자, 폭력 조직 탈퇴자들에게 재활과 직업 교육을 제공하는 딜랜시 스트리트 재단이 아파트 부지인 엠바카데로 건너편에 재활 교육원을 짓고자 축구장 다섯 개 크기인 3만 7,000㎡를 확보했다고 발표했다. 공동 설립자 미미 실버트가 운영하는 이 재단은 '패배자들을 위한 하버드' 같은 곳이었다. 뱅커스 트러스트는 이 소식에 기겁했다. 미미 실버트는 척에게 척의 동업자들이 앞으로 들어설 재활 교육원을 마약 중독자의 소굴이라고 헐뜯는다는 항의 서한을 보냈다.

"여기서는 한 번만 마약에 손대도 퇴소니, 당신네 아파트 개발 현장이 더 마약 소굴일 거예요."

실제로 딜랜시 스트리트 재단은 유혹을 넘긴 사람들에게 일자리를 얻을 훈련이나 교육을 제공해 자립 재활원이라는 명성을 얻었다. 달리 말해, 모든 면에서 척의 관심사와 딱 맞아떨어졌다.

미미 실버트는 자기가 나서 뱅커스 트러스트를 달래보겠다고 제안했다. 럼지가 마스터렐리를 데리고 퍼시픽 하이츠에 있는 실버트의 본거지로 가 저녁을 먹었다.

"우리는 마스터렐리와 함께 수많은 탄원서를 살펴봤습니다. 실버트가 그 자리에 모인 사람의 마음을 모두 사로잡았고요."

마침내 협상이 성사되었다. 베이사이드 빌리지 건축은 1986년부터 1990년까지 세 단계에 걸쳐 마무리되어, 샌프란시스코 남부 최대의 아파트 개발이 되었다. 제너럴 애틀랜틱 그룹은 척이 그곳에 들를 때 쓰도록 자그마한 아파트를 한 채 보유했다. 척은 세계 곳곳을 여행하는 중에 자주 이곳에 들렀고, 딜랜시 스트리트 재단의 교육생들이 세운 식당에서 밥을 먹곤 했다.

1989년에는 데이비드 스미스가 샌프란시스코의 웨스턴 애슬레틱 클럽을 인터퍼시픽 앞으로 사들였다. 운동과 헬스를 즐기는 고급 회원제 스포츠 센터를 운영한 이 회사는 그 뒤로 미국 서부 해안을 따라 지점을 열한 곳으로 늘리고 직원 약 2,000명을 고용한다. 웨스턴 애슬레틱 클럽은 애틀랜틱 재단에 또 다른 현금 수입원이 되었다. 스미스의 설명은 이랬다.

"하와이의 소매점은 철마다 수입이 들쭉날쭉했는데, 웨스턴 애슬레틱 클럽은 회비를 바탕으로 운영되는 곳이라 현금이 또박또박 들어왔습니다. 게다가 인수 자금 3,700만 달러 가운데 3,000만 달러가 대출이었고요. 지금은 회사 가치가 3억 달러쯤 될 겁니다."

웨스턴 애슬레틱 클럽은 척의 권고에 따라 기부 활동을 늘려, 총수익의 5%를 지역사회의 자선 단체에 기부했다. 척은 웨스턴 애슬레틱이 "이를테면 암 치료 기금 모금회를 열거나 후원"한다고 밝혔다.

"거기서는 그런 일을 사회적 책임이라고 부릅니다."

척은 하와이 셔츠를 비집고 나오는 뱃살을 가리키며, 스포츠 센터를 사들이고 런던 새빌로 거리에 건물이 있는데도 몸매가 엉망이고 옷차림도 허름하다고 웃었다.

인터퍼시픽 그룹은 척의 지휘 아래 퍼시픽 아일랜드 클럽의 호텔들을 괌과 사이판의 최고급 휴양지로 키웠다. 또 인도네시아에서는 고급 골프장인 발리 골프&컨트리클럽1995년 조니 워커 클래식 대회 개최지에, 타이 푸껫에서는 축구장 열한 개 크기로 펼쳐진 멋들어진 라구나 비치 리조트에 투자했다. 척은 부를 과시하는 것을 불편하게 여기는 검소한 사람인데도, 부자들에게 호사스러운 휴가를 제공하는 데 상당한 공을 기울였다. 이제는 검소한 습관이 몸에 배었는데도, 출장 때는 늘 5성급 호텔에 머물며 추세를 살폈다. 라구나 비치 리조트의 지배인을 지낸 존 그린은 언젠가 전략 회의 때 척 옆에 앉았다가 손에 쥐고 있던 몽블랑 만년필을 슬며시 감췄다고 한다. 척은 연필을 쓰고 있었다.

척은 텍사스와 오클라호마에서도 호텔 사업을 확장했다. 고급 호텔 여러 곳을 사들여 메달리언이라는 이름을 붙이고 힐튼 호텔에서 부회장을 지낸 시드니 윌너와 동료 프레드 아이트에게 운영을 맡겼다. 메달리언의 최고 호텔은 F. 스콧 피츠제럴드의 소설 『위대한 개츠비』에도 나오는 켄터키주 루이빌의 객실 322개짜리 호텔 실바크였다. 척이 매형 짐 피츠패트릭과 미국 3대 경마 대회인 켄터키 더비에 갈 때 즐겨 찾은 호텔이기도 했다. 1995년 4월 17일, 오클라호마 메달리언 호텔에서 네 구역 떨어진 연방 정부 청사 앞에 티머시 맥베이라는 테러리스트가 수제 폭탄 2,300㎏을 실은 트럭을 주차한 뒤 터트렸다. 척은 곧장 호텔에 연락해, 개조를 앞둔 호텔을 부상자와 구조대원에게 무료로 제공하라고 지시했다. 또 다른 메달리언 호텔의 직원들을 동원해 지원을 도왔다.

척은 런던에서도 덥석 새로운 사업에 투자했다. 어느 날 히스로 공항에 들렀을 때, 런던에서 전문지를 발간하는 출판사 레드우드의 잡지 〈공항〉이 우연히 눈에 들어왔다. 광고 수입이 제작비를 충당하고도 남을 테니 좋은 투자처로 보였다. 공중전화기로 가 〈데일리 익스프레스〉의 편집자를 지낸 공동 발행인 크리스토퍼 워드에게 연락했다. 이야기를 나눠보니, 레드우드는 적자인 〈공항〉을 폐간할 생각이었다. 척은 여행 계획을 취소한 뒤 택시에 올라타 레드우드로 갔다. 그리고 〈공항〉을 사들였다. 하지만 〈공항〉은 끝내 흑자로 돌아서지 못했고, 결국 사업을 접어야 했다.

"기습 공격을 당했거든요. 히스로 공항이 〈공항〉에 판권을 줘놓고 자체 잡지를 발간했습니다."

하지만 척은 레드우드의 주요 주주가 되어 회사를 살렸다.

1980년대 말, 뉴스에 귀 기울이는 사람이라면 누구나 동유럽의 무너지는 공산 국가에 머잖아 투자할 기회가 찾아올 것을 확신했다. 1989년 11월 체코슬로바키아 프라하에서 벨벳 혁명이 일어나 공산 정권이 무너지자, 척은 프라하로 날아가 호텔 사업을 벌일 기회가 있을지 살폈다. 1990년 1월에는 바츨라프 광장 근처의 팰리스 호텔에 투숙했고, 프런트 지배인 이르지 비딤에게 다가가 새로 자유를 맞은 도시에서 무슨 일이 벌어지고 있는지 이야기를 나눴다. 그런데 이번에는 척이 차고 있는 값싼 카시오 플라스틱 시계가 비딤에게 깊은 인상을 남겼다.

"우리한테는 카시오가 비싼 물건이었습니다. 누구나 롤렉스나 카시오를 원했어요!"

비딤이 척을 눈 덮인 거리 곳곳으로 안내했지만, 모든 호텔이 여전히 국가 소유라 매물이 하나도 없었다. 그런데 척은 한때 일본인들이 서방의 사치품과 양주에 목말랐듯이, 체코슬로바키아 사람들이 서방 물건에 열광한다는 것을 알아봤다. 척은 비딤에게 제너럴 애틀랜틱과 합작 회사를 세울 자금을 주고, 스킵의 아들 짐 다우니와 아일랜드인 동료 마틴 키니론스를 보내 프라하에 매장을 내게 했다. 이들은 말라스트라나 광장에서 조금 떨어진 어떤 주택의 미용실을 개조해 뉴에이지쇼퍼라는 이름을 내걸고, 더블린에서 무려 12*m*짜리 화물차에 텔레비전, 녹음기, 전자 기기, 시계, 보석, 넥타이, 화장품을 실어 왔다. 1990년 12월 18일, 드디어 뉴에이지쇼퍼가 문을 열자 사람들이 주변을 잔뜩 에워쌌고, 1분도 지나지 않아 시계가 동났다. 얼마 지나지 않아 뉴에이지쇼퍼 매장 두 곳을 새로 열었다. 하지만 이 사업은 4년 만에 문을 닫았다. 면세 사업의 역사가 이곳에서는 반복되지 않았다. 일본인들이 꼬깃꼬깃 모은 엔화는 쉽게 달러로 바꿀 수 있었지만, 동유럽 사람들에게는 그런 돈이 없었다. 그래도 척은 선구자였다. 민주화 뒤 프라하에서 처음으로 서방 상점을 연 사업가는 척이 처음이었다.

가톨릭 신자이자 아일랜드계 미국인인 척에게 무척 보람찬 일도 있었다. 공산주의가 무너진 뒤로 프라하에서 힘겹게 위기를 견디던 어느 수녀회가 다시 자리를 잡도록 도운 일이다. 1950년에 비밀경찰이 프라하의 수녀원 다섯 곳에서 대대로 병자들을 돌보던 프란체스코회 제3회의 수녀들을 쫓아냈다. 그 가운데 하나가 프라하 한복판의 바로톨로메이스카 9번지에서 오랜 역사를 자랑하던 수녀원이었다. 공산주의 정권은 이 수녀원을 개조해 루지네 교도소라는 신문 기관으로 썼다. 나중에 대통령이 되는 극작가 바츨라프 하벨도 이곳에 갇혔었다. 벨벳 혁명 뒤로 되찾은 수녀원 다섯 곳에 수녀 150명이 돌아왔지만, 대부분 노쇠했고 수녀원을 복원할 돈이 없었다.

이 소식을 들은 척과 이르지 비딤이 계획을 세웠다. 두 사람은 체코슬로바키아 남부의 소나무 숲이 우거진 로메츠로 찾아가 일흔여덟 살인 수녀회 대표를 만났다. 목적은 비딤과 동업자가 바로톨로메이스카 9번지의 수녀원을 사들인 뒤 '클로이스터 인'과 '우니타스 호텔'이라는 중저가 호텔로 개조하되, 꼭대기 층은 수녀들이 머물 곳으로 남겨둔다는 계약을 맺는 것이었다. 우니타스 호텔에는 관광객의 관심을 한층 더 끌 곳이 있었다. 지하에 있는 '6번 감방'이 하벨이 갇혔던 곳인데, 투숙객이 이곳에 묵을 수 있었다. 제너럴 애틀랜틱은 체이스 맨해튼 은행에서 80만 달러짜리 신용장을 끊어 수도원 개조 자금으로 지원했다.

프란체스코 수도회 수녀들은 이 합의에 기뻐했고, 척에게 아낌없는 고마움을 표했다.

"그분들은 날마다 척을 위해 기도합니다."

이르지 비딤이 말했다.

16

결별의 씨앗

척이 민주화 이후 동유럽에서 새로운 사업 기회를 찾고 있을 때, DFS의 동업자들이 힘을 합쳐 척을 공격했다. 1990년 5월 12일, 밥 밀러와 앨런 파커, 토니 필라로가 런던 뱅크 거리 40번지에 터를 잡은 세계적 법률 회사 앨런&오버리를 찾았다. 이곳에서 DFS 이사회의 임시 이사회가 열릴 참이었다. 척은 그곳에 없었다. DFS의 정기 이사회에 참석하지 않은 지 오래였고, 척 대신 대리인 조지 파커와 법률 자문 폴 해넌이 참석하곤 했다. 앨런&오버리에서 열린 이사회에도 두 사람이 대신 참석했다.

회의에서 한가한 농담은 한마디도 오가지 않았다. 주동자들과 변호사들이 법률 서류를 큰 목소리로 읽어나갔다. 밀러 말로는, 자기가 커다란 안경을 쓰고 "척을 호되게 질책"했다고 한다. 30분 뒤, 세 동업자는 투표를 거쳐, DFS의 소매 사업을 운영하고 관리하는 이사회에서 척의 대리인들을 몰아냈다. 세 사람은 자기네한테 그럴 법적 권한이 있다고 확신했다. 토니 필라로가 못을 박았다.

"다수의 뜻이 지배할 힘을 쥐고 또 지배합니다."

조지 파커와 폴 해넌은 화가 머리끝까지 치밀어 서류를 모아 회의실을 떠났다. 해넌의 말대로 "끔찍한 경험"이었다. DFS의 공동 창업자이자 지분 38.75%를 보유한 통찰력 있는 소유주 척 피니가 이제는 회사 운영에서 완전히 발언권을 잃었다.

네 사람이 친구였던 적은 한 번도 없었지만, 이제는 아예 동업 관계를 망가뜨릴지 모를 분쟁에 휘말렸다. 척의 대리인들을 이사회에서 몰아내는 계획을 주도한 사람은 세 동업자 가운데서도 가장 침착하고 가장 점잖은 앨런 파커였다. 이 조처는 그동안 척에게 하와이에서 따로 소매업을 벌이지 말라고 항의했던 세 사람의 최후통첩이었다. 이들은 거듭 척의 개인 사업체가 같은 관광객을 상대로 DFS와 경쟁하므로 상도덕에 어긋난다고 주장했었다.

앨런 파커는 "지독한 일"이었다고 회고했다.

"그렇게 해야 해서 몹시 괴로웠습니다. 척은 끊임없이 새로운 생각을 해내고 앞을 내다볼 줄 아는 사람이었는데, 그런 사람을 우리가 내쫓기로 했으니까요."

분쟁의 발단은 척이 1976년에 하와이에서 사들인 소매 유통 회사 안드라드였다. 안드라드는 기성복, 그리고 하와이 특유의 알로하 셔츠와 여성용 원피스 무무를 팔았다. 모두 관광객이 즐겨 찾는 상품이었다. 3년 뒤인 1979년에는 안드라드가 와이키키 한복판에 새로 들어선 쇼핑몰에 커다란 매장을 열었는데, 바로 길 건너편에 DFS 매장이 있었다. 1985년에는 척이 하와이에서 캐럴&메리라는 의류 매장 세 곳을 사들였다. 또 척이 보니 적자 때문에 '똥줄이 타들어 가던' 일본 상사 세이부에서 호놀룰루의 의류 판매점인 맥키너니 매장 네 곳을 사들였다. 아일랜드계 이민자인 창업자 패트릭 마이클 맥키너니의 이름을 내건 이 매장들은 오랫동안 호놀룰루의 왕과 상류층에 의복을 공급했다. 이 맥키너니 매장 한 곳이 와이키키의 로열 하와이안 센터에 있었는데, 겨우 두 구역 떨어진 곳에 DFS의 시내 매장이 있었다. 척을 대신해 개별 매장들을 사들인 인터퍼시픽은 1990년에 하와이에서 DFS의 뒤를 이어 두 번째로 큰 소매업체가 되었다. 하와이안 리테일 그룹으로 통합된 매장들은 직원 600명을 거느렸고, 관광객들이 즐겨 찾는 로열 하와이안 센터에 매장을 여러 개 임차했다. 토니 필라로는 하와이안 리테일 그룹이 로열 하와이안 센터에 입점한 뒤로 문제가 불거졌다고 생각했다.

"100달러를 손에 쥔 일본인 관광객이 한 명 있다고 해봐요. 당신과 내가 똑같이 그 관광객 꽁무니를 쫓으면, 우리는 경쟁 관계죠. 안 그래요?"

척은 하나같이 일본인 관광객의 주머니를 노리던 곰에서 1978년에 객실 800개짜리 호텔을 사들인 것도 동업자들의 신경을 긁었다고 생각했다. 1986년에 척이 파리 아메리칸대학교의 이사장을 지낸 폴 슬로슨을 고용해 인터퍼시픽을 맡긴 뒤로는 충돌이 더 격렬해졌다. 슬로슨은 와이키키에서 관광객의 돈을 긁어모으려고 더 공격적인 경영을 펼쳤고, 척은 그런 슬로슨을 말리지 않았다. 언제나 깔끔하게 차려입고 경영자 느낌을 물씬 풍긴 슬로슨은 잠시 DFS 이사회에서 척을 대표하기도 했다. 그때 슬로슨의 태도가 온순한 파커의 신경을 빡빡 긁었다. 슬로슨은 DFS 동업자들에게 달갑잖은 인물이었다. 누가 봐도 DFS와 경쟁 관계였으니, 불 보듯 훤한 일이었다.

1988년 중반 들어 긴장이 지나치게 높아졌다. 폴 해넌은 해결 방안을 찾고자, DFS의 세 동업자를 대표하는 변호사 윌리엄 노리스와 논의에 들어갔다. 다섯 달 동안 줄다리기 협상을 벌였지만, 헛수고였다. 척은 꿈쩍도 하지 않았다. 1989년 1월, 세 동업자는 뉴욕의 법률 회사 스캐든, 압스, 슬레이트, 마&플롬에서 일하는 변호사 마크 캐플런을 고용했다.

DFS 이사회에서 토니 필라로의 대리인으로 활동했던 캐플런은 뛰어난 중재자로 단비를 내리게 한다는 명성을 자랑했다. 캐플런은 유럽을 돌며 세 동업자의 의견을 살핀 뒤, 해넌을 거쳐 척에게 동업자들의 우려를 전달했다. 캐플런이 여러 해결책을 제시했지만, 네 사람이 모두 고개를 끄덕인 방안은 하나도 없었다. 밀러가 보기에는 캐플런의 해결책들이 지나치게 법에 기댔다.

파커는 척이 자기 행동에 어떤 문제가 있는지 모른다고 생각했다.

> "핵심은 척 스스로 누구보다 DFS에 공이 크다고 생각한 것이었습니다. 그래서 자기는 곁가지로 하고 싶은 일을 모두 해도 된다고 생각했어요. 나는 그런 행동이 상도덕에 어긋난다고 봤고요. 하지만 척은 절대로 그렇게 보지 않았습니다."

또 척의 소매 사업이 갈수록 일본인 관광객을 많이 겨냥했고, DFS의 공급업자이거나 앞으로 공급업자가 될 만한 업체를 확보하는 데 집중했다고 주장했다. 척이 공급업체와 거래할 때 DFS 소유주라는 지위를 발판 삼아 자기 사업체에 유리한 가격 조건을 확보한다고도 불만을 토했다. 척은 파커의 주장이 사실과 전혀 다르다고 반박했다. 자신의 소매 사업이 겨냥하는 고객 가운데 90%가 일본인 관광객이 아닌 현지인이고, 일본인 관광객에게는 한 번도 광고한 적이 없다는 것이 근거였다.

밀러는 척의 행동이 윤리나 도덕에 어긋난다고는 보지 않았다. 그보다는 자신과 척이 자존심 싸움을 벌이는 상황이고, 안드라드가 그런 싸움을 고스란히 드러냈다고 봤다. 그렇지 않고서야 DFS에서 버는 돈이 100배나 더 많은데, 척이 무엇 하러 DFS와 경쟁할 생각을 했겠는가? 다들 안드라드가 돈벌이가 안 된다는 사실을 알았다. 그래서 척이 DFS 코앞에 안드라드 매장을 냈을 때 밀러가 이렇게 말렸었다.

"척, 이러면 안 되지. 아니, DFS와 경쟁하지 않고도 돈을 투자할 기회가 사방에 널렸잖아. 왜 그렇게 못되게 구는 거야?"

밀러는 자기가 답을 안다고 생각했다.

"나는 늘 척이 DFS 지분을 더 많이 소유하지 못해 마음속 깊이 억울해한다고 생각했습니다. 내가 보기에는 그랬어요."

친구들 가운데도 척을 비난하는 사람이 더러 있었다. 장 겐츠부르제도 그중 하나였다.

"같은 돈을 차지하겠다고 경쟁 관계인 상점을 또 내지는 않잖습니까. 내가 보기에 그건 기본적으로 공정한 사업 방식이 아닙니다. 나라면 그렇게 하지 않겠어요. 척이 그때 경쟁을 멈췄어야 했습니다."

1988년에 하와이의 영업권 입찰에서 무려 11억 5,100만 달러를 써낸 실수도 관계 악화에 불을 질렀다. 이 와중에 척이 호놀룰루에서 DFS와 경쟁하자 파커가 불같이 화를 냈다. DFS 최고 경영자이던 에이드리언 벨러미는 이 충돌이 찻잔 속의 태풍으로 끝나겠거니 여겼다. 안드라드가 DFS에 어느 정도 찬물은 끼얹을지 몰라도 DFS의 수익에 해를 끼치지는 않으리라고 봤기 때문이다. 벨러미가 보기에 척이 개인 사업체를 운영하는 까닭은 그저 좋아서였다.

"척은 늘 별별 일을 벌였습니다. 안드라드가 눈에 보이니 사들인 거고요. 안드라드에 마음을 빼앗겼으니까요."

슬로슨에 앞서 인터퍼시픽을 운영한 마이크 윈저에 따르면, 실제로 안드라드는 페라가모 신발을 빼면 전혀 돈을 벌지 못했다. 게다가 매장 대다수가 하와이에서도 DFS가 입점하지 않은 다른 섬들에 있었다.

척은 동업자들의 우려에 콧방귀를 뀌었다.

"밥이 런던에 살 때 어떤 공항에서 면세점 영업권 입찰이 떴습니다.

밥과 장 겐츠부르제가 DFS와 상관없이 둘이서 입찰했고요. 그 매장을 운영하고 싶어서요. 그때는 아무도 밥과 장을 욕하지 않았습니다. 정당한 일이었으니까요."

폴 해넌은 척의 사업이 조금도 부적절하지 않았다고 주장했다. DFS 동업자들 사이에 그런 활동을 금지하자는 합의가 없었고, 다른 동업자들도 과거에 비슷한 소매 사업체를 운영했다는 것이 근거였다. 게다가 척이 하와이에서 운영한 소매점은 중요한 사업체도 아니었거니와 돈도 벌지 못했다. 해넌이 보기에 앨런 파커는 진심으로 척의 활동이 도덕에 어긋난다고 믿었고, 밀러는 척을 비난할 또 다른 기회를 잡았을 뿐이고, 토니는 큰 관심은 없어도 거물들 사이에 벌어진 큰 다툼에 자신이 영향력을 행사할 기회라 여겨 상황을 해결하려고 힘썼다.

그리고 마침내 변호사들한테서 세 동업자에게 척의 대리인들을 DFS 이사회에서 몰아낼 법적 권리가 있다는 보고를 듣자, 파커가 런던의 앨런&오버리 사무실에서 임시 이사회를 소집했다. 해넌은 상황을 이렇게 설명했다.

"마침내 그 사람들이 우리를 이사회에서 내쫓았습니다. 그렇게 하면 척을 압박할 수 있다고 생각했으니까요. 조지와 나한테는 확실한 압박이었습니다. 하지만 척은 우리가 이사회에서 대단한 일을 한다고 생각하지 않았다더군요. 나한테는 좀 모욕이었습니다. 어쨌든 이사회의 결정은 척을 전혀 압박하지 못했어요. 척은 콧방귀도 끼지 않았어요."

사실은 달랐다. 척은 앨런&오버리 회의에서 밀러가 목소리를 높여 "척이 DFS의 사업 기회를 빼앗아 DFS 밖에서 수익을 올린다"라고 비난한 사실에 크게 마음이 상했다. 하비 데일이 그 이야기를 들려줬다.

"척이 보기에는 DFS와 완전히 다른 사업이라 아무런 문제가 없었습니다. 그래서 앨런과 생각이 달랐지요. 되돌아보면, 하와이에서 DFS 코앞에 매장을 열지 않았다면 더 사려 깊었겠지만, 그 매장에서 파는 물건들은 DFS의 사업에 조금도 영향을 미치지 않았습니다. 나는 척이 왜 그 사업을 벌였는지 이해합니다. 척을 움직인 여러 열정 가운데 기업가 기질이 뼛속 깊이 박혀 있다는 사실을 기억해야 합니다. 워낙 강렬한 열정이라, 기회가 눈에 들어오면 그것이 논란을 일으킬지 말지는 생각할 겨를이 없었습니다. 아예 그런 생각이 들지도 않았을 겁니다. 좋은 기회군. 자, 해 보자. 그렇게 생각했어요."

데일은 척의 대리인들을 이사회에서 쫓아낸 것이 엄청난 과잉 반응이라 도저히 참을 수 없었다고 덧붙였다.

"우리는 소송에 나설 준비가 되어 있었습니다. 세계 여러 나라에서 자문을 얻었고요. 어떻게 대응할지 내부에서 회의를 거듭했습니다."

소송에 들어가면 익명 활동이 들통날 수 있었다.

"하지만 막다른 골목에 몰려 정면으로 맞붙은 상태라, 모든 위험을 무릅쓰고 소송에 들어가려 했습니다."

그런데 생각지도 않게 불쑥, 불화를 해결할 촉매제가 나타났다. 1990년 8월 2일 이른 아침, 10만 명 넘는 이라크군이 탱크 700대를 등에 업고 쿠웨이트를 침공했다. 이라크의 독재자 사담 후세인은 어떤 나라든 자기에게 이의를 제기하면 쿠웨이트시를 아예 무덤으로 만들겠다고 으름장을 놓았다. 아버지 조지 부시 대통령은 이 공격이 "명백한 침략 행위"라고 비난했다. 미국이 전쟁에 개입할 것이 불 보듯 훤했다. DFS 전체가 비상사태에 들어갔다. 전쟁이 벌어지면 국제 관광객이 가파르게 줄 테고, 그만큼 DFS의 배당금도 줄 터였다. 그날 더블린에 있던 척은 아침 일찍 존 힐리를 만났다가 전쟁 소식을 들었다.

"척의 얼굴이 완전히 새파랗게 질렸습니다. 곧장 뒤돌아 계단을 뛰어올라가더니, 그날 내내 아파트 밖으로 나오지 않았어요. 텔레비전에서 눈과 귀를 떼지 않느라고요. 척은 그 엄청난 사건이 국제 여행, 특히 부유한 일본인 관광객의 여행 습관에 미칠 영향을, 그래서 면세 상품을 사는 경향에 미칠 영향을 곧바로 알아챘습니다."

8월 9일, 척과 가까운 동료이면서도 모든 소유주와 원만하게 지낸 조지 파커가 샌프란시스코로 날아갔다. 밥 밀러가 위기를 의논하고자 DFS 이사회에 참석하고 있었기 때문이다. 파커는 파크 하얏트 호텔 로비에서 밀러를 불러세웠다. 그리고 로비에 있는 술집에서 술 한 잔을 앞에 놓고 밀러를 설득했다.

"이봐요, 이건 어리석은 짓입니다. 이 문제를 해결해야 해요. 사업이 망하게 생겼다고요. 변호사 없이 만나서 어떻게 해야 우리가 함께 일할 수 있을지 원칙을 세워 봅시다."

밀러도 시도해 볼 만하다고 고개를 끄덕였다.

"우리는 회사를 온전한 상태로 지키고 싶었습니다. DFS를 갈가리 찢어놓을 분쟁이 생기기를 바라지는 않았어요. 팔짱 끼고 구경만 하기에는 아주 값비싼 자산이었습니다."

8일 뒤, 조지 파커가 밀러에게 척도 동의했다는 연락을 보냈다. 토니 필라로와 앨런 파커도 같은 생각이었다. 네 사람의 눈앞에 당장 더 큰 문제가 놓여 있었다.

DFS의 현금 등록기가 침묵을 지켰다. 하와이 DFS의 지점장인 존 리드가 보고한 일일 판매액에 따르면, 몇 주 만에 매출이 반 토막이 났다. 앨런 파커의 말마따나 엄청난 타격이었다.

"하루에 영업권으로 100만 달러를 쓰느라 우리 손에 들어오는 수익이 없었습니다. 수중에 아무것도 남지 않았어요."

커다란 요트가 한 척 있는 밀러가 조지 파커를 데리고 희망봉 근처로 항해를 떠났다. 여행에서 돌아온 파커는 교착 상태를 벗어날 길을 찾았다고 생각했다. 파커가 제안한 해결책은 소송이 아닌 중재였다. '현인'을 지명해, 소매 사업의 다툼과 앞으로 일어날 분쟁을 해결하자는 것이었다. 폴 해넌은 "진전과 후퇴가 거듭되는 협상"이었다고 회고했다.

"조지와 내가 협상에 매달렸고, 마침내 척이 동의했지요."

미국이 이끄는 다국적군이 쿠웨이트를 점령한 이라크군에 지상 공격을 퍼붓기 3일 전인 1991년 2월 20일 수요일, DFS 소유주 네 명이 '현인 협약'이라는 서류에 서명했다. 그리고 조지 파커와 폴 해넌이 이사회에 복귀했다.

현인 협약에 따라, 척은 제너럴 애틀랜틱이 소유한 하와이안 리테일 그룹을 1993년 1월 31일까지 관련 없는 제3자에게 팔기로 동의했다. 하와이와 괌을 포함해 어디든 DFS가 영업하는 지역에서는 네 사람 누구도 소매 사업을 운영하지 않기로 했다. DFS의 이익과 직접 구체적으로 충돌하는 사업체는 어떤 경우에도 투자하거나 운영하지 말아야 했다. 네 사람은 DFS의 공급업자들과 거래하는 것도 제한했다. 아시아 관광객을 겨냥해 소매 사업을 운영하는 것은 세계 어디에서든 금지였다. 모든 분쟁은 현인의 중재로 해결해야 했다. 합의서는 지분을 A, B, C, D로 구분해 밀러의 화를 누그러뜨렸다. A는 밀러, B는 척, C는 파커, D는 필라로를 뜻했다. 물론 지분율은 예전과 똑같았다. 동업자들은 척이 하와이안 리테일 그룹을 팔 마음이 별로 없어 최대한 고집스럽게 버티지 않겠느냐고 의심했다. 지나고 보니 그 의심이 맞았다. 성격이 고집스럽지 않느냐고 묻자 척이 이렇게 대꾸했다.

"고집이라기보단 뚝심이지요."

이제 현인을 찾아야 했다. 토니 필라로가 현인에 걸맞은 사람을 찾아냈다. 뉴욕에서 활동하는 저명한 변호사 아이라 M. 밀스타인이었다. 당시 예순네 살로 안경을 쓰고 흰머리가 벗겨지던 참인 밀스타인은 뉴욕의 유명한 법률 회사 웨일, 고샬&메인지즈에서 시간당 500달러를 받는 고위 변호사였고, 제너럴 모터스나 웨스팅하우스 전력, 월트 디즈니 같은 큼직큼직한 회사가 지배 구조를 놓고 다툴 때 이사회에 중재자로 나서 조언한 이력이 있었다. 기업 사냥꾼인 투자 은행 드렉셀 버넘 램버트가 불법 활동으로 파산했을 때도 합의를 중재했다. 게다가 10년 전에 DFS와 잠깐 일한 적도 있었다. 네 동업자를 한자리에 앉힌 밀스타인이 말했다.

"얼간이들이 따로 없군요! 눈앞에서 엄청난 일이 벌어지고 있습니다. 잘 보세요! 당신들끼리 머리를 맞대고 분쟁을 해결할 방법을 찾아야 합니다."

1991년 이전 4년 동안 네 동업자가 받은 배당금은 한 해 평균 2억 7,200만 달러였다. 그런데 걸프전으로 여행 산업이 무너지자, 배당금이 달랑 1,200만 달러로 곤두박질쳤다. DFS는 하와이 정부와 협상을 벌여 영업권 사용료 1억 300만 달러를 2년 동안 유예하기로 약속받았다.

DFS의 매출이 떨어지자, 〈포브스〉 400대 부자 순위에서 척의 위치도 내려갔다. 포브스는 1991년에 척의 재산을 19억 달러로 추산했지만, 1992년에는 반도 안 되는 9억 달러로 추산했다. 〈포브스〉가 새 명단을 발표한 날, 척 롤스가 뉴욕에서 척과 저녁을 먹었다. 저녁을 먹고 스물네 구역 떨어진 코넬 클럽으로 돌아가려고 식당을 나섰을 때, 롤스가 척을 보고 물었다.

"걸을까, 아니면 택시를 탈까?"

"〈포브스〉가 나더러 지난 1년 동안 10억 달러를 잃었다니, 걷지 뭐."

두 사람은 코넬 클럽까지 걸었다. 그런데 척의 회계를 맡은 프라이스 워터하우스가 작성한 결산 보고서에 따르면, 1991년에 척의 실제 개인 자산은 100만 달러도 되지 않았다.

면세 사업의 침체는 애틀랜틱 재단의 자선 활동에도 엄청난 차질을 빚었다. 약속한 자선기금을 마련하지 못했기 때문이다. 재단이 버뮤다에 있으니, 기금을 강제할 법적 구속력은 없었다. 하지만 하비 데일의 말마따나 '도덕적 구속력'이 있었다.

"수혜처와 애틀랜틱 재단이 모두 심각한 곤경에 빠졌습니다."

데일은 몹시 괴롭게도, 코넬대 총장 프랭크 로즈에게 커다란 암초를 만난 탓에 그해에 약속한 기부를 지킬 수 없다고 알려야 했다. DFS가 부진을 겪자, 제너럴 애틀랜틱 그룹은 현금 기부 약속을 지키고자 하노버 신탁은행에서 6,000만 달러를 대출받았다. 또 척이 8,000만 달러에 사들인 퍼시픽 아일랜드 클럽을 1991년에 2억 달러를 받고 어느 일본 회사에 팔아 현금 확보에 한결 숨통을 틔었다.

다행히, 걸프전이 끝나자 관광업이 빠르게 회복했다. 하지만 DFS 동업자들과 갈등하고 위기를 겪는 과정에서, 척이 몇 년 동안 고심했던 생각이 한층 더 굳어졌다. 애틀랜틱 재단이 보유한 DFS 지분을 팔 때가 다가오고 있었다. 전에도 지분을 팔거나 비밀을 공개할지 고민했지만, 이때만큼 심각한 적은 없었다. DFS를 둘로 쪼개 밀러가 아시아 사업체를, 척이 미국과 괌 사업체를 소유하는 방안도 논의했지만, 아무 소득이 없었다.

DFS를 손수 세웠지만, 척이 회사에 느끼는 유대감도 시들어갔다. 회사가 거대한 다국적 기업으로 확장한 뒤로 회사의 문화가 갈수록 나빠진다는 불만이 귀에 들어왔다. 1989년에 어느 고위 경영진이 척에게 편지를 보내, DFS의 윤리의식이 타락했다고 경고했다. 답장에서 척은 네 소유주가 DFS 경영진에게 도덕적 기준에 어긋나는 일을 요구한 적이 없어 밤에 발을 쭉 뻗고 자지만, 회사가 이제는 다른 기업과 마찬가지로 무신경하고 이기적이고 탐욕스러워졌다고 적었다.

척은 폴 해넌에게 DFS를 사들일 만큼 현금을 많이 보유한 공기업과 사기업의 목록을 뽑아 달라고 요청했다. 해넌은 금융 기업 아메리칸 익스프레스부터 브루나이의 국왕 하사날 볼키아까지, DFS 매입에 필요한 현금 약 20억 달러를 내놓을 능력이 있는 후보 스물네 곳을 찾아냈다. 하지만 척이 보기에 DFS처럼 세계 곳곳에 발을 뻗친 소매 대기업을 실제로 사들여 운영할 능력이 있는 곳은 손에 꼽았다. 이를테면 사치품 업계의 선두 주자 루이뷔통 모엣 헤네시[LVMH] 같은 곳 말이다.

17

자선 활동에 한 발 더 가까이

1985년부터 1991년까지 7년 동안 애틀랜틱 재단과 애틀랜틱 신탁은 소리소문 없이 조용히 총 1억 2,200만 달러를 기부했다. 미국 정부가 자선 단체에 요구하는 자산 대비 기부율 5%에는 한참 못 미치지만, 애틀랜틱은 여느 자선 단체와 달리 사업체와 부동산이 무척 큰 비중을 차지해 현금성 자산의 비중이 얼마 되지 않았다. 하지만 척은 기부를 크게 늘리고 싶었다. 이제 예순을 앞둔지라, 재단이 돈을 좋은 곳에 쓰는 데 더 깊이 몰두하고 싶었다. 이제 제너럴 애틀랜틱 그룹의 최고 경영자 자리에서 물러나 자선 사업에 모든 시간을 쏟아야 할 때가 왔다고 판단했다. 폴 해넌에게 이 결심을 털어놓자, 해넌이 물었다.

"자선 사업이 더 즐거우리라고 생각하시나요?"

"아닐세, 사람을 상대해야 하고 끝이 없으니 훨씬 힘든 일이야. 하지만 그 일을 하고 싶어."

척은 여전히 모든 일을 익명으로 진행하고 싶었다. 〈포브스〉 기자 폴

클레브니코프가 400대 부자 명단에 반영할 정보를 더 샅샅이 뒤지고 있었다. 만약 재단이 비밀 유지에 집착하고 기부율이 낮다는 사실이 조금이라도 새 나가면, 못된 꿍꿍이가 있다는 의심을 사고도 남았다. 1991년 3월에 하비 데일과 폴 해넌이 '언론사의 전화를 받았을 때'라는 제목으로, 기자에 대처하는 지침을 새로 작성해 직원들에게 돌렸다. 지침은 기자한테 전화가 왔을 때 "무슨 일로 연락하셨는지요?"로 시작해 "이보세요, 여기는 사기업입니다. 그런 정보를 언론에 아무렇게나 드리면 안 돼요. 바빠서 이만 끊겠습니다. 수고하세요!"로 마무리하라고 권고했다.

1991년 7월 초, 신원을 밝히지 않은 어느 여성이 데일의 비서에게 전화해 "엑서터의 하비 데일"에게 연락할 방법을 물었다. 데일은 깜짝 놀랐다. 1984년에 재단이 다니엘한테서 자산을 쉽게 사들일 용도로 썼던 엑서터는 애틀랜틱 재단 내부자만 아는 비공개 자회사였다. 어느 언론 기관이 폭로를 계획하고 있다는 걱정에 사로잡힌 데일은 런던에 있는 척에게 연락해, 내키지는 않으나 재단이 상황을 주도해 비밀을 공개하고 공식 성명을 발표할 준비를 서둘러야 한다고 주장했다. 폴 해넌은 따로 "우리 재단의 복잡한 세금 절감 구조가 부정적으로 보일 수 있습니다. 재단을 공개할 때는 이 부분에 답할 준비가 되어 있어야 합니다."라고 의견을 제시했다.

1991년 7~8월, 애틀랜틱은 재단의 존재를 공개하고 척이 재단을 소유하지 않되 운영에는 전적으로 참여할 계획이라고 알리는 발표문 초안을 여러 개 작성했다. 7월 22일에 작성한 문서에는 척의 신념을 담았다.

"내 목적은 부자들이 살아 있는 동안 기부하는 데 관심을 기울이게 하는 것입니다. 그런데 지금까지는 자선 단체를 운영하지 않는 은둔의 억만장자로 알려져 그러기가 어려웠습니다."

초안 대다수에 프랑스 수학자이자 자선가 블레즈 파스칼의 격언 '고

귀한 행동은 드러내지 않을 때 가장 존경스럽다'와 미국 금융 전문가 버나드 바루크의 격언 '누구에게 명예가 돌아갈지 신경 쓰지 않는다면 이루지 못할 것이 없다'를 집어넣었다.

그런데 9월이 되자, 척이 아무 조처도 하지 않기로 마음을 바꿨다. 자선 사업의 익명성을 유지하고자, 사람들이 자신을 부자로 오해하게 내버려 두기로 한 것이다. 아무리 생각해도 언론의 융단폭격을 마주하기에는 결코 좋은 때가 않았다.

1990년 10월, 척과 다니엘이 끝내 별거에 들어갔다. 척이 오랫동안 자신을 보조했고 자주 함께 출장을 다닌 독일인 헬가 플라이츠와 가까워졌기 때문이다. 다들 부부의 별거 소식에 놀랐지만, 엄청난 충격을 받지는 않았다. 1980년대 들어 척과 다니엘의 사이가 눈에 띄게 멀어졌었다. 친구들은 결혼 막바지 들어 두 사람이 서로 맞지 않았다고 입을 모았다. 척과 다니엘은 갈수록 동떨어진 삶을 살았다. 다니엘은 척이 언젠가부터 집에서 울적한 기분으로 화를 내는 모습을 보고 둘 사이가 끝났다는 것을 알았다. 척은 가족이 사는 집에 갈수록 적게 머물렀고, 다니엘이 산 요트에는 아예 발도 들이지 않았다. 한때 허름했으나 다니엘이 멋진 저택으로 탈바꿈시킨 생장카프페라의 집에도 발을 들이지 않기는 마찬가지였다.

엄마 아빠와 모두 가까이 지낸 아이들은 부모의 별거에 몹시 슬퍼했다. 하지만 아이들이 보기에도 다니엘과 척은 무척 다른 사람이었다. 한 지인의 말대로 "척은 검소하고 자신에게 혹독하고 절대 자신을 드러내려 하지 않은 자선가"가 되었는데, "다니엘은 개성이 뚜렷하고 커다란 요트를 소유한 부자"였다.

척은 이제 모두 성인이 된 아이들에게 앞으로 쉴 새 없이 출장을 다니고 한 곳에서 길어야 두어 주를 머무는 새로운 삶을 시작할 생각이라고 알렸다. 그리고 왜 기부를 마음먹었는지 설명하는 기사를 정리해 아이들에게 나눠줬다. 한 기사는 카네기가 쓴 『부의 복음』이었고, 한 기사는 브루나이 국왕이 아들 생일잔치에 흥청망청 100만 달러를 썼다는 기사였다. 참 특이하게도, 척은 아이들에게까지 자기 견해를 이런 식으로 설명했다.

그런데 별거로 불거진 법적 다툼이 재단의 미래에 먹구름을 드리웠다. 다니엘의 변호사 밀턴 굴드가 1984년 협약을 다시 조정해, 다니엘이 애틀랜틱 재단에 자산을 넘기는 대가로 받기로 한 보상금 4,000만 달러를 더 늘려야 한다고 주장했다. 새로 작성한 협약서는 재단이 다니엘에게 6,000만 달러를 더 주고당시 재단이 소유한 사업체에서 확보할 수 있는 현금 총액이었다, 가족 명의의 자선 재단에도 5년에 걸쳐 4,000만 달러를 더 주기로 약속했다. 척은 파리, 런던, 프랑스 남부, 코네티컷, 하와이, 뉴욕에 있는 주택도 모두 다니엘이 가져야 한다고 고집했다. 식구들이 쓰라린 갈등을 겪지 않고 계속 가족으로 머물기를 바라서였다. 척 자신은 가족 재산에서 한 푼도 가져가지 않았다. 데일이 깜짝 놀라게도, 척은 다니엘에게 무엇이든 요구할 법적 권리가 있다고 봤다. 1991년에 다니엘과 이혼을 마무리한 척은 1995년 버뮤다에서 헬가 플라이츠와 조촐하게 결혼식을 올렸다.

이혼 절차를 밟는 와중에, 척에게 가슴 찢어지는 비극이 일어났다. 누나 알린의 아들 지미 피츠패트릭이 암 말기를 진단받았다. 지미는 척을 꽤 많이 닮은, 아들 같은 존재였다. 워싱턴의 아메리칸대학교를 졸업한 지미는 척과 자주 시간을 보내고 함께 달리기를 했다. 샌프란시스코에서 크리스마스를 보내던 지미가 버스 정류장에서 제어가 안 되는 소방차에 치어 심하게 다쳤을 때는, 호놀룰루에 있던 척이 열 일 제치고 날아와 샌프란시스코 최고의 의료진에게 지미의 치료를 맡겼다. 치료 뒤에는 지미를 하와이로 데려가 건강을 되찾게 했고, 인터퍼시픽이 괌에 소유한 호텔의 개조 작업을 감독하게 했다. 척은 지미의 사생활에도 개입했다. 지미가 척이 탐탁지 않게 여긴 여자와 결혼하려 하자, 지미를 말리려고 비행기를 타고 날아갔다. 시도는 성공했다.

척은 조카가 최고의 치료를 받도록 의료계의 모든 인맥을 동원했다. 하지만 척이 도와달라고 간청한 코넬대 병원의 전문가들마저 희망을 주지 못했다. 코넬대 의대 학장 G. 톰 샤이어스가 척에게 최악에 대비하라고 전했다. 척은 나와 인터뷰할 때까지도 샤이어스가 한 말을 기억했다.

"조카분 앞에는 높은 산이 놓여 있습니다. 무슨 말인지 이해하시겠습니까?"

지미의 투병은 척의 삶과 일에 짙은 먹구름을 드리웠다. 지미의 상태가 악화되자, 척은 출장을 대부분 취소하고 지미와 함께 시간을 보냈다. 지미는 1992년 3월에 세상을 떠났다. 사랑하는 사람들이 뜻하지 않게 일찌감치 세상을 떠나자, 척은 갈수록 끝 모를 슬픔과 우울에 빠졌다. 그런 억울한 죽음은 척에게 받아들이기가 몹시 힘겨운 일이었다. 아들 패트릭도 척이 지미의 죽음에 큰 충격을 받았다고 말했다.

"아버지는 친자식만큼이나 조카들을 사랑하셨습니다."

늘 그렇듯 깊숙한 감정을 겉으로 드러내기를 꺼린 척은 장례식을 준비하며 가슴 뭉클한 원고를 썼다. 그리고 1992년 3월 9일에 엘리자베스시 세인트제너비브성당에서 장례 미사가 열렸을 때, 캐롤린과 함께 글을 읽었다. 글에서 척은 지미가 천국에 들어가야 마땅하다고 힘주어 주장했다.

"돈이 제아무리 많아도 사랑하는 사람의 건강은 해결하지 못합니다. 지미가 그랬어요. 지미를 치료하려고 내가 가진 것을 다 바치려 했는데,

그렇게 해결할 수 있는 문제가 아니었습니다."

이 비극으로 척은 의학과 생명 과학 연구를 집중적으로 지원하겠다는 결심을 굳혔다.

단숨에 사업에 성공했던 척은 그때껏 사업에서 눈을 뗀 적이 없었다. 그런 척이 이제 처음으로 사업에서 눈을 돌렸다. 제너럴 애틀랜틱 그룹의 최고 경영자 자리에서 내려와, 후임자로 폴 슬로슨을 지명했다. 슬로슨은 인터퍼시픽을 이끌 때 웨스턴 애슬레틱 클럽을 사들이고 퍼시픽 아일랜드 클럽을 개발하는 일에 관여했고, 곁다리로 대만의 기저귀 시장, 타이와 베이징의 피자헛에 투자했다. 척은 슬로슨이 인터퍼시픽에서 보여준 직관과 역량을 이용해 제너럴 애틀랜틱 그룹 전체를 운영하리라고 믿었다.

1991년 10월, 폴 슬로슨이 새로운 책무를 맡고자 런던으로 옮겼다. 슬로슨은 새빌로 거리의 제너럴 애틀랜틱 그룹 본부에 모든 임직원을 불러 모은 뒤, 어떤 일에 관심이 있는지 물었다. 폴 해넌이 제너럴 애틀랜틱의 법률 보좌관으로 고용한, 미국 출신의 젊고 똑똑한 변호사 크리스토퍼크리스 악슬리가 답했다.

"사업을 벌일 기회가 더 많았으면 좋겠습니다."

코스타리카에서 태어나 중국 본토에서 중국어를 공부한 악슬리는 여행 경험이 풍부했고, 이미 척의 동유럽 사업 몇 곳에 간간이 관여한 적이 있었다.

이튿날 슬로슨이 악슬리를 사무실로 불렀다.

"사업을 벌이는 데 관심이 많더군. 그래서 자네한테 사업을 하나 맡겨볼까 하네. 우리 사무실을 옮기는 사업 말일세!"

새빌로 거리의 '파격적' 건물이 마음에 들지 않았던 슬로슨은 제너럴 애틀랜틱을 '현대화'하는 작업에 나섰다. 먼저, 본부를 그로브너 거리에 새로 들어선 사무용 건물로 옮겼다. 둥근 벽과 현대 미술로 장식된 최신 건물이었다. 슬로슨은 회의실에 만 7,000달러짜리 중세풍 탁자를 들였다. 악슬리의 말을 빌리자면, "가정집처럼 좁은 복도가 미로처럼 뻗은 새빌로 거리의 건물과 달리, 새 본부는 국제적 기업의 사무실처럼" 보였다.

"그곳에서는 지출부터 차림새, 진지한 태도까지 새로운 업무 윤리가 적용되었습니다."

척은 그로브너 거리와 거리를 두고, 새빌로 거리의 개인 사무실에 머물렀다.

슬로슨은 사업을 도울 미국 출신 금융인 세 명을 고용했다. 몸값이 비싼 컨설턴트를 쓰고, 정기적으로 정장 차림의 만찬과 연회에 참여했다. 한 직원은 슬로슨의 팀에 고위직이 너무 많은 데다 사무실, 가구, 장식, 직원 고용에 돈을 펑펑 썼다고 꼬집었다. 슬로슨의 회사 운영은 악슬리의 말마따나 "척과 사뭇 달리" 관료주의에 찌들어갔다.

슬로슨은 웨스턴 애슬레틱 클럽의 성공을 재현하고자, 런던의 캐넌 헬스&피트니스 인수에 들어갔다. 캐넌 스트리트역의 고가도로 아래 자리 잡은 이 클럽은 수영장과 스쿼시 코트를 갖췄고 상류층과 멋쟁이들이 즐겨 찾는 곳이었다. 코벤트 가든에 또 다른 스포츠 센터를 보유했고, 런던 바깥에도 컨트리클럽이 있었다. 이튼 스쿨 출신인 이사장 제임스 하비-와트 경은 고급 클럽인 퀸즈 테니스 클럽의 이사장이기도 했다.

당시 클럽 경영을 맡은 론 클라크는 오스트레일리아 출신의 중장거리 육상 선수로, 1956년 멜버른 올림픽에서 성화를 밝혔고, 1960년대에 세계 신기록을 무려 열아홉 번이나 갈아치운 전설이었다. 클라크는 척한테서 계약을 진행하기에 앞서 다음 날 아침 여덟 시 무렵에 클럽을 둘러보겠다는 전화를 받았다.

"척이 도착하기까지 시간이 있겠거니 생각하고 늘 하던 대로 아침 운동을 했습니다. 그런데 당황스럽게도 척이 일곱 시에 왔어요. 척이 만남을 알리고 싶지 않다고 해서 직원들에게 척이 온다는 말도 하지 않았는데요. 우리 클럽은 회원 카드가 없는 사람은 누구도, 아무도 출입구를 통과하지 못한다는 엄격한 규칙이 있었습니다. 내가 샤워를 마치고 사무실에 갔을 때는 척이 벌써 한 시간이나 기다린 뒤였어요. 접수대 직원들이 전화로 어떤 미국인 신사가 현관에서 한 시간이나 나를 기다리고 있다고 전하는데, 기절할 뻔했습니다. 척이 버럭버럭 화를 낼 줄 알았거든요. 그런데 기다리게 했다고 화를 내기는커녕 불쾌한 기색 하나 없더군요. 오히려 직원들이 빈틈없이 임무에 충실했다고 칭찬했어요. 척한테 홀딱 반해 버렸지요."

척은 클라크가 만난 여느 사업가들과 달랐다.

"척은 옷차림에 별 관심이 없고 깊은 인상을 남길 생각도 하지 않았습니다. 질문을 던진 다음에는 답변에 귀를 기울였고요."

척은 그날 아침에 본 클럽 모습에 만족했고, 제너럴 애틀랜틱 그룹은 캐넌 헬스&피트니스를 사들였다.

1년 뒤 크리스 악슬리가 척에게 메모를 남겼다. 새로 합류한 사람들이 척의 목적에 맞지 않게 행동하니 자기는 이직할 계획이라는 내용이었다. 척도 같은 생각이었다.

"우리도 상황을 들여다보고 있네, 바람직해 보이지는 않더군. 회사에 그대로 머물러 주게."

척은 국제 상사 중재자가 되고자 제너럴 애틀랜틱을 떠난 폴 해넌의 뒤를 이어 악슬리를 법률 자문으로 앉혔다.

척은 세계 곳곳을 돌아다니며, 자신이 세운 제너럴 애틀랜틱 그룹과 자회사 인터퍼시픽의 직원들이 위아래 가릴 것 없이 불만에 차 있다는 사실을 파악했다. 슬로슨을 향한 믿음이 무너졌다. 1993년 초여름, 척이 런던에 돌아왔다. 상황을 판단할 때 사람을 중심에 놓는 척은 지난 몇 달 사이 재단을 떠난 사람들의 이름을 종이에 적어보았다.

"슬로슨이 회사를 무너뜨리고 있다는 것이 뚜렷이 보였습니다."

내부 보고서에서 하비 데일은 슬로슨이 간접비를 지나치게 많이 지출하고, 사업 전략에 중대한 실책을 저질렀고, 임직원의 사기를 떨어뜨렸다고 결론지었다. 6월 들어, 척은 제너럴 애틀랜틱 그룹을 맡은 지 2년밖에 안 된 슬로슨에게 사임을 요청했다. 이런 충돌은 척이 딱 질색하는 일이자 괴로운 일이었을뿐더러, 보상금 탓에 뭉칫돈까지 나가야 했다. 척은 다시 제너럴 애틀랜틱 그룹의 경영자 자리를 맡았고, 본사를 다시 새빌로 거리로 옮겼다.

직접 경영 체제로 전환한 척은 서류를 꼼꼼히 살펴봤다. 제너럴 애틀랜틱이 사들이기 전까지 한 해에 만 2,500파운드를 받던 캐넌스 클럽의 어떤 영국인 임원이 인수 뒤에는 한 달에 만 2,500파운드를 받고 있었다. 슬로슨이 캐넌스를 사들인 뒤 이 임원에게 보낸 서신에, 계속 이사로 일해주면 좋겠고 '월급'은 만 2,500만 달러라고 적었기 때문이다. 원래는 '연봉'이 만 2,500만 달러고 '월급으로 지급한다'라고 적어야 했었다. 슬로슨이 물러난 뒤, 척이 그 임원을 불렀다. 서신을 받았을 때 어떻게 생각했느냐고 물었더니, 임원이 미국 기업은 돈을 더 많이 준다고들 하니 새로 조정된 연봉이겠거니 여겼다고 답했다. 척은 그 말을 믿지 않았다. 그리고 임원을 그날로 내보냈다.

척은 체육계에 종사하는 사람들을 높이 평가했다. 클라크와 클라크가 아는 체육계 사람들에 감탄했다. 1994년 5월 6일, 중거리 육상 선수이자 의사 로저 배니스터가 인류 최초로 1마일 4분대의 벽을 깨뜨린 것을 기념하는 40주년 행사가 런던 그로브너 하우스 호텔에서 열렸다.

클라크가 이 자리에 척을 초대했다. 검은 양복에 파란 넥타이를 맨 척은 클라크의 테이블에서 1956년 올림픽 육상 1,500*m* 금메달 수상자인 아일랜드인 론 딜래니 옆에 앉았다. 그 자리에는 크리스토퍼 채터웨이, 크리스 브래셔, 존 랜디, 허브 엘리엇, 서배스천 코를 포함해 세계 육상계를 빛낸 위대한 선수들이 즐비했다. 행사가 끝나갈 때쯤, 옥스퍼드대학교 펨브로크 칼리지의 학장이 된 로저 배니스터가 척에게 따뜻한 인사를 보냈다. 두 사람은 전에도 런던의 사교 클럽 애시니엄에서 함께 점심을 먹은 적이 있었다. 또 옥스퍼드대학교는 척이 기부한 곳이기도 했다. 척은 1964년 도쿄 올림픽을 시작으로 거의 모든 올림픽 대회에 참석해 이 선수들의 경기를 두 눈으로 직접 봤다. 척에게는 이 기념식이 중요한 행사였다. 이날부터 론 클라크와 부쩍 가까워진 인연은 몇 년 뒤 오스트레일리아에서도 이어진다.

18

아일랜드를 일으킬 기틀

1989년, 척은 자선 활동에 더 헌신하려는 장기 계획의 하나로 더블린의 중심지 몰스워스 거리에 건물을 한 채 사 애틀랜틱 하우스라고 이름 붙였다. 또 타라 컨설턴트라는 사업체를 세운 뒤, 아일랜드계 미국인 동맹의 수장 존 힐리를 경영자로 점찍었다. 자리를 제안하려고 힐리에게 런던에서 한번 보자고 연락했다. 그런데 힐리를 만난 척이 두서없이 모호한 이야기만 늘어놓았다. 힐리가 곰곰이 생각해보니 어떤 컨설팅 회사를 맡아달라는 제안이었다. 이 무렵에는 힐리도 척이 평범한 사업가가 아니라는 사실을 알았으므로, 척의 제안을 받아들였다.

힐리는 뉴욕으로 가 새 상사인 하비 데일에게 사업 설명을 들었다. 그리고 그제야 자신이 세계에서 손꼽히게 크고 비밀스러운 자선 재단에서 일할 참이라는 사실을 알았다. 데일은 애틀랜틱 재단과 애틀랜틱 신탁의 설립 목적이 돈을 여러 수도꼭지로 흘려보내는 것이라고 설명했다. 이 무렵 척은 아일랜드에서 자선 사업을 강화할 참이라, 힐리의 지식과 인맥을 활용하고 싶었다. 타라 컨설턴트의 대표 이사로서 힐리가 져야 할 책무도 있었다.

'어떤 보도 자료나 명판에도 절대 척의 이름이 드러나게 해서는 안 된다. 척이 명예 학위를 제안받거나 수락하는 일이 벌어져서도 안 된다. 비밀 유지를 어기면 기금 지원을 끊는다.'

힐리는 다시 이타카로 날아가 레이 핸들런에게 애틀랜틱 재단 서비스가 어떻게 운영되는지를 들었다. 이를 통해 재단의 기부 규모가 얼마인지, 재단 자산이 어떻게 유동 자산인 '교회'와 비유동 자산인 '국가'로 나뉘어 있는지를 알았다.

척은 그 시기에도 철저히 비밀을 유지했다.

"나는 이렇게 말하곤 했습니다. '이 일을 하고 싶지만, 이 일로 명예를 얻고 싶지는 않아. 그러니 자네가 돈을 모금했다고 생각하게.'"

수혜처에서 척을 만나고 싶어 하면, 척은 수혜처가 할 일은 기부의 성과를 보여주는 것이라고 말했다.

리머릭대학교의 성공에 힘을 얻은 척은 아일랜드공화국의 다른 대학 여섯 곳도 상황을 들여다보기로 했다. 아일랜드 대학은 모두 정부 지원으로 운영되어, 시설을 확장하고 현대화할 자본이 부족했다. 척의 마음 한구석에 고군분투하는 아일랜드를 돕고 싶다는 포부가 날로 커졌다. 한 곳만 도와서는 나라 전체의 고등 교육을 그리 바꿔놓지 못할 것 같았다. 여러 곳을 도와야 국가 전체에 영향을 미칠 수 있었다. 리머릭대학교에서 본 추진력과 통찰력을 찾기 바라는 마음으로, 척은 우연을 가장해 아일랜드 대학의 총장들을 하나하나 만나봤다. 기부금을 제대로 활용할 사람을 찾는다면, 자선 사업이 크게 성공할 터였다. 척이 보기에 칭송받아 마땅한 사람은 자선가가 아니라, 기부금으로 좋은 일을 할 통찰력과 능력, 지위가 있는 사람이었다. 척이 제아무리 자신을 부자로 만들어준 재능을 활용해 가치 있는 계획을 찾아내고 발전시킬 줄 안들, 결국 돈을 좋은 곳에 쓸 수 있느냐 마느냐는 관련자들의 성품과 추진력에 달려 있었다. 척이 자주 말했듯 "핵심은 언제나 사람"이었다.

더블린시립대학교는 1989년에 리머릭대학교와 함께 갓 대학으로 승격한 곳이었다. 늘 그랬듯, 척은 우연을 가장해 이 학교 총장 다니엘 오헤어를 만났다. 오헤어가 평화 단체 코오퍼레이션 노스가 더블린에서 주최한 어느 연례 만찬에 초대받았을 때였다. 옆자리에 자그마한 미국인이 앉아있었다. 바로 척이었다. 동석한 파드리그 베리가 사진 기자들을 쫓아냈다. 와인 잔을 손에 든 척이 더블린시립대학교에 기금이 필요한 사업이 없는지 물었다. 오헤어는 연구동을 한 채 지어야 해 100만 아일랜드 파운드가 필요하다고 답했다. 인터뷰에서 오헤어는 "그때 척이 누군지 알아봤어야 했는데!"라며 웃음을 터트렸다. 척이 도울 만한 사람을 알지도 모르겠다며 "필요한 내용을 쪽지에 적어서 파드리그 베리한테 주실 수 있을까요?"라고 요청했다. 얼마 지나지 않아 베리가 제안서를 받으려고 오헤어를 찾아와 비밀 유지를 강조했다. 오헤어의 머릿속이 복잡해졌다.

"이게 뒤가 구린 돈일까, 아니면 정직한 돈일까? 이런, 불법 자금일 수도 있겠는데."

오헤어는 미국에 지사가 있는 아일랜드 은행의 친구에게 전화했다.

"척 피니라는 사람이 누구인지 아나?"

친구가 여기저기 수소문 끝에 다시 오헤어에게 전화했다.

"그 사람, 알짜배기래!"

뒤이어 미국을 방문했더니, 척의 친구라고만 소개받은 하비 데일이 오헤어를 뉴욕 자택으로 초대했다. 이야기 중에 데일이 무심코 "우리가 연구동 건설을 도울 수 있어 기쁩니다."라고 내뱉었다. 오헤어는 데일이 척의 사업에서 큰 역할을 하는구나, 라고 짐작했다. 오헤어가 보기에 데일은 '두려울 만큼 똑똑해 모르는 것이 없고, 물불을 가리지 않고, 뚝심이 무척 세고, 익명을 매우 강조하는 사람'이었다.

"데일에게 물었습니다. '만약 애틀랜틱이 기부를 서약한 1,000만 달러만큼 제가 아일랜드 정부에서 지원금을 끌어내지 못하면 기부가 취소됩니까?' 데일이 나를 물끄러미 바라보며 답했습니다. '물론입니다.' 머리털이 쭈뼛 곤두서더군요."

오헤어가 마음에 든 척은 더블린시립대를 꾸준히 방문했다. 리머릭대학교에서 그랬듯, 이곳에도 새 건물과 시설을 지을 기금이 흘러들었다.

"척은 약자에 깊은 애정을 느꼈습니다. 우리가 바로 그런 햇병아리였고요."

오헤어는 애틀랜틱 재단이 요구한 대로 기금의 출처를 성실하게 비밀로 유지했다. 애틀랜틱이 기금을 대는 체육 시설의 설계도를 척에게 보여줄 때도, 설계를 맡은 건축가 배리 키호에게 어느 '미국인 방문객'한테 설계도를 보여달라고 부탁했다. 설계도를 살펴본 척이 말했다.

"이건 여기서 여기로 옮기고…."

키호가 말을 끊었다.

"아, 안 됩니다. 그렇게 하면 안 돼요."

탁자 밑으로 오헤어가 다급하게 키호의 발을 찼다. 키호는 그제야 척의 정체를 눈치챘다. 오헤어는 나중에 키호에게 척이 누구인지 털어놓았다. 그 말을 하며 오헤어가 씩 웃었다.

"배리는 한때 신부였던 사람이라 고해 성사에 익숙해 비밀을 잘 지켰습니다."

척은 토머스 미첼에게도 깊은 인상을 받았다. 미첼은 아일랜드에서 가장 오래된 대학으로 더블린 중심지에 자리한 트리니티 칼리지의 학장이었다. 1991년 9월, 존 힐리가 미첼과 점심을 먹는 자리에 척을 데려갔다. 미첼이 척에 대해 아는 것이라고는 부자라는 사실뿐이었다.

"그런데 척은 내가 만났던 돈 많은 미국인 사업가들과 아주 딴판이었습니다. 말수가 적고 낯을 가리더군요. 외모와 말투가 흔히 보는 아일랜드계 미국인 사업가와 비슷한 구석이 별로 없었어요."

척이 리머릭대학교에 기금을 댄 지 4년이 지난 때였지만, 재단의 비밀이 새어 나가지 않은 덕분에 미첼은 척이 얼마나 중요한 사람인지 꿈에도 몰랐다.

> "그날 점심 식사에서 뇌리에 박힌 것은 척이 계속 강조한 말이었습니다. '크게 생각해야 합니다! 크게 생각하는 것을 겁내지 마세요.' 그 말이 머릿속을 떠나지 않았습니다. 트리니티를 포함한 아일랜드 대학교들 앞에 큰 과제가 놓여 있는데, 그 과제를 해결할 자원은 적었으니까요. 알다시피 1980년대는 암흑기였습니다. 절박한 곳이 아니면 어디도 투자를 받기 어려웠습니다. 트리니티는 미어터질 지경이었습니다. 학생이 넘쳐나 강의실이 초만원이었고, 연구실은 부족하고, 도서관은 시대에 뒤떨어졌고요. 세계적 교육 기관은, 꿈도 못 꿀 일이었지요."

척은 트리니티 칼리지를 현대화하는 데 몰두했다. 미첼이 하고 싶었던 일들을 시작할 큰 기회가 모두 애틀랜틱 기금에서 흘러나왔다. 물론 기금이 나오기 전, 하비 데일이 등장해 비밀을 지켜야 한다고 무섭게 경고했다. 트리니티 칼리지는 수천만 달러를 지원받아 기숙사와 도서관 개조를 포함한 주요 사업과 연구 프로그램을 진행했다.

척은 애틀랜틱을 통해 아일랜드공화국의 대학교 일곱 곳 모두와 북아일랜드의 대학교 두 곳에 수억 달러를 지원했다. 아일랜드의 대학교 지도부한테서 모두 좋은 느낌을 받지는 않았지만, 차별이 시샘을 불러 일으킬 위험이 있다는 생각에 이르렀기 때문이다. 이런 엄청난 지원이 진행되는 가운데도, 유별난 비밀 유지 때문에 교육부의 고위 관리들조차 누가 뒤에 있는지 까맣게 몰랐다. 그러는 몇 년 사이, 아일랜드의 대학들은 주로 척의 개입 덕분에 제2세계 수준에서 제1세계 수준으로 부쩍 성장했다. 이를 발판으로 아일랜드의 교육 체계가 발전해, 1990년대 말에 급성장하는 아일랜드 경제를 뒷받침할 졸업생과 연구자들을 배출했다.

시간이 흐르자, 대학 총장들은 기부금이 모두 '익명 기부자'인 거물한테서 나오고, 경쟁 대학을 지원하는 자선 단체 뒤에 있는 사람도 자기네 비밀 기부자와 같은 사람 즉 척 피니라는 사실을 깨달았다. 하지만 다니엘 오헤어는 학계 모임에서 '익명 기부자' 이야기가 나오면 절대 말을 섞지 않았다.

"옆에서 지켜보며 이렇게 생각하곤 했습니다. '버릇없는 사람들 같으니라고. 다들 비밀을 지키라는 이야기를 들었잖아.'"

하지만 오헤어에게도 비밀 유지는 힘든 일이었다. 대학 관계자들이 주로 보는 주간지 〈고등 교육 크로니클〉이 기부받은 사람이 사실을 밝히지 않으면 심리적 손상을 입을 수 있으니 기부 내용을 밝히는 것이 중요하다는 기사를 실었을 때였다. 오헤어는 이 기사를 존 힐리와 하비 데일에게 보냈다.

"보십시오. 당신들이 나한테 심리적 손상을 입히고 있다고요!"

힐리와 데일은 이렇게 대꾸했다.

"좋습니다. 그러면 기부를 끊지요!"

리머릭대학교의 에드 월시도 규제를 답답하게 여겼다. 그래서 한번은 애틀랜틱 재단의 임직원들을 노리고 장난을 쳤다. 척과 헬가가 월시와 아내 스테파니를 타이로 초대해 함께 휴가를 보냈을 때, 인터퍼시픽의 라구나 비치 리조트가 롤스로이스를 보내 네 사람을 맞았다. 월시는 잽싸게 이 장면을 찍었다. 그리고 집에 돌아와 컴퓨터로 주간지 〈리머릭 리더〉의 1면처럼 보이는 가짜 신문을 만든 뒤, '마거릿 라이언' 기자가 썼다는 가짜 기사와 롤스로이스 앞에서 찍은 사진을 집어넣었다. 제목은 '피니의 이중생활'이었다. 기사는 척이 타이에서 두 금발 여성과 함께 롤스로이스에 타는 모습이 목격되었고, 다른 곳에서 보인 검소한 생활과 달리 타이에서는 방 145개짜리 저택에서 도우미 376명을 거느리고 코끼리를 키우며 호화롭게 산다고 보도했다. 물론 두 금발 여성은 헬가와 스테파니였고, 저택이란 라구나 비치 리조트였다. 월시는 가짜 신문 1면을 애틀랜틱 재단 사무실로 보냈다.

"다들 꼭지가 돌게 화를 냈습니다. 진짜 신문이라고 생각했거든요."

월시의 얼굴에 활짝 웃음꽃이 번졌다.

리머릭주 글렌스탈 수도원의 베네딕트회 수도사 마크 패트릭 헤더먼도 애틀랜틱 재단이 강제한 '비공개' 규칙을 유쾌하게 피해, 척이 수도원 도서관에 200만 달러를 기부한 사실을 슬그머니 알렸다.

"척에게 우리 도서관에 기부해줘 고맙다는 말을 전할 길이 없었습니다. 그래서 암호로 헌정사를 썼지요. 나만의 다빈치 코드랄까요!"

시를 좋아하는 사람답게, 헤더먼은 애틀랜틱의 기금 지원이 늦어졌을 때도 팩스로 장문의 우스꽝스러운 시를 보냈다.

척에게
우리는 꼼짝도 못 합니다.
돈은 한 푼도 없고

갚아야 할 청구서는 많고
우리 궁핍함에
당신이 은총을 베풀지 않으면
이 즐거운 5월에 …

리머릭대학교에 기금을 지원하기 시작했을 때, 척은 몇 킬로미터 떨어진 리머릭시를 빼면 주변 지역에 방문객이 머물 곳이 없는 상황에 놀랐다. 코넬대학교 교정에서 스태틀러 호텔이 얼마나 중요한지 잘 알던 척은 리머릭대학교에서 에드 월시, 브렌던 오리건과 점심을 먹던 어느 날 스태틀러와 비슷한 곳을 만들 기회를 생각지도 않게 발견했다. 점심을 먹던 중에 월시가 학교 정문 맞은편 땅 7에이커약 8,500평가 매물로 나왔는데, '번지르르한 술집과 시답잖은 건물'들이 들어설 것 같다고 불평했다.

척이 그곳을 한번 둘러보자고 제안했다. 세 사람은 무성한 풀밭을 헤치고 터벅터벅 걸어가 검은딸기 나무 사이로 현장을 들여다봤다. 척은 나중에 그곳을 파드리그 베리에게 보여줬다.

"중요한 땅이네."

땅을 확보하라는 신호였다.

"그래서 척의 뜻대로 차근차근 땅을 사들였습니다. 가격을 흥정한 뒤 버뮤다에 전화해 100만 달러, 또는 1,000만 달러가 필요하다고 말하면 곧장 현금이 들어왔어요. 다른 절차나 명령 같은 건 전혀 없었습니다."

척은 사들인 땅을 모두 리머릭대학교에 기증했다.

한 달 반 뒤, 척은 월시를 애슈퍼드 성에 초대해 아침을 먹었다. 식사를 마친 뒤 척은 커피잔을 한쪽으로 밀치고 그 땅에 지을 호텔 겸 회담장의 설계도를 펼쳤다. 이름은 캐슬트로이 파크 호텔이었다. 척은 기증한 땅 가운데 2에이커약 2,500평를 다시 사들여 호텔을 지을 생각이었다.

리머릭대학교 재무 담당자 존 오코너의 말마따나 척은 7에이커를 기증한 다음, 호텔을 짓겠다고 2에이커를 되샀다. 달리 말해 호텔을 지을 땅에 값을 두 배로 치렀다.

"그러고서는 나한테 손가락질을 하며 놀렸어요. 폭리를 취한다고요!"

척은 파드리그 베리가 이끄는 운영사를 세워, 호텔을 짓고 아일랜드에 서비스업의 본보기를 세우게 했다. 더블린의 일요 주간지 〈선데이 비즈니스 포스트〉가 호텔을 짓는 돈줄이라는 피니 씨를 찾아내려 애썼지만, 석 주 동안 세계 곳곳을 뒤지고서도 사진 한 장 발견하지 못했다.

'천 번 만 번 환영한다'가 인사말인 나라답지 않게, 아일랜드는 서비스업의 구조가 약했다. 아일랜드 최대의 호텔 체인인 국영 그레이트 서던이 아일랜드 서부와 남부에 대형 호텔 아홉 곳을 보유했지만, 경영이 엉망이고 서툴렀다. 척이 아일랜드를 방문한 초창기에 매입을 염두에 두고 아일랜드 곳곳의 그레이트 서던 호텔을 둘러봤더니, 직원들이 하나같이 월급을 많이 받고 경영진은 무능했다. 척은 더블린의 메스필 호텔에서 노동부 장관 버티 어헌을 만나 그레이트 서던을 사들인 다음 시대에 맞게 개조하고 싶다고 뜻을 전했다. 어헌도 척의 평가에 고개를 끄덕였다. 회사의 사기가 떨어져 이사회는 있으나 마나 하고 직원들이 떠나고 있었다. 그러나 종업원이 모두 아일랜드 최대의 노동조합 소속이라 매각은 어렵다고 답했다. 어헌은 노동조합이 호텔 소유권을 사기업에 넘어가는 데 절대 동의하지 않으리라고 봤다.

1991년 5월 5일, 드디어 캐슬트로이 파크 호텔이 문을 열었다. 2차 세계대전 뒤로 아일랜드에 처음 지어진 현대식 규모의 호텔에 대통령 메리 로빈슨이 찬사를 보냈다. 호텔은 객실 108개와 의료 시설, 아일랜드 최초로 길이 25*m*짜리 수영장이 딸린 헬스장을 갖췄다. 얼마 지나지 않아, 캐슬트로이는 아일랜드 최고의 비즈니스호텔에 주는 이건 로네이 상을 받고 4성 호텔이 되었다. 또 다른 아일랜드 호텔에 견줘 보수가 꽤 괜찮다는 명성도 얻었다.

당시 부지배인이었던 오니어 매카시의 말대로 "캐슬트로이는 척의 자랑거리"였다. 척은 로비에 앉아, 직원들이 손님을 맞이하고 안내하고 짐을 나르는 모습을 지켜봤다. 시리얼을 제대로 내놓았는지, 주스는 신선한지, 버터는 부드러운지, 아침에 어떤 베이컨을 내놓는지까지 꼬치꼬치 따졌다. 어떤 고객이 맥주를 들고 온실로 들어갔을 때는 매카시한테 요청해 온실에서 술을 마시면 안 된다고 알리게 했다.

처음 두 달 동안은 크고 작은 시행착오로 호텔 운영에 어려움을 겪었다. 어느 아침 파드리그 베리가 로비에 나가니, 척이 일꾼들이 수선 중인 카펫을 진공청소기로 청소하고 있었다. 베리가 그만 말실수를 하고 말았다.

"이런 일을 왜 하세요!"

베리는 그날 척의 얼굴에서 본 날카로운 질책을 잊지 못했다.

"척은 무척 까다로워서 모든 것이 완벽해야 직성이 풀렸습니다. 믿기지 않게 세세한 것까지 주의를 기울였어요. 집착에 가까웠지요. 한번은 어떤 사람을 해고하는 문제로 척과 내가 말다툼을 벌였습니다. 척이 그러더군요. '자네가 이 일을 하지 않겠다면, 굳이 나한테 자네가 필요할까?' 그러고서는 서릿발처럼 차가운 눈빛으로 나를 바라봤습니다."

캐슬트로이에 묵을 때 척은 언제나 일반 객실을 쓰겠다고 고집했다. 특실에는 한 번도 묵지 않았다. 척이 머문다고 알려서도 안 되었다. 에드 월시의 뒤를 이어 리머릭대학교 총장이 된 로저 다우너가 척이 온 것을 알고 호텔에서 척을 찾았을 때도, 종업원이 딱 잡아뗐다.

"피니 씨라는 분은 숙박부에 이름이 없습니다."

아일랜드, 특히 캐슬트로이에서는 척의 경계심이 누그러졌다. 1993년 9월, 애틀랜틱이 리머릭대학교에 2,500만 달러를 지원해 지은 건물과 콘서트홀 개관식이 주아일랜드 미국 대사 진 케네디 스미스의 주관으로 열렸다. 척은 사람들 눈에 띄지 않는 곳에서 따로 개관식을 지켜봤다. 그래도 현지 고위 관리들을 초청해 캐슬트로이 파크 호텔에서 연 기념 만찬에는 참석했다. 초청된 손님들에게는 척의 자선 활동과 생활 방식이 공공연한 비밀이었기 때문이다. 만찬 뒤 연설에서 에드 월시가 기부자가 하도 신분을 숨기려기에 아예 세탁실로 보내버렸다고 농담을 던졌다. 척은 월시에게 한 방 먹이기로 했다. 몰래 만찬장을 빠져나와, 빨랫줄에 셔츠를 너는 자기 모습을 그대로 호텔 CCTV로 내보냈다. 참석자들이 다들 웃음을 터트렸다. 척은 실제로 호텔 방에서 직접 옷을 빨곤 했다. 리머릭대학교에서는 척의 검소함이 화젯거리였다. 존 오코너가 캐슬트로이 파크 호텔에서 척, 존 힐리와 함께 수백만 파운드짜리 투자를 이야기할 때였다. 척이 런던에 있는 비서 보니 서췻에게 더 싼 비행기표를 사라고 여섯 번이나 전화해 보챘다. 그날 오코너는 이런 가르침을 얻었다.

"한 푼도 허투루 쓰지 마라!"

에드 월시는 갈수록 더 큰 포부를 품었다. 하루는 척과 애틀랜틱 재단 이사장 루이스 글룩스먼을 한자리에 불러 배짱 좋게 이렇게 말했다.

"보세요, 도서관을 지을 건축비 2,500만 파운드를 모금해야 합니다. 제가 15분 동안 밖에 나갔다가 들어올 테니, 그사이에 두 분이 도서관을 지을 방법을 찾아 주세요."

월시가 나갔다 들어왔더니, 척과 글룩스먼이 해법을 내놓았다.

"좋습니다. 이렇게 합시다."

척과 글룩스먼은 꽤 많은 기금을 기부하기로 서약했고, 도서관에는 글룩스먼의 이름이 붙었다.

리머릭대학교는 올림픽 대회 규격의 수영장을 갖춘 경기장을 지을 계획도 내놓았다. 존 힐리는 리머릭대학교의 재무 담당자 존 오코너를 "재무에 빠삭한 사람"이라고 봤지만, 그래도 정부 기금을 충분히 확보할 능력은 없다고 봤다. 그래서 무심결에, 리머릭대학교가 정말로 길이 50*m*짜리 수영장을 지으면 그곳에서 발가벗고 두 바퀴를 헤엄치겠다고 호기롭게 약속했다. 2002년, 위풍당당한 수영장이 완공되었고 버티 어헌 수상이 참석한 가운데 개관식이 열렸다. 그 뒤로 리머릭대학교에 갈 때마다, 힐리는 발가벗고 두 바퀴를 헤엄치겠다고 한 약속을 기분 좋게 떠올렸다. 힐리가 자못 진지하게 말했다.

"어느 날 밤 아무도 없을 때 나 혼자 조용히 두 바퀴를 헤엄쳤습니다. 사람들 앞에서 헤엄치겠다고는 말하지 않았으니까요."

1993년 1월, 뉴욕으로 돌아온 척에게 아일랜드 출신 언론인 나이얼 오다우드가 저녁을 먹자고 연락했다.

"척. 난 미국인들을 몇몇 모아 아일랜드로 갈 겁니다. IRA[아일랜드공화국군]가 휴전을 요청할 것 같아요. 미국과 접촉할 생각이고요. 이 일이야말로 척이 관여해야 할, 진정으로 중요한 일이라고 봐요."

척은 1초도 머뭇거리지 않았다.

"당연하지. 나는 내 뿌리를 아주 강하게 느끼네. 자네가 하고 싶은 일이 무엇이든 최선을 다함세."

당시 불법 무장 단체인 IRA는 북아일랜드를 지배하는 영국에 맞서 게릴라전을 벌였다. IRA의 무장 활동은 북아일랜드 인구 대다수를 차지하는 개신교도 가운데서도 영국군이나 북아일랜드 치안 병력과 조금이라도 관련된 사람들을 겨냥했다. 영국의 전사자 추모일인 1987년 11월

8일, IRA가 에니스킬린이라는 고장의 영국군 전쟁 기념비에서 폭탄을 터트려 참석자 열한 명의 목숨을 앗아갔다. 척은 북아일랜드에서 벌어지는 이런 폭력 사태에 마음 아파했다. 자신이 죽기 전에 아일랜드에 평화가 오길 간절히 바랐다.

오다우드는 아일랜드에 인맥이 많은 덕분에, IRA가 평화 쪽으로 나아갈 준비가 되었다는 징후를 읽었다. 하지만 영국, 아일랜드, 미국 정부가 IRA를 이끄는 정치 집단 신페인당과 당수 게리 애덤스를 외면해 교착 상태가 이어졌다. 냉전이 끝나고 1992년 미국 대선에서 민주당의 빌 클린턴이 당선되자, 오다우드는 미국이 신페인당 지도부를 주류 정치로 끌어들여 평화 협상을 진전시킬 다리 노릇을 할 수 있겠다고 판단했다. 그래서 척에게 연락을 취한 것이다.

오다우드는 우선 게리 신페인당 당수인 애덤스가 진심으로 폭력 투쟁을 끝낼 생각이라는 것을 척에게 증명하고자, 두 사람의 은밀한 만남을 주선했다.

더블린으로 날아간 척과 오다우드는 신페인당이 보낸 사람의 차에 올라타 노동자층 주거 지역에 있는 어느 집으로 가 애덤스를 만났다. 당시 애덤스는 IRA 평의회의 회원이라는 소문이 파다했다. 벨파스트의 빈민가에서는 애덤스가 민족 영웅이었지만, 영국과 미국에서는 입국 금지자였고, 영국과 아일랜드의 텔레비전과 라디오에서는 애덤스의 목소리를 내보내는 것조차 금지인 상황이었다. 길에는 영국군이 소총을 들고 순찰하는 모습이 보였다. 애덤스와 직접 이야기를 나눈 척은 그가 믿을 만한 사람이라고 판단했다. 그리고 신페인당이 영구 정전을 선언할 것이라고 누구보다 확신했다.

IRA는 1994년 8월 31일 자정부터 "군사 활동을 완전히 중단"한다고 선언했다. 6주 뒤인 10월 13일, 북아일랜드의 친영파 의회 단체들도 정전을 발표했다. 척은 정치적 대안이 빨리 자리 잡도록, 신페인당 지도부를 직접 만나 워싱턴 사무소용 자금 지원을 협상했다. 1996년에 IRA가 런던의 금융 단지 커네리 워프에서 폭탄을 터트리는 등 우여곡절이 있었지만, 1998년 4월 10일 마침내 북아일랜드 평화 협정이 이뤄졌다.

그 뒤로 평화를 향한 정치 과정이 이어지는 5년 동안, 척은 애틀랜틱 재단을 통해 모두 3,000만 달러를 북아일랜드의 의미 있는 사업에 지원했다. 이 가운데 250만 달러는 감옥에서 풀려난 공화파와 왕당파들이 바람직한 정치 영역으로 이동하게끔 돕는 단체에 지원했다. 애틀랜틱 재단은 기금을 지원해, 그런 사람들이 공동체 발전에 참여하도록 돕고 아직 치안이 바로 서지 못한 지역에 비폭력적 대안을 제공했다. 게리 애덤스는 척에 대해 이렇게 회고했다.

"사무소를 열어주겠다고 약속한 사람이 척입니다. 첫 만남에서부터 척은 약속한 결과를 내놓는 사람이었습니다. 중재단 모두가 약속을 이행하는 데 크나큰 역할을 했지만, 모든 문제를 마무리한 사람, 우리가 내놓은 제안을 물밑에서 조용히 실현한 사람은 척이었습니다. 척은 자기가 한 말을 행동으로 옮겼습니다. 척의 투자는 평화 협상에 중요한 역할을 했습니다. 큰 성공을 거둔 투자였고요. 나는 척의 열렬한 팬입니다."

BREAKING UP

• 3부 •

결별

3 Breaking Up

애틀랜틱 재단은 세계에서 손에 꼽게 큰 자선 단체로 지금껏 5억 달러 이상을 기부했다. 기부 서약을 지키려면 투자 수익의 위험과 변동성이 크지 않도록 재단의 보유 자산을 자유롭게 옮길 수 있어야 한다.

19

프랑스의 큰손

걸프전이 끝난 뒤 관광 산업이 빠르게 제자리를 찾은 덕분에, 애틀랜틱 재단이 DFS에서 받은 현금 배당이 1993년 5,700만 달러에서 1994년 1억 2,000만 달러로 껑충 뛰었다. 하지만 기부 약속을 지키지 못한 뼈아픈 경험 때문에, 척은 이제 DFS 지분을 팔아 자선 사업의 기반을 확고히 다져야 할 때가 왔다고 굳게 확신했다.

"기부에 쓸 돈의 흐름을 긴 관점에서 볼 수 있기를 바랐습니다."

데일도 같은 생각이었다.

"우리한테는 엄청난 자산이 있었지만, 현금화가 어려웠을뿐더러 투자 대상도 다양하지 못했습니다. 최악의 자산 구성이었던 셈입니다."

데일이 1994년 회장 보고서에서 추산한 애틀랜틱 재단의 자산은 20억 달러였고, 이 가운데 DFS 지분이 10억 달러, 보유 사업체가 5억 달러, 투자금이 5억 달러였다.

"DFS가 파산할지도 모를 일이었고, 또다시 배당금을 받지 못하는 해가 있을 수도 있었습니다. 앞일을 누가 장담하겠습니까? 인생이란 복잡한 법입니다. 걸프전 전에도 우리는 DFS 지분을 매각하는 것이 바람직하다고 생각했습니다. 걸프전 때 배당이 사라지는 고통을 겪으면서 그런 생각이 훨씬 뚜렷해졌고요. 그런 식으로 계속 수혜처들을 힘들게 할 수는 없었습니다. 시기를 봐서 지분을 팔아야 했습니다."

척도 면세 사업이 이미 저성장으로 들어선 터라 사업 측면만으로도 DFS 지분을 팔 때라고 확신했다. 척이 보기에는 새로운 관광 행태가 걱정스러웠다.

"한때는 공항에 들어서는 일본인 관광객을 보기만 해도 100명당 평균 매출을 예측할 수 있었습니다. 그런데 갑자기 일본 사람들이 낡아빠진 반바지 같은 것을 입고 나타나기 시작하더군요. 이런 생각이 들었습니다. 이 사람들은 그동안 우리가 물건을 팔던 그 일본인들이 아니다."

일본인의 관광 흐름이 바뀐 현상은 하와이의 DFS 매장에서 가장 뚜렷하게 나타났다. 당시 하와이 지점장 존 리드는 일간지 〈퍼시픽 비즈니스 뉴스〉에서 일본인 관광객들이 체면치레보다 가격 대비 가치를 더 중요하게 여기고, 초창기에 DFS 매출을 끌어올린 관광객들보다 처분 가능 소득이 적다고 평가했다.

"이제 일본인 관광객은 더 젊고, 덜 부유하고, 더 까다롭고, 앞 세대들이 얽매였던 선물 풍습과 여러 전통에 덜 신경 씁니다."

웬만한 물건은 도쿄에서 살 수 있고 가격도 내려갔다. 엔화 가치의 하락과 대출 규제도 지출 수준을 끌어내렸다. 일본인 관광객들은 갈수록 선물용이 아니라 자신이 쓸 물건만 샀다.

1995년 1월에 DFS 최고 경영자 자리에서 물러난 에이드리언 벨러미도 후임자 마이런 E. 울먼에게 보낸 기밀문서에서 비슷하게 매출 하락을 예측했다. 아울러 DFS가 어마어마하게 돈을 많이 벌어들인 기업이고 세계에서 가장 효과적인 마케팅 체계를 갖췄지만, 불길한 징후가 나타나고 있다고 경고했다.

DFS가 의존한 면세품 영업에 험난한 시간이 닥치고 있었다. 일본인 관광객을 곧장 DFS 매장으로 안내한 대단한 방식도 개인 관광객이 늘면서 빛이 바랬다. 사실, DFS 매장에서 파는 상품이 쌌던 까닭은 세금이 붙지 않아서가 아니라면세로 얻은 이익은 모두 영업권 수수료로 나갔다 일본, 한국, 대만 같은 나라의 유통 구조가 복잡한 탓에 국내 시장 가격이 훨씬 비쌌기 때문이다. 벨러미의 말마따나 "불행하게도, DFS가 면세라는 간판 아래 편리하게 숨겨 뒀던 이런 독특한 이점이 빠르게 무너지고" 있었다.

1987년에는 주류 판매의 가격 경쟁력이, 1995년에는 화장품과 향수의 경쟁력이 무너졌다. 1990년대 말에는 세계 시장의 가격 차이가 채 10%도 나지 않았다. 벨러미는 이 밖에도 여러 문제를 지적했다.

"DFS는 지나치게 분권화되었다. … 현대화하지 않으면 경쟁에서 철저히 패배할 것이다. … 홍콩 매장은 조잡하기 짝이 없어 공급업체들의 골칫거리다. … DFS는 가부장주의가 활개 치고, 권한 이양은 걸음마 단계다. … 직원들을 들들 볶아 돈을 버는 관리 방식을 바꾸지 않으면 말썽이 생길 것이다."

벨러미는 DFS가 고객에게 카뮈 코냑을 강요하도록 직원들을 몰아붙였다는 점에서 고객에게 정말로 무례했다고도 적었다. DFS가 소유한 카뮈 해외유통 유한회사가 제대로 작동하지 않는다고도 덧붙였다.

"DFS는 좋은 면이 그리 없는, 그야말로 병든 상품을 팔고 있다."

벨러미는 카뮈 해외유통 때문에 늘 골머리를 앓았다. 1972년부터 카뮈 해외유통 유한회사를 운영한 장 겐츠부르제는 1985년에 물러나며 지분을 360만 달러에 팔았다. 그리고 후임자가 물러난 1992년에 다시 회사 운영을 맡았다. 겐츠부르제는 DFS 동업자 네 명이 25년 동안 카뮈 해외유통으로 받은 배당금을 6~7억 달러로 계산했다. 그런데 이 배당금이 줄어들고 있었다. 판매 기회에 견줘 의무 구매량이 갈수록 부담스러워졌다. 게다가 미셸 카뮈의 후임들이 벌이는 사업 방식을 놓고도 네 동업자 사이에 불만이 커졌다. 그래도 밖에서 보기에는 DFS가 경이로운 성공을 거둔 회사라, 1990년대 초에도 구매 희망자가 끊이지 않았다. 하지만 척의 마음에 드는 곳이 없었다.

"DFS를 사겠다는 편지를 석 달에 한 번꼴로 받았습니다. '정말이지, DFS는 멋진 사업체입니다. DFS 매입과 관련해 이야기를 나누고 싶습니다. 함께 머리를 맞대 봅시다.' 어떤 방식으로 매입하겠느냐고 물으면 이런 답이 왔습니다. '먼저 10%를 치르고, 나머지는 나중에 치르겠습니다.' 그건 말이 안 되지 싶어, 어떤 회사냐에 따라 이렇게 답장했습니다. '글쎄요, DFS는 탄탄한 사업체고 우리는 오랫동안 이 회사를 운영했습니다. 매각은 현금 거래여야 하고, 금액은 30~40억 달러로 봅니다.' 그러면 정말 마음이 있던 쪽이든 간만 보려던 쪽이든 하나같이 입을 다물었습니다."

그러던 1994년 7월, 하비 데일에게 오랜 지인인 조지 T. 로위가 전화를 걸어왔다. 로위는 척이 이용한 법률 회사 중 하나인 크라바스, 스웨인&무어의 파트너 변호사로, 파리에 아는 사람이 많아 프랑스어에 유창했다.

"DFS 매입에 관심 있는 사람이 있습니다. 누구인지는 말할 수 없지만, 이야기를 나눠 볼 의향이 있으십니까?"

"그 사람한테 허락을 받고 이름을 알려주면, 척에게 물어보고 답을 드리겠습니다."

다음날 로위가 다시 전화했다. 매각 의사를 타진한 사람은 뉴욕과 파리를 중심으로 활동하는 기업 인수 합병 전문 투자 은행 라자드의 이사장이었다. 그런데 라자드의 경영 책임자 앙투안 베르네임이 LVMH 회장 베르나르 아르노의 후견인이자 친구였다. 둘은 베르네임이 아르노에게 돈 세례를 받게 했다고 뽐낼 정도로 가까운 사이였다.

데일은 곧장 눈치를 챘다.

'LVMH 그룹이 뒤에 있으니 진지한 제안이겠구나.'

당시 소매업체 가운데 연 매출이 거의 60억 달러에 이르는 LVMH야말로 세계에서 현금으로 DFS를 살 수 있는 유일한 곳이었을 것이다. 그때 마흔다섯 살로 세계에서 손꼽히는 부자가 되고 있던 아르노는 루이뷔통과 모엣 헤네시가 합병한 지 얼마 안 되는 1989년에 LVMH의 경영권을 손에 쥐었다. 회사를 완벽히 통제하고 싶었던 아르노는 격렬한 권력 싸움 끝에 루이뷔통 이사장이던 앙리 라카미에르를 몰아냈다. 루이뷔통, 크리스티앙 디오르, 셀린느, 크리스티앙 라크루아, 겐조, 로에베, 프레드, 뵈브 클리코 퐁사르댕, 헤네시, 모엣&샹동, 돔 페리뇽, 포메리를 거느린 아르노는 고급 브랜드의 제국을 세우고 있었다. 파리의 유명 백화점 봉 마르셰도 아르노 것이었다.

나중에 드러났듯이, 아르노는 오랫동안 DFS를 눈여겨봤었다. LVMH가 DFS에 유명 상품을 가장 많이 공급하는 곳이니, 180곳에 이르는 DFS 매장을 확보해 상승효과를 내고 싶었다. 또 수익성이 높은 신규 시장 아시아로 발을 넓힐 기회를 찾고 있었는데, 이곳에 단단히 자리 잡은 회사가 바로 DFS였다.

척은 아르노의 제안에 구미가 당겼다. 1994년 8월 10일, 척과 법률 자문 크리스 악슬리가 런던에서 파리로 날아갔다. 두 사람은 택시를 타고 가로수가 늘어선 몽테뉴 거리로 갔다. 아르노는 몽테뉴 거리 30번지에 있는 디오르 본사의 응접실에서 척과 악슬리를 맞았다. 커다란 흰색 소파가 놓인 응접실에는 크리스티앙 디오르의 초상화가 걸려 있었다. 척과 아르노는 프랑스어로 대화를 주고받았다.

척은 꼬마 요정 같은 얼굴에 호리호리한 아르노가 점잖다고 생각했다. 두 사람은 마음이 잘 통했다. 공통점이 많기도 했다. 둘 다 수수한 옷차림을 좋아했고 주목받기를 꺼렸다. 유명 인사가 모이는 행사에 참석하는 것도 싫어했다. 소매업이라면 세세한 부분까지 집요하게 신경 썼다. 척은 DFS 매장에 진열된 만년필에 잉크가 들어있는지까지 확인했고, 아르노는 뉴욕의 지방시 화장품 판매점이 이전 방문 때보다 60㎝쯤 넓어진 대신 자매 회사가 없어진 것까지 알아챘다.

척은 다른 것은 몰라도 한 가지는 분명히 못 박았다.

"우리는 어음 거래를 이야기하는 게 아닙니다. 현금, 그것도 정말 많은 현금을 이야기하는 겁니다."

패션계의 거물답게, 아르노는 눈썹도 까딱하지 않았다. 그리고 DFS의 가치를 매길 재무 정보를 요청했다. 척은 한 해 매출이 30억 달러에 이른다고 답했다. 두 사람은 첫 단계로 아르노가 척의 DFS 지분 일부를 사들이는 협상을 시작하자고 약속하고 헤어졌다. 런던으로 돌아온 척은 악슬리에게 지분 매각을 맡아달라고 요청했다.

악슬리의 말로는 척이 여러 각도로 가능성을 열어 두었다.

"척은 '드디어 지분을 처분할 기회가 왔어.'라고 생각한다는 인상을 주지 않았습니다. 오히려 정반대였죠. 척의 전술은 이랬습니다. 당신에게 간략한 정보, DFS가 어느 정도인지 감만 잡을 정보를 주겠다. 하지만 너무 많은 정보는 주고 싶지 않다. 동업자들이 이 사실을 알까 걱정스럽기 때문이다."

아르노는 토요일 아침마다 카페에서 함께 커피를 마시는 허물없는 친구 로베르 레옹에게 척이 방문한 사실을 알렸다. 레옹은 LVMH의 현금을 더 좋은 투자에 쓸 수 있다고 반대하는 뜻을 내비쳤다. 하지만 아르노는 최초로 세계적 소매업체로 성장해 엄청난 성공을 거둔 회사를 사들이는 쪽에 매력을 느꼈다. 프랑스에서 생산하는 사치품의 20%를 면세 사업이 흡수했으니, 유통망을 장악할수록 유리했다.

다음 달, 척과 아르노는 LVMH가 DFS를 완전히 손에 넣을 첫 단계로 척한테서 지분 8.5%를 사들이는 공식 협상에 들어갔다. 지분 8.5%면 네 동업자의 균형을 깨뜨릴 만큼은 아니어도, 아르노가 사업에 참여할 수 있을 만큼 컸다.

척은 밥 밀러, 앨런 파커, 토니 필라로에게 상황을 알렸다. 먼저 밀러에게 연락했다.

"DFS를 팔 기회가 생긴 것 같네. 지금 회사를 팔아야 해. 진짜 기회가 왔다고. 아르노야말로 우리가 두 눈을 똑바로 바라보고 '어음 거래를 이야기하는 게 아닙니다. 현금, 그것도 정말 많은 현금을 이야기하는 겁니다.'라고 말할 수 있는 사람이라고."

밀러는 "흥미로운 이야기군. 그 사람들이 무슨 생각인지 궁금하기는 하네."라고 답했다. 말은 이렇게 했지만, 밀러의 머릿속은 무척 복잡했다.

"DFS는 우리에게 자식 같은 존재입니다. 그래서 아르노의 평판이 걱정스러웠어요. DFS를 사들인 다음 재까닥 팔아버리지는 않을까, 회사를 망치거나 되팔지는 않을까 걱정스러웠지요."

실제로 아르노는 기업 사냥꾼으로 악명이 높았다. 이브 생로랑의 동업자였던 피에르 베르제는 아르노를 가리켜 먹잇감을 노리는 독수리 같다고 묘사했다. 〈포브스〉는 한 기사에서 아르노의 '차가운 눈빛'이 뵈브 클리코 샴페인의 뚜껑에 그려진 나이 든 과부 클리코의 눈빛에 맞먹는다고 적었다.

척은 필라로가 더블린에 세운 투자 사무소를 찾아가 필라로를 만났다. 내가 인터뷰차 찾아갔을 때, 제본된 DFS 기록물이 사무실에 가지런히 정리되어 있었다.

"척이 바로 여기 앉았습니다. 'LVMH에 내 지분 8.5%를 팔 생각이네.'라고 말하더군요. 척은 내가 자기를 지지해주기를 바랐습니다."

필라로는 이 만남 뒤 데일에게 전화했다. 척이 LVMH에 지분 8.5%를 팔면 DFS의 매출이 크게 늘 테니 네 동업자에게 수지맞는 장사라고 크게 들떴다. 필라로가 이렇게 열광한 까닭은 아르노가 드디어 입이 쩍 벌어지게 비싼 최고급 상품을 DFS에서 판매하게 해주리라고 추측했기 때문이다. LVMH에서 가장 큰 소매업체인 루이뷔통은 비싼 가죽 제품을 오로지 루이뷔통 매장에서만 팔았다. 만약 LVMH가 DFS 지분을 사들여 루이뷔통 제품을 DFS에서도 팔게 한다면, DFS의 연간 매출을 1억 5,000만 달러 정도 끌어올릴 수 있었다.

밀러와 필라로, 파커는 아르노에게 직접 만나 무슨 생각인지 들어보고 싶다고 요청했다. 1994년 10월 13일, 이번에는 척을 뺀 세 사람이 파리를 찾아 디오르 본사 응접실에서 아르노를 만났다. 이튿날 필라로는 아르노에게 LVMH와 DFS 사이에 분명히 상승효과가 있으니 소수 지분을 사려는 아르노의 노력을 네 소유주가 모두 진지하게 고려해보겠다는 편지를 보냈다. 그래도 마지막에는 이렇게 못 박았다.

"인수 가격이 우리 마음에 들어야 합니다."

척이 지분 8.5%를 파는 데 나머지 세 사람이 동의하느냐는 LVMH가 DFS에 루이뷔통 제품을 팔게 허용하느냐에 달렸다고도 명확히 밝혔다. 아르노는 그런 조건을 받아들일 생각이 없었다. 아예 답장조차 하지 않았다. 1995년 1월 23일, 필라로가 다시 편지를 보냈다. 이번에는 자신과 밀러, 파커가 LVMH에 지분을 조금도 팔 생각이 없다는 내용이었다.

크리스 악슬리와 짐 다우니가 파리를 오가며 LVMH 변호사들과 줄다리기 협상을 벌이는 동안 여섯 달이 지났다. 1995년 7월 20일, 척이 공식 제안을 내놓았다. DFS의 자본 가치를 35억 달러로 추산하고, 아르노에게 척의 지분을 모두 파는 첫 단계로 지분 8.5%를 팔겠다는 제안이었다. 아르노가 아무런 반응도 보이지 않았다. 그러던 1995년 11월 13일, 아르노가 두 단계에 걸친 지분 매입을 받아들이겠다면서 다른 소유주들의 지분도 사들이고 싶다고 속내를 드러냈다. 두 주 뒤인 11월 29일, 척은 공동 소유주들에게 편지를 보내 합의 내용을 알렸다. 또 LVMH가 DFS를 사들일 수 있는 유일한 회사일 뿐만 아니라, 아르노가 기꺼이 끝까지 밀어붙이려는 것 같다는 의견을 밝혔다. 또 아르노한테서 LVMH 자회사들과 DFS 사이에 대등한 상업 관계를 유지하겠다는 보장을 받았다고도 밝혔다.

필라로는 척에게 편지를 보냈다. 자신과 파커가 1996년 1월 9일에 파리에서 다시 아르노를 만나 다른 소유주들도 DFS 지분을 모두 파는 방안을 고려하겠으나, 매각 금액이 35억 달러보다 많아야 한다는 조건을 달 것이라는 내용이었다. 이들의 주요 목표는 매각 금액을 최대한 높이는 것이었다. 두 사람과 아르노의 만남은 별 성과가 없었다.

"나는 아르노한테서 이런 말을 끌어내려 했습니다. '당신들 계획이 무엇입니까? 무엇을 원하십니까?' 하지만 아르노는 속내를 그다지 드러내지 않았습니다. 그래서 내가 명확히 말했습니다. '만약 두 회사의 수익을 높이는 것이 당신 계획이라면, 작은 비밀을 하나 알려 드리겠습니다. 간단히 두 회사의 수익을 올릴 방법이 있습니다. 루이뷔통 제품을 DFS에서 팔면 됩니다.'"

아르노가 꿈쩍도 하지 않자, 필라로는 밀러와 파커에게 척이 정말로 지분을 팔려 한다면 아르노가 아니라 자기들이 사들이자고 제안했다. 세 사람은 척의 DFS 지분 38.75%에 더해 카뮈 유통 사업의 지분과 척이 하와이안 리테일 그룹이라는 이름으로 운영하는 소매점들을 매입하는 공식 제안서를 작성했다. 그런데 희한하게도, DFS의 자본 가치를 아르노의 평가액보다 12억 달러나 적은 23억 달러로 잡았다.

이제는 현인이 나서야 할 때였다. 척의 하와이 소매 사업으로 분쟁이 일어난 뒤부터, 네 소유주는 견해 차이를 다룰 장치를 뒀다. 이번에도 세 사람은 중재자인 현인 아이라 밀스타인에게 연락해, 자신들의 제안을 척에게 전달해달라고 부탁했다. 밀스타인은 2월 23일에 제안을 전달했다. 척은 답장조차 하지 않았다. LVMH는 하와이의 소매 사업을 넘기라고 요구하지 않으면서도 훨씬 더 높은 금액을 제시했으니, 세 동업자의 제안이 앞뒤가 안 맞고 몹시 불공정했기 때문이다. 얼마 지나지 않아 밀스타인이 척에게 소식을 전했다.

"당신이 답장하지 않아서 토니가 발끈했습니다."

척이 답했다.

"그런 제안은 대꾸할 가치가 없지요."

1996년 5월 6일, 밀스타인이 동행한 가운데 밀러, 파커, 필라로가 LVMH와 파리에서 만나, 아르노에게 매입 가격을 올릴 생각이 있는지 물었다. 아르노는 자신이 대주주가 될 만큼 지분을 확보할 수 있다면 DFS의 자본 가치를 40억 달러로 올리겠다고 화답했다. 밀스타인은 아르노에게 한 달 뒤 뉴욕으로 오면 자신이 네 소유주의 의견을 전달하겠다고 제안했다. 밀러는 그 가격에는 지분을 팔 생각이 없다고 잘라 말했다. 6월 13일, 파리에서 뉴욕으로 날아온 아르노는 살 수 있는 지분이 50% 이상이면 자본 가치를 적어도 40억 달러로 치고, 50% 미만이면 35억 달러로 쳐서 지분을 사겠다고 밀스타인에게 정식으로 제안했다. 아르노는 두 회사 사이에만 일어날 수 있는 상승효과가 있다고 생각하므로 누구보다 더 높은 액수로 지분을 사려 한다고 말했다.

아르노와 밀스타인의 만남 뒤, 척이 파커를 저녁 식사에 초대해 함께 지분을 팔자고 설득했다. 척은 파커의 마음이 흔들리는 것을 느꼈다. 두 사람은 척의 독자 소매 사업으로 갈등이 일었을 때조차 정중하게 지냈었다. 파커는 매각 문제에 결코 감정을 앞세우지 않았다. 척과 파커의 지분을 합치면 58.75%라, 두 사람이 함께 지분을 팔면 아르노가 면세 제국을 장악할 수 있어 적어도 40억 달러는 보장받을 터였다.

파커는 중간에 껴서 가랑이가 찢어지는 기분이었다. 한쪽 다리는 척이, 한쪽 다리는 필라로가 붙잡고 있었다. 그래도 아르노의 제안이 무척 구미가 당겼다. LVMH의 수장은 DFS의 가치를 연 매출 추산액인 30억 달러보다 33% 더 쳐줬다. 1990년대 중반에 고가품 소매업이 호황을 누렸다지만, 그 정도면 두둑한 웃돈이었다. 이 조건이면 척은 거의 16억 달러를, 그리고 자신은 8억 달러를 받을 터였다. 게다가 현금 거래였다.

"그래서 지분 매각을 생각해보기로 했습니다. 입이 떡 벌어지게 많은 돈이었으니까요."

그런 가운데 척이 아르노한테서 약속을 하나 받아냈다. 아르노는 척과 파커가 지분을 팔면, 지분 매각이 마무리된 이후로 60일 안에는 밀러와 필라로도 같은 조건으로 지분을 팔 수 있다고 약속했다.

"나와 아르노는 누구도 곤경에 빠뜨리지 않기로 동의했습니다."

파커는 척과 함께 지분을 팔기로 결심을 굳혔다.

"앨런은 실용적인 사람입니다. 뛰어난 회계 담당자이자 금융 투자자지요. 그래서 드디어 지분을 팔기로 동의했습니다."

이 사실을 밀러에게 알려야 했다. 척과 파커는 밀러와 전화 회의를 열었다.

“밥이 몹시 괴로워했습니다. 앨런이 매각 쪽에 섰다는 사실에 충격을 받더군요. 앨런한테 믿음을 저버렸다고 비난하더니, 갑자기 전화를 뚝 끊어버렸습니다.”

이 와중에 토니 필라로는 회사를 주식 시장에 상장하자는 의견을 밀어붙여, 투자 은행 모건스탠리에 기업 공개 제안서를 작성하게 했다. 파커에 따르면 필라로는 늘 상장을 주장했다.

“토니는 언제나 주식 시장을 사랑했습니다.”

척을 뺀 세 소유주가 밀스타인의 사무실에 모여 모건스탠리의 의견을 들었다. 체이스 맨해튼 은행의 지원을 받던 모건스탠리는 네 소유주가 기업 공개에 따른 주식 공모로 50~70억 달러를 벌겠지만, 시장이 아직 성숙하지 않아 여섯 달은 기다려야 한다고 설명했다. 세 사람은 기업 공개로 약 60억 달러 벌 가능성, 그보다 훨씬 더 많이 벌 수도 있다는 모건스탠리의 허풍 섞인 주장, 아르노에게서 확실하게 받을 현금 40억 달러 가운데 하나를 선택해야 했다. 60억 달러는 무척 달콤하게 들렸다. 하지만 투자자들이 기존 소유주가 계속 주식을 보유하기를 바라므로, 처음에 얻을 수 있는 수익은 대개 20%에 그쳤다.

척은 기업 공개가 실현될지, 설사 되더라도 적절한 일인지 확신이 서지 않았다. 하지만 필라로가 계속 밀러를 졸랐다. 어찌 보면 밀러는 필라로가 하자는 대로 움직였다. 파커는 이렇게 평했다.

“밀러가 완전히 필라로의 손아귀에서 놀아났습니다.”

네 소유주는 변호사들을 데리고 뉴욕에서 밀스타인을 만났다. 이 자리에서 필라로가 척이 경쟁사에 기밀 정보를 넘겼다고 주장했다. 하비 데일은 필라로가 모건스탠리에 DFS의 기업 공개 가치 평가를 맡겼을 때 넘긴 정보가 그보다 더하면 더했지 못하지는 않다고 받아쳤다.

이들은 무대를 다시 파리로 옮겼다. 6월 26일, 밀스타인과 네 소유주가 몽테뉴 거리에서 조금 떨어진 방돔 광장의 리츠 호텔에 회의실을 빌렸다. 이들은 모든 가능성을 살펴본 다음 아르노를 만나기로 했다.

자리에 앉자마자, 밀러와 필라로가 놀라운 제안을 내놓았다. DFS의 가치를 40억 달러로 산정해 척과 파커의 지분을 자기들이 사들이겠다는 제안이었다. 여기에는 카뮈 유통사와 척의 하와이 소매 사업도 포함되었다. 두 사람은 아르노가 하와이안 리테일 그룹까지 요구하지는 않았지만, 적어도 아르노가 제안한 가격에는 DFS 지분을 매입하겠다고 밝혔다. 척과 파커는 생각할 시간을 달라고 했다. 이들은 만난 지 한 시간도 지나지 않아 헤어졌고, 아르노와 만나기로 한 약속은 연기되었다.

양쪽의 분위기가 갈수록 거칠어졌다. 밀러와 필라로는 인수 자금을 빌리기에 앞서 거래 은행에 요청해 DFS 매장의 실사를 진행했다. 파커가 당시 상황을 자세히 설명했다.

"밥과 토니는 은행원들이 이용한 전세 비행기 비용까지 DFS 경비로 내려 했습니다. 그 사실을 알고서 내가 말했지요. '말도 안 됩니다! 이건 주주와 은행의 거래지, 회삿돈을 쓸 일이 아니라고요.' 그 뒤로는 살얼음판이 따로 없었습니다. 친근함은 찾아보기 어려웠지요. 그런 사람들과 30년 동안 함께 일하다니, 끔찍했습니다. 내 말은, 척과 밥이 거의 원수 같았다는 뜻입니다. 나는 그때까지 모든 사람과 두루두루 잘 지냈지만, 이번에는 확실히 척의 편이었어요."

파커는 밀러와 필라로가 척과 자신의 지분을 살 자금을 마련했다고 생각하지 않았다. 척은 더 회의적이었다.

"밀러는 우리가 아르노에게 지분을 팔지 못하게 막았습니다. 자기가 사고 싶었으니까요. 하지만 그러지 못했습니다. 돈이 없었거든요. 지분 매입은 주식 투자, 그것도 상당한 고위험 투자라 아주 많은 돈을 마련해야 했습니다."

필라로는 자기네가 실제로 은행에서 자금을 지원받았다고 주장했다.

"융자를 받았어요. 서신도 있다니까요. '토니 필라로, 밥 밀러. 두 분은 한도액 37억 5,000만 달러 대출을 승인받으셨습니다. 대출을 받으시려면 약속한 선취 수수료 2,000만 달러만 내시면 됩니다.' 이튿날 또 다른 서신도 받았습니다. '토니, 운전 자금용으로 5억 달러가 더 필요하다면, 그것도 가능합니다.' 척은 우리가 융자를 못 받았다고 여겼어요. 하지만 우리한테는 정말로 돈이 있었다고요."

20

어제의 동료가 오늘의 적

밥 밀러와 토니 필라로가 앨런 파커와 척에게 DFS 지분을 사겠다고 제안한 지 한 주가 지난 1996년 7월 3일, 네 사람이 프랑스 칸에 모였다. 장 겐츠부르제가 아들 마르코의 결혼식에 네 가족을 모두 초대했다. 다니엘과 아이들도 모두 결혼식에 참석했다. 밀러는 아내 샹탈, 딸들과 함께 경호원을 거느리고 참석했다. DFS 소유주들이 이런 사교 모임에 같이하는 일은 드물었다. 게다가 30년을 이어온 동업 관계가 가장 큰 위기를 맞은 시기였다. 척은 늘 그랬듯 시내의 탕부리네르 거리에 있는 작은 3성급 호텔 올리비에에 묵었지만, 다른 사람들은 한때 피카소가 좋아한 나폴만이 한눈에 들어오는 4성급 호텔 레 뮈스카댕에 묵었다.

척과 파커는 밀러와 필라로가 매입가를 올리고 9월 1일까지 돈을 마련하지 않는 한, 제안을 거부하고 LVMH에 지분을 파는 절차를 밟기로 했다. 그해 가을로 예정된 하와이의 영업권 입찰에서 낙찰에 실패하면 회사의 가치가 떨어질 터라, 한발 앞서 움직이고 싶었다.

그런데 결혼식 덕분에 척과 파커가 밀러만 따로 불러낼 기회가 생겼다. 두 사람은 크루아세트 거리의 해안가에 있는 커다란 호텔에서 몰래 밀러를 만나, LVMH에 지분을 팔거나 적어도 매각을 가로막지만 말아 달라고 설득했다. 모든 상황을 다시 설명하고, 아르노와 합의하면서 밀러도 60일 안에는 같은 조건으로 지분을 팔 수 있다는 조항을 집어넣어 밀러를 보호했다는 사실을 꼬집었다. 파커는 마침내 밀러를 설득했다고 생각했다.

하룻밤의 꿈이었다. 이튿날 아침, 필라로한테서 전화가 걸려 왔다.

"토니가 당시 아내였던 린다를 결혼식장까지 태워줄 수 있느냐고 물었습니다. 이상하다 싶었지만, 그러라고 했지요. 지금 생각하면 토니가 돌아가는 낌새를 눈치채고 나를 밀러한테서 떼어놨지 않나 싶습니다. 토니는 그러고서 재빨리 밥을 만나러 갔어요. 뒤차에 밥과 토니가 타고 있었거든요. 결혼식장에 도착한 밥이 이러더군요. '나는 지분을 팔지 않겠네. 매각은 성사되지 않을 거야.'"

필라로는 밀러와 한 차에 타려고 일을 꾸몄다는 파커의 주장을 말도 안 된다고 부인했다.

"나는 그렇게 음흉한 사람이 아닙니다. 정말입니다. 절대로 재를 뿌린 게 아니라고요."

자신이 밀러가 무엇을 어떻게 할지에는 영향을 끼칠 수 있어도 무엇을 할지 말지에는 영향을 끼치지 못한다고 펄쩍 뛰었다.

"내가 밀러를 좌지우지할 수 있다고 생각한다면 내 설득력을 과대평가한 겁니다."

밀러의 결론은 이랬다.

"나한테 가장 큰 장애물이 바로 토니였습니다. 나더러 척의 지분을 사라고 계속 졸랐거든요. 토니는 상황을 과장할 줄 아는 재주가 있었어요."

칸을 내려다보는 겐츠부르제의 멋진 저택 정원에서 연회가 열릴 때도 대화가 이어졌다.

"무슨 일이 벌어지고 있다는 것은 알았습니다. 네 사람이 이야기를 나누는데, 그다지 기쁜 얼굴이 아니더군요. 토니가 이쪽저쪽을 바삐 오가며 무언가 일이 성사되게 하려고 애썼고요."

나중에 겐츠부르제는 척에게 그런 고위급 협상이 열렸으니 정원 사용료를 받아야겠다고 농담을 던졌다.

밀러는 돌아가는 상황이 무척 괴로웠다.

"나한테는 정말로 힘든 일이었습니다. 평생을 바쳐 일군 사업인데, 다들 너무 빠르게 움직이더군요. 지분 매입 자금에 들어갈 높은 이자, 기업공개 가능성, 아르노에게 매각할 가능성을 명확히 따져보기가 무척 어려웠어요. 그 와중에 토니는 척의 지분을 사들일 계획을 밀어붙였고요. 실제로 은행에 요청해 지분 인수에 쓸 현금 20억 달러를 마련했습니다. 하지만 이자 비용이 많아 썩 내키지 않았어요. 내게는 무척 힘겹고 고통스러운 시간이었습니다."

척은 부담을 느끼는 낌새가 거의 없었다. 힘겨운 협상이 한창일 때 크리스 악슬리가 척의 런던 사무실에 들렀다가 책상을 보니, 서류 더미 맨 위에 샌프란시스코의 베이사이드 빌리지에 피자 프레고라는 식당을 낼 계획이 올라와 있었다.

"40억 달러짜리 매각을 의논하는 것보다 피자 메뉴를 어떻게 짤지에 더 흥미를 느끼더군요!"

그런데 악슬리에 따르면, 척도 지분 매각을 다시 생각한 적이 있었다.

"척은 아르노에게 앙숙인 동업자까지 넘겨서는 안 된다는 의무 같은 것을 느꼈습니다. 앨런 파커가 매각에 동의한 뒤로도 한번은 지분을 팔지 않을 준비를 했어요. 갈등을 피하려는 척의 성향 그대로였습니다. 그래서 내가 사무실로 가 이런 메모를 썼습니다. '이제 다 왔습니다. 이런 기회는 두 번 다시 오지 않을 겁니다. 이 사람들은 다 거물이고, 자기가 무엇을 하는지 잘 압니다.' 나도 진이 다 빠진 때였습니다. 2년이나 이 일에 매달렸으니까요. 그러니 끝을 봐야 했습니다."

여름이 다 가도록 아무것도 해결되지 않았다. 밀스타인은 네 소유주에게 전혀 진전이 없어 실망이 크다는 편지를 보냈다.

"두 사람은 변화를 바라고, 두 사람은 그렇지 않습니다. 이런 문제는 지금껏 역사에서 흔히 있었고, 또 해결되었습니다. 이런 문제를 해결하는데 대단히 머리 좋은 사람이 필요한 게 아닙니다. 현실을 깨달을 줄 아는 사람이 필요할 뿐이지요."

> 법정 다툼을 벌이느라 시간을 질질 끌었다가는 DFS의 치부가 드러날 수 있을뿐더러, 중재에 나선다면 비밀스럽기 그지없는 내부 운영 방식이 드러나리라고 경고했다.
>
> "지금까지는 세상 사람들이 당신들 지분이 얼마인지, 얼마나 많은 수익을 챙기는지 몰랐습니다. 하지만 지저분한 소송을 벌이면 모든 것이 노출될 것입니다."

밀스타인의 호소는 아무런 효과가 없었다. 1996년 8월 30일 금요일, 네 사람은 끝내 결별했다. 그날 아르노가 뉴욕으로 날아와 밀스타인의 사무실에서 네 소유주에게 제안서를 발표하기로 했다. 아르노는 미리 비공식 경로로, 밀러와 필라로가 지분 매각에 동의하면 체면이 서게 웃돈을 얹어주겠다고 연락했다. 척보다 많이 받으면 틀림없이 밀러의 자존심이 채워지리라고 봤기 때문이다.

아르노가 도착하기 전, 네 사람이 밀스타인과 마주 앉았다. 네 사람

뒤로는 각자의 변호사가 자리를 지켰다. 밥 밀러가 밀스타인에게 항의했다.

"DFS는 내 회사입니다. 나는 이 회사를 사고 싶다고요."

밀스타인이 쏘아붙였다.

"이봐요, 아르노가 당신 둘한테 돈을 더 줄 겁니다. 두 사람이 더 높은 가격에 지분을 팔 수 있다고요. 그리고 이 두 사람, 앨런과 척은 개의치 않고요."

척과 파커는 자신들이 9월 30일까지 아르노에게 지분을 팔 생각이고, 밀러와 필라로가 지분을 사들일 자금을 확보했다고 생각하지 않는다는 말을 되풀이했다. 두 사람은 아르노의 인내심이 바닥나지 않을까 걱정스러웠다.

밀러가 발끈했다. 밀러와 필라로는 자리를 걷어차고 씩씩거리며 사무실을 뛰쳐나왔다. 20세기에 소매업에서 손에 꼽는 성공을 거둔 기업을 함께 이끈 네 사람이 한 방에 모인 것은 이때가 마지막이었다.

밀러와 필라로가 엘리베이터를 타고 1층으로 내려갔을 때, 마침 아르노가 사무실로 올라가려고 기다리고 있었다. 필라로가 "안녕하세요!"라고 인사는 했지만, 두 사람은 쌩하니 아르노를 지나쳤다. 아르노는 어안이 벙벙했다.

"아마 아르노는 생일 파티에 가는 기분으로 뉴욕에 왔을 겁니다. DFS를 통째로 산다고 들떠서요. 그런데 나와 밀러가 잔칫상을 걷어차고 나가는 모습을 본 겁니다."

밀스타인의 사무실에서 열기로 한 회의는 취소되었다. 밀러는 여전히 갈등 중이었다. 밀스타인의 사무실을 박차고 나간 뒤 척에게 전화해, 런던에서 다시 한번 만나자고 제안했다. 필라로가 뉴욕에 남은 사이 밀러와 척, 파커가 곧장 영국으로 날아갔다. 9월 1일 일요일 아침, 세 사람이 새빌로 17번지에 있는 애틀랜틱 그룹 본사의 1층 사무실에 둘러앉았다.

사무실에 다른 사람은 없었다. 척은 크리스 악슬리를 불러 세 사람이 새로운 제안을 짤 수 있도록 기술 자료와 재무 자료를 제시하게 했다. 밀러는 지분 매각을 고려해보겠지만, 되도록 더 높은 가격에 팔고 싶다고 주장했다. 세 사람이 매각 금액과 방식을 고심하면, 악슬리가 재빨리 위층으로 올라가 더블린에 있던 짐 다우니에게 전화를 걸었고, 다우니는 노트북을 열심히 두드려 새로운 방식을 제시했다.

새 수치를 기다리는 동안 악슬리가 지켜보니, 그동안 많은 일을 함께 한 세 동업자 사이에 대화가 거의 오가지 않았다.

"세 사람은 별 말이 없었습니다. 뚫어지라 바닥만 보다시피 했죠."

세 사람이 주고받은 몇 마디 말은 현실 속 대화 같지 않았다.

"28."

"34."

28억 달러, 34억 달러라는 뜻이었다. 한 시간 반 뒤, 세 사람은 소유주 네 명이 LVMH에 두 단계에 걸쳐 지분을 파는 방안에 도달했다. DFS의 자본 가치를 42억 달러로 산정하고, 아르노에게 먼저 지분의 절반 이하를 팔되, LVMH에 1년 반 뒤 남은 지분을 살 권리를 주는 방안이었다. 밀러가 합의 내용에 이름의 머리글자 R. M.으로 서명했다.

"세 사람 모두 새 매각안에 동의하겠다고 서류에 머리글자로 서명했습니다. 밀러와 파커가 떠난 뒤 위층에 올라가 척을 만났습니다. '꽤 긍정적인 신호네요. 그렇지요?' 척이 그러더군요. '아니야. 내일이면 밥이 마음을 바꿀 거야.'"

파커도 밀러를 미심쩍게 여겼다. 밀러가 자신이 동의하리라고 "꽤 확신"한다고만 말했기 때문이다. 파커는 그동안 밀러가 척한테 대놓고 맞서지는 않다가 나중에 마음을 바꾸는 것을 여러 번 봤다.

그날 뉴욕 매디슨 거리의 칼라일 호텔에 머물던 필라로가 아이라 밀스타인의 전화를 받았다. 밀스타인은 앨런 파커를 담당하는 골드만삭스의 투자 담당자가 밀러와 연락하려는데, 밀러가 어디 있는지 아느냐고 물었다. 필라로는 무언가 일이 벌어지고 있다는 것을 알아챘다. 이 상황이 뜻하는 바는 하나였다. 척과 파커가 밀러와 연락했다! 필라로는 공항으로 달려가 전용기에 오른 뒤, 당장 런던으로 날아가 시내 한복판에 있는 밀러의 집으로 달려갔다. 파커의 투자 담당자가 먼저 밀러를 만나면 어떻게든 밀러의 마음이 움직일까 봐 한시가 급했다. 필라로가 밀러의 집에 도착한 지 얼마 지나지 않아, 골드만삭스의 담당자가 문을 두드렸다. 필라로를 본 투자 담당자는 멍하니 할 말을 잃었다.

필라로와 밀러는 자기들끼리 수정한 제안서를 내놓았다. 다른 두 명과 함께 DFS를 매각하겠지만, 1986년에 '빅뱅' 수준으로 사업 구조를 개편해 생길 세금을 LVMH가 내줘야 한다는 단서를 달았다. 제안서를 파리로 보냈지만, 아르노는 관심을 보이지 않았다. 9월 18일, 밀러가 척과 파커에게 편지를 보냈다. 머리글자로 서명했던 합의에 생각이 바뀌었다는 내용이었다. 밀러는 안타깝다는 듯, 이제 모두 마음을 가라앉히고 DFS로 계속 돈을 벌어보자고 제안했다. 밀러가 이렇게 결정한 가장 큰 요인은 DFS와 인연을 끊는 것을 망설였기 때문이다. 척은 밀러가 이 망설임을 넘어서지 못하리라고 봤다.

"한 번 곰곰이 생각해보니, 절대 밥을 설득하지 못하겠더군요. DFS를 팔면 위신이 서지 않을 테니까요. 밥은 미스터 듀티프리쇼퍼였습니다. 그 역할을 좋아했어요. 이런 말을 입에 달고 살았지요. '듀티프리쇼퍼는 내 자랑거리야.'"

9월 말, 척과 파커는 LVMH와 거래를 마무리하고자 뉴욕으로 돌아갔다. 이 복잡한 절차를 정리하고자 양쪽의 변호사들이 거의 한 주 동안

진이 다 빠지게 머리를 맞대고 거래 조건을 작성했다.

"변호사 스무 명이 한 방에서 협약서를 작성했고, 척과 나, 하비가 옆에 딸린 방에 있었습니다. 쟁점이 생기면 변호사들이 우리한테 찾아와 물었고요."

10월 1일 화요일, 척과 파커는 서명할 준비를 모두 마쳤다. 척은 평소에 입던 옷을 벗고 정장에 버튼다운 셔츠, 파란색 실크 넥타이를 매고 나타냈다. 그래도 손목에는 척의 상징인 검정 플라스틱 시계가 그대로였다. 와이셔츠 차림에 금시계를 찬 변호사들이 뒤에서 서성이는 가운데, 척과 파커가 긴 유리 탁자 위에 펼쳐진, 빨간 직인이 찍힌 법률 문서들에 서명했다. 마침내 거래가 성사되었다. 척과 파커는 DFS의 전체 자본 가치 추정액인 42억 달러를 바탕으로 LVMH에 DFS 지분을 넘겼다.

돋보기 너머로 시선을 돌린 척이 만족스러운 웃음을 지었다. 보조원이 척에게 샴페인 잔을 건넸다. 거품이 올라오는 잔을 손에 들고 일어난 척이 하비 데일, 짐 다우니, 크리스 악슬리와 사진기 앞에 섰다. 진이 빠진 척과 파커는 수십억 달러짜리 계약을 축하하고자 변호사 몇 명과 함께 자리를 옮겼다. 축하 장소는 척의 취향대로 뉴욕의 어느 평범한 식당이었다.

계약 이행 기한은 1996년 12월 31일이었다.나중에 1997년 1월 15일로 수정된다 밀러와 필라로도 이 기간까지는 같은 조건으로 지분을 팔 수 있었다. LVMH는 밀러와 필라로에게 연락해, 마음이 바뀌었다면 당장 제안을 받아들여도 된다고 알렸다. 둘은 거절했다. 밀러는 펄펄 뛰며 화를 냈다. "어떻게 반평생을 함께한 동업자를 이렇게 무시할 수 있나?"라고 척과 파커를 격렬하게 원망했다.

21

둘로 쪼개진 DFS

3주 뒤, 밥 밀러와 토니 필라로가 도전장을 내밀었다. 1996년 10월 24일 목요일, 밀러와 필라로를 대리하는 변호사들이 각각 퀵서비스로 밀스타인에게 서신을 보냈다. 서신은 소유주 사이의 동의와 관련한 모든 분쟁과 다툼은 밀스타인 앞에서 중재로 해결해야 한다고 규정한 '현인 협약'을 언급했다. 두 사람은 척과 파커가 DFS 지분을 베르나르 아르노에게 판 것이 현인 협약을 위배한다고 주장했다. 따라서 밀스타인에게 매각 진행을 막아달라고 요청했다.

이튿날인 10월 25일, 밀러와 필라로의 변호사들이 뉴욕주 대법원에 소송을 제기했다. 200쪽에 이르는 서류는 척과 파커가 DFS 지분을 팔지 못하도록 매각 중지 명령을 내려달라고 요청했다. 근거는 두 사람이 지분을 매각하면 LVMH와 겨뤄야 하는 DFS 그룹의 경쟁력이 상당히 무너진다는 것이었다. 또 두 사람이 경쟁사에 기밀 정보를 누설한 혐의도 제기했다. 뉴욕 카운티 법원은 척과 파커에게 매각 중지 명령을 내리지 말아야 할 이유를 11월 25일까지 법원에 제출하라고 명령했다.

이때까지만 해도 DFS 매각을 둘러싼 다툼이 언론의 눈길을 피했다. 하지만 법원에 서류를 제출한 뒤로 상황이 바뀌었다. 10월 30일, DFS는 보도 자료를 발표해, 척과 파커가 LVMH에 지분을 팔 계획이라고 상세히 알려야 했다.

〈뉴욕 타임스〉는 큰 성공을 거둔 억만장자 밥 밀러가 동업자인 척 피니와 앨런 파커의 지분 매각을 막으려 한다고 보도했다. 밀러와 필라로가 반대하는 이유는 "최대 공급사이자 주요 경쟁사에 DFS가 장악되어 소주주로 전락하기를 바라지 않아서"라고 설명했다. 또 척의 광범위한 투자를 잘 아는 사람들의 말을 인용해, 척의 순자산이 최근 〈포브스〉가 400대 부자 명단에서 언급한 9억 7,500만 달러보다 훨씬 많다고 설명했다. 〈월스트리트 저널〉과 〈파이낸셜 타임스〉도 이 분쟁을 보도했다. 언론은 아르노의 대변인이 밀러와 필라로가 그저 돈을 더 많이 받을 셈으로 버티고 있다고 주장했다는 소식도 전했다.

DFS를 매각한다는 소식이 알려지자 문 앞에 야만인이 나타났다. 콜버그 크래비스 로버츠[KKR]의 헨리 R. 크래비스가 아이라 밀스타인에게 편지를 보내, LVMH가 제시한 것보다 높은 가격에 DFS를 사겠다며 관심을 드러낸 것이다. 1988년에 차입 매수로 RJR 나비스코를 사들인 이야기가 『문 앞의 야만인들』[부키, 2020]이라는 책으로 나올 만큼 유명한 크래비스는 회사를 사들여 구조 조정을 한 다음 괜찮은 자산을 팔아 이익을 남기고 회사를 없애버리는 기업 사냥꾼이었다. 그런 방식으로 질레트, 텍사코, 샘소나이트, 세이프웨이 같은 미국 회사를 샀다가 되팔았다. 크래비스는 밀스타인에게 입찰에 쓸 수 있는 자기 자본이 50억 달러가 넘는다고 주장했다.

LVMH는 크래비스의 제안에 콧방귀를 뀌었다. 대변인을 통해, 척과 파커가 서명한 매각 합의 조건에 따라 그런 제안은 허용되지 않는다고 주장했다. DFS의 소유주 가운데 그 말을 진지하게 받아들이는 사람은 아무도 없었다.

밀스타인은 네 소유주의 법정 대리인들에게 중재를 시작할 테니 11월 6일 오전 10시까지 자기 사무실로 오라고 요청했다. 11월 6일, 두둑한 보수를 받는 뉴욕 변호사 열한 명이 사무실을 꽉 채웠다.

아이라 밀스타인이 조금은 지친 목소리로 상황을 설명했다. 네 소유주 모두 자기 친구고 중재를 피하고자 안 해 본 것이 없는 상황이었다.

"척이 LVMH에 지분을 팔 마음을 먹었을 때부터 지금껏 다양한 매각 제안서를 검토했고, 그 뒤로 누구는 팔려고 하고 누구는 팔지 않으려 하고, 누구는 동의하고 누구는 동의하지 않는 다양한 합종연횡을 겪었습니다. 이런 검토를 할 때마다 소유주 한 사람 한 사람을 모두 만났습니다. 어느 날은 척이 혼자 나를 보러 왔습니다. 밥도 혼자 나를 보러 왔습니다. 토니도 혼자 나를 보러 왔습니다. 나는 네 사람을 따로도 만나고 함께도 만났습니다. 생각할 수 있는 모든 조합으로요."

밀스타인은 베르나르 아르노와도 이루 말할 수 없이 여러 번 논의해, 소유주 한 명, 두 명, 세 명, 또는 네 명 모두와 거래해달라고 요청했었다. 하지만 어떤 시도도 효과가 없었다.

"나는 소유주들이 이 거래에 동의하도록 하는 데 완전히 실패한 중재자입니다."

밀스타인은 소유주들의 주장을 듣고 찬찬히 생각해 본 뒤 어떻게 할지 정하겠다고 말했다.

"이제 나는 회사를 둘로 나눌 방법을 찾아야 합니다. 누군가는 굉장히 불만스러울 겁니다."

밀러를 대리하는 피터 플레밍이 중재 일정을 연기하자고 요구했다.

밀스타인이 과거에 DFS 소유주들과 거래할 때 일어난 이해 충돌에 면책 특권을 줄지 말지 검토해야 한다는 것이 이유였다. 밀스타인은 버럭 화를 냈다. 이틀 뒤인 금요일이면 일흔 살 생일이라, 주말에 가족과 함께 여행을 떠나 다음 주 수요일까지는 돌아오지 않을 계획이었다. 밀스타인은 분명히 못 박았다.

"면책 특권이 없다면, 나는 그만두겠습니다. 한 시라도 바삐 다른 중재자를 찾아보십시오."

밀스타인은 그동안 쌓은 멋진 경력을 계속 유지하고 싶었다. 나중에 누가 이해 충돌로 자신을 고소하는 일은 일어나지 않기를 바랐다. 밀러의 변호사들이 자기네끼리 모여 수군수군 의견을 주고받았다. 자리로 돌아온 플레밍이 말했다.

"밀러 씨는 고소 권한을 포기하겠습니다."

밀스타인은 양쪽에 12월 4일까지 답변서와 준비서면을 제출하라고 요구했다. 그 뒤로 자신이 결정을 내리기 전까지는 척과 파커가 서명한 거래를 보류하기로 했다. 변호사들이 돌아가려고 서둘러 가방에 서류를 쑤셔 넣을 때, 밀스타인이 한 가지를 덧붙였다. 편파적이라는 의심을 사지 않도록, 자기가 받아야 할 수수료를 당장 결정해달라는 요구였다. 시간당 수수료가 500달러인 비싼 변호사 밀스타인은 이를 근거로 25만 달러짜리 수표를 청구했다.

이어지는 며칠 동안 답변서와 준비서면이 밀스타인의 책상에 수북이 쌓였다. 파리에서는 베르나르 아르노가 DFS를 독립 사업체로 유지하겠다는 서약서를 보냈다. 아르노는 LVMH가 1988년에 프랑스의 백화점 체인 봉 마르셰를 사들인 뒤 경영에 간섭하지 않았다고 주장했다. 봉 마르셰에 입점한 경쟁사의 매장이 LVMH 자회사의 매장만큼이나 눈에 띄는 곳에 있다며 평면도까지 보냈다.

진술서에서 밀러와 필라로는 척과 파커가 계획한 거래는 현인 협약에 따라 금지라고 주장했다. 지분을 매각하면 다른 사치품 공급업자와 DFS의 관계를 해칠 테니 DFS에 손해라는 것이 이유였다. 특히 척이 다른 주주들에게 지분 매각을 승인하거나 거부할 권리가 있다고 인정했다는 증거를 제시하고자 여러 서신과 메모를 제출했다. 척과 파커는 여덟 통에 이르는 진술서와 몇 상자 분량의 서신으로 맞섰다. 현인 협약이 주주의 지분 매각을 금지하지 않으며, LVMH의 관심은 DFS를 독립 사업체로 운영하는 것뿐이라고 주장했다. 또 이번 매각이 가로막히면 다시는 다른 구매자를 찾지 못할 것이라고 호소했다. 그리고 1990년 이사회에서 필라로가 척의 대리인들을 쫓아내며 했던 말을 되돌려줬다.

"다수의 뜻이 지배할 힘을 쥐고 또 지배한다."

밀러를 대리하는 플레밍이 밀러가 척과 파커의 진술서를 모두 읽어봐야 하는데 안타깝게도 시간이 꽤 걸린다며, 중재 절차를 늦춰달라고 다시 한번 요청했다. 파커의 변호사 버나드 누스바움이 매섭게 맞섰다.

"밀러 씨와 필라로 씨가 마음먹고 진득하게 궁둥이를 붙이면 몇 시간 안에 다 읽을 수 있습니다."

척의 변호사인 프레더릭 슈워츠가 신경이 곤두서, 밀러와 필라로가 자기네 생활 방식을 지속할 생각만 한다고 비난했다.

11월 18일, 척이 런던에서 미국 변호사 로버트 돌체 앞에서 선서하고 작성한 진술서를 제출했다. 척은 이렇게 진술했다. DFS 지분 38.75%를 포함해 제너럴 애틀랜틱 그룹의 자산을 1984년에 애틀랜틱 재단에 불가역적으로 양도했고, 나중에 일부를 애틀랜틱 신탁에 양도했으며, 이 자산을 기부와 자선 활동에만 쓰기로 했다. 이는 자신이 DFS 지분을 팔 자격을 막을 어떤 제약에도 동의했을 리가 없다는 분명한 증거다.

애틀랜틱 재단은 세계에서 손에 꼽게 큰 자선 단체로 지금껏 5억 달러 이상을 기부했다. 기부 서약을 지키려면 투자 수익의 위험과 변동성이 크지 않도록 재단의 보유 자산을 자유롭게 옮길 수 있어야 한다.

그전까지 척이 거의 모든 재산을 기부했다는 사실을 아는 사람은 척의 법률 자문뿐이었다. 프레더릭 슈워츠는 한동안 애틀랜틱 재단의 이사회에서 일했으므로 이 사실을 알았다. 이제는 중재에 참여한 모든 변호사와 다른 소유주들이 척의 진술서를 볼 수 있었다. 다행히, 이 깜짝 놀랄 소식이 언론에 새 나가지는 않았다. 그런데 척의 진술서가 비어트리스 샤인스위트 판사에게 제출한 문서에 포함되었고, 밀스타인이 중재 결정을 내리면 샤인스위트 판사가 판결을 발표할 예정이었다. 이제 척의 기부 사실이 알려지는 것은 시간 문제였다.

12월 초, 밀러의 변호사 피터 플레밍이 아르노가 적합한 구매자가 아니라고 설득할 셈으로 아르노의 경영 윤리를 거칠게 공격하는 의견서를 제출했다. 플레밍은 이 프랑스 사업가는 믿을 만한 사람이 아니라고 주장했다. 영국 주간지 〈선데이 타임스〉는 아르노가 LVMH를 장악하고자 4년 동안 벌인 경영권 다툼을 '프랑스에서 일어난 가장 악랄한 경영권 다툼'으로 묘사했고, 〈메일 온 선데이〉는 아르노가 LVMH를 매수할 현금을 마련하려고 크리스티앙 디오르와 봉 마르셰에 많은 빚을 떠넘겨 소주주의 이익을 해쳤다고 비난했다. 이를 근거로 플레밍은 밀러와 필라로가 소주주가 되어도 이익을 보호받도록 아르노가 경영에 간섭하지 않고 협조하겠다는 강력한 협의서에 서명해야 한다고 요구했다.

파커는 플레밍의 의견서를 읽고 충격을 받았다.

"그들은 아르노 씨가 얼마나 못된 사람인지를 말하려고 온갖 문서를 제출했습니다. 민사 소송에서는 그런 문서가 공개될 수 있다는 말을 들으니 소름이 끼치더군요."

아르노와 밀러의 적대 관계가 뉴욕의 상류 사회에도 작은 파문을 일으켰다. 12월 9일, 1995년에 그리스의 왕세자 파블로스와 결혼한 밀러의 딸 마리 샹탈이 메트로폴리탄 미술관 복장연구소가 주관하는, 맨해튼에서 가장 화려한 사교 행사 멧 갈라의 공동 의장 자리에서 물러났다. 행사의 주빈은 베르나르 아르노였다.

12월 12일, 밀스타인 앞으로 편지 한 통과 서류 한 상자가 도착했다. 아르노가 밀러와 필라로의 소주주 지위를 보호하겠다고 보증하는 문서였다. 상자 안에 든 문서는 투자 은행의 극비 보고서와 내부 보고서였는데, 오직 밀스타인만 봐야 한다는 조건이 달려 있었다. 오전 내내 변호사들이 내용을 공유해야 하느냐 마느냐를 놓고 밀스타인과 실랑이를 벌였지만, 결국은 밀스타인 혼자 서류를 검토하기로 동의했다. 그런데 막상 문서를 펼쳐보니, 모두 프랑스어였다. 하는 수 없이 밀스타인은 프랑스어를 할 줄 아는 어느 동료에게 도움을 받아야 했다.

12월 17일 화요일, 마침내 밀스타인이 결정을 발표할 준비를 마쳤다. 눈이 온다는 예보가 있던 이 날, 척은 중재 결정을 듣고자 쌀쌀한 거리를 걸어 월드와이드 플라자에 있는 크라바스, 스웨인&무어까지 갔다.

내부를 이탈리아산 대리석과 독일산 원목으로 장식한 멋진 건물의 회의실에 변호사, 투자 금융가, 은행 관계자, 서명인, 보조원을 포함해 거의 30명쯤이 모였다. 탁자 위에는 서명할 서류가 놓여 있었다. 누군가가 팩스를 가져와 플러그를 꽂았다. 곧이어 LVMH의 변호사가 도착했다. 이 변호사는 수억 달러에 이르는 수표를 며칠 동안 주머니에 넣고 돌아다녔다. 증서, 법적 서류, 입금표도 탁자 위에 놓였다. J.P. 모건 관계자는 달리기 좋은 운동화를 신고 나타났다. 매각이 승인되면 수표와 입금표를 들고 은행으로 달려가야 해서였다. 10억 달러면 하룻밤에 이자만도 몇만 달러인데, 크리스마스를 앞두고 꽉 막힌 맨해튼 거리에서 택시를 잡기란 하늘의 별 따기일 터였다. 뉴저지의 또 다른 은행은 척에게 유리한 결정이 나왔을 때 은행 마감 시간이 지났어도 수표를 결제할 수 있도록 문을 연 채 대기하고 있었다. 모든 사람이 커피를 홀짝이며 결정을 기다렸다. 하비 데일이 당시 이야기를 자세히 들려줬다.

"우리에게 유리한 결정이 나오면 몇 분 안에 지분 매각을 끝내야 했습니다. 상대 쪽에서 곧장 법원으로 달려가 중재 조항이 발효되지 못하게 막을 위험이 있었으니까요. 그러면 소송 과정이 모두 공개되고 매각이 늦춰집니다. 하지만 매각이 이미 마무리된 뒤에는 법원도 중재 결정을 뒤집지 못하지요. 그래서 많은 일을 한꺼번에 재빨리 처리해야 했습니다. 아주 복잡한 일들을요. 많은 부분이 함께 움직여야 했습니다."

오후 3시 30분, 팩스가 울렸다. 팩스가 결정문을 열한 장이나 뱉어낸 뒤에야 '매각을 진행해도 된다.'라는 문구가 나타났다. 밀스타인은 조건을 하나 달았다. 아르노가 이미 동의한 대로, LVMH가 소주주를 보호해야 하고 DFS를 계속 독립 사업체로 운영하겠다는 구체적인 협력 협정서에 서명해야 한다는 것이었다.

누군가가 외쳤다.

"자, 시작합시다!"

순식간에 회의실에 활기가 돌았다. 매입용 수표에 서명이 끝났다. 크리스 악슬리가 웃음을 터트리며 말했다.

"7억 달러는 여기로, 4억 달러는 저기로."

운동화를 신고 나타난 J. P. 모건 관계자가 수표를 들고 달려 나갔다. LVMH의 변호사가 협력 협정서에 서명하자, 사본 한 부를 월드와이드 플라자에서 열일곱 구역 떨어진 밀스타인의 사무실로 퀵서비스로 보냈다. 또 척의 변호사 프레더릭 슈워츠가 서명한 서한을 뉴욕주 대법원에 팩스로 보냈다. 밀러와 필라로가 법원 명령을 요청하면 척에게 반론 기회를 달라고 요청하는 내용이었다. 나중에 보니 굳이 그렇게 하지 않아도 되었다. 중재 결정이 나오면 보나 마나 밀러와 필라로가 수표 결제를 막고자 법원 명령을 요청하리라고 예상했는데, 실제로는 그렇게 하지 않았다. 저녁 8시가 지나서야 마지막 서류에 당사자와 증인의 서명이 끝났고, J.P. 모건이 수표 결제를 마무리했다.

척은 베르나르 아르노에게서 16억 2,750만 달러를 현금으로 받았다. 앨런 파커는 8억 4,000만 달러를 받았다.

사실, 밀러와 필라로는 패배를 어느 정도 예상했다. 필라로는 이렇게 회고했다.

"아이라가 오후 3시에 결정문을 내놓았습니다. 척과 파커는 기다렸다는 듯 거래를 마무리했고요. 기다렸다는 듯이요! 척과 파커의 변호사들은 틀림없이 자기네한테 유리한 결정이 나올 줄을 미리 알고 있었어요. 그렇게 매각이 마무리되었죠."

그날 밤 척과 파커, 열 명 남짓한 변호사가 웨스트 46번가에 있는 유명한 로마식 이탈리아 음식점의 작은 방에서 축하용 샴페인을 곁들여 저녁을 먹었다. 이 자리에는 모엣 샹동 샴페인을 생산하는 LVMH가 고용한 사람도 두 명 참석했다. 하지만 샴페인값은 척과 파커가 냈다. 샴페인 정도는 살 만큼 두 사람의 주머니가 두둑했다.

22

절묘한 마무리

밥 밀러와 토니 필라로는 포기하지 않았다. 밀스타인이 중재 결정을 내놓은 날 바로 매각을 멈출 법원 명령을 요청하지는 못했어도, 이듬해 뉴욕주 대법원의 샤인스위트 판사에게 밀스타인이 권한을 남용했으니 지분 매각을 허용한 중재 결정을 무효로 해달라고 요청했다. 이들은 신속한 조처를 요구했다. 1997년 1월 10일 금요일, 판사는 척과 앨런 파커에게 밀스타인의 결정을 뒤집으면 안 되는 정당한 사유를 한 달 안에 제시하라고 명령했다.

하지만 이튿날 아침, LVMH는 미국 연방 거래위원회의 반독점 조사를 위한 유예 기간이 끝나자마자 DFS의 경영권을 장악했다. DFS의 주식과 재원을 LVMH로 양도해 DFS 매입 작전을 깔끔하게 마무리했다. 주식 시장에서는 DFS 매수가 LVMH의 수익성에 악영향을 끼칠지 모른다는 두려움에 주가가 내려갔지만, 아르노는 경영권을 확보했다.

필라로는 비상 신호를 무시하고 척과 파커가 경쟁사에 DFS 지분을 팔도록 허용해 신의를 저버렸다는 이유로 밀스타인을 고소하려고도 했다. 하지만 법률 자문 회사가 수임을 거절해, 소송을 포기해야 했다.

필라로에게는 패가 하나 더 있었다. 아직 문제의 불씨가 남은 하와이안 리테일 그룹 매각 약속을 꺼내 들었다. 1991년 2월 20일에 작성된 현인 협약에서, 척은 1993년 1월 31일까지 하와이안 리테일 그룹을 제3자에게 넘기기로 했다. 그런데도 아무 조처를 하지 않다가 기한을 1994년 1월 31일로 연기했고, 그러고도 회사를 양도하지 않았다. 그 뒤로도 같은 일이 이어지자, 1996년 1월에 필라로가 제너럴 애틀랜틱의 하와이안 리테일 그룹 지분을 DFS에 넘기는 명령을 내려달라고 밀스타인에게 요청했다. 1996년 3월 25일, 척은 하와이안 리테일 그룹을 DFS 공동 소유주들이 보유한 사업체에 파는 데 원칙적으로 동의한다는 합의서에 서명했다. 하지만 열 달이 지났는데도, 매각은 일어나지 않았다.

크리스 악슬리의 설명은 이랬다.

"척은 처음부터 그 조건을 가볍게 무시했습니다. 그래서 이 문제를 일부러 질질 끌었어요. 하와이안 리테일 그룹을 재건할 방법을 찾는다며 많은 시간을 흘려보냈습니다. 그리고는 아무것도 하지 않고요. 아주 영리한 술책이었지요. 결국은 아무 결과도 내놓지 않았던 계책이 기억나네요."

1996년부터 하와이안 리테일 그룹을 운영한 마이크 윈저에 따르면, 척이 한번은 DFS 소유주들에게 자선 단체 한 곳을 골라 하와이안 리테일 그룹을 기부하자고 제안했다.

"하지만 세 사람은 거절했습니다. 척을 계속 힐난하고 싶어서요. 세 사람한테는 합리적 해결을 찾는 것보다 척을 이겨 먹는 것이 더 중요했습니다. 우리는 하와이안 리테일 그룹을 절대 팔지 않았습니다. 척이 바라지 않았으니까요. 싸움이 벌어질 때마다 늘 척한테 물었습니다. '보세요. 이 사업은 이익이 나지 않아요. 싸울 가치가 없다고요. 왜 팔지 않으시는 겁니까?' 척이 그러더군요. '저 사람들이 성질을 건드리잖아. 무릎 꿇을 생각은 없네.'"

1997년 1월 2일, 필라로가 변호사 앤서니 제노비스에게 지시해 밀스타인에게 요구서를 보냈다. 척을 압박해 2주 안에 하와이안 리테일 그룹을 계속 운영할 수 있는 상태로 DFS 주주들에게 양도하게 하거나, 아니면 1996년 3월 25일까지 소급해 하루에 5만 달러씩 벌금을 내게 하라는 내용이었다. 이튿날, 밀러도 필라로를 따라 비슷한 요구서를 보냈다. 척은 악슬리에게 아무 문제가 없을 테니, 1월 17일 전까지 필라로와 밀러의 대리인들과 만나 회사를 넘기라고 지시했다. 얼마 못 가 더 놀라운 사건이 일어나 이 촌극을 덮었다.

1월 15일이면 아르노가 밀러와 필라로의 지분을 척과 파커의 지분과 똑같은 조건으로 사들이겠다고 한 계약 이행 기한이 끝날 참이었다. 런던으로 날아와 호화로운 클래리지스 호텔에 묵은 필라로가 바로 그날 점심에 밀러를 초대했다. 두 사람은 필라로가 회원인 마크스 클럽에서 만났다. 필라로가 DFS 이사회에 지명한 이사 릭 브래독도 자리를 함께 했다. 필라로가 속내를 꺼냈다. 아르노의 제안을 받아들여 지분 2.5%를 팔고 현금 1억 1,000만 달러를 받기로 했다고. 밀러는 할 말을 잃었다. 겨우 입을 뗐지만, 이 말 뿐이었다.

"자네가 할 일을 안 하겠다고?"

밀러의 머릿속에 32년 전 파산할까 봐 겁을 집어먹고 회사를 떠나던 필라로의 모습이 떠올랐다.

"한참 밥을 먹는데 토니가 '밥, 지분을 팔려고 해요.'라고 말하더군요. 안타깝게도 토니는 늘 그런 식이었습니다. 흥분에 들떴다가 마지막에 손바닥을 뒤집었지요."

필라로는 밀러한테도 지분을 팔라고 설득했다.

"아르노한테 맞서 그렇게 으르렁대고 싸웠는데, 정말로 지분을 유지하고 싶어요?"

어쩌면 척과 파커보다 더 비싼 값에 지분을 팔 수 있을지도 모를 일이었다. 아르노는 밀러와 필라로가 마음을 바꾸면 웃돈을 얹어주겠다고 제안했었다.

"밥, 아르노한테 연락해 여전히 웃돈을 얹어줄지 확인해보자고요."

두 사람은 식사를 마친 뒤 캐봇 광장에 있는 모건스탠리로 가 아르노에게 전화했다. 워낙 큰돈이 걸린 일이라 모건스탠리에서 회의실 하나를 내줬고, 수석 자문가가 두 사람을 대신해 전화를 걸었다. 필라로가 그때 이야기를 자세히 들려줬다.

"테넌트가 전화를 걸었습니다. '옆에 필라로 씨와 밀러 씨가 계십니다. 물어볼 게 있다고 하시네요. 아르노 씨가 제시한 웃돈을 더 자세히 알고 싶어 하십니다. 웃돈을 주실 건가요?' '웃돈이 얼마나 중요한지는 이해합니다.' '지분을 팔면 웃돈을 주실 건가요?' '지금은 답할 수 없습니다.' 그래서 내가 테넌트한테 말했어요. '언제쯤 답할 수 있느냐고 물어봐요.' '금요일이오.' 그날이 수요일이었습니다. 풋옵션 만기가 그날인데요. '테넌트 씨, 아르노 씨한테 풋옵션 만기를 금요일까지 늘려주겠느냐고 물어봐요.' 아르노가 딱 잘라 안 된다더군요. '그럼 아르노 씨한테 내가 오늘 풋옵션을 행사한다고 말해줘요. 내 변호사가 연락할 거라고요.'"

전화기 너머로 아르노의 목소리가 들렸다.

"적어도 하나는 잡았군."

필라로는 그 말을 "적어도 필라로의 지분은 얻었군."으로 해석했다. 그런데 나중에 곱씹어 보니 다른 뜻일 수도 있었겠다는 생각이 들었다.

"적어도 밀러는 잡아뒀군. 경영권을 얻겠다고 16억 달러를 또 쓰지 않아도 되겠어."

그날 밀러는 입을 꾹 다물고 수도승처럼 가만히 있었다. 필라로는 밀러의 속내를 알기 어려웠다.

"아르노가 나를 몹시 싫어하니 내가 빠지면 아르노와 자기가 더 가까워지리라고 생각했을지도 모르겠네요."

필라로는 정 그렇다면 자기 지분 2.5%를 밀러에게 1억 1,000만 달러에 팔겠다고도 제안했다. 밀러는 관심을 보이지 않았다. 나중에 LVMH가 필라로에게 경쟁 금지 동의서에 서명할 수 있는지 물었다.

"냉큼 답했지요. '하고 말고요. 무슨 서명이든 하겠습니다.' DFS에서 손을 떼고 싶었거든요."

필라로가 지분을 판 날, 척과 앨런 파커는 파리의 최고급 식당에서 아르노와 기념 만찬을 즐겼다. 만찬에 앞서 척과 파커가 아르노의 사무실에 들렀을 때였다. 라자드 은행 관계자가 헐레벌떡 달려왔다.

"믿기지 않으실 일이 일어났습니다. 토니가 방금 매각 서류에 서명했답니다."

얼추 스무 명이 참석한 만찬장의 분위기가 기쁨에 들썩였다. 척은 상석에 앉았고, 양옆에는 아르노 부부가 앉았다. 하비 데일은 필라로가 풋옵션을 행사하기로 했다는 소식을 바로 들었다.

"믿기지 않았습니다. 필라로가 그때껏 매각을 헐뜯었으니까요."

데일은 밀스타인에게 전화했다. 밀스타인이 회의 중이었지만, 데일은 밀스타인이 꼭 전화를 받아야 한다고 고집했다. 밀스타인이 전화를 받자마자, 데일이 외쳤다.

"토니가 팔았답니다!"

"와, 이런!"

어느 봄날 스위스 거슈타드의 별장으로 찾아가 커피를 앞에 놓고 만났을 때, 필라로는 DFS에서 손을 뗄 생각이 처음에는 하나도 없었다고 말했다.

“하지만 베르나르가 대주주가 된 마당에 내가 소주주로 남을 이유가 있었을까요? 베르나르가 회사를 장악했는데요?”

필라로는 아르노가 자신을 골칫거리로 여긴다는 사실을 잘 알았다. 매각을 줄기차게 반대한 것이 잘못이라고도 인정했다.

“척은 귀신같이 때를 알아채는 사람이었어요. 남들은 모르는 것, 어딘가에서 무엇이 잘못 돌아가고 있다는 것을 예민하게 느꼈고요. DFS를 운영할 때도 척이 ‘이걸 해 보자.’라고 이야기하는데 우리가 다른 길을 선택했다가 척이 옳았을 때가 한두 번이 아니었어요.”

그 뒤로 밀러는 필라로와 두 번 다시 관계를 회복하지 않았다.

“할 말이야 많지만, 토니에게 실망했고 그 뒤로 한 번도 말을 섞지 않았습니다.”

필라로와 밀스타인의 우정도 끝이 났다. 몇 년 뒤 밀스타인이 필라로에게 편지를 보내, 자신이 지금껏 아르노를 위해 한 일이 없는데도 아르노가 법률 대리인을 맡아달라고 요청했다고 알렸다. 필라로는 이렇게 답장했다.

“우리가 애들도 아니고 한두 해 본 사이도 아니니 말씀드리겠습니다. 저는 당신이 DFS 매각을 허용한 것이 신의를 저버린 행동이라고 생각합니다.”

그 뒤로 두 사람은 한 번도 연락을 주고받지 않았다.

필라로가 풋옵션을 행사한 날, 뉴욕에서는 크리스 악슬리가 필라로의 변호사 크레이그 레너드를 만나 척의 하와이안 리테일 그룹 매각을 협의하고 있었다.

"그러다 토니가 지분을 팔기로 했다는 소식을 들었습니다. 그때부터는 하와이안 리테일 그룹과 관련해서는 아무 일도 하지 않았습니다."

이제는 누구도 이 회사에 관심을 두지 않아, 하와이안 리테일 그룹은 계속 제너럴 애틀랜틱의 소유로 남았다. 필라로가 빠져나가고 아르노가 DFS를 장악하자. 밀러와 필라로가 제기한 소송이 지지부진해졌다. 2월에 법원 심리가 열리자, 필라로가 다시는 소송을 제기하지 않겠다는 조건으로 소송을 취하했다. 심리는 3월 27일로 연기되었다. 다시 심리가 열렸을 때는 밀러의 변호사들이 밀러가 소송을 포기한다고 알렸다.

그사이 밀러는 아르노에게 자기 지분 38.75%를 더 비싼 값에 사달라고 압박했다. 내심은 자기 뜻대로 되리라고 생각했다. 하지만 아르노가 요구를 거절했다. 웃돈은 한 푼도 없었다. 밀러는 체념하고 소주주 자리를 받아들였다.

영국 요크셔의 산장에서 만났을 때 밀러는 이렇게 회고했다.

"그 모든 일이 내게 큰 상처를 남겼습니다. 건강이 나빠져 대상포진에도 걸렸어요. 그때 마음고생을 해서 그러지 않았나 싶군요."

밀러는 과연 자기 행동이 옳았는지, 자기 변호사들이 대놓고 경영 행태를 맹비난한 아르노와 어떻게 지내야 할지 걱정스러웠다. 앨런 파커가 지분을 팔기로 했을 때 이미 상황이 끝났었다는 것도 깨달았다. 게다가 필라로도 밀러의 뒤통수를 쳤다. 밀러는 자신이 남은 이유가 DFS와 인연을 끊고 싶지 않기도 했고, 또 아르노한테 더 비싼 값에 지분을 팔 수 있으리라고 생각했기 때문이라고 털어놓았다.

〈월스트리트 저널〉은 "밀러가 대형 공급업자이자 지배 주주와 공개적으로 마찰을 빚은 탓에 불만스러운 소주주로 남았다"라고 보도했다.

프랑스의 경제 전문 언론인 에리 루티에는 아르노가 활기찬 로버트 밀러를 납작하게 눌러 놓아, 밀러는 불쾌하게도 한낱 주주로 남아야 했다고 적었다. 그런데 한편으로는 아르노가 풋내기처럼 척 피니한테 주머니를 털렸다고 보는 의견도 있다고도 보도했다. 어느 유명한 사업가는 프랑스의 패션 거물 아르노야말로 1997년에 아시아 금융 위기가 터지기 직전에 DFS를 사들였으니 정말로 전략에 실패했다고 본다는 것이다.

실제로 DFS는 내리막길에 들어서 있었다. 지분 매각 협상이 진행된 18개월 동안 DFS의 매출이 30억 달러에서 15억 달러로 반 토막이 났다. 일본의 불경기, 아시아의 경기 침체, 유럽 화폐의 약세로 DFS의 핵심 고객이 지갑을 닫았다. 배당금은 바싹 말라붙었다. 지분을 매각한 지 1년 뒤, 직원 320명이 해고되었고, 홍콩 매장은 개점 이후 처음으로 적자를 봤다. DFS의 모선이라 할 하와이 매장도 매출이 1995~1996년 4억 2,600만 달러에서 1999~2000년 2억 2,900만 달러로 뚝 떨어졌다. 2000년 들어서는 DFS 갤러리아에 루이뷔통과 셀린느가 입점했는데도 분기별 수익이 2,000만 달러를 넘지 못했다.

밀러에게 유리한 점이 있다면 아르노에 맞설 중요한 거부권을 쥐었다는 것이다. 밀스타인이 LVMH가 10년 동안 DFS 경영에 간섭하지 못하게 막을 장치를 마련한 덕분이었다. 밀러의 동의가 없으면 LVMH는 주요 전략을 새로 적용하거나 빚을 낼 수 없었다. 밀러는 자신과 새로운 동업자가 한배를 탔고, 힘들더라도 함께 최선을 다해야 한다는 태도를 보였다. 아르노에게도 언젠가는 DFS를 사들인 것이 옳았다고 증명되도록 할 수 있는 모든 일을 다 하겠다고 약속했다. 그렇게 하는 것이 밀러에게도 이익이었다. 밀러는 이때부터 자신과 아르노가 잘 지냈다고 말했다. 또 지분 매각을 둘러싼 불화는 자신과 척 사이에 그다지 영향을 미치지 않았다고도 덧붙였다.

"그 무렵에는 우리가 모든 일에서 이미 멀어져 있었으니까요. 실제로 1996년 뒤로 지금까지 척을 만난 적이 없습니다. 어떤 동업 관계든 어느 단계에서는 깨지기 마련입니다. 비틀스조차 그랬잖아요. 성공에 누구 공이 가장 크냐를 놓고 다툼이 시작되지요. 그러다 아내들까지 얽히고, 그 다음에는 복잡하기 짝이 없어집니다. 우리는 어찌 써야 할지도 모를 만큼 많은 돈을 벌었습니다. 그래서 다들 행복하고요. 그러니 그 문제는 잊어버려요. 걱정할 거리가 아니니까요. LVMH는 척과 앨런한테서 아주 괜찮은 가격에 DFS를 샀습니다. 두 사람이 그 돈에 만족한다면 신의 축복이지요. 왜 함께 지분을 팔지 않았을까, 후회하느냐고요? 모르겠군요. 많이 생각해봤는데, 그 돈을 한꺼번에 현금으로 받았다면 내가 지금보다 더 행복할지 잘 모르겠습니다. 나는 DFS를 정말 사랑합니다. 하지만 우리가 진행한 모든 법적 다툼은, 솔직히 말해 죄다 헛짓거리였어요. 그 복잡하고 비싼 싸움을 벌일 까닭이 없었어요. 변호사들은 사람을 끌어들여 상황을 더 복잡하게 만드는 재주가 있지요. 그때 우리가 수수료로 엄청나게 많은 돈을 썼는데, 그 돈을 쓰지 않았어도 결과는 마찬가지였을 거라고 봐요. 상황이 진정되고 나서야 모든 것이 시간 낭비, 기운 낭비, 돈 낭비였을 뿐이라는 사실을 깨닫는 법이지요."

스위스 제네바호 근처의 저택에서 만났을 때, 앨런 파커는 DFS의 성공이 알맞은 때에 알맞은 곳에 있었기 때문이라고 평가했다.

"우리 누구도 그 사업에 동전 한 닢 투자하지 않았는데, 대략 80억 달러를 벌었습니다. 우리 모두 그렇게 많은 돈을 벌 만큼 똑똑한 사람이 아닙니다. 그저 많은 일이 겹친 덕분이지요."

파커는 척이 면세 시장의 침체를 미리 꿰뚫어 본 덕분에 그야말로 대단하기 그지없는 결정을 할 수 있었다고 여겼다. 두 사람이 가장 잘한 일은 매출이 하락해 직원들을 해고할 수밖에 없기 전에 DFS를 판 것이었다.

"직원들을 우리 손으로 해고해야 했다면 끔찍했을 겁니다. 제대로 해내지도 못했을 거고요. 수천 명을 자르는 일은 내게도 척에도 괴로운 일이었을 거예요. 1997년 뒤로 회사가 해고한 사람이 5,000명쯤입니다. 우리처럼 베풀기를 좋아하는 사람들에게는 특히 재앙이었겠지요. 척이 그런 재앙을 겪었다면, 정말 크나큰 타격을 입었을 겁니다."

런던에서 바디숍 회장으로 있는 에이드리언 벨러미를 인터뷰했을 때, 벨러미는 이렇게 회고했다.

"척을 볼 때 언제나 가장 흥미로웠던 것은 결단을 내리는 방식이었습니다. 우리 대다수는 사람들과 대화를 거쳐 꽤 이성적인 방식으로 결론을 내립니다. 그런데 척이라는 사람은 아무리 자세히 살펴봐도 어떤 과정을 거쳐 결론에 이르는지 종잡을 수가 없었습니다. 척은 셀 수 없이 많은 사람에게 셀 수 없이 많은 질문을 던졌습니다. 그러니 척이 어디쯤에서 결론에 이르렀는지 알 길이 없었지요. 그러다 어느 순간 갑자기 결론을 내곤 했어요. 척이 회사를 팔아야 한다는 결론에 이른 방식, LVMH에 지분을 매각하는 상황에 대처한 방식에서 가장 흥미로운 대목은 '자, 모여봐요. 회사를 팔지 말지 결정합시다.' 같은 경우가 아니었다는 거지요. 척은 남들보다 한참 앞서 상황을 읽었어요. 그런데 어떻게 상황을 그렇게 잘 이해했을까요? 내가 내린 결론은 이겁니다. 우리 눈에는 잘 보이지 않지만, 척의 직관 어딘가에 특별한 재능이 있다. 훤히 보이지는 않지만, 틀림없이 그런 재능을 갖고 있다. 척은 흔한 이성적 접근법을 활용하지 않고도 제때제때 정확한 결단을 내릴 줄 알았습니다."

붐비는 P. J. 클라크에서 점심을 먹으며 만났을 때, 척이 말했다.

"다들 그 거래를 그 가격에 딱 그때 체결했으니 내가 정말로 천재라고 말합니다. 천재는 무슨! 더 빨리 팔았을 수도 있었어요. 그것도 더 싸게 말이죠."

척은 그렇게 돈을 많이 번 것이 다른 무슨 재주가 있어서가 아니라고 주장했다.

"순전히 운이 따랐을 뿐입니다. 밥이 버틴 덕분에 오히려 결국은 가장 비싼 값을 받지 않았을까, 하는 생각도 자주 합니다."

척은 밀러가 지분을 팔지 않은 것을 진심으로 후회한다고 생각했다. 2005년 기준으로 DFS의 자산 가치가 약 10억 달러였으니, 밀러의 몫은 약 4억 달러였다. 그사이 불어났을 가치를 고려하지 않더라도, 밀러가 받을 수 있었던 가격에 견줘 4분의 1밖에 안 되는 액수였다.

토니 필라로는 자기가 경쟁을 불러일으킨 덕분에 아르노가 압박을 느껴 그렇게 비싼 값을 치렀다고 꿋꿋이 주장했다. 척한테도 이렇게 말하곤 했다.

"그때 경쟁이 벌어졌다는 사실을 우습게 여기지 마세요. 경쟁이 가치를 보호할 때가 많습니다."

네 소유주한테는 카뮈 해외유통을 통해 카뮈 꼬냑과 아르마냐크를 전 세계에 유통하는 수익성 높은 부업이 있었다. 하지만 이 사업도 결국은 말썽을 일으켰다. 지분 매각 협상을 벌이는 동안 장-폴 카뮈가 DFS 소유주들에게 손편지를 보내, DFS가 팔린다면 카뮈와 DFS의 특별 거래는 어떻게 되느냐고 물었다.

카뮈는 이때까지도 DFS에서 특별 대우를 받았다. 이전 4년 동안 DFS는 헤네시 브랜디를 5,000만 달러어치 팔았지만, 카뮈 코냑은 2억 4,200만 달러어치나 팔았었다. 장-폴 카뮈는 헤네시를 거느린 아르노가 이 수치를 뒤집지 않을까 걱정했다. 아르노는 오래된 거래 방식에 간섭하지 않겠다고 보장했다. 그런데 카뮈에는 다른 문제가 있었다. 자체 생산량이 얼마 되지 않아 물량을 대부분 외부에서 사들이느라 엄청난 자금을 빌려야 했다. 카뮈는 거의 파산 직전이었다. 은행은 빌려준 돈을 갚아줄 사람을 찾았다. 척과 파커는 파리의 한 은행에서 열릴 회의에 참석해달라는 요청을 받았다. 회의에는 프랑스 은행 관계자 10~15명이 참석했다.

"당신들은 카뮈로 엄청나게 많은 돈을 벌었습니다. 그러니 이건 우리 문제가 아니라 당신들 문제입니다."

파커가 반박했다.

"우리는 카뮈와 약속했고, 그 약속을 지켜 우리가 사기로 한 코냑을 사들일 겁니다. 그게 다입니다. 나머지는 당신들 문제고요."

척과 파커는 은행을 떠났다. 모건스탠리는 카뮈 해외유통의 가치를 6억 달러로 평가했다. 하지만 카뮈 해외유통은 전 세계 판매권을 포함한 모든 권리를 카뮈에 아무 조건 없이 돌려주고 곤경에서 벗어났다.

DFS 지분을 판 척과 앨런 파커는 DFS에서 오랫동안 일한 직원 2,400명에게 수익 일부를 수표로 나눠주기로 했다. 척이 2,600만 달러, 파커가 1,350만 달러를 내놓았다. 혜택을 받을 사람들은 5년 이상 근무한 관리자, 10년 이상 일한 직원, 15년 이상 일하고 은퇴한 지 5년이 안 된 직원들이었다. 함께 보낸 편지에 척은 수표가 '성의와 존경과 인정을 보이려는' 선물이라고 적었다.

기업계에서는 거의 처음 있는 호의였다. 생각지도 못한 수표에 고마움을 느낀 직원들이 척과 파커에게 편지 수백 통을 보냈다. 호놀룰루의 상품 관리자는 직원들이 봉투를 열었을 때를 이렇게 묘사했다.

"직원들이 기뻐서 함성을 터트리고 눈물을 흘렸습니다. 더러는 놀란 나머지 주저앉는 사람도 있었고요. 인정 넘치는 선물을 받을 때 생기는 모든 감정이 매장에 넘쳐났습니다."

파커에게 편지를 보낸 와이키키 매장의 한 여직원은 선물을 받으리라는 소식을 들었을 때 손목시계나 지갑 정도를 예상했다고 적었다.

"다음날 출근했다가 편지 두 통을 받았어요. 먼저 파커 씨의 편지를 열었을 때 잠시 심장이 멎는 줄 알았어요. 머릿속이 하얘지게 충격을 받았거든요. 울음이 멎지를 않았어요. 정말 믿기지 않았으니까요. 그리고 피니 씨의 편지를 열었죠! 어떤 매니저가 다독거려주자 그때야 일을 시작할 수 있었어요."

DFS에는 척과 앨런 파커가 회사를 소유했을 때를 그리워하는 사람이 많다. DFS의 최고 경영자였던 에이드리언 벨러미는 척과 파커, 특히 척이 DFS에 직원을 배려하는 문화를 심었다고 평가했다.

"척은 늘 말단 직원들을 챙겼습니다. 판매 여직원과 그 가족들을요."

한때 DFS는 행복한 회사였고, 직원들은 직위에 상관없이 회사를 사랑했다.

"연말이면 늘 파티를 열었고, 경영진이 우스꽝스러운 차림으로 무대에 올라 판매 여직원들이 얼마나 훌륭한지를 말했습니다. 월급을 넉넉히 줬고, 혜택도 많았습니다. 그리고 그런 배려는 말할 것도 없이 누구보다도 척한테서 나왔습니다."

2006년 1월에 와이키키의 DFS 갤러리아를 찾아가 봤다. 직원들은 매각 이후 근무 환경 악화와 복지 혜택 축소에 느낀 실망을 대놓고 드러냈다. 창업주들이 도입한 의료 혜택, 학자금 지원, 상여금은 이제 옛일이라고 불만을 표시했다. 9·11 테러로 항공 여행이 직격탄을 맞자 DFS 갤러리아가 직원들을 해고했는데, 앞으로도 더 해고하리라는 소문이 돌았다.

DFS 하와이의 재고 관리자로 일했던 필 퐁이 이렇게 설명했다.

"하와이를 찾는 일본인 관광객이 이제는 더 젊고 이미 이곳을 여러 번 와본 사람들입니다. 이제 DFS는 경비 절감과 효율에 더 집중합니다. 매각 전과는 180도 다른 문화지요."

퐁은 1998년에 DFS 호놀룰루의 회계부 직원 서른 명을 모두 해고하라는 지시를 받았었다. 그리고 이 마뜩잖은 일을 마치자마자, 퐁의 업무도 없어졌으니 당장 회사를 떠나라는 말을 들었다.

와이키키의 DFS 갤러리아 매장에서 만난 한 나이 많은 일본인 판매 여직원이 척의 이름을 듣자 두 손을 모으고 활짝 웃는 얼굴로 반가움을 드러냈다.

"아! 피니상을 기억하다 마다요. 아주 좋은 분이었어요. 나한테 만 달러를 주셨거든요. 파커 씨도 2,500달러를 주셨고요. 수표를 보고 남편이 그러더군요. '0이 몇 개인지 세어봐!' 이루 말할 수 없이 고마웠어요!"

GIVING IT AWAY

• 4부 •

더 넓게, 더 멀리

"돈이 넉넉하다고 판단했을 뿐입니다. 돈은 내 삶의 원동력이 아닙니다. 나는 눈에 보이는 그대로인 사람입니다. 어떤 사람들은 돈에 끌리지만, 누구도 한 번에 구두 두 켤레를 신지는 못합니다."

세세한 사생활도 몇 가지 알려줬다.

"네, 맞습니다. 내 친구들이 말한 그대로예요. 나는 비행기 일반석을 타고 15달러짜리 시계를 찹니다."

23

위대한 작전

척이 애틀랜틱 재단의 DFS 지분을 팔았다는 것은 익명으로 기부할 날이 곧 끝난다는 뜻이었다. 아이라 밀스타인과 뉴욕주 대법원에 제출한 진술서에 DFS라는 면세 제국의 지분을 조용히 자신의 자선 재단에 양도했다고 밝혔으니, 언제라도 언론이 이 내용에 접근할 수 있었다. 이미 넘쳐나는 투자금과 자산에 DFS 지분 매각으로 얻은 16억 달러까지 더해지자, 애틀랜틱 재단이 더는 세상의 이목을 피하기 어려울 만큼 커졌다.

하비 데일은 언론의 관심을 적절히 관리하지 않으면, 사람들이 재단 기금을 부정 자금으로 의심하지 않을까 걱정했다. 2년 전, 익명 기부라는 가면 아래 미국 자선 역사에서 가장 큰 사기 사건이 벌어졌기 때문이다. 필라델피아 지역의 기독교도 사업가 존 G. 베넷 주니어가 세운 '새시대 자선 재단'이 일정 기간에 모금된 만큼 익명의 기부자들(실제로는 존재하지 않았다)이 돈을 기부하기로 했으니 돈을 많이 기부하라고 사람들을 꼬드겨 1억 3,500만 달러를 빼돌리는 일이 있었다.

1997년 1월 13일, 애틀랜틱 재단은 비밀로 감춰왔던 재단의 존재를 밝히는 전략을 실행에 옮기기로 했다. 그날 뉴욕대학교 법과 공공정책 담당 교수이자 애틀랜틱 재단 서비스 회장인 조엘 플라이시먼이 〈뉴욕 타임스〉 발행인 아서 '펀치' 설즈버거에게 전화해 급히 만나자고 요청했다. 플라이시먼은 오랫동안 설즈버거와 친구로 지냈지만, 자신이 세계적 자선 단체의 산하 조직을 은밀히 운영한다는 사실은 한 번도 말하지 않았다.

심한 감기에 걸린 설즈버거는 플라이시먼을 5번가에 있는 자기 아파트로 불렀다. 설즈버거네 집에 들른 플라이시먼이 사실을 털어놓았다.

"이봐요, 펀치. 지금까지는 내가 정말로 무엇을 하는지 당신한테 말할 수가 없었어요. 당신이 물을 때마다 슬쩍 두루뭉술 넘기고 말았지요. 이제는 내가 무엇을 하는지 말할 수 있어요. 바로 이 재단 일이지요. 우리는 재단의 존재를 열흘 안에 발표하려고 해요. 그래서 말인데, 〈뉴욕 타임스〉가 독점 기사를 실어줬으면 해요."

발표 날짜는 1997년 1월 23일 목요일로 정했다. 〈뉴욕 타임스〉의 고위 간부 마이클 오레스케즈가 주디스 밀러와 데이비드 케이 존스턴 기자를 배정해 모든 것이 사실인지 확인했다. 두 기자는 실제로 척이 참으로 독특하게도 엄청나게 많은 돈을 기부했고 어떻게든 비밀을 유지하려는 했다는 것을 확인했다. 두 사람이 워싱턴의 자선법 전문가 토머스 A. 트로이어에게 물었더니, 트로이어가 '이런 일은 처음'이라고 보장했다. 누가 따로 말하지 않아도, 존스턴은 이 공개가 얼마나 중요한지를 잘 알았다. 자선 사업계에 엄청난 존재가, 대학교와 비영리 단체에 꾸준히 기부하는 명사가, '익명 기부자'로만 알려진 사람이 있다는 것을 오래전부터 알고 있었기 때문이다.

1월 22일, 하비 데일이 학계 동료 세 명에게 이튿날 〈뉴욕 타임스〉에 자신이 세계에서 손꼽히게 큰 개인 자선 단체를 이끈다는 기사가 실리리라고 알렸다. 가까운 친구조차 그때까지 데일의 비밀 생활을 알지 못했다. 데일은 뉴욕대학교 법학대학원의 자선과 법 센터 소장을 맡고 있었지만, 센터 이사회 위원 누구에게도 지원금의 출처가 어디인지 밝히지 않았다. 동료들에게도 머리로는 사실을 공개하는 것이 옳다고 생각하면서도 마음은 비공개 시절을 그리워하노라고 털어놓았다.

같은 날, 비행기 엔진 소리가 윙윙거리는 샌프란시스코 공항에서 공중전화기를 든 척이 약속대로 〈뉴욕 타임스〉에 전화했다. 척은 주디스 밀러에게 자기 비밀을 세상에 털어놓을 준비가 되었다고 말했다. 그리고 이런 사실을 밝혔다.

> "그동안 경제지들이 흔히 언급한 바와 달리 나는 억만장자가 아닙니다. 오래전에 DFS 지분과 개인 사업체를 포함한 거의 모든 자산을 내가 버뮤다에 세운 두 자선 재단, 애틀랜틱 재단과 애틀랜틱 신탁에 기부했죠. 이제 내게 남은 자산은 200만 달러가 채 되지 않고, 이 사실을 아는 사람은 아주 가까운 가족과 친구들뿐입니다. 지난 15년 동안 나는, 더 정확히 말해 내가 세운 자선 재단은 미국을 포함한 세계 곳곳의 자선 단체들에 6억 달러를 기부했습니다. 이제는 DFS 지분 매각 대금을 포함해 35억 달러에 이르는 나머지 기금을 기부할 준비를 하고 있습니다."
>
> 이런 말도 보탰다.
>
> "돈이 넉넉하다고 판단했을 뿐입니다. 돈은 내 삶의 원동력이 아닙니다. 나는 눈에 보이는 그대로인 사람입니다. 어떤 사람들은 돈에 끌리지만, 누구도 한 번에 구두 두 켤레를 신지는 못합니다."

세세한 사생활도 몇 가지 알려줬다.

"네, 맞습니다. 내 친구들이 말한 그대로에요. 나는 비행기 일반석을 타고 15달러짜리 시계를 찹니다."

다음날, 〈뉴욕 타임스〉는 '척 피니, 아무도 모르게 6억 달러 기부'라는 제목으로 이 이야기를 대서특필했다. 주디스 밀러의 기사는 척에게 무척 호의적이었다. 밀러는 지난 15년 동안 뉴저지 출신 사업가 찰스 F. 피니가 어떻게 대학교, 의료 기관을 포함한 여러 단체에 어마어마하게 많은 돈을 기부했는지, 또 어떻게 수혜처 대다수가 기부자가 누구인지 모를 만큼 감쪽같이 비밀을 유지했는지를 설명했다. 또 찰스 피니가 행적을 워낙 잘 감춰, 경제지들이 피니가 거의 모든 재산을 기부했다는 사실을 모른 채 오랫동안 그의 순자산을 수억 달러로 추산했다고도 지적했다. 기사는 이어서 인터뷰를 위해 비밀 유지 서약에서 벗어난 여러 수혜처의 말을 인용했다. 이들은 척의 기부 방식이 얼마나 대단한지, 척의 지원으로 어떤 일을 할 수 있었는지를 가슴 벅차게 칭송했다.

척은 〈뉴욕 타임스〉와 전화 인터뷰를 할 각오는 했지만, 사진을 찍는 데는 동의하지 않았다. 〈뉴욕 타임스〉가 구할 수 있는 사진이 17년 전에 찍은 것뿐이라, 척은 적잖이 마음이 놓였다.

신중하게 계획한 공개 작전이 완전히 매끄럽지만은 않았다. 〈뉴욕 데일리 뉴스〉의 짐 드와이어도 같은 날 척의 기사를 실었다. 어디선가 비밀을 눈치챈 드와이어가 데일에게 전화 공세를 퍼부었지만, 데일은 전화를 받지 않았다. 드와이어도 척에게 대단히 호의적이었다. 드와이어는 아일랜드 평화 협상과 관련한 기사를 쓸 때 아일랜드에서 척을 만난 적이 있었다.

"그때 척에게 강한 호기심을 느꼈습니다. 부를 과시하는 것이 부끄러움이 아니라 자랑거리가 되는 바람에 수십 년 동안 미국 사회를 관통한 터무니없는 소비와 사치의 대척점에 선 사람이 바로 척입니다. 척은 그런 사치의 방향을 홱 꺾어 우리 사회의 모든 호들갑스러운 관습을 무시했습니다."

드와이어는 〈뉴욕 데일리 뉴스〉에 이렇게 적었다.

'척 피니는 도널드 트럼프의 시간이 완전히 거꾸로 흐른 것 같은 삶을 산 사람이다.'

누나 알린이 〈뉴욕 타임스〉 첫 페이지에 척이 나왔다고 알리려고 척에게 전화했다. 척은 짐짓 놀란 체했다. 알린이 척을 재촉했다.

"며칠 있다 공공 도서관이 〈뉴욕 타임스〉를 갖다 놓을 때까지 기다리지 말고, 당장 밖에 나가 신문을 사봐."

하와이에 사는 오랜 지인은 척의 사무실에 전화해 척의 비서에게 애도를 표했다. 척이 죽어서 기사가 났다고 생각했기 때문이다.

기사가 실린 날, 하비 데일은 언론에 스물세 쪽짜리 성명을 발표했다. 두 재단을 버뮤다에 뒀으니 다른 꿍꿍이가 있지 않겠느냐는 의심을 모두 가라앉힐 목적이었다. 성명은 척이 세운 재단의 이사들이 미국 자선단체와 교육 단체에서 일하는 내로라하는 명사들이라고 밝혔다.

1990년대 중반까지만 해도 재단 임원은 척, 하비 데일, 프랭크 머치, 커밍스 줄 네 명뿐이었다. 머치가 이 문제를 경고했다.

"이 모든 돈을 주무르는 사람이 척 피니와 변호사 두 명, 은행가 한 명뿐이면 정말로 무언가 숨은 꿍꿍이가 있다고 보일 걸세."

데일은 어쩔 수 없이 재단의 정체가 드러났을 때 미국에서 비난을 받지 않을까, 혹시라도 마피아의 대리인이라는 의심을 받지 않을까 두려웠다. 그래서 DFS 지분을 팔기 얼마 전, 록펠러 가문의 자문이자 맥아더 재단 부이사장 엘리자베스 매코맥, 영국 파레토 파트너스의 공동 설립자이자 런던정경대와 킹스턴대학교의 운영위원 크리스틴 V. 다운턴, 여러 유명 단체의 이사장이자 DFS 매각을 둘러싼 분쟁 때 척의 수석 변호사였던 프레더릭 슈워츠, 코넬대학교 총장에서 물러난 프랭크 로즈, 컬럼비아대학교 총장을 지낸 마이클 소번을 애틀랜틱 재단 이사로 영입했다. 데일이 이들을 영입한 이유는 애틀랜틱의 평판 때문이었다. 이들은 데일이 꼽은 세 기준을 충족했다. 흠잡을 데 없는 명성이 있었고, 신중했고, 버뮤다에 본거지를 둔 특이하고 비밀에 싸인 재단에 합류하는 것을 껄끄럽게 여기지 않았다.

성명은 애틀랜틱 재단이 1982년부터 1,500곳에 6억 1,000만 달러를 기부한 사실도 밝혔다. 주요 기부 분야는 고등 교육[2억 9,100만 달러], 아동과 청소년[8,900만 달러], 비영리 부문[4,800만 달러], 노화와 보건[2,350만 달러], 해외 자선단체[1억 4,800만 달러]였다. 단일 수혜처로 기부금을 가장 많이 받은 곳은 코넬대였다. 성명은 가치 있는 프로젝트에 기금을 지원받았다고 증언한 대표 수혜처 스물일곱 곳의 명단도 제시했다. 이 밖에도 애틀랜틱 재단과 애틀랜틱 신탁이 은밀히 활동한 기간 내내 회계 기업 프라이스 워터하우스가 재단의 회계장부를 감리했다고 밝혔다.

이와 함께, 하비 데일의 수석 보좌관 크리스 펜드리가 수혜처 수백 곳에 한꺼번에 팩스를 보냈다. 그때껏 애틀랜틱은 수혜처에 여러 익명 기부자를 대리하는 뉴욕의 어느 컨설팅 회사인 척 행동했다. 하지만 이제는 그것이 다 꾸며낸 이야기고, 익명 기부자는 단 한 명 척 피니라고 알렸다.

미국에 본거지를 뒀다면 네 번째로 큰 기부 재단이었을 재단이 지금껏 은밀히 활동했다는 소식이 미국 자선 사업계에 들불처럼 퍼졌다. 애틀랜틱보다 자산이 많은 곳은 포드 재단, 켈로그 재단, 로버트 우드 존슨 재단뿐이었다. 애틀랜틱은 퓨 재단, 릴리 재단, 맥아더 재단, 록펠러 재단, 멜런 재단보다 규모가 더 컸는데도, 미국과 해외에서 일하는 직원은 겨우 몇십 명뿐이었다.

모든 언론이 주디스 밀러의 호의적 기사를 다뤘다. 어떤 방송국이 텔레비전 화면에 엉뚱한 사진을 내보낼 만큼 알려진 바가 거의 없는 비밀 기부자에 종이 매체, 전자 매체 가릴 것 없이 모두 열광했다. 미국연합통신AP이 척을 격찬한 기사를 미국 전역의 신문이 퍼 날랐다. 척의 가족과 어릴 적 친구들이 보던 뉴저지주 뉴어크의 〈스타-렛저〉는 '거인의 시계는 싸구려일지언정, 기부하는 마음은 순금'이라는 기사를 실었다. 버뮤다의 일간지 〈로열 가제트〉는 "비밀을 보장하는 버뮤다의 은행법이 찰스 피니의 은밀한 기부를 완벽하게 보호했다."라고 뿌듯해했다.

극작가 제인 스탠턴 히치콕은 〈워싱턴 포스트〉에 실은 글에서 척이 '익명'이라는 멋진 이름을 되살렸다며, 척에게 경의를 표하는 뜻으로 '익명 기부의 방'을 만들어 사람들이 그곳에서 "남들 몰래 할 만한 만족스럽고 적법한" 일을 고민하게 하자고 제안했다. 〈타임스〉도 칭찬을 보탰다. 인텔을 반도체 제국으로 키운 인텔 이사장 겸 최고 경영자 앤드루 그로브를 1997년 올해의 인물로 선정하며, 다이애나비와 앨런 그린스펀, 그리고 척이 경합을 벌였다고 발표했다.

> *피니의 자선 활동은 살아 있는 미국인 기부자 가운데 손에 꼽게 규모가 크다. 언젠가는 피니가 미국의 자선 역사를 통틀어 가장 아낌없이 기부한 사람이 될 것이다. 피니는 권력과 재산을 늘리기 급급한 시대에 아직도 겸허한 심장이 뛰는 사람이 있다는 사실을 보여줬다. 그런 사실이야말로 찰스 피니의 기부액보다 여러모로 훨씬 더 흐뭇한 일이다.*

척의 기부 소식은 토머스 하빌을 웃음 짓게 했다. 하빌은 DFS 소유주들의 축재 방식에 넌더리가 나 1977년에 DFS를 나갔고, 나중에 봉 마르셰 백화점의 최고 경영자가 되었다.

"척이 익명으로 엄청나게 많은 돈을 기부했다는 기사를 읽자마자, 내가 DFS를 떠난 이유가 떠올랐습니다. 내가 척을 완전히 오해했더군요."

코넬대 동창, 아일랜드계 미국인, 사업계 지인, 기부금 수혜처, 뉴저지주 엘리자베스시에 사는 옛 친구들이 감동과 자부심과 찬사가 가득한 편지를 보냈다. 코카콜라의 회장을 지낸 도널드 키오는 편지에 "당신은 우리 누구나 본받아야 할 모범입니다."라고 적었다. 면세 사업 초기에 동업자였던 해리 애들러는 수혜처가 자립하도록 익명으로 기부하는 것이 유대 신앙에서 말하는 체다카 곧 나눔의 최고 단계인데, 척이 그 경지에 이르렀다고 칭송했다. 친구이자 코넬대 동창 프래드 앤틸은 〈뉴욕 타임스〉가 핵심을 놓쳤다며, 척이 인류에게 가장 크게 이바지한 일은 자기에게 아내 앤을 소개한 것이라고 적었다. 척은 이렇게 대꾸했다.

"그렇다니 참 기쁘군. 그런데 자네도 놓친 게 있어. 중매 수수료는 평생 수입의 10퍼센트야. 아, 그리고 결혼이 깨지면 반대로 중매쟁이한테 10퍼센트를 돌려받지."

코넬대에서 같은 방을 쓰며 척을 도와 샌드위치를 만들었고 당시 위스콘신주 매디슨에서 수의학과 교수로 있던 태스 듀랜드는 척의 기부 소식이 무척 기뻤다. 인터뷰에서 듀랜드는 내게 이런 말도 했다.

"척한테 물어봐 줘요. 첫 직원이 나였는데, 연금은 언제 줄 거냐고."

테러 관련 기사를 자주 다뤘던 주디스 밀러는 척이 IRA의 정치 집단인 신페인당을 지원한 사실은 슬쩍 지나가는 말로만 언급했다. 미국인 대다수가 북아일랜드 분쟁을 거의 몰랐다. 분쟁을 잘 아는 아일랜드계 미국인들은 선조들의 땅에 평화를 불러오고자 애쓴 척을 높이 사다 못해 숭배할 정도였다. 유일한 비판은 코네티컷주 페어필드의 토머스 J. 플린이라는 사람이 〈뉴욕 타임스〉 독자 기고란에 기고한 글뿐이었다. 플린은 "척이 아일랜드 민족주의라는 헛된 신화에 취한 나머지, 신페인당을 지원한 돈이 무장 활동에 쓰이지 않았다고 생각하는 것 아닌가?"라고 의심했다.

아일랜드에서는 더욱 뜨거운 찬사가 이어졌다. 더블린의 주요 일간지 〈아이리시 타임스〉는 척이 아일랜드 대학교들에 어마어마하게 많은 돈을 기부했다는 사실에 초점을 맞췄다. 〈아이리시 타임스〉의 기자 버니스 해리슨은 척의 자선 활동을 아일랜드에서 손꼽히게 부유한 사업가 앤서니 오라일리의 자선 활동과 비교했다.

> *두 사람의 자선 활동은 분명한 차이가 있다. 피니씨는 기부금을 대부분 익명으로 지원했다. … 오라일리 박사는 돈으로 불멸이라도 사겠다는 듯 모르는 사람이 없게 기부했다.*

영국의 타블로이드지도 척의 기부 소식을 대체로 호의적으로 다뤘다. 그러나 〈미러〉는 '신페인을 지원한 40억 달러 갑부에게 쏟아지는 분노'라는 제목으로 '나이 많은 괴짜' 억만장자가 신페인당을 지원했다는 소식에 '성난 평화 단체와 기독교도들'이 거친 비난을 쏟아냈다고 주장했다. 그런데 이들이 언급한 성난 평화 단체와 기독교도들이란 '북아일랜드에서 일어나는 위협과 테러에 맞서는 사람들'이라는 압력 단체 관계인 두 명뿐이었다. 이 단체는 불법 무장 단체들이 피해자들의 무릎을 쏘는 관행에 반대했고, 북아일랜드와 영국의 연합을 지지하는 어느 아일랜드계 미국인에게 기금을 지원받았다. 이 단체의 설립자 중 한 명인

낸시 그레이시는 〈미러〉에서 "척이 모든 상처와 고통의 원흉인 사람들에게 돈을 지원했다."라고 비난했다. 하지만 〈미러〉는 척이 북아일랜드의 왕당파와 공화파를 모두 지원했으니 정파성을 띤 기부자는 아니라고 언급했다. '마음씨 너그러운 척'이라는 제목을 단 사설에서는 탐욕이 판치는 세상인지라 척의 비밀 자선 활동이 놀라운 만큼이나 신선하다고 결론지었다.

사실, 평화 단체들은 척에게 전혀 분노하지 않았다. 북아일랜드와 아일랜드공화국의 화해를 추구하는 대표 단체 코오퍼레이션 노스나중에 코오퍼레이션 아일랜드로 이름을 바꾼다만 해도 애틀랜틱 재단에서 1,000만 달러를 지원받았었다. 그런 비영리 단체 가운데 많은 곳이 척과 애틀랜틱 재단 덕분에 조직을 유지할 수 있었다. 척은 왜 이런 단체들을 지원했을까?

"아일랜드에서는 화해와 인권이 중요한 분야였고, 또 지원금이 부족했습니다. 우리는 그런 단체에 기금을 지원할 때 일어날 일을 확인하고 싶었습니다. 언론에서는 내가 북아일랜드에서 지원한 사람 절반이 공화파라더군요. 그렇게 따지면 나머지 절반은 왕당파였습니다."

존 힐리는 혹시나 왕당파 테러리스트가 척이 공화파 편을 들었다고 오해해 벨파스트에서 일하는 애틀랜틱 소속 직원들의 안전을 위협하지 않을까 걱정스러웠다. 국제적 보안 회사 리스크 매니지먼트 인터내셔널에 조언까지 구했다.

"하지만 우리가 걱정한 상황은 일어나지 않았습니다. 벨파스트에서 애틀랜틱에 항의하는 전화는 한 통도 없었으니까요. 우리는 벨파스트에서 즐거운 삶을 살았습니다. 아일랜드공화국에서는 지원서가 물밀듯이 쏟아졌고요."

그런데 DFS 지분 매각과 아일랜드에서 척의 역할을 연결한 한 평가가 척의 마음을 무척 상하게 했다. 프랑스의 경제 전문 언론인 에리 루티에가 베르나르 아르노를 다룬 책에 이렇게 적었다.

> *척 피니는 재산 상속에 반대한다. … 그래서 다양한 인도주의 단체에 기부하는데, 여기에는 아일랜드의 비밀 군사 조직인 IRA도 포함된다. 척은 IRA에 자금을 대는 사람 중 한 명이다. 척은 아르노에게 DFS 지분을 매각한 돈으로 의학 연구를 지원할 예정이라고 말했다. 하지만 척이 LVMH의 돈을 어떻게 쓸지는 가톨릭 신자들의 신과 척 피니만이 안다.*

척이 프랑스에 살 때부터 척을 안 많은 프랑스인이 이런 비방을 접했다. 척의 자녀 중 프랑스에 살던 줄리엣과 패트릭이 친구들에게 이런 질문을 들었다.

"너네 아버지가 IRA를 지원한다며?"

척의 자녀들은 척이 얼마나 상처받았는지를 잘 알았다. 레슬리가 그때 심정을 털어놓았다.

"정말로 역겨웠어요. 아버지는 둘도 없는 평화주의자에다 인도주의자예요. 책에 적힌 교묘한 암시는 부당하기 짝이 없었다고요. 그 책은 정말로 아버지를 화나게 했어요."

몇 년 뒤에는 오스트레일리아의 자유당 소속으로 워렌다이트에서 당선된 하원 의원 필립 허니우드가 의회 토론에서 "멜버른공과대학이 받은 기부금이 버뮤다에 본거지를 둔 단체에서 나왔고, 그곳을 이끄는 찰스 피니씨는 IRA를 오랫동안 지지한 주요 기부자"라고 주장했다. 이튿날 멜버른의 일간지 〈에이지〉가 '하원 의원, 멜버른공과대 기부자가 IRA 관련자라고 밝혀'라는 제목으로 이 발언을 보도했다. 이 발언도 척을 화나게 했다. 척은 "달리 언론에 주목받을 길이 없는" 한 시답잖은 정치인이 "무슨 일인지 우리 화를 돋우려" 했다고 말했다. 이 기사 탓에, 애틀랜틱에서 기금을 지원받은 오스트레일리아의 수혜처 몇 곳이 잠시 공포에 빠졌지만, 아일랜드의 지인들에게 사실을 확인한 다음에는 전체 상황을 이해했다.

소란이 가라앉고 언론의 관심도 사그라들자, 하비 데일은 비밀 공개가 성공한 것을 재단 관계자 및 직원들과 자축했다. 이사회에 보낸 보고서에서는 이 공개를 재단 역사에서 '가장 중요한 사건'이라 일컬었다.

"〈뉴욕 타임스〉 기사와 뒤이어 국제 매체가 실은 거의 모든 기사가 우리에게 무척 호의적이었습니다. 우리가 가장 우려한 왜곡이나 악의적 조작은 하나도 일어나지 않았습니다."

데일은 클린턴 행정부의 대통령 정보자문위원회에서 일하는 친구가 척 피니의 기부 공개를 '위대한 작전'으로 묘사했다고 한껏 자랑했다.

그런데 이렇게 기부 사실을 밝힌 다음에도 척과 하비 데일은 비밀 유지 문화를 포기하지 못했다. DFS 지분 매각 뒤 애틀랜틱 필랜스로피로 합쳐진 애틀랜틱 재단과 애틀랜틱 신탁은 다시 소리소문 없이 조용히 활동했다. DFS 지분을 판 뒤 작성한 내부 보고서에서, 데일은 유명 인사가 엄청나게 많은 기부금을 내놓으면 기부할 마음이 있던 다른 사람들이 기부를 접는 '밀어내기' 부작용이 있는데, 익명 기부는 그런 부작용을 피할 수 있었다고 주장했다.

"우리는 지금껏 지켜온 기부 방식 두 가지를 앞으로도 고수하려 합니다. 첫째, 밖에서 요청하는 기부 제안은 받아들이지 않습니다. 둘째, 수혜처에 기부금의 출처를 비밀로 유지하라고 요구합니다."

애틀랜틱은 모든 수혜처에 연락해, 특별히 허락받지 않는 한 여전히 비밀 유지 서약을 지켜야 한다고 알렸다.

"기부금의 출처를 밝히지 않아야 한다는 조건은 여전히 유효합니다. 그러니 이 사실을 알아야 할 귀 단체 소속 인력에게 앞으로도 요구 조건이 유지된다고 알리시기 바랍니다."

다른 규칙들도 변함이 없었다. 수혜처는 여전히 비밀 유지 서류에 서명하고 기부자에게 연락하지 않겠다고 약속해야 했다. 또 기부금을 받았다고 발표하는 것도 금지였다.

〈뉴욕 타임스〉에 기부 사실을 공개한 뒤로, 척에게 취재 요청이 밀려들었다. 방송국 여기저기서 인터뷰를 요청했다. 하지만 샌프란시스코 공항에서 주디스 밀러와 공중전화로 인터뷰한 뒤로, 척은 여러 해 동안 언론사의 인터뷰를 마다했다. 애틀랜틱도 꾸준히 출연을 요청하는 CBS의 PD를 모르는 체했다. 주디스 밀러와 인터뷰를 마친 척은 늘 그랬듯 미국을 떠나 세계 곳곳을 돌아다녔다. 어쩔 수 없는 상황 탓에 언론에 대서특필되었으니, 또다시 자취를 감춰 언제나 은신처로 삼았던 익명의 세계로 돌아가기로 했다. 하비 데일이 척에게 여행 중에 혹시라도 파파라치와 마주치면 어떻게 반응할지를 조언했다. 전문 사진가를 고용해, 파파라치에게 얼굴이 드러날 만한 사진을 찍히지 않는 법을 들은 뒤, 그 조언을 척에게 전달했다.

"사진기를 든 사람이 사진을 찍으려 들면 눈을 감게. 아니면 손으로 귀와 입을 가리게."

그런 척이 한두 번 예외를 둔 적이 있다. 아일랜드를 아끼는 마음 때문이었다. 샌프란시스코의 한 식당에서 아일랜드인 게리 멀린스가 척을 알아보고 다가왔다. 멀린스는 유명한 사진작가 도로시아 랭이 아일랜드에서 찍은 사진들을 주제로 다큐멘터리를 제작하려 한다며 지원을 요청했다. 척은 기꺼이 수락했고, 그렇게 나온 결과물이 멀린스와 아일랜드계 미국인 디어드리 린치가 공동 제작한 다큐멘터리 〈보내야 할 사진들

Photos to Send〉이다. 이 다큐멘터리는 여러 영화제에서 상을 받았다.

또 친구 나이얼 오다우드가 운영하는 잡지 〈아이리시 아메리카〉가 주는 1997년 올해의 아일랜드계 미국인 상을 직접 받겠다고 승낙해 오다우드를 깜짝 놀라게 했다. 자신을 치켜세우는 행사라면 질색인 척이었지만, 오다우드를 좋아하는 마음에 점심때 웨스트 52번가의 21 클럽에서 열린 수여식에 참석하기로 약속했다. 오다우드는 언론인 친구인 〈뉴욕 타임스〉 기고가 모린 다우드와 〈데일리 뉴스〉 기고가 짐 드와이어에게 넌지시 이 사실을 알렸다. 수여식에서 척은 두 사람에게 코넬대 시절에 돈과 은행 업무를 묻는 질문지를 작성해 제출했다가 교수한테 받았던 평가를 들려줬다.

"자네는 글쓰기에는 재능이 있는데, 돈과 은행 일에는 영 깜깜이군. 언론학을 공부해보게나."

모린 다우드가 처음으로 언론에 모습을 드러내는 것이 걱정스럽지는 않으냐고 물었다. 척이 재치 있게 답했다.

"잡지사에서 연설비로 20달러를 주겠다더군요."

다우드는 〈뉴욕 타임스〉 기고문에 이렇게 적었다.

> *사람들이 자리만 있다 싶으면 온갖 곳에 자기 이름을 새기려는 시대에, 익명을 추구하는 척 피니의 갈망은 참으로 놀라울 지경이다. 텔레비전 드라마 〈백만장자〉에서 존 베리스퍼드 팁턴은 한 번도 얼굴을 비치지 않은 채 개인 비서를 시켜, 누구에게 받았는지 밝히지 않는 조건으로 낯선 사람에게 100만 달러짜리 수표를 주라고 지시한다. 바로 그 사람이 내 눈앞에 있었다.*

짐 드와이어는 척의 연설이 결혼식 건배사를 미처 준비하지 못한 삼촌의 건배사 같았다고 회고했다. 척은 늘 그렇듯 이렇게 연설을 마무리했다.

"여기까지입니다. 다시는 이런 연설을 하지 않을 생각입니다."

척이 언론에 기부 사실을 공개한 뒤로 걱정한 한 가지는 삶이 이전과 달라지는 것이었다. 하지만 시상식 뒤 모린 다우드가 보니, 다른 기업계 인사들이 리무진에 올라타는 동안 척이 낡은 회색 코트에 트위드 모자를 걸치고 저벅저벅 걸어가는데도 지나가는 사람들이 척을 알아보지 못했다. 실제로 척은 기부를 공개한 뒤로도 익명 생활로 돌아갈 수 있었다. 뉴욕에서 택시를 타도 알아보는 사람이 없었고, P. J. 클라크 안쪽에서 식사할 때는 웨이터들이 척이 누구인지 모르는 체했다. 학자부터 건축가, 의료인, 작가, 예술인, 변호사에 이르기까지 세계 곳곳의 다양한 친구들과 지인들이 고마움과 신의의 뜻으로 척의 사생활을 보호했다. 척의 법률 자문을 지냈던 폴 해넌은 이렇게 설명했다.

"하비 데일이 척에게 워낙 겁을 줘 만약 기부를 공개하면 척의 삶이 엄청나게 바뀌리라고 믿게 했습니다. 하지만 척은 공개 뒤에도 삶이 전혀 바뀌지 않는다는 것을 깨달았을 겁니다. P. J. 클라크의 서비스가 그대로였거든요."

DFS 지분 매각에 이목이 쏠리는 사이, 척은 투자한 회사에서 엄청난 이익을 거뒀다. 1996년에 투자 기업인 프라이스라인, 이트레이드, 시에라 엔터테인먼트, 반 ERP에서 투자 이익으로 4억 300만 달러를 챙겼다. 1995년에도 소프트웨어 회사 레젠트의 유가 증권을 CA 테크놀로지스에 팔아 1억 7,300만 달러를 챙겼다.

이제 전체 자산 40억 달러 가운데 '국가' 즉 사업체와 부동산에 묶인 돈은 10억 달러였고, 나머지는 '교회'에 묶여 있었다. 애틀랜틱 재단을 처음 설립했을 때는 자산의 90%가 '국가'로 분류되었고 현금화할 수 있는 유동 자산은 달랑 10%뿐이었는데, 이제는 현금 비중이 75%까지 치솟았고 앞으로도 계속 오를 터였다. 20년 동안 여러 사업체를 인수하고 확장한 끝에, 이제 척은 다국적 대기업의 규모를 서서히 줄이려 했다. 바야흐로 수확을 위해 제너럴 애틀랜틱 그룹의 다양한 사업체를 무르익게 할 때였다.

제너럴 애틀랜틱 그룹보다 애틀랜틱 재단에 집중하는 전환점을 돌자, 애틀랜틱은 운용 자산을 처분하는 길로 들어섰다. 1997년에 런던의 캐넌 헬스&피트니스를 '런던 던전'을 소유한 회사 바든에 4,000만 달러에 팔았고, 이어 1998년 1월에는 텍사스와 오클라호마의 메달리언 호텔을 1억 5,000만 달러에 팔았다.

하비 데일은 내부 보고에서 1990년대 초반에 현금화할 수 있는 자산이 너무 적어 '수혜처와 애틀랜틱에 모두 엄청난 골칫거리'였었다고 밝혔다. 걸프 전쟁으로 DFS의 배당금이 말라붙었던 상황을 가리키는 말이었다. 이제 더는 배당금이 마를까 걱정할 까닭이 없었다. 시간이 흐를수록 자산 가치가 줄어들겠지만, DFS 지분을 매각한 뒤로 애틀랜틱 필랜스로피는 적어도 자산의 5%를 쓸 수 있었다. 애틀랜틱 자산의 5%면 한 해에 쓸 수 있는 돈이 무려 2억 달러였다. 한해 전인 1996년에 애틀랜틱은 1억 4,000만 달러를 기부했었다. 이제는 그보다 훨씬 많은 돈을 기부할 수 있었다.

24

베트남의 마음씨 고운 분

DFS 지분을 판 지 넉 달 뒤인 1997년 4월 27일, 샌프란시스코 공항에서 비행기를 기다리던 척의 눈에 일간지 〈샌프란시스코 이그재미너〉의 한 단짜리 기사가 들어왔다. 제목은 '베트남 빈민 대다수에게는 미국 재단이 마지막 희망'이었다. 기사를 쓴 샌드라 앤 해리스는 창 하나 없는 단칸 오두막에서 아이 일곱을 데리고 사는 어느 여성의 이야기를 다뤘다. 아이들을 먹여 살릴 길이 없는 이 여성은 로스앤젤레스를 기반으로 활동하는 인도주의 단체 '동서양의 만남 재단'에 기대 생계를 이어가고 있었다. 그런데 단체의 베트남 지부장 마크 콘로이에 따르면 미국 국제개발처에서 5년 동안 40만 달러를 지원하기로 한 기한이 다섯 달 뒤 끝나므로 새로 기금을 지원받지 못하면 앞으로는 이런 사람들을 돕지 못할 판이었다.

척은 기사를 찢어냈다. 그리고 다시 샌프란시스코로 돌아왔을 때, 태평양 지역 자회사인 인터퍼시픽의 관리 담당자 게일 빈첸치 비안키에게 동서양의 만남 재단과 진행할 만한 일을 알아봐달라고 지시했다.

이제 예순여섯 살이 넘었지만, 척은 은퇴할 생각이 없었다. 그러기는 커녕 더 활발히 일했다. 가족들에게도 현대 노인의 소일거리라는 골프, 손주 돌보기, 정원 가꾸기는 자기 취향이 아니라고 말했다. 이때껏 새로운 사업체에 투자하는 나날을 보냈지만, 앞으로는 모든 시간을 자선 활동에 쏟기로 마음먹었다. 척은 살아 있는 동안 기부하는 방식의 장점에 더 깊이 빠져들었다.

"우리가 DFS를 팔고 나니 세상이 바뀌었습니다. 지분 매각으로 얻은 16억 달러 덕분에 자금이 두둑했지요. 그 돈을 어딘가에 쓰면 좋은 일을 더 많이 할 수 있겠구나 싶었는데, 문제는 그 어딘가가 어디냐였습니다."

척의 자선 활동은 계획에 따르기보다 그때그때 상황에 따라 움직였다. 그렇다고 마구잡이로 지원하지는 않았다. 지원 대상을 살펴보고 조사하고, 때로는 먼저 적은 액수를 기부해 대상 단체의 관련자들을 시험해 보기도 했다. 관련자들의 자질은 언제나 척의 직감대로였다.

동서양의 만남 재단은 베트남 전쟁 피해자 레 리 헤이슬립이 세운 단체다. 그녀는 베트남 중부 다낭 근처의 불교 마을 끼라에서 태어나 어린 나이에 베트콩에게 징집되었다가, 열다섯 살 때 남베트남군에 고문당했다. 그런데 엉뚱하게도 베트콩이 레 리를 배신자로 낙인찍는 바람에 레 리는 고향으로 달아나야 했다. 이후, 미군 기지에서 잠시 매춘부로 일했고, 1969년에 미국인과 결혼해 미국으로 건너갔다. 4년 뒤 남편이 죽자 데니스 헤이슬립이라는 사람과 재혼했지만, 이 남편마저도 1982년에 세상을 떠났다. 레 리는 죽은 남편이 남긴 신탁 자금을 투자해 부자가 되었다. 그리고 자기 인생을 고백한 책 『하늘과 땅이 뒤바뀔 때』와 『전쟁 속에 자란 아이, 평화 속에 사는 여인』을 썼다. 1987년에는 최빈국인 베트남 사람들의 건강과 복지를 향상하고 학교를 세우고 안전한 식수를 제공해 자급자족을 늘리려는 목적으로 자선 단체 '동서양의 만남'을 만들었다.

척은 이 이야기가 마음 깊이 와닿았다. 척도 사람들을 돕는다는 것은 그들 스스로 일어서게 돕는 일이라고 믿었기 때문이다. 또 베트남 사람들이 미국 때문에 가혹한 일을 겪었다고도 생각했다.

"베트남 전쟁과 관련한 서적을 많이 읽었습니다. 미국이 이기지 못할 전쟁이었어요. 베트남 전쟁에서 괴로웠던 하나는 그 전쟁의 발상 자체가 잘못되었다는 것이었습니다. 마을로 들어가 농민들을 죽이는 거요. 커티스 르메이 장군은 우리가 무릎 꿇리지도 못할 사람들과 전쟁을 시작해놓고서 '북베트남에 폭탄을 퍼부어 석기시대로 돌려놓겠다.'라고 큰소리를 쳤습니다. 무역 금지 조처도 내렸고요. 솔직히 미국에 무역 금지 조처를 당하면 어느 나라와도 무역하지 못합니다. 가혹한 조처였어요. 이제 미국은 베트남과 무역 관계를 맺었습니다. 잘한 일이라고 생각해요. 베트남 사람들에게 그렇게 가혹하게 굴었으니, 우리에게는 갚아야 할 빚이 있어요."

척은 동서양의 만남 재단 이사이자 다낭에서 심하게 다친 전직 해병대원 마크 스튜어트에게 샌프란시스코에서 한번 만나자고 요청했다. 마크 콘로이가 이 만남을 들려줬다.

"갈 때는 꽤 무덤덤했겠지만, 척을 만나고 온 스튜어트가 무척 들떴습니다. 척이 '당신네 재단에 10만 달러를 기부할 생각입니다. 그러니 그 돈으로 무엇을 할지 알아보세요.'라고 말했거든요."

척이 실제로 스튜어트에게 한 말은 이랬다.

"그 돈으로 무엇을 했는지 나중에 말해 주십시오. 주머니야 넉넉하니

내 마음에 들면 더 기부할 수도 있으니까."

동서양의 만남은 10만 달러로 초등학교와 유치원 여러 곳을 새로 짓거나 손봤고 깨끗한 물을 공급할 상수도도 설치했다. 스튜어트가 척에게 기금을 어떻게 썼는지 알리자, 척이 바로 20만 달러를 또 기부했다. 첫 기부금을 어떻게 쓰는지 본 다음 큰돈을 기부하는 것이 척의 방식이었다. 척은 믿음직한 오랜 친구들에게 부탁해 상황을 확인하는 것도 좋아했다. 당시 밥 마투섹이 샌프란시스코에서 엎어지면 코 닿을 데인 티뷰론에 살았다. 척은 마투섹에게 전화해, 베트남으로 날아가 동서양의 만남 재단 관계자들이 괜찮은 사람들인지, 무슨 일을 하는지, 공산 정권이 재단 일에 간섭하지는 않는지 평가해 주겠느냐고 제안했다.

1998년 초, 마투섹은 예전에 사이공으로 불렸던 남부 도시 호찌민으로 날아갔다가 다시 다낭으로 이동해 마크 콘로이를 만났다. 그리고 콘로이의 안내로, 한 주 동안 재단이 추진하는 여러 업무를 둘러봤다. 아이들을 제대로 돌볼 수 없는 시골 부모들의 고통을 보자니 마음이 아팠다. 농부들을 만나려고 오토바이로 쉴 새 없이 논길 여기저기를 돌아다닌 콘로이는 재단이 다낭 외곽에 지은 '연민의 집'을 보여줬다. 1,000달러 조금 넘는 돈이면 화장실이 딸린 자그맣고 보송보송한 벽돌집을 지을 수 있었다. 그 무렵 베트남의 집이란 대부분 방수포로 지은 것이라, 비가 새고 화장실이나 요리 공간이 없었다.

샌프란시스코로 돌아간 마투섹은 재단 관계자들과 그들이 하는 일에 감동했고, 정부나 관료가 뒷돈을 챙길 꿍꿍이로 재단에 간섭하는 낌새가 없다고 보고했다. 버뮤다에서 베트남으로 돈을 보내는 데도 제약이 없었다.

1998년 10월, 척은 〈샌프란시스코 이그재미너〉에서 동서양의 만남 재단을 다룬 샌드라 해리스를 데리고 베트남 호찌민으로 날아갔다. 그리고 동서양의 만남이 어떤 활동을 하는지 직접 보고자 동부 해안에 있는 다낭으로 이동했다. 콘로이가 그때를 이렇게 설명했다.

"동굴이라고 부르던 낡은 사무실로 척이 들어와 앉았습니다. 사무실에는 뱀이며 쥐며, 베트남에서 볼 만한 온갖 기분 나쁜 것들이 다 있었어요. 척이 부엌에 들어갔다 나오더군요. 그리고 나와 두 시간 정도 이야기를 나눴습니다. 지금 돌아보면 그때 일이 조금 쑥스럽습니다. 내가 척에게 의도가 무엇이냐, 우리 재단의 어떤 활동에 관심 있느냐고 닦달하듯 물었거든요. 그 무렵 동서양의 만남 이사들은 척이 누구인지 알고서 이렇게 물었어요. '도대체 무슨 일이지? 이 대단한 부자는 누구야? 무슨 일로 우리처럼 작은 재단에 관심을 보이는 거지?' 척이 재단을 장악해 자기 마음대로 운영하려는 꿍꿍이가 있는 것 아니냐는 우려도 있었습니다. 나도 그렇게 느꼈고요. 그래서 물었습니다. '척, 왜 베트남에 오셨습니까? 여기서 하고 싶은 일이 뭐지요?' 척이 그러더군요. '내 생각에는 베트남이 부당한 일을 당한 것 같습니다. 그래서 돕고 싶어요.' 더 캐물을 이유가 없었습니다."

콘로이에게 척의 방문은 단비나 마찬가지였다. 남은 기금으로는 다낭의 고아원 한 곳과 기본 시설만 갖춘 의료원 한 곳을 유지하고 작은 관개 시설을 설치하고 얼마 안 되는 소액 대출을 해주는 것밖에 하지 못했다. 기금이 어찌나 빠듯했던지, 콘로이가 다낭에 들어오는 관광선에 올라 서구 관광객들에게 상황을 설명하고 기부를 간청하기도 했다.

사무실에서 이야기를 나눌 때, 콘로이는 척이 큰돈을 들여 사람들의 삶을 크게 개선할 만한 더 큰 활동에 관심 있다는 것을 알아챘다.

"척은 간단한 기초 단계에는 관심이 없는 듯 보였습니다. 자기 위치에서 훨씬 더 많은 일을 할 수 있으니까요. 더 큰 효과를 내고 싶어 했어요.

척은 사람들을 교육하면 그들 스스로 자기네 조국을 발전시키리라고 확신했습니다. 작은 재단인 우리가 작은 일부터 시작해 아이들을 살리고 교육하려 했다면, 척은 큰일부터 생각했습니다. 척과 딱 들어맞았어요."

> 콘로이는 척을 다낭에 있는 의료원으로 데려갔다. 이 병원에는 화상 센터가 절실했다. 척은 그다음으로 긴급한 일이 무엇이냐고 물었다. 병원 관계자들은 제구실을 못 하는 소아청소년과를 개조하면 정말 좋겠다고 답했다. 척이 고개를 끄덕였다.
>
> "그럼 둘 다 합시다."
>
> 병원을 나온 척이 콘로이에게 물었다.
>
> "마크, 비용이 얼마나 들 것 같습니까?"
>
> "30만 달러쯤일 겁니다."
>
> 사무실로 돌아온 척이 콘로이에게 두 사업의 제안서를 써달라고 요청했다.
>
> "이런저런 내용을 적고 보니 4분의 3장 정도가 나왔습니다. 척이 '괜찮아 보이는군요.'라고 말하더니 서명하고 하비에게 제안서를 보내더군요. 한 달 뒤 30만 달러가 들어왔고요."

이때부터 척은 꾸준히 베트남을 찾았다. 베트남에서 네 번째로 큰 도시인 다낭에서 하룻밤에 25달러인 호텔에 묵었다. 그리고 시클로와 오토바이 택시, 하얀 아오자이 자락을 휘날리며 자전거를 타는 여학생들로 붐비는 거리를 지나 여러 병원과 학교를 돌아다녔다. 동서양의 만남 재단이 식수, 학교, 유치원, 연민의 집과 관련한 사업을 계속 이어가도록 기금을 지원했지만, 어떤 방식으로도 이 단체를 쥐락펴락하려 들지는 않았다.

"그 사람들이 '이번 달에는 초등학교나 유치원 몇 곳에 사업을 추진하려 합니다.'라고 말하면 우리가 돈을 지원했습니다."

1990년대 후반만 해도 동서양의 만남 재단이 지은 학교는 스무 곳뿐이었다. 하지만 새 후원자를 만난 덕분에 2001년 한 해에만도 무려 마흔여덟 곳에 학교를 지을 수 있었다.

척은 베트남의 교육과 의료 부문에 무엇이 부족한지 진지하게 검토해, 여러 자료를 조사하고 분석했다. 샌드라 해리스에게 여섯 달 동안 콘로이와 함께 베트남의 교육 체계를 연구한 뒤 보고서를 만들어 달라고 해, '포위된 교육'이라는 결과물을 얻었다. 또 베트남이 어떤 상황인지 정보를 긁어모으고자 베트남에서 발행되는 여러 영어 신문을 읽었다.

아일랜드에서 거의 모든 대학을 방문했듯, 척은 다낭대학교 총장실에도 방문해 어떤 사업을 계획 중인지 물었다. 가장 시급한 사업은 새 도서관 건립이었지만, 학교에는 그럴 만한 돈이 없었다. 척은 동서양의 만남 재단을 거쳐, 도서관을 짓는 데 필요한 70만 달러를 지원했다. 하루는 척이 콘로이에게 호찌민의 렉스 호텔에서 만나자고 연락했다.

"척이 그러더군요. '그 도서관에 성능 좋은 엘리베이터가 있어야 합니다. 이틀 동안 엘리베이터를 알아봤는데, 여기서 쓰는 오티스는 그냥 부품만 조립하는 곳이라 별로더군요. 내가 알아본 바로는 괜찮은 회사가 쉰들러뿐입니다.'"

함께 쉰들러 관계자들을 만난 자리에서 척이 콘로이를 소개했다.

"앞으로 여러분이 함께 일할 사람입니다."

그 순간 콘로이는 깨달았다.

'척이 엘리베이터를 많이 살 생각이구나. 도서관은 시작인 거야.'

크리스 악슬리도 비슷한 이야기를 들려줬다.

"척은 건설 사업에 끌리곤 했습니다. 훌륭한 단체의 훌륭한 지도자들과 손잡고 업무를 지원할 시설을 세우는 일에요. 달리 말해, 중요한 도구로 쓸 수 있는 유형 자산과 시설을 만들고 싶어 했습니다. 척이 〈샌프란시스코 이그재미너〉에서 찢어낸 기사를 보여주던 때를 기억합니다. 기사만 보여줬을 뿐 별다른 말을 하지 않았지요. 척은 그렇게 에둘러 뜻을 드러냅니다. 사람들은 나중에야 무슨 뜻인지 깨닫고요. 척은 아무 설명도 없이 불쑥 신문을 내밀곤 했습니다. 때로는 우리가 전혀 알지 못하는 내용을요. 우리에게 지시하려는 일을 알리는 것인지 아니면 그저 책상에서 치우고 싶다는 뜻인지 알기 어려웠습니다. 어느 쪽인지 헷갈릴 때가 많았어요. 그런 일이 종종 일어납니다."

척은 베트남에서 공부하던 아일랜드 출신 학생 존 조이스와 제너럴 애틀랜틱 파트너스에서 은퇴한 스티브 레이놀즈에게 베트남에서 잠시 자신을 대리하게 했다. 또 애틀랜틱 필랜스로피 이사회를 베트남으로 데려가 어떤 기회가 있는지 직접 두 눈으로 보게 했다.

척은 자선 사업 초창기에 쌓은 호의를 보답받았다. 애틀랜틱이 두둑한 기금을 지원한 미국 노인병학회 전 회장 월터 보츠 박사를 하노이로 초대해 현장 조사를 맡겼다. 아일랜드의 대학 총장 다니엘 오헤어와 에드 월시에게는 다낭과 후에를 함께 여행하며 베트남의 고등 교육에 무엇이 필요한지를 살펴달라고 요청했다. 악슬리는 이렇게 설명했다.

"적어도 척이 보기에는 사람들이 어떤 계획이나 의제가 있는지 모른 채 참여했습니다. 그러다 갑자기 아이디어를 쏟아내고 여러 가능성을 찾아내곤 했지요."

악슬리는 애틀랜틱 필랜스로피의 베트남 지부장 겸 의료 사업 담당자가 되었다.

마투섹은 척이 "불빛을 보고 달려드는 불나방처럼" 베트남에 끌렸다고 평가했다.

"베트남이 더할 나위 없이 투자 효과가 좋은 곳이라는 것을 알아보고서 정말 깊은 관심을 쏟았어요. 무너져가는 병원과 학교들을 둘러보고 '여기는 개조하고 저기는 새로 지으면 좋겠군요.'라고 말하곤 했지요. 그리고 여섯 달 뒤에 척이 돌아오면 공사가 마무리되어 있고, 사람들이 척이 준 돈 덕분에 공사가 진행되었다며 고마움을 드러냈습니다. 아마 척은 그렇게 현장에서 결정한 일들이 어떤 성과를 내는지를 교육자와 의사들의 얼굴에서 확인하고 엄청난 감정을 느꼈을 겁니다. 자기 행동이 도움이 되었다는, 그러니까 더 많은 환자가 병원에서 치료받고 더 많은 아이가 학교에서 공부하는 결과를 봤으니까요."

1998년에 서른세 살이던 베트남계 미국인 의사 레 년 프엉이 하노이에서 주베트남 미국 대사 피트 피터슨의 주치의 마이클 리넌과 함께 공중 보건 업무를 맡고 있었다. 그리고 어느 공중 보건 세미나에서 척과 애틀랜틱 필랜스로피 사람들을 마주쳤다. 프엉이 리넌에게 물었다.

"마이클, 이 사람들은 누구지요?"

"자네, 이 사람들을 아주 진지하게 대해야 할 거야. 베트남에 많은 일을 해줄 수 있는 사람들이거든."

얼마 지나지 않아, 의료 지식이 있는 베트남 담당자가 있어야겠다고 판단한 애틀랜틱이 프엉을 적임자로 낙점했다. 애틀랜틱은 풀브라이트 장학금을 받고 미국으로 돌아가려던 참인 프엉에게 베트남에 남아 애틀랜틱 필랜스로피가 기금을 지원하는 사업들을 감독해달라고 설득했다.

북베트남군이 사이공을 휩쓸던 1975년, 레 년 프엉은 열 살이었다. 프엉의 어머니 레 티 항은 미국 정부의 고아 구출 작전을 이용해 아이들을 피난시키려고 아들 프엉과 딸 레 몽 호앙을 고아원에 넣었다. 1975

년 4월 4일, 고아 구출 작전이 시작된지 2주 뒤, 레 티 항도 사이공 공항을 떠나는 어느 비행기에 탑승 허락을 받았다. 부랴부랴 아이들을 데리러 고아원에 되돌아갔는데, 아이들이 이미 미국으로 피난했다는 잘못된 소식을 들었다. 두 아이는 필리핀의 클라크 공군 기지로 이송되었다가 괌, 샌프란시스코를 거쳐 오리건주 포틀랜드에 도착해, 서로 다른 위탁 가정에서 1년을 보냈다. 어머니가 어디 있는지는 알 길이 없었다. 포틀랜드에 도착했을 때 어느 사회복지사가 프엉이 지니고 있던 부모님 사진을 가져가 버렸다. 가족과 이어지는 유일한 끈을 잃어버린 프엉은 가족을 다시 만날 희망을 접었다. 아이가 넷인 어느 포틀랜드 부부가 프엉과 호앙을 입양하겠다고 나섰다. 그런데 서류 작업을 마치기 사흘 전, 레 티 항이 이 부부를 찾아와 잃어버린 아이들을 돌려달라고 호소했다. 레 티 항과 남편 팜 테 쭈옌은 베트남을 빠져나와 아칸소주 리틀록의 난민촌에 수용되었다가 애틀랜타로 옮겼다. 그리고 사라진 아이들을 필사적으로 찾아 나섰다. 교회와 피난민 단체에 찾아가 아이들의 사진을 보여준 끝에, 마침내 아이들을 알아본 사람이 나타났다. 프엉과 호앙은 그렇게 애틀랜타에서 부모와 재회했다. 의대를 마친 프엉은 메릴랜드주 볼티모어에 있는 존스홉킨스대학교에서 공중 보건으로 석사 학위를 받았다. 그리고 내과의로 개업했지만, 마음이 자꾸 베트남으로 향했다.

"미국인으로 살아가려 애쓰면서도, 소명을 느꼈습니다. 제가 해야 할 일이 있다고요."

마침내 1998년, 프엉은 베트남계 미국인 의사 단체와 함께 하노이로 갔다. 주 하노이 미국 대사의 주치의인 리넌 박사가 프엉에게 하노이 학교의 공중 보건을 발전시키는 일을 돕지 않겠느냐고 제안했다. 월급은 300달러였다. 미국으로 돌아온 프엉은 한 달 수입이 만 달러인 병원 일을 접고 집과 머스탱 컨버터블을 팔았다. 그리고 베트남으로 돌아갔다.

"그때 황홀하기 그지없는 자유를 느꼈습니다."

다른 사람들이 그랬듯, 레 넌 프엉도 척을 아버지처럼 여기게 되었다. 애틀랜틱의 베트남 지부장 겸 사업 집행자가 되었고, 척이 베트남에 들를 때 안내인 겸 통역자로 동행했고, 농담을 주고받고, 밤이면 함께 화이트와인을 마셨다.

"척은 개개인에게 관심을 기울였습니다. 나더러 부모님한테 신경 쓰고 자주 전화하라고 조언했어요. 나는 그 말을 마음에 새겼습니다. 우리는 척의 비전을 이루고자 진심을 다 바쳐 일합니다."

척이 몸소 나섰으므로, 베트남의 병원장과 대학교 총장들이 척의 존재를 알아챘다. 척이 미래를 꿈꾸며 애틀랜틱의 자선 사업을 움직인다는 것을 알았으므로, 이들은 감사를 담아 척의 이름을 명판에 새기고 싶다고 졸랐다. 하지만 척이 손사래를 쳐 없던 일이 되었다. 내키지는 않았지만, 이들은 이름을 알리고 싶어 하지 않는 척의 바람을 마지못해 존중했다. 그래도 몇몇은 명판에 에둘러 감사를 드러냈다. 이를테면 1998년에 문을 연 투삐 호아 학교는 '마음씨 고운 분이 기금을 지원했다.'라고 명판에 새겼다. 콘로이는 이렇게 말했다.

"기부자에게 감사 편지를 쓰고 싶다는 부탁을 자주 받았습니다. 가난하고 교육받지 못한 사람들이 그 표현을 썼어요. 둘러보시면 '마음씨 고운 분'이 새겨진 명판이 열 개는 될 겁니다. 척은 아무 말도 하지 않았지만, 밥 마투섹은 더는 그런 명판이 생기면 안 된다고 막았습니다."

그런데 베트남의 시골 중에서도 시골인 탕빈의 한 외딴 학교는 척의 이름을 알리지 말아야 한다는 연락을 받지 못했다. 그 바람에 교장이 떡하니 '척 피니가 기금을 지원함.'이라고 적은 명판을 내걸었다. 기부자 척 피니의 이름을 숨김없이 알린 건물은 전 세계를 통틀어 이곳이 유일할 것이다.

척이 헬리콥터 이착륙장이 있는 연구·진단 센터를 지을 기금을 댄 다낭 병원에서는 병원 이사회가 '마음씨 고운 분'에게 경의를 표할 재치 있는 방법을 찾아냈다. 2005년 11월에 척이 완공된 건물을 보러 들렀을 때, 병원장이 뿌듯하게 말했다.

"건물의 색을 보세요!"

병원은 아일랜드계인 척에게 경의를 표하는 뜻에서 6층짜리 건물을 초록색으로 칠했다. 구석에 호찌민의 흉상이 있는 자그마한 이사회실에서 점심을 먹을 때, 척이 왜 한사코 어떤 명예도 마다하는지를 병원 고위 관계자들에게 설명했다.

"사실, 모든 명예를 받아야 할 사람은 당신들입니다. 우리도 우리가 할 일을 했지만, 그건 쉬운 일입니다. 진짜 일은 당신들이 했어요. 애틀랜틱은 자신이 하겠다고 말한 일을 제대로 해내는 뛰어난 사람들과 함께해 참으로 뿌듯합니다."

병원장은 척이 내건 높은 기준 덕분에 다른 외국 재단들에서 더 많은 기금을 받을 수 있었다고 알렸다.

정부가 간섭한다는 증거는 거의 없었다. 그래도 척이 다낭대학교의 학습자료원을 방문했을 때, 인터넷에 접속하는 학생들 주위를 어슬렁거리는 남자가 '인간 방화벽'이라 부르는 검열관이라는 귀띔은 들었다.

척은 학생들과 격의 없이 어울렸다. 다낭을 방문했을 때는 절대 사진을 찍지 않는다는 원칙을 깨고 학생들에게 팔을 두른 채 환히 웃으며 여러 번 사진을 찍었다. 학생들에게 이런 이야기도 들려줬다.

"세상에는 도움이 필요한 사람이 많습니다. 그런 사람들을 도우면, 여러분이 더 나은 사람이 됩니다."

의사인 프엉은 애틀랜틱 베트남 지부장이라는 직책을 활용해 베트남에서 금연 운동을 벌였다. 지금도 베트남에서는 한 해에 흡연 관련 질병으로 4만 명이 목숨을 잃는다. 프엉은 기부자의 이름을 새긴 명패 대신 곳곳에 금연 표지판을 내걸고 금연을 엄격하게 실행하라고 요구했다. 후에의 한 병원 간부는 이런 농담을 던졌다.

"금연 표지판은 애틀랜틱에서 지원받았다는 베트남식 표현입니다."

눈에 띄지 않게 행동한 덕분에, 몇몇 병원장과 대학교 총장들 말고는 척을 아는 사람이 없었다. 어떤 자리에 척이 참석한다는 소식을 들은 사람조차 여러 서양인 가운데 누가 척인지를 가려내지 못했다. 베트남에서 주로 알로하 셔츠를 입고 돌아다닌 덕분에, 사람들 눈에는 척이 빠듯한 예산으로 베트남을 찾은 쾌활한 미국인 여행객으로 보였다. 베트남 주재 오스트레일리아 대사 마이클 만이 애틀랜틱 필랜스로피의 사업을 둘러보러 베트남을 찾은 척과 애틀랜틱 이사회를 초대해 만찬을 연 적이 있었다.

"나는 척이 누구인지 어떤 사람인지 잘 알았지만, 나처럼 사실을 아는 사람은 무척 드물었습니다. 척이 정체를 워낙 감쪽같이 잘 감췄으니까요. 척이 내로라하게 유명한 사람들과 함께 만찬장에 들어왔습니다. 그리고 가장 겸손하게 자리를 지켰지요. 구석에서 여덟 살이던 내 딸 알렉산드라와 이야기를 나누며 느긋하게 앉아만 있을 뿐, 다른 사람들 이야기에는 끼지 않았습니다."

만은 척을 아내 모니크 옆자리에 앉혔다. 두 사람 모두 프랑스어를 할 줄 알았기 때문이다. 척은 모니크에게 다섯 아이가 모두 어떻게 대학을 마쳤는지, 무슨 일을 하고 있는지를 이야기했다. 모니크는 척이 멋진 사람이라고 느꼈다. 그리고 만찬이 끝난 뒤 남편에게 물었다.

"만찬 자리에서 내 옆에 앉은 나이 지긋한 멋진 남자는 누구예요?"

"여보, 그 사람이 척 피니야!"

모니크는 남편 옆자리에 앉았던 중요해 보이는 미국인이 그 억만장자이겠거니 짐작했었다. 하비 데일은 만 옆에 앉은 그 사람이 자기였다고 말했다. 이 이야기를 들려주며 데일이 낄낄 웃었다.

"척은 아마 그 상황을 즐겼을 겁니다."

레 넌 프엉은 척이 처음 베트남을 방문한 뒤로 7년 동안 일어난 일을 이렇게 회고했다.

"애틀랜틱이 베트남에 미친 영향은 어마어마합니다. 애틀랜틱은 베트남에서 활동하는 여느 자선 단체와 사뭇 다릅니다. 척은 명령을 내리는 사람이 아닙니다. 이따금 자기 관심사가 무엇인지 방향을 알려줄 뿐이지요. 척은 애틀랜틱이 언제 어디에서 행동에 나서야 할지를 정했습니다. 그리고 우리는 행동에 나설 때 온 마음을 다했습니다. 해야 할 일을 찾아내면 재빨리 착수했지요."

베트남에서 거둔 성공이 보여주듯이, 애틀랜틱 필랜스로피는 놀랍도록 유연한 조직이었다. 그 덕분에 척이 직관에 따라 내놓은 대범한 해결책을 받아들일 수 있었다. 악슬리는 이렇게 설명했다.

"때로는 척의 구상이 형식적으로만 재단의 승인을 거쳤습니다. 이사회 회의 막바지에 계획을 내놓아 서류가 거의 없는데도 승인될 때가 있었고요. 척이 베트남 사업을 추진하고 싶어 했으므로 승인 도장이 거침없이 쓰였습니다. 그래서 재단이 비용이 적게 드는 대형 건설 사업을 여러 건 해내야 했습니다."

나중에 재단은 베트남의 보건과 교육에 집중하는 전략을 세웠다.

1998년부터 2006년까지 애틀랜틱 필랜스로피는 베트남의 건설, 장학 지원, 보건 사업에 2억 2,000만 달러를 제공했다. 주요 지방 대학인 껀떠대, 후에대, 다낭대, 타이응우옌대에 현재 베트남에서 가장 현대적이라 학술자료원으로도 지정된 도서관들을 짓고 내부 시설과 장서를 채우는 사업도 그 가운데 하나였다. 여기에는 다낭대, 후에대, 타이응우옌대에 기숙사, 학생회관, 운동 시설을 짓는 공사도 포함되었다. 애틀랜틱은 중부 지역의 영어 교육을 개선하고자, 다낭대학교에 영어 교육원을 설립하는 사업도 지원했다. 척은 성공하기를 갈망하는 중부 베트남 학생들에게 영어 교육이 필요하다고 굳게 믿었다.

"덮어놓고 영어를 찬양해서는 안 되겠지만, 뛰어난 영어 실력은 매우 중요합니다."

애틀랜틱이 베트남에 지원한 기금 가운데 거의 절반이 보건 사업에 들어갔다. 애틀랜틱의 지원 덕분에 다낭종합병원은 산부인과, 소아청소년과, 내과, 외과, 응급의학과, 열대의학과, 종양학과, 화상 치료실, 영안실, 의료 폐기물 관리실을 포함한 시설 대다수를 새로 짓거나 개조해 현대화했다. 꽝찌성병원은 소아청소년과와 외과를 포함한 여러 시설을 새로 짓거나 개조했고, 후에중앙병원은 소아청소년과와 중부 베트남에서 하나뿐인 심혈관센터를 짓고 장비를 새로 들였다. 애틀랜틱은 호찌민시 심장연구소의 카테터 삽입 실험실에 장비를 댔고, 하노이에 국립아동병원을 짓고 공중보건대학교의 새 캠퍼스를 조성할 초기 자금을 지원했다. 척의 말을 빌리자면 "베트남에 공중 보건 체계를 세울 원동력이 될 곳"에 많은 돈을 투자했다. 애틀랜틱은 밥 마투섹의 감독 아래 휠체어 제조 단체를 만드는 데도 자금을 대, 2007년에 문을 열었다.

다낭안과병원은 백내장 탓에 시력 장애를 겪는 베트남의 가난한 시골 사람들에게 척의 자선 사업이 어떤 영향을 미치는지를 그대로 보여줬다. 초록색 수술복과 마스크를 걸치고 수술실에 들어간 척은 애틀랜틱의 지원으로 타이에서 수련받은 의사 여덟 명 중 하나인 안과의사가 최신 의료 장비를 이용해 나이 많은 어느 노인의 시력을 되돌리는 모습을 두 눈으로 지켜봤다. 애틀랜틱 필랜스로피의 지원으로 건물을 개소하고 장비를 들인 다낭안과병원은 해마다 백내장 환자 3,500명을 치료했다.

늘 그랬듯 척은 자기 계획을 뒷받침할 보완책을 찾았다. 2000년부터 동서양의 만남 재단과 따로 활동하기 시작한 애틀랜틱이 다낭과 칸호아성에서 200만 명 넘는 사람에게 곧장 혜택이 돌아갈 의료 체계 개혁을 지원했을 때, 각 지방 정부가 보건소를 지을 기반 시설과 설비 비용을 30%까지 부담했다. 칸호아성 보건국 국장 쯔엉 떤 민 박사는 애틀랜틱의 도움 덕분에 칸호아성을 의료 체계 개혁의 국가적 모범 사례로 만들 수 있었다고 말했다.

척이 베트남에서 추진한 가장 야심 찬 단일 사업은 호찌민시 남사이공 신도시에 3,360만 달러를 들여 최첨단 대학교를 세운 일이다. 호찌민 로열 멜버른공과대학RMIT은 공산주의 국가인 베트남에서 최초로 외국인이 소유한 대학교였다. 학교 설립은 호주의 로열 멜버른공과대학이 후원했고 애틀랜틱이 건설 기금 50%를 지원했다. 호찌민 RMIT의 초대 총장은 외교관으로 일하다 은퇴한 마이클 만이 맡았다.

4층짜리 대학 본관 건물 주변의 잔디밭을 둘러싼 야자나무를 따라 걸으며, 만이 그때 이야기를 들려줬다.

"호찌민 RMIT가 내게 함께하자고 요청했을 때, 나는 척 피니 같은 사람이 후원한다니 그리 염려할 바가 없겠다고 답했습니다. 척이 없었다면 베트남에 이 대학을 세우지도 못했을 테고, 이 건물들도 여기 없었을 겁니다."

만의 손끝이 호주 건축가 노먼 데이가 설계한 건물들을 가리켰다. 애틀랜틱이 2002년 6월에 제공한 자본 덕분에, RMIT는 국제금융공사와 아시아개발은행에서 모두 1,450만 달러를 빌려 학교를 짓고 컴퓨터 여러 대를 마련할 수 있었다. 2006년 기준으로 재학생은 1,400명이었다. 이 베트남 젊은이들은 국제적으로 인정받는 오스트레일리아 대학교의 학위를 멜버른에 견줘 절반도 안 되는 비용으로 받았다. 베트남 총리 판 반 카이는 만에게 RMIT가 다른 베트남 대학들에 본보기가 되기를 바란다는 희망을 전했다. 만은 이 대학을 아시아에서 제일가는 대학으로 키우고 싶었다.

"척 피니를 알게 된 것은 내 인생에서 흥미롭기 그지없는 사건입니다. 척은 눈에 쉽게 띄지는 않아도 활발히 움직입니다. 마음이 시속 160km로 달리는 사람이랄까요."

마크 콘로이도 평생 만난 사람 가운데 척이 이루 말할 수 없이 "뛰어나고 사려 깊은 사람"이라고 평했다.

"누구든 마지막에는 관에 들어갑니다. 그때 돈으로 휘감고 들어갈 수는 없죠. 그런데도 많은 사람이 그럴 수 있다고 생각해 부를 쌓으려 합니다. 이런 일을 하면 사람들을 도울 생각만 하지 돈 생각은 안 합니다. 흔히들 말합니다. '나는 200달러밖에 없어요. 나도 돕고 싶지만, 부자들처럼 기부할 수 없어요.' 그런 사람들한테 이렇게 말합니다. '그거 아세요? 화상을 입은 얼굴을 200달러 덕분에 치료한 사람은 그렇게 생각하지 않습니다.' 기부란 사람들을 도와 그들이 스스로 일어서게 하는 겁니다. 언젠가는 그 사람들이 교육받고 멋진 기회를 얻어 서로 함께 살아가기를 바라면서요."

25

오스트레일리아의 바우어새

척은 1970년대에 DFS 업무로 출장을 다니던 길에 오스트레일리아를 처음 찾았다.

"그때 이민국 관리가 묻더군요. '전과가 있습니까?' 그래서 말했습니다. '지금도 전과가 있어야 오스트레일리아오스트레일리아는 18세기 후반부터 영국이 범죄자를 추방하던 유형지였다에 입국할 수 있는지는 몰랐네요!' 그러자 그 남자가 붉으락푸르락해져 화를 내더라고요."

척이 오스트레일리아를 꾸준히 찾기 시작한 때는 1993년부터다. 친구로 지내던 오스트레일리아 출신의 전직 테니스 선수 켄 플레처가 어느 날 런던에서 척에게 말했다.

"이제 더는 못 견디겠어요. 오스트레일리아로 돌아가고 싶습니다."

"좋아, 내가 자네와 함께 감세."

두 사람은 시드니로 날아갔다가 플레처의 고향이자 퀸즐랜드의 주도인 브리즈번으로 갔다. 오스트레일리아 동부 해안에 자리 잡은 브리즈번은 태평양 연안의 쾌적한 아열대 기후를 자랑하며 빠르게 성장하던 도시로 노천카페와 강변도로, 수상 택시가 시선을 사로잡았다.

아일랜드와 베트남에서 그랬듯, 척은 이곳에서도 인맥을 이용해 오스트레일리아가 어떤 나라인지를 알아갔다. 오스트레일리아에서 그 역할을 맡은 사람이 켄 플레처였다. 플레처는 오스트레일리아의 테니스 황금기를 이끈 영웅 중 한 명이다. 플레처는 테니스 선수로 절정에 올랐을 때 홍콩으로 이주했는데, 그곳에서 막무가내라는, 달리 말해 권위를 우습게 여기고 인생을 즐긴다는 평판을 얻었다. 또 척의 가족과 친구가 되었고, 이따금 레이디스 레크리에이션 클럽에서 척의 가족에게 테니스를 가르쳤다. 그리고 여러 해가 흘러 런던 교외에서 마지못해 테니스장을 운영하고 있을 때 척을 다시 만났다. 전설의 스포츠 선수들을 존경한 척은 플레처를 스포츠와 부동산 투자 분야의 자문으로 고용했다.

브리즈번에서 척은 자기 눈과 귀가 되어주는 조건으로 플레처에게 강변에 아파트를 마련해주고 차를 한 대 제공했다.

"플레처에게 기회를 찾아내는 기회 발굴자 같은 일을 맡겼습니다."

플레처의 오랜 벗으로 브리즈번에 살던 은퇴한 언론인 휴 런이 도크사이드 아파트먼트 호텔에 '쉼터'를 하나 사들여 척과 헬가가 오스트레일리아를 방문할 때 묵도록 인터퍼시픽에 세를 줬다.

머잖아 플레처와 런은 척이 지출에 매우 깐깐하다는 사실을 알게 됐다. 플레처가 이런 이야기를 들려줬다.

"한번은 휴가 척에게 전화 요금 청구서를 줬더니, 척이 꼼꼼히 훑어보더군요. 내가 휴한테 말했지요. '휴, 잘 보게. 전화 요금 몇 푼도 허투루 여기지 않는 억만장자가 여기 있네.' 척이 워낙 타고난 소매업자여서 그렇게 검소하지 않았나 싶습니다. 함께 거리를 걸을 때 척이 이따금 가게 창문으로 나를 이끌곤 했어요. 카시오 시계의 가격을 확인하려고요. '저

시계를 1달러에 사서 10달러에 팔 수 있다면 이익이 날 텐데.'라고 말하더군요. 돌아다닐 때도 리무진을 한 번도 부르지 않았습니다. 내가 운전을 맡았지요. 사람들이 아파트 단지 바깥에 정박한 커다란 요트를 척의 것으로 생각하는 것도 질색하게 싫어했고요. 그런데 아주 후한 적도 있었습니다. 한번은 나를 메피스토 매장으로 데려가 구두를 한 켤레 사주더군요. 눈 튀어나오게 비싼 걸로요."

아일랜드에서 자신의 자선 방식이 성공한 데 힘을 얻은 척은 DFS 지분을 판 뒤로 베트남에서처럼 오스트레일리아에서도 비슷한 자선 사업을 벌일 기회를 찾아 나섰다. 1998년 3월, 척과 플레처는 전직 가톨릭교 사제로 1991년부터 브리즈번 시장을 지내던 짐 수얼리를 찾아가 대학교 총장들에게 다리를 놓아달라고 부탁했다. 수얼리는 척이 퀸즐랜드대학교 부총장 존 헤이 교수, 퀸즐랜드 의학연구소 소장 로리 파월 교수와 만나도록 아이리시 클럽이라는 식당에 저녁 자리를 마련했다. 두 학자에게는 척이 어떤 사업이든 도와줄 능력이 있는 듯하니 빈틈없이 준비하라고 미리 귀띔했다.

저녁을 먹으며, 헤이와 파월은 자신들이 추진하는 계획들이 돈이 모자라 벽에 부딪히기 일쑤고, 소속 대학교가 심각하게 제구실을 못 한다고 토로했다. 척이 아일랜드에서 익히 들었던 이야기였다. 오스트레일리아의 고등 교육 기관도 운영을 수업료와 정부 지원금에 의존했고, 사업계나 부유한 동문이 기금을 내놓는 전통이 아예 없었다.

척은 질질 시간을 끌지 않았다. 이튿날 열정 넘치는 교육 행정가 헤이에게 전화해 퀸즐랜드대학교 교정에서 만나자고 요청했다. 헤이에게는 분자생물학연구소를 만들고 싶다는 야심 찬 계획이 있었다. 몇 주 지나지 않아, 척이 이 사업을 추진할 종잣돈 1,000만 호주 달러[AUD]를 애틀랜틱을 통해 내놓았다. 미화 750만 달러에 해당하는 금액이었다. 여기에 호응해 퀸즐랜드주 정부가 1,500만 호주 달러, 오스트레일리아 연방 정부가 1,500만 호주 달러, 퀸즐랜드대학교가 학교 예산에서 1,500만 호주 달러를 내놓기로 약속했다. 이제 헤이는 연구소를 지을 5,500만 호주 달러를 확보했다. 연구소 건립은 헤이의 말마따나 "순식간에 거대한 사업"이 되었다. 연구소를 짓고 있을 때 하비 데일이 미국에서 헤이를 찾아와 기부금의 출처가 애틀랜틱이라는 사실을 철저히 비밀로 해달라고 못 박았다.

그 뒤 얼마 지나지 않아 퀸즐랜드주 수상으로 뽑힌 노동당 정치인 피터 비티도 연구소 건립에 크게 찬성해 8,000만 호주 달러를 더 내놓았다. 헤이가 그 뒤로 나타난 변화를 들려줬다.

"그때부터 우리는 경쟁을 거쳐 지원하는 연구 지원금에서도 돈을 많이 받았습니다. 이제는 전체 기금이 수억 달러에 이르고요. 퀸즐랜드대학교 분자생물학연구소는 오스트레일리아 대학교의 과학 연구소 가운데 손에 꼽게 주목받는 곳이 되었습니다."

동반 기부를 활용해 기금을 늘리는 척의 방식을 고스란히 보여준 분자생물학연구소는 잇달아 다른 사업으로 이어졌다. 그 덕분에 헤이는 오스트레일리아 생명공학·나노기술 연구소를 건립할 수 있었다. 전체 건립 기금 7,000만 호주 달러는 애틀랜틱, 퀸즐랜드주 정부, 퀸즐랜드대학교가 각각 3분의 1씩 내놓았다. 2006년까지 척이 퀸즐랜드대학교에 내놓은 기부금은 모두 1억 2,500만 호주 달러였다. 헤이에 따르면 다른 효과도 나타났다.

"우리가 두드러진 덕분에 이제는 다른 미국 단체들에서 지원금을 받고, 게이츠 재단에서도 하버드와 공동으로 주요 지원금을 받고 있습니다. 척 피니가 없었다면 이런 일은 일어나지 않았을 겁니다. 단언하건대 내가 브리즈번에 머문 이유는 척 피니입니다."

퀸즐랜드대학교 역사에서 척을 빼면 한 명뿐인 주요 기부자도 아일랜드 출신이었다. 척은 이 사실에 슬며시 웃음을 지었다. 현재 퀸즐랜드대학교는 1926년에 제임스 오닐 메인이 기부한 270에이커[33만 평] 위에 들어서 있다. 메인은 북아일랜드 티론주 출신인 아버지 패트릭 메인에게 물려받은 돈으로 이 땅을 샀다. 그런데 패트릭 메인은 술에 취한 어느 외지인이 강도에게 살해된 뒤 하루아침에 느닷없이 부유해졌었다. 그리고 죽기 직전, 자기가 범인이라고 털어놓았다. 퀸즐랜드대학교 평의회는 살인범의 재산을 기증받는다는 것이 내키지 않아 투표에 부쳤는데, 딱 한 표 차이로 기부를 받아들였다. 메인의 이름을 딴 메인 홀은 학교에서 가장 큰 회관이었다. 척은 750만 호주 달러를 기부해 이 건물을 미술관으로 탈바꿈시켰다. 이곳의 한 전시관에는 오스트레일리아 화가들이 기부한 자화상이 걸려 있다. 화가들에게 자화상을 기부받기란 척의 말마따나 '식은 죽 먹기'였다.

"전시관 소장품에 자기 그림이 걸리는 명성을 누리고 싶은 뛰어난 화가들이 많거든요."

그리고 리머릭대학교에서 에드 월시가 처음 생각해낸 모금 방식을 이용해, 사람들에게 자화상을 판 뒤 다시 대학에 기부하게 해 기금을 모았다.

전시관 개관식 날, 한 사진 기자가 척에게 다가와 물었다.

"척 피니 씨인가요?"

"아니오. 저기 있는 사람이 척 피니입니다."

사진 기자는 휴 런에게 다가갔다.

"브리즈번의 과학 발전에 이바지해주셔서 고맙습니다. 악수를 청해도 될까요?"

런은 어리둥절한 채 사진 기자와 악수했다. 사진 기자는 악수만 했을 뿐, 사진은 한 장도 찍지 않고 자리를 비켰다.

척이 퀸즐랜드를 찾았을 무렵, 때마침 이곳 수상 피터 비티가 그때껏 오스트레일리아 사람들이 낙후된 농업 지대쯤으로 여긴 퀸즐랜드를 발전시킬 계획을 세웠다. 당시 마흔여섯 살이던 비티는 퀸즐랜드를 '똑똑한 주'로 탈바꿈시켜 지식, 창작, 혁신 활동을 북돋고 똑똑한 인재들이 지역을 떠나는 현상을 어느 정도 막아보고 싶었다. 브리즈번 하면 생각나는 브리베가스, 카지노가 즐비한 도박 도시라는 이미지를 첨단 기술 도시로 바꾸기를 바랐다. 퀸즐랜드의 자동차 번호판에도 '똑똑한 주'를 박아넣었다. 가장 중요한 개선 의제는 교육 체제 개혁, 그리고 정보 기술과 생명공학의 연구 개발 장려였다.

척도 비티의 생각에 완전히 동의했다.

"내가 똑똑해야 주변에 똑똑한 사람들이 더 많아집니다. 게다가 퀸즐랜드에는 똑똑하고 영리한 젊은이들이 있었고요."

비티는 '똑똑한 주'가 자리 잡는 데 척이 없어서는 안 될 동반자였다고 말했다.

아이리시 클럽에서 함께 저녁을 먹은 로리 파월 교수의 퀸즐랜드 의학연구소도 새롭게 탈바꿈했다. 척은 퀸즐랜드 의학연구소가 암연구센터를 짓는 데 필요한 6,000만 호주 달러를 주 정부, 연방 정부와 동반 기부 형태로 지원했다. 이곳은 남반구에 처음 세워지는 암연구센터였다. 완공을 앞두고 500만 호주 달러가 더 필요해지자, 척이 파월에게 이름값을 받으라고 조언했다. 퀸즐랜드의 부유한 부동산 개발업자 클라이브 버고퍼가 이 돈을 기부하겠다고 손을 들었다. 오스트레일리아 기준으로는 대단한 자선 활동이었다. 수표를 기부할 때 버고퍼는 이렇게 말했다.

"나는 빌린 것도 없고, 할부로 산 것도 없고, 세를 낸 것도 없습니다. 내 것은 완전히 내 것입니다. 그리고 이제 버고퍼 암연구센터를 위해 사회에 되돌려줄 수 있어 무척 기쁩니다."

척은 암연구센터를 완공할 수 있어 기뻤다. 언젠가 척과 플레처가 클라이브 버고퍼 암연구센터를 가리키는 커다란 붉은색 표지판 옆을 지날 때였다. 플레처가 "저기 그 멍청이 이름이 있네요."라고 말했다.

"척이 벌컥 화를 냈습니다. '버고퍼는 멍청이가 아니야!' '그런 뜻이 아닙니다. 척이야말로 정말 좋은 사람이라는 뜻이에요. 저 건물을 세운 사람은 척이잖아요.'"

척은 자신이 기부한 건물에 다른 사람의 이름이 붙어도 상관 없었다.

"도서관에 누구 이름이 붙느냐는 중요하지 않습니다. 사람들이 이용할 도서관을 세울 수만 있다면요."

휴 런은 척의 기부가 퀸즐랜드에 어마어마한 영향을 미쳤다고 봤다.

"애틀랜틱이 퀸즐랜드대학교에 2,000만 달러를 기부해 만든 퀸즐랜드 두뇌연구소에서 브렌트 레이놀즈 박사가 인간의 뇌에서 줄기세포를 추출하는 내용을 강연했습니다. 그때 무려 천 명이 모였어요. 척 덕분에 브리즈번 사람들의 의식이 깨인 거지요. 뇌 강연에 천 명이 오다니요!"

꽤 만족스럽게도, 아일랜드와 달리 오스트레일리아에서는 필요한 돈 가운데 3분의 1만 기부하면 되었다.

"3분의 1은 우리가, 3분의 1은 해당 기관이, 3분의 1은 정부가 맡았습니다."

척은 애틀랜틱 필랜스로피를 이용해 호주 달러로 5억 달러가 넘는 기부금을 끌어냈다.

척은 돈뿐 아니라 협력도 끌어냈다. 척은 "우리가 당신을 도울 수 있습니다. 그리고 당신은 다른 사람을 도와야 합니다."라는 태도를 보였다.

맨 처음에 코넬대가 리머릭대를 도왔던 모범 사례를 활용해, 점점 확장하는 국제적 협력 관계에 오스트레일리아 대학들을 끌어들였다. 척과 애틀랜틱 필랜스로피는 미국, 아일랜드, 오스트레일리아, 그리고 나중에는 남아프리카와 베트남의 대학 총장, 학자, 과학자들을 설득해 서로 협력하고 돕게 했다.

레 년 프엉은 척이 오스트레일리아를 베트남의 지식과 기술을 발전시킬 발판으로 사용했다고 주장했다. 애틀랜틱은 베트남 학생들을 퀸즐랜드대학교로 유학 보내는 사업을 지원했다.

> 2005년 11월 어느 날, 척이 브리즈번의 퀸즐랜드대학교 교정에서 몇몇 유학생을 만났다. 하와이 셔츠에 편한 바지, 헐렁한 황갈색 카디건을 걸치고 나타난 척의 모습은 누가 봐도 인심 좋은 기부자와는 거리가 멀었다. 그래도 척 덕분에 자신들이 오스트레일리아에 올 수 있었다는 것을 알아챈 학생들이 척 주위로 몰려들어 함께 사진을 찍었다. 대학교 총장들에게는 허락되지 않던 행동이었다. 유학생 중에는 미모가 돋보이는 십 대 여학생들도 있었다. 척은 여학생들에게 이렇게 말했다.
>
> "열심히 공부하세요. 아름다움으로는 충분하지 않아요. 여러분이 성공하면 우리도 성공하는 겁니다. 여러분이 할 수 있는 일을 하세요. 베트남은 여러분이 돌아와 도움이 되기를 바랍니다."

척은 그동안 머문 모든 나라에서 그랬듯, 오스트레일리아에서도 온화한 태도, 사교성, 남다른 개성으로 새 친구들에게 사랑받았다. 존 헤이는 척을 이렇게 평가했다.

"척은 독특합니다. 대단한 사람이에요. 허영심이란 것이 거의 없어요.

내가 읽어야 할 서류와 기사를 무더기로 가져오곤 해 거의 산을 이룰 때도 있었어요. 그럴 때는 내가 '지난번에는 손가락 두 마디 두께였어요. 부지런히 좀 움직여요, 척!'이라고 말했지요."

퀸즐랜드공과대학교 부총장 피터 콜드레이크는 두 사람의 공동 관심사인 미국 정치를 토론하고 싶은 마음에 척의 방문을 기다렸다.

"척이 비닐봉지를 들고 나타나 신문에서 오린 기사와 신간 서적을 주곤 했습니다. 척은 바우어새를 빼다 박았어요. 내 책상을 보세요. 나도 바우어새입니다."

책상을 보니 온갖 서류가 정신없이 놓여 있었다. 바우어새는 온갖 잡동사니를 모아 둥지를 치는 오스트레일리아 새다.

척이 오스트레일리아에서 벌인 자선 사업은 눈부신 성공을 거뒀지만, 주요 사업 하나는 골치를 썩였다. 발단은 1989년에 당시 인터퍼시픽을 이끌던 폴 슬로슨이 퀸즐랜드 해안선에 있는 사우스 스트래드브로크 섬 일부를 사들인 것이었다. 슬로슨은 이곳에 클럽 메드 같은 리조트를 지어 일본인 관광객을 사로잡을 셈이었다. 브리즈번 남쪽에 길이 22㎞로 자리 잡은 이 섬에는 모래 언덕, 야자수뿐 아니라 세상 어디에서도 볼 수 없는 황금빛 왈라비[캥거루과에 속하는 동물]가 있었다.

이 무렵 인터퍼시픽의 최고 재무 책임자였던 데이비드 스미스가 내막을 설명해줬다.

"찾아보니 이 섬에 땅이 있더군요. 홀딱 반했죠. 한쪽에는 바다낚시에 딱 좋은 깊은 바다가 있고, 다른 쪽에는 윈드서핑에 딱 좋은 만이 있거든요. 그래서 계산기를 두드려봤습니다. 안타깝게도 수지가 맞지 않더군요. 시드니를 거쳐 브리즈번까지 날아온 관광객들을 모으고 이들을 섬으로 실어 나를 배를 댈 시설을 본토에 마련해야 했으니까요. 게다가 섬에서 필요한 모든 물품을 본토에서 실어 날라야 하고요. 쓰레기 처리도 문제였습니다. 거기에 리조트를 짓지 않는 것이 좋다고 봤어요. 그래서 그냥 내버려 두기로 했지요."

척은 1993년에 켄 플레처와 함께 배로 40분이 걸리는 이 섬을 찾아 둘러봤다. 플레처에 따르면 과연 리조트를 지을 만한 곳인지 의심이 들었다고 한다. 그래서 주 정부와 협의해 본토 땅 31에이커3만 8,000평와 맞바꾼 뒤 인터퍼시픽이 그 땅에 운동과 체력 단련을 즐길 수 있는 시설을 지어 수익을 시에 기부하기로 했다. 그런데 주 정부가 300만 호주 달러를 더 요구했다. 척은 거절했고, 합의는 없던 일이 되었다. 자신이 브리즈번에 최고급 스포츠 센터를 제공하려고 얼마나 애쓰는지를 관료들이 이해하지 못하자 척은 낙담했다.

"척이 완고할 때도 있습니다. 그럴 만할 때는요."

런던에서 캐넌 헬스&피트니스를 관리하던 론 클라크가 1994년 크리스마스 때 오스트레일리아를 찾았다가 이 섬을 둘러봤다. 숨이 멎게 아름다운 섬이라는 생각에 꽤 들뜬 론은 건축가가 그린 겨냥도와 사진을 들고 런던으로 돌아가 척에게 보여줬다. 그리고 섬 서쪽의 코란코브가 자연환경이 중심인 가족 리조트를 짓기에 완벽한 장소라며, 자기에게 리조트 개발을 맡겨달라고 설득했다. 클라크도 켄 플레처가 그랬던 만큼이나 향수병에 시달리던 참이었다. 캐넌 헬스&피트니스를 13년이나 관리한 터라 무언가 새로운 일을 하고 싶어 마음이 근질거리기도 했다. 척이 클라크의 제안을 받아들였다.

인터퍼시픽 이사회는 화들짝 놀랐다. 전직 육상 선수에게 리조트를 지을 전권을 맡긴다는 계획에 강하게 반대했다. 크리스 악슬리는 척에게 누군가가 클라크를 감독해야 한다는 메모를 보냈다. 짐 수얼리도 척에게 "그러지 마세요. 탈탈 털릴 겁니다."라고 말렸다. 수얼리는 땅 교환이 실패로 끝나는 바람에 주 정부에 화가 난 것이 척이 반대를 무릅쓰고 리조트를 짓기로 한 요인이었으리라고 봤다.

"척한테 나와 좀 비슷한 구석이 있거든요. 고집불통인 아일랜드 사람이요."

그래도 척은 클라크를 성실한 관리자이자 위대한 운동선수로 여겼고, 캐넌에서 클라크가 이룬 일들을 높이 샀다.

플레처는 론 클라크가 자기 영역을 침범한다고 여겨 몹시 분노했다. 자신이 코란코브 개발에 반대하는 데다 클라크를 싫어한다는 것을 알고서, 척이 자신에게 차갑게 군다고 느꼈다. 악슬리는 클라크가 마치 혼자 달리는 사람처럼 인터퍼시픽에 제대로 된 사업 계획서도 주지 않은 채 개발을 시작했다고 비난했다. 악슬리에 따르면 이 개발은 타당성 조사가 충분하지 않았고, 사업을 조각조각 쪼개는 방식을 썼고, 책임을 제대로 묻지도 않았다. 이 무렵 척은 DFS 지분 매각을 둘러싼 다툼에 정신을 뺏긴 나머지, 코란코브 개발이 어떻게 진행되는지 직접 평가할 시간이 거의 없었다.

태평양의 한 섬에 친환경 리조트를 개발하는 데는 만만찮은 문제들이 있었다. 22만 5,000톤에 이르는 산성 토양을 걷어내야 했고, 자연스러운 초호를 만드느라 습지를 파내야 했다. 본토와 연결되는 전력선이 없어 자체 전력을 생산하고, 물을 정화하고, 쓰레기를 처리해야 했다.

처음 추산한 개발비는 3,000만 호주 달러였다. 하지만 머잖아 6,000만 호주 달러로 오르더니 모든 비용이 쭉쭉 늘어 9,000만 호주 달러까지 치솟았다. 1998년 9월에 리조트가 완공될 무렵에는 믿기지 않게도 1억 8,500만 호주 달러에 이르는 바람에, 세상에서 건설비가 가장 많이 든 리조트가 되었다. 웬만한 개발 회사라면 파산할 액수였지만, 인터퍼시픽의 모회사인 제너럴 애틀랜틱 그룹이 그해에 벌어들인 투자 수익이 10억 달러였다. 플레처는 건설비 초과를 호되게 비판했다.

"클라크가 건설비를 눈덩이처럼 불리는 데도 왜 척이 그냥 내버려 뒀는지, 나는 알다가도 모르겠습니다. 척은 정말 속이 좋은 사람입니다."

클라크에게 어떻게 건설비가 그렇게 많이 늘어났는지를 이메일로 물어보았다.

"상세한 지출 보고서를 다달이 미국으로 보내 회계 담당자들에게 통제받았습니다. 변경이 생길 때마다 이유를 설명했고요. 큰 문제는 그 지역을 뒤덮은 산성 토양이었습니다. 처음 조사 때보다 산성도가 높아, 현지 대학에 의뢰해 완전히 새로운 처리 기법을 개발해야 했거든요. 그다음으로는 지방 정부의 규제 탓에 기반 시설이 꽤 늘어났습니다. 모든 하수를 3차 처리해야 해 새로 처리장을 만들었고, 수자원 관리를 엄격하게 적용해 날마다 석호를 청소해야 했습니다."

코란코브 리조트는 1998년 8월에 문을 열었다. 개장일에는 몇몇 올림픽 육상 선수와 오스트레일리아의 저명인사를 포함해 400명에 이르는 귀빈이 해상 산책로에서 만찬을 즐겼다. 언론은 클라크를 부동산 개발의 선지자라 일컬었다. 코란코브는 오스트레일리아에서 환경, 설계, 건축, 토목과 관련한 상을 열다섯 개나 받았다. 그럴 만도 한 것이, 세계의 어떤 휴양 리조트보다 다양한 오락 시설과 스포츠 시설이 있었다. 레인 세 개짜리 150*m* 육상 경주장은 첨단 레이저 기술을 갖춰, 주자가 5*m* 간격으로 놓인 레이저 불빛을 지날 때마다 시간을 기록했다. 따뜻한 물로 채워진 25*m*짜리 수영장, 테니스장, 농구장, 인공 암벽 등반장, 밧줄 건너기 체험장, 자전거 도로, 외부 운동 시설, 셔플보드 경기장, 야구 연습장이 있었다. 숲과 어우러진 통나무집, 바닷가에 자리 잡은 숙소, 식당, 요트 여든네 척을 댈 수 있는 정박지, 열대 우림 사이로 놓인 산책로,

화실, 매점, 결혼식장도 빼놓을 수 없는 매력이었다.

하지만 코란코브 리조트는 수익을 내지 못했다. 해마다 적자를 거듭한 끝에 2006년 5월에는 구조 조정에 들어가 정규직과 임시직을 합쳐 전체 직원 중 3분의 1인 100명을 해고했다. 척은 해마다 수익이 나기를 바라서는 안 되고 언젠가는 리조트를 팔기 좋은 때가 오리라고 봤다. 하지만 경비는 5성급 호텔 수준으로 드는데, 매출은 친환경 리조트 수준이라는 문제가 있었다.

척은 계속 클라크를 신뢰해 다른 사업까지 맡겼다. 클라크가 브리즈번의 런어웨이 베이에 선정한 부지에 인터퍼시픽의 기금으로 최신 스포츠 센터를 짓는 일을 감독하는 임무였다. 이곳에는 이탈리아 몬도사의 트랙이 깔린 육상 경기장, 체육관, 수영장, 스포츠의학 시설, 운동선수용 숙소가 들어섰다. 척은 이곳에서 나는 수익을 시 의회와 나눠 더 많은 스포츠 시설을 짓고 '도움이 필요한 아이들'이라는 자선 단체에 기부할 셈이었다. 악슬리에 따르면 코란코브와 비슷하게 이곳에서도 건설비가 올라갔다. 처음에 1,000만 호주 달러로 잡았던 비용이 2,000만 호주 달러로, 다시 3,000만 호주 달러로 늘었다.

공사가 끝나자, 클라크가 고향인 오스트레일리아 남부 빅토리아주로 돌아가 '오스트레일리아 자선 사업 장려 위원회'를 꾸려 운영하고 싶다고 제안했다. 척은 이 제안을 지지했다. 이에 따라 애틀랜틱 필랜스로피는 이 단체에 3년 동안 750만 호주 달러를 지원하기로 하고 먼저 200만 호주 달러를 제공했다. 빅토리아주의 수도 멜버른으로 옮긴 클라크는 2001년 9월부터 위원회 활동을 시작했고, 오스트레일리아에 자선 문화가 부족하다고 거칠게 비판했다.

"우리나라의 자선 기부금이 어느 나라보다도 뒤처진다니, 기가 막힙니다."

척은 이전부터 빅토리아주의 주요 대학교가 추진하는 사업들을 지원했다. 어느 아침 일찍 척이 브리즈번에서 멜버른으로 날아와 온종일 클라크와 함께 여러 수혜처를 방문했다. 로열 멜버른 병원, 월터&엘리자 홀 의학연구소, 앨프리드 병원, 멜버른대학교가 애틀랜틱에서 모두 합쳐 1억 2,500만 호주 달러를 지원받았다.

"멜버른대학교 정문을 나설 때, 내가 택시를 잡으려고 오른쪽으로 갔습니다. 척이 묻더군요. 전차를 타는 곳은 왼쪽이지 않으냐고요. 맞는 말이었습니다. 그래서 왼쪽으로 가 전차에 올라탄 뒤 멜버른 곳곳을 돌아다녔습니다. 무려 1억 2,500만 달러를 기부한 사람이 10달러를 아끼려고 택시 대신 전차를 타다니, 내 생각에는 앞뒤가 맞지 않았습니다."

그러던 2001년 4월 1일 일요일, 클라크와 애틀랜틱 필랜스로피의 사이가 멀어지는 일이 생겼다. 멜버른의 일간지 〈에이지〉에 "애틀랜틱 재단과 애틀랜틱 신탁의 대리인인 클라크가 오스트레일리아의 다양한 사업들이 1억 6,300만 호주 달러를 익명으로 기부받도록 도왔다"라는 틀린 정보가 실렸기 때문이다. 하비 데일은 클라크가 이 정보를 흘렸으리라고 의심했다. 클라크는 펄쩍 뛰었다.

"내가 비밀을 흘렸다고 생각하다니, 솔직히 말해 모욕이었습니다."

2002년 10월 6일, 이번에는 퀸즐랜드의 주간지 〈선데이 메일〉에 비슷한 기사가 실렸다.

> *'이 미국인 이타주의자가 오스트레일리아에서 어디에 기부금을 줘야 할지 조언을 구할 때 클라크가 그의 눈과 귀가 되었다. … 지난달까지 이들은 오스트레일리아에 거의 2억 달러를 기부했었다.'*

애틀랜틱과 클라크의 사이는 더 멀어졌다.

척과 클라크의 우정도 사그라들었다. 계기는 2003년에 클라크와 런어웨이 베이가 ABC 방송국을 상대로 소송을 내면서부터였다. 1999년 11월, ABC가 런어웨이 베이 스포츠 슈퍼 센터가 오염된 쓰레기 매립장 위에 지어졌고, 이는 퀸즐랜드 역사상 손꼽히게 추악한 개발 비리라고 보도했다. 클라크는 브리즈번에서 명예훼손 소송을 걸려고 했다. 인터퍼시픽 변호사들은 경제 손실을 증명하기 어렵다는 이유로 반대했다. 클라크는 브리즈번 대신 멜버른에서 명예훼손 소송을 제기해, 보도 내용이 사실이 아니라는 근거로 사과와 소송비용을 요구했다. 7월 4일, 여섯 명으로 구성된 배심원단은 ABC 방송국에 클라크에게 71만 700호주 달러를, 런어웨이 베이 센터에 38만 6,250호주 달러를 손해 배상금으로 지급하고 소송비용도 지급하라고 명령했다. 빅토리아주 역사상 가장 금액이 큰 명예훼손 배상금 판결이었다.

ABC는 항소했다. 3인 합의부인 빅토리아주 항소 법원이 2003년 6월에 사건을 심리하기로 일정이 잡혔다. 런어웨이 베이 센터를 대리하는 베르너 그레프와 클라크는 법정 밖에서 더 적은 액수에 합의했다. 합의에 따라 클라크는 40만 5,000호주 달러를, 런어웨이 베이는 8만 1,000호주 달러를 받기로 했다. 척은 손해 배상금을 모두 런어웨이 베이가 가져야 한다고 주장했다. 클라크는 반발했다. 그리고 자기에게 배상금을 받을 권리가 있다고 확인하는 소송을 제기했다. 하지만 척의 조언에 따라 물밑에서 합의했다. 클라크는 "내가 받은 보상금은 죄다 자선 단체에 기부했습니다."라고 단언했다. 하지만 이 소송은 척과 클라크의 인연에 마침표를 찍었다.

"내 평생 누구한테 소송을 당해본 것은 그때가 처음이었습니다."

애틀랜틱 필랜스로피는 계약 기간 3년이 끝난 2003년을 마지막으로 자선 활동 장려 위원회를 지원하지 않았다. 그동안 위원회가 모은 기부금은 연간 100만 호주 달러뿐이었다. 클라크가 미국인 자선가들과 동반 기부하게 오스트레일리아 자선가들을 설득했다는 증거는 거의 없었다. 오스트레일리아 최대 부자였던 언론 재벌 케리 패커는 2006년 사망했을 때 순자산이 40억 달러가 넘었는데도 자선 재단을 만들지 않았다. 론 클라크는 오스트레일리아 부자들 사이에 인색함이 퍼져 있다고 비난의 화살을 돌렸다.

"이렇게 말하기는 싫지만, 척이라는 멋진 본보기가 있고 세계 곳곳에서 갈수록 많은 사업가가 공동체에 더 많이 공헌하는데, 우리나라의 경제계 지도자들은 예나 지금이나 한결같이 이기적입니다."

척은 자선 사업 장려 위원회의 실패를 한 마디도 비난하지 않았다.

"실패한 노력도 노력입니다."

2007년 3월에 브리즈번을 방문했을 때, 척은 2006년 기준으로 오스트레일리아의 200대 부자들 자산이 총 1,000억 호주 달러에 이른다는 데 주목했다. 척은 이들이 아직 자선 사업의 기쁨을 알지 못한다며, 이들에게 지도자의 자세를 요구했다.

론 클라크는 그 뒤 퀸즐랜드로 돌아왔다. 그리고 2004년 3월, 브리즈번 남쪽에 자리 잡은, 해변과 관광 명소로 유명한 휴양 도시 골드코스트의 시장으로 뽑혔다.

2006년 2월 11일, 플레처가 세상을 떠났다. 브리즈번에서 열린 장례식에 모인 많은 사람이 플레처의 전설 같은 테니스 실력을 언급했다. 하지만 모든 추도 연설 가운데 가장 멋진 찬사는 플레처가 척 피니를 오스트레일리아로 데려왔다는 것이었다.

장례가 끝난 뒤, 척은 그야말로 흔치 않은 일을 했다. 친구 플레처를 기리고자, 처음으로 오스트레일리아 방송국과 인터뷰에 나섰다. 그 무렵에는 익명 기부라는 원칙이 무색하게도, 오스트레일리아에서 척은 숭배의 대상 같은 존재가 되어 있었다. 2006년 10월 23일, 척은 퀸즐랜드주 수상 피터 비티와 함께 오스트레일리아 생명공학·나노기술 연구소 개소식에 등장했다. 브리즈번의 일간지 〈쿠리어 메일〉은 척과 비티가 같이 크게 웃음을 터트리는 모습을 사진에 담았다. 기사를 쓴 테스 리빙스턴은 이렇게 적었다.

"이 두 남성을 보라. 겸손하고 낯을 가리는 한 명은 퀸즐랜드를 '똑똑한 주'로 탈바꿈시켰다는 칭송을 받아 마땅한 사람이다. 그리고 다른 한 명은 수상이다."

26

아일랜드의 개혁을 위해

다른 나라들로 기부 활동을 넓히는 사이, 척은 아일랜드에서 더 큰 사업을 준비하고 있었다. 척의 자선 활동 중 가장 주목할 만한 이 일은 1997년 10월 21일에 애틀랜틱 필랜스로피 이사회가 더블린을 방문했을 때 존 힐리가 마련한 만찬에서 첫발을 떼었다.

이 만찬에 아일랜드 교육부의 고위 관료인 돈 손힐도 초대되었다. 손힐은 자신을 초대하는 여러 행사를 대부분 거절했다. 하지만 잘 모르는 곳이긴 해도 애틀랜틱 필랜스로피가 아일랜드의 여러 대학에 수백만 달러를 기부하는 은밀한 자선 단체라는 소문을 들었던 터라 중요한 행사라는 직감이 들었다.

만찬이 열린 곳은 제너럴 애틀랜틱 그룹이 보유한 조지 왕조식 건물 헤리티지 하우스였다. 만찬장에 도착한 손힐은 주빈 테이블로 안내받았다. 같은 테이블에 노벨 문학상 수상자인 시인 셰이머스 히니와 히니의 아내이자 작가인 마리 히니, 그리고 미국인 두 명이 앉아있었다. 위풍당당한 풍채에 머리가 벗어진 하비 데일이라는 사람은 자신을 뉴욕대학교 출신의 변호사라고 소개했다. 그리고 키가 작고 온화해 보이는 사업가가 자신을 척 피니라고 소개했다. 피니라는 이름을 듣자 손힐의 머릿속에 문득 떠오르는 것이 있었다. 북아일랜드 평화 협상에 참여한 아일랜드계 미국인!

힐리는 아일랜드의 유명 인사가 애틀랜틱 필랜스로피 이사회의 행사를 빛내주기를 바라는 마음에 셰이머스 히니를 만찬에 초대했다. 그리고 더블린의 해안 지역에 사는 히니를 찾아가 척 피니가 익명으로 북아일랜드와 아일랜드공화국에 수억 달러를 기부했다는 비밀을 털어놓았다. 만찬에서 셰이머스 히니가 일어나 50명 남짓한 손님들에게 축사를 건넸다. 이런저런 여담을 마친 히니가 말했다.

"신사 숙녀 여러분, 이제 눈치채셨겠지만, 저는 오늘 말하려는 주제에 슬그머니 다가서고 있습니다. 왜냐면 애틀랜틱 재단이 오랫동안 펼쳐온 믿기지 않은 자선 사업을 흉내 내고 싶어서입니다. 제가 오늘 이곳에 온 까닭은 애틀랜틱의 위대한 활동과 애틀랜틱 이사회의 과묵함에 감사드리고 싶어서입니다. 그중에서도 유명한 척 피니 씨는 오늘 밤 제가 이름을 자주 언급하는 점을 양해해 주셨으면 합니다. 애틀랜틱 재단이 아일랜드에 개입한 덕분에 새 시대가 열렸습니다. 이 새로운 시대는 자선 활동이라는 멋진 전통의 결과물이기도 하지만, 척 피니라는 사람이 위대한 이타심을, 진정한 프란체스코회의 절제와 르네상스 시대의 기품을 보여준 덕분입니다. 휴전, 벨벳 혁명, 애틀랜틱 재단은 20세기가 끝나갈 무렵 일어난 일을 물밑에서 떠받쳤습니다."

그리고 빌 클린턴 대통령이 아일랜드에서 여러 번 인용하기도 한 자신의 극시 〈트로이의 해법〉에 나오는 감동적인 구절을 읊는 것으로 축사를 마쳤다.

역사는 말하네

이승에서는 희망을 품지 말라고.

허나 평생에 한 번은

간절히 기다리던

정의의 물결 일어나

희망과 역사가 함께 노래하리.

그야말로 거창다운 축사였다. 웬만하면 찬사와 감사를 마다하는 척도 이때만큼은 깊이 감동했다. 참석자들이 우레와 같은 박수를 보낼 때, 척이 조용히 읊조렸다.

"내 잔이 넘치나이다."성경 시편 23편 5절

돈 손힐은 척이 무척 겸손하고 유쾌한 사람이라는 인상을 받았다. 그러면서도 누군가가 자기를 일부러 그 자리에 앉혀 놓고 관찰하고 있다는 느낌이 들었다.

"나는 어찌할 바를 몰랐습니다. 엘리자베스 테일러의 남편들이 그랬듯, 어떻게 행동해야 할지 참으로 막막했습니다."

손힐의 짐작은 사실이었다. 존 힐리가 이를 확인해줬다.

"실제로 우리는 손힐을 관찰했습니다. 구애를 하고 있었달까요."

척, 하비 데일, 존 힐리는 중요한 관료인 돈 손힐을 여러 해에 걸쳐 발전시킨 은밀한 방식으로 주의 깊게 살펴보고 있었다. 아일랜드의 교육을 개선할 방대한 계획을 세웠으므로, 정부 조직에 믿을 만한 상대가 있어야 했다.

척은 정말로 큰일을 하고 싶은 마음이 간절했다. 애틀랜틱 필랜스로피의 재정 상황이 한층 더 탄탄해졌으므로, 척은 건물을 짓는 데 그치지 않고 날로 성장하는 아일랜드 경제에 엄청난 영향을 줄 일을 찾고 있었다. 속도를 바꿔, 새로운 수준에서 아일랜드 정부가 상상도 못 할 규모로 대학원 연구를 지원하고 싶었다. 아일랜드가 앞으로 번영하느냐 못하느냐가 새로운 지식을 만들어내느냐에 달려 있는데도, 정부는 대학원 연구에 공적 기금을 투자하지 않았다. 수십 년에 걸친 실정이 끝나고 보호무역의 장벽이 걷힌 덕에 경제가 활기를 띠는데도, 연구 분야는 여전히 황량했다. EU에서 비영리 기금을 어느 정도 지원했지만, 아일랜드 정부의 연구·개발 지원금은 유럽 평균에 견줘 겨우 11%뿐이었다. 게다가 대학들이 저마다 따로 놀아 협력이라고는 눈 씻고 찾아봐도 없었다.

애틀랜틱은 이제 재단 역사상 처음으로 정부와 직접 협상에 나설 참이었다. 목표는 우리가 이만큼을 내놓을 테니 당신들도 그만큼을 내놓으라고 아일랜드 정부를 설득하는 것이었다.

놀랍게도, 교육·과학부 사무총장인 돈 손힐은 지난 10년 동안 아일랜드 대학들을 지원한 주역이 척이라는 사실을 몰랐다. 그래서 만찬이 끝난 뒤 고위 관료인 패디 맥도나에게 애틀랜틱 필랜스로피가 어떤 곳인지 좀 알아보라고 지시했다. 외교부에 연락해 본 맥도나가 이렇게 보고했다.

"무척 비밀스러운 단체입니다. 그곳에 조금이라도 접근했다가는 그걸로 끝이라는군요. 모든 연락이 끊긴답니다."

존 힐리가 현대 유럽에서 교육 분야의 단일 자선 사업으로는 가장 규모가 클 일의 첫 삽을 떴다. 헤리티지 하우스에서 만찬을 연 지 몇 주 뒤, 힐리는 이제 고등교육청 집행 이사가 된 돈 손힐, 손힐의 후임으로 교육·과학부 사무국장이 된 존 데니히, 교육부 장관 자문인 패디 맥도나를 그라프턴 거리에 있는 웨스트베리 호텔의 식당으로 초대해 함께 아침을 먹었다. 식사를 마치고 커피를 마실 무렵, 힐리가 말을 꺼냈다.

"이제는 우리가 여러 대학에서 무슨 일을 하는지 익히 들었을 테니,

우리가 믿을만하다는 것을 아시리라 생각합니다. 우리는 아일랜드의 연구 역량이 보기 딱할 정도로 약하므로 이 역량을 키워야 한다고 생각합니다. 그러니 여러분은 연구 분야에 더 투자해야 합니다. 우리와 함께 일해보지 않으시겠습니까?"

그리고 또 물었다.

"애틀랜틱이 7,500만 아일랜드 파운드미화 1억 2,500만 달러를 내놓는다면 아일랜드 정부에서도 그만큼을 내놓으시겠습니까?"

손힐, 데니히, 맥도나는 충격에 아무 말도 하지 못했다. 이 사람이 제정신으로 하는 소린가, 하는 표정이었다.

힐리가 계속 말을 이었다.

"생각해보십시오. 우리는 굳이 아일랜드에 돈을 쓰지 않아도 됩니다. 미국, 오스트레일리아, 베트남. 일할 곳은 많으니까요. 나와 함께 일하는 콜린 맥크리는 오늘 오스트레일리아에 가려고 공항에 가느라 이 자리에 함께하지 못했습니다. 퀸즐랜드대학교와 아주 흥미로운 사업을 진행할 생각이거든요."

손힐이 빠르게 결단을 내렸다.

"좋습니다. 그렇게 하시지요. 제가 서류를 작성하겠습니다."

손힐은 연구 분야에 막대한 기금을 받고 싶은 마음이 간절했다.

"그 무렵 대학 졸업생들이 나라 밖으로 빠져나가, 정보 통신 기술 분야에서 인력이 크게 부족했습니다."

앞서 1997년 6월에 새 정부가 들어섰을 때도 손힐은 서른일곱 살에 새로 교육부 장관이 된 미할 마틴에게 재무부 장관과 맞서 싸워, 최근에 재무부에서 거절한 대학교 정보 기술 시설 투자비 5,000만 아일랜드 파운드IEP를 확보해 달라고 요청했다. 하지만 남의 말에 쉽게 넘어가는 마틴 장관이 재무부 장관과 만났다가 잔뜩 흔들린 탓에 달랑 500만 파운드만 받아왔다. 이마저도 실제 예산에서 400만 파운드로 줄었다.

웨스트베리 호텔에서 아침 모임이 있은 지 얼마 뒤, 하비 데일이 아일랜드에 도착했다. 데일과 힐리가 말버러 거리에 있는 교육·과학부에서 관리들과 정식으로 만났다. 데일과 힐리가 제안 내용을 상세히 설명하자, 데니히가 애틀랜틱 필랜스로피가 정말로 7,500만 아일랜드 파운드를 내놓을 수 있다고 믿어도 되느냐고 물었다. 데일이 데니히를 차갑게 바라보는 사이 힐리가 답했다.

"우리 기록을 찾아보시지요."

이번에는 데일이 관리들에게 애틀랜틱이 아일랜드 정부를 신뢰해도 되느냐고 되물었다.

"지금껏 애틀랜틱은 아일랜드 정부와 한 번도 동반 기부를 한 적이 없습니다. 정부가 바뀌면 무슨 일이 벌어질지 어찌 압니까? 누군가가 수상이나 교육부 장관에게 익명 기부자가 누구냐고 묻는다면요? 아일랜드 정부가 약속을 지키지 못한다면 어떻게 해야 할까요? 우리는 아일랜드 정부를 고소하지도 못합니다. 권력을 쥐고 있으니까요."

손힐이 맞받아쳤다.

"당신들도 권력을 쥐었잖습니까!"

손힐은 애틀랜틱도 아일랜드 정부만큼이나 사업을 없던 일로 할 수 있고, 애틀랜틱이 약속을 지키지 않더라도 고소당하지 않으리라고 생각했다. 이때부터 데일은 손힐을 존경하고 존중했다.

"손힐이 없었다면, 아일랜드 정부와 합의가 안 됐을지도 모릅니다."

손힐은 이 계획의 핵심 설계자가 되었다.

더블린을 방문한 척도 교육부 장관 미할 마틴을 만나, 아일랜드가 연구 분야에 돈을 더 많이 써야 한다는 말로 투자 계획에 힘을 실었다. 이 이야기를 들은 손힐이 일곱 대학의 총장들과 만난 자리에서 일부러 짓굿게 소식을 전했다.

"아, 그런데 장관께서 최근에 척 피니와 이야기를 나누셨답니다."

분위기가 순식간에 싸늘해졌다.

"총장들은 정치인과 관료들이 자기네 영역에 발을 들인다는 생각에 몹시 언짢아했습니다. 그럴 만도 했지요."

교육부 고위 관료 패디 맥도나와 교육부 장관의 정치 자문인 피터 맥도나두 사람은 혈연관계가 아니다가 애틀랜틱의 제안을 관료 제도 안으로 끌어들였다. 동반 기부로 7,500만 아일랜드 파운드를 내놓으라는, 전에 없을뿐더러 기이하기까지 한 요구에 재무부 관료들이 일부러 일을 질질 끌었다. 검토가 계속 늘어지자, 척이 새로 수상 자리에 오른 버티 어헌을 만난 자리에서 못을 박았다.

"아일랜드 정부에 아주 흥미로운 제안을 내놓았다고 해서 언제까지 아일랜드 정부만 쳐다보고 있지는 않겠다고 명확히 밝혔습니다. 기본적으로 우리는 아일랜드 정부가 마땅히 투자해야 할 돈을 투자하지 않는다는 사실이 못마땅했습니다. 그래서 '이보세요, 솔직히 당신들은 연구 분야에 투자해야 합니다. 우리가 건물을 지은 덕분에 당신들한테 실험실과 강의실이 생겼잖습니까.'라고 말했지요."

그 뒤로 재무부 관료들이 꽤 고분고분해졌지만, 교육부와 재무부의 협상이 질질 늘어지기는 마찬가지였다. 손힐의 말마따나 "넌더리가 날 지경"이었다. 힐리는 갈수록 짜증이 났다.

1998년 11월 10일 화요일, 마침내 관료들에게 최후통첩을 날렸다. 토요일인 11월 14일 오후 1시에 남아프리카에 가려고 공항으로 떠날 예정이니, 그때까지 동반 기부를 승인하라. 그렇지 않으면 제안은 없던 일로 하겠다.

패디 맥도나는 재무부에 어떤 위기가 닥쳤는지를 알렸다. 11월 13일 금요일 오후 4시 반, 사람들이 주말을 맞아 퇴근을 준비하고 있을 때 재무부에서 맥도나에게 서류 하나를 보냈다. 맥도나가 애틀랜틱의 제안을 요약해 보냈던 서류로, 누군가가 휘갈겨 쓴 글이 적혀 있었다. 교육부의 요청을 승인한다는 뜻이었다. 애틀랜틱이 익명으로 내놓을 7,500만 아일랜드 파운드에 맞춰 재무부가 세금 7,500만 아일랜드 파운드를 내놓기로 했다. 그리고 다음 주 목요일에 버티 어헌 수상이 민간 기금 7,500만 아일랜드 파운드를 합쳐 연구 분야에 1억 5,000만 아일랜드 파운드를 지원한다고 발표할 예정이었다.

대학 총장들에게는 민간 기금을 애틀랜틱 필랜스로피가 내놓을 테니 대학 스스로 이 기금을 모금해야 할까 봐 우왕좌왕하지 말라는 소식을 조용히 전하기로 했다. 돈 손힐이 아일랜드 대학총장회 의장 다니엘 오헤어에게 11월 14일 토요일 아침에 볼스브리지에 있는 자기 사무실에서 조용히 만나자고 요청했다. 손힐의 사무실에 도착한 오헤어는 함께 있는 존 힐리를 보고 애틀랜틱과 관련한 일이라는 것을 알아챘다.

손힐이 말을 꺼냈다.

"타라(애틀랜틱 필랜스로피)와 정부가 연구 분야에 1억 5,000만 파운드를 지원하기로 합의했습니다. 회장님이 대학 총장들에게 이 사실을 알려주셨으면 합니다. 다른 사람들한테는 절대 알리지 마시고요."

오헤어는 너무 놀라 할 말을 잃었다.

"세상에, 이런!"

손힐의 사무실을 나설 때는 이런 생각이 들었다.

"맙소사! 내가 제대로 들은 거겠지?"

손힐의 말마따나 "그야말로 첩보영화 같은 일"이었다.

"비밀 유지에 엄청나게 신경 쓰느라 전화조차 사용하지 않았습니다."

자기들끼리 척과 애틀랜틱을 이야기할 때도 이름을 입에 올리지 않고, '우리 친구'나 '서로 아는 친구'라고 불렀다. 교육계에서 척을 잘 아는 사람들은 척을 은밀히 언급하는 데 익숙해졌다. "입에 올려서는 안 되는 사람을 이야기하던 중이었습니다."와 같은 표현이 자주 등장했다.

대학 총장들이 정부에 기금을 요청하면 공무원들이 "비밀 집단이 나머지 반을 내놓으리라고 생각합니까?"라고 묻곤 했다. 이런 상황에 기가 막힌 오헤어가 한번은 힐리에게 요청했다.

"존, 제발 이 익명에서 벗어나면 안 되겠나? 이젠 정말로 우스갯거리가 되었단 말일세!"

다음 주 목요일, 더블린에서 열린 기자 회견에서 어헌 수상이 '3차 교육 기관 연구 지원 프로그램PRTLI'에 1억 5,000만 아일랜드 파운드를 투자해 실험실, 컴퓨터 학습 시설, 연구 도서관 설립 등 연구 분야를 지원하겠다고 발표했다. 애틀랜틱은 언급하지 않은 채, 투자금 절반을 "대학교와 기술 교육 기관이 모금할 민간 기금"으로 충당할 예정이라고만 밝혔다.

그런데 안타깝게도, 아일랜드 정부가 약속을 어길 위험이 있다고 본 데일의 걱정이 현실로 드러났다. 정부는 연구 지원 기금을 여러 해 동안 3단계에 걸쳐 제공할 예정이었다. 그런데 2002년 들어 미국 IT 분야의 거품이 꺼지자 아일랜드 경제가 발목을 잡혔다. 2002년 5월 총선 뒤 새로 교육부 장관이 된 노엘 뎀프시도 예산을 깎으라는 압력을 받았다. 뎀프시는 빈곤층과 사회 약자에 우선순위를 뒀다. 게다가 대학교를 특권층의 요새로 봤다. 다급해진 애틀랜틱은 3단계에 들어선 연구 지원 프로그램의 예산은 깎지 않겠다는 확답을 요청했다. 정부는 답이 없었다. 돈 손힐은 뎀프시에게 과격한 조처만은 하지 말아 달라고 호소했다. 그러나 2002년 11월 14일, 뎀프시는 연구 분야에 자금 지원을 모두 '중단'한다고 발표했다. '중단'이 곧 '취소'는 아니었기에 어느 정도 위안은 되었지만, 손힐에게는 공무원 생활 가운데 손에 꼽게 참담한 순간이었다.

이 사실을 애틀랜틱 필랜스로피에 알려주는 사람조차 없었다. 당시 재단의 최고 경영자였던 존 힐리는 "속상하다는 말로는 부족할 만큼" 화가 치밀었다. 아일랜드 곳곳에서 진행 중이던 대규모 연구 지원 프로그램들이 무너질 판이었고, 대학교의 협약 사업이 위기에 놓였고, 연구 분야의 신뢰가 산산조각이 났다.

"나는 우리와 정부가 동업 관계라고 생각했습니다. 그런데 동업자를 이렇게 대하지는 않지요. 우리는 즉시 대학교와 고등교육청에 말했습니다. 정부가 돈을 내놓지 않으면 우리도 내놓지 않겠다고요. 그래서 우리도 연구 지원을 중단했습니다."

애틀랜틱은 여러 달 동안 연구 기금을 중단했다. 수상이 나서야만 이 사태를 끝낼 수 있다는 것이 명확해졌다. 마침내 애틀랜틱 이사회가 더블린을 찾았다. 2003년 10월 1일, 척, 프랭크 로즈, 존 힐리, 그리고 힐리의 뒤를 이어 더블린 사업을 맡은 콜린 맥크리가 버티 어헌 수상을 만나고자 어퍼 메리온 거리에 자리 잡은 정부 청사로 향했다. 차를 타고 가는 동안, 누가 악역을 맡을지 궁리한 끝에 힐리가 맡기로 했다.

어헌 수상의 집무실에서 척은 부러진 안경을 안테나처럼 삐죽 솟은 클립으로 고정해 귀에 걸치고 조용히 앉아있었다. 그사이 힐리가 태도를 분명히 밝혔다.

"그날 나는 티셔흐[당시 아일랜드 수상]의 집무실에서 살갑게 굴지 않았습니다. 아주 딱 부러지게 나갔지요. 티셔흐에게 우리가 무척 마음이 상했다고 말했습니다. 동업자로서 아무런 연락을 받지 못해 실망했다고요. 굳이 아일랜드에서 돈을 써야 할 까닭이 없으니 만약 정부가 계속 진지하게 나오지 않으면 우리도 손을 떼겠다고 못을 박았습니다."

어헌이 답을 내놓았다.

"이건 우리가 해결할 수 있습니다."

원래 이 회동은 언론에 알리지 않은 채 은밀하게 열렸다.

"그런데 무척 흥미로운 일이 벌어졌습니다. 이튿날 〈아이리시 타임스〉에 회동 내용이 기사로 실린 겁니다."

이 신문의 교육부 전담 기자 션 플린은 이렇게 적었다.

'은둔 생활을 하는 아일랜드계 미국인 억만장자 찰스 피니 씨가 어헌 수상을 만나 … 정부가 연구 지원 기금 삭감을 풀지 않으면 … 대학교에 민간 기금 지원하지 않겠다고 경고했다.'

힐리가 보기에 이 이야기를 언론에 흘릴 만한 사람은 어헌 수상밖에 없었다.

'수상이 뎀프시 장관을 이렇게 압박하려 하는구나.'

그리고 5주 뒤, 연구 지원 '중지'가 끝났다.

손힐은 애틀랜틱이 활기를 불어넣은 지원 프로그램 덕분에 아일랜드에서 연구 기금 지원에 엄청난 변화가 일어났고, 연구 분야가 완전히 탈바꿈했다고 회고했다. 다니엘 오헤어는 연구 지원 프로그램이 "아일랜드의 연구 지원 체계에 아주 좋은 영향을 미쳐 자질구레한 것들을 모두 사라지게" 했다고 추켜세웠다. 더블린대학교 총장 휴 브래디는 애틀랜틱이 아일랜드의 연구 분야를 탈바꿈시킨 촉매제였다고 평가했다.

콜린 맥크리는 3차 교육 기관 연구 지원 프로그램을 "애틀랜틱이 세계 어느 곳에서 진행한 것보다 크게 성공한 사업"으로 평가했다.

"척은 우수한 고등 교육 체계를 구축하면 나라 전체의 수준이 올라가리라고 생각했죠. 우리는 정부가 대학교의 연구 활동을 지원하던 방식을 완전히 바꿔놓았습니다. 그 결과, 정부 지원금이 몇 배로 늘었지요."

> 애틀랜틱은 연구 지원 프로그램의 처음 세 단계에 걸쳐 들어간 총액 6억 500만 유로 가운데 1억 7,800만 유로를 내놓았다. 이에 힘입어, 연구 기관이나 프로그램 마흔여섯 개가 만들어졌고, 국제 수준에 이르는 연구 역량이 크게 늘었을뿐더러, 탁월한 연구자들이 나라 밖으로 떠나기는커녕 국내로 들어왔다. 2006년에는 재무부 장관 브라이언 카원이 향후 5년 동안 대학원 교육에 12억 5,000만 유로를 투자하겠다고 발표했다. 카원 장관은 아일랜드를 '켈트의 호랑이'로 키운 핵심은 낮은 세율이 아니라 우수 인재를 키워내는 교육 체계라고 밝혔다.

트리니티 칼리지 총장에서 물러난 뒤 2002년에 척의 권유로 애틀랜틱 필랜스로피 이사회에 합류한 토머스 미첼은 "연구 지원 프로그램이야말로 척이 남긴 가장 위대한 유산"이라고 평했다.

"연구 지원 프로그램은 아일랜드의 연구 분야에 혁신을 일으켰습니다. 지렛대 효과를 보여주는 완벽한 사례였어요. 돈을 내놓고 정부에 말했습니다. '실행은 정부가 해야 합니다.' 재단이 어떻게 정부와 힘을 합치고, 영향력을 이용해 정책을 바꿀 수 있는지를 보여주는 모델이었지요. 아주 뜻깊은 사회 변화였습니다."

프랭크 로즈는 척 덕분에 아일랜드 대학들이 서로 소통하게 되었다고 평가했다.

"척은 아일랜드 대학들이 더 큰 꿈을 꾸게 했습니다. 아일랜드의 연구 역량을 새로운 수준으로 끌어올렸지요."

이 모델은 북아일랜드에도 그대로 적용되었다. 애틀랜틱 필랜스로피와 북아일랜드 정부가 각각 4,700만 달러를 내놓아, 대학 연구 지원 프로그램[SPUR]에 모두 9,400만 파운드[미화 1억 5,000만 달러]를 지원했다.

애틀랜틱은 아일랜드에서 위대한 승리를 거뒀다. 그리고 얼마 뒤 가장 당혹스러운 실수를 저질렀다.

발단은 워싱턴 D. C.의 탐사보도 단체인 공공청렴센터Center for Public Integrity 같은 단체를 아일랜드에 세우려던 것이었다. 공공청렴센터는 탐사보도 제작자 찰스 루이스가 운영하는 비영리 단체로, 높은 평판을 자랑했다. 애틀랜틱과 미국의 여러 주요 재단에서 기금을 지원받은 공공청렴센터는 이에 힘입어 1990년부터 미국에서 수많은 탐사보도를 발표해 정치계와 경제계의 부정부패를 시원하게 밝혀냈다.

아일랜드는 선진 민주주의 국가 가운데 그런 독립된 감시 단체가 없는 몇 안 되는 나라였다. 척은 아일랜드 언론이 보도하는 정치인과 기업인의 부정부패를 걱정스럽게 바라봤다. 조부모가 아일랜드에서 태어난 척은 15년쯤 전 아일랜드 시민권을 얻어 아일랜드와 미국 국적을 모두 보유했다. 그러니 아일랜드의 시민 통치에 자기 이해가 걸려 있다고 느낄 만했다.

2004년 6월, 척은 아일랜드 평화 협상에 참여하던 중에 알게 된 아일랜드의 탐사보도 언론인 프랭크 코널리에게 아일랜드에 비슷한 단체를 세울 제안서를 작성해 달라고 요청했다. 두 달 뒤, 코널리가 자기가 최고 책임자를 맡아 운영할 공공탐사센터Centre for Public Inquiry의 5개년 계획을 세웠다. 그리고 2004년 9월, 리머릭의 캐슬트로이 파크 호텔에서 척, 존 힐리, 콜린 맥크리에게 계획을 설명했다.

진지하고 꼼꼼한 수사관 같은 코널리는 그런 단체를 맡기기에 완벽한 선택처럼 보였다. 7년 전 정부가 고등법원 판사 퍼거스 플러드 주재로 공개 조사 위원회를 열어야 했을 때도 코널리의 보도가 큰 역할을 했다. 코널리는 여당인 피어너 포일공화당 출신 장관 레이 버크가 토지를 개발 용지로 변경해주는 대가로 부동산 개발업자에게 뇌물을 받았다는 증거를 찾아냈다. 버크는 뇌물 수수가 사실로 최종 확인되어 6개월 형을 선고받았다.

척과 코널리는 아일랜드 정치와 국제 정치를 중도 좌파 관점에서 바라본다는 공통점이 있었고, 몇 번 식사도 함께했다. 코널리는 아일랜드 정치가 사람들이 아는 것보다 훨씬 부패했다고 주장했다. 코널리에 따르면, 척도 몇몇 아일랜드 정치인이 오랫동안 제대로 조사도 받지 않고 빠져나가는 상황을 꽤 어리둥절하게 여겼다.

2004년 12월, 코널리는 은퇴한 일흔여섯 살의 판사 퍼거스 플러드를 공공탐사센터의 이사장으로 영입했다고 애틀랜틱 이사회에 보고했다. 다른 이사들로는 신학자인 엔다 맥도나 신부, 변호사인 그레그 오닐, 전직 신문 편집자인 데이미언 키버드, 노숙자 단체인 '트러스트'를 공동 설립한 앨리스 레이히를 영입할 예정이었다. 애틀랜틱 필랜스로피는 그날 바로 공공탐사센터에 5년 동안 400만 유로500만 달러를 지원하기로 승인했다. 센터 설립은 2005년 1월에 더블린에서 하기로 했다.

그사이 코널리는 공공청렴센터의 찰스 루이스에게 더블린을 방문해 공공청렴센터가 어떻게 작동하는지 조언해달라고 요청했다. 루이스는 거절했다. 나중에 어느 신문 인터뷰에서 루이스가 그 이유를 설명했다.

"코널리가 어떤 사람인지 보고 들은 내용이 꺼림칙했습니다. 그 사람의 윤리 기준이 매우 걱정스러웠어요."

루이스는 아일랜드의 다른 탐사 언론인 샘 스미스에게서 코널리가 부정을 저질렀다는 귀띔을 받았었다. 애틀랜틱 필랜스로피는 이런 주장에 귀 기울이지 않았다. 2년 전인 2002년 7월에 아일랜드 주간지 〈선데이 인디펜던트〉가 대서특필한 내용에 따르면, 코널리는 2001년 4월에 가짜 여권으로 콜롬비아를 여행한 혐의로 경찰 조사를 받았다. 시기로 보건대 이른바 콜롬비아 3인방과 관련한 여행일 수 있었다.

콜롬비아 3인방이란 2001년 8월에 콜롬비아에서 체포된 IRA 급진파 단원들로, 콜롬비아 무장혁명군을 훈련한 혐의로 17년형을 선고받았다. 이 가운데 한 명인 나이얼 코널리가 프랭크 코널리의 동생이었다. 프랭크 코널리는 어떤 범법 행위도 저지르지 않았다고 부인했다. 척은 나이얼이 프랭크의 동생이고, 프랭크가 IRA의 정치 집단인 신페인당의 목적에 동조한다는 사실도 알았다. 하지만 그런 사실이 프랭크 코널리를 평가하는 데 영향을 주지는 않았다.

그런데 코널리와 관련한 더 심각한 혐의가 수면으로 올라왔다. 코널리가 콜롬비아에 간 이유가 IRA가 군사 훈련과 폭탄 제조 기술을 제공한 대가로 콜롬비아 무장혁명군에게 받을 보수의 일부인 300만 달러를 받아오려는 것이었다는 주장이었다. 연일 언론에서 코널리의 과거 행적을 알리는 기사가 쏟아졌다. 코널리의 과거 행적은 공공탐사센터의 가장 중요한 요소인 투명성과 높은 윤리 기준을 흔들고 있었다. 처음에는 흔들림 없이 코널리를 믿고 지지하던 척도 결정을 내릴 수밖에 없었다.

"척 피니는 프랭크와 관련해 결단을 내렸습니다. 공공탐사센터를 접는 것은 척에게 괴로운 일이었습니다."

애틀랜틱 필랜스로피는 코널리와 합의에 이르렀고, 뒤이어 공공탐사센터가 문을 닫았다. 탐사를 준비하던 문건 100여 건은 폐기했다. 안타깝게도, 애틀랜틱 필랜스로피가 성과를 거두지 못한 유일한 계획에만 사람들의 시선이 쏠렸으니 그야말로 불운이 이어진 일이었다. 이 무렵 척이 북아일랜드와 아일랜드공화국에 기부한 돈이 모두 10억 달러가 넘었지만, 자선 활동을 대부분 익명으로 진행한 터라 아는 사람이 거의 없었다. 많은 아일랜드인이 이제 척에게서 코널리를 둘러싼 논란을 떠올렸다.

이듬해 1월 어느 비 오는 날, 샌프란시스코의 아파트에서 척을 만났다. 생각에 잠긴 척이 조용히 말했다.

"우리가 벌인 자선 사업이 3,000개쯤이니, 하나쯤은 일이 틀어질 여지가 있겠지요."

코널리는 척에게 불순한 목적으로 콜롬비아에 갔던 사람이 자기가 아니라는 확신을 주지 못했다. 척은 공공청렴센터를 운영하는 찰스 루이스가 코널리를 외면했을 때 상황을 더 깊이 들여다봤어야 했다고, 공공탐사센터가 출범하기에 앞서 코널리에게 제기된 혐의를 살펴봤어야 했다고 털어놓았다.

"다시는 그 분야에 뛰어들지 않을 생각입니다."

정치권과 언론계의 부정적 논평에는 이렇게 말했다.

"나는 단단한 사람입니다. 그런 일쯤은 무시할 줄 알아요.

27

다시 미국으로

21세기에 들어섰을 때, 척은 여러 나라에 주목할 만한 영향을 미친 상태였다. 해외에서는 척의 비밀 기부가 갈수록 더 널리 알려졌다. 그런데 척이 돈을 가장 많이 기부한 미국에서는 1997년에 비밀 자선가라는 사실을 밝혔을 때 잠깐 언론의 관심이 치솟았을 뿐, 척이 그리 알려지지 않았다. 2006년까지 척이 미국에 기부한 돈은 17억 달러로, 다른 나라들에 기부한 돈을 모두 합친 것보다 더 많았다. 가장 많이 기부한 분야는 고등 교육과 연구였다. 미국이 워낙 큰 나라라, 애틀랜틱의 기부금이 미국에 미치는 영향은 다른 나라에서보다 적었다. 하지만 단일 기관에는 엄청난 영향을 미쳤다. 자선 사업을 시작한 뒤로 척은 코넬대학교에 자그마치 6억 달러 넘게 기부했다. 어느 미국 대학도 동문 한 사람에게 그토록 많은 기부금을 받은 적이 없다.

2000년대 초까지 코넬대는 언제나 척을 '익명 기부자'라고 불렀다. 그러면서도 미국에서 유일하게 이 익명 기부자의 정체가 공공연한 비밀인 곳이기도 했다. 누군가가 코넬에 익명으로 기부하면, 기부자의 정체를 몰라야 하는데도 사람들이 "아! 척 피니군!"이라고 말하곤 했다. 프랭크 로즈가 그때 분위기를 들려줬다.

"시간이 흐르자 팔꿈치로 슬쩍 치고 눈짓을 보내곤 했습니다. 나중에는 이런 관행을 조금 불편하고 우스꽝스럽게 여긴 사람도 더러 있었지만, 처음에는 다들 아주 진지하게 받아들였어요. 이 관행은 '익명 기부자'가 자선 사업계에서 애틀랜틱 필랜스로피를 뜻하는 공식이 되었다는 의미였습니다. 그런데도 시치미를 뚝 떼고, 신중하게 익명 기부자가 누구인지 모른다고 말해야 했습니다."

코넬에 거액을 기부한 사람은 여럿 있었지만, 척처럼 익명을 요구한 사람은 없었다. 이를테면 시티그룹 이사장이자 최고 경영자를 지낸 1955년 졸업생 샌퍼드 I. 와일은 의과대학과 병원에 2억 달러를 기부했고, 코넬은 이를 기려 의과대학 이름을 와일 코넬 의과대학으로 바꿨다. 코넬대의 더필드 홀은 연구동을 짓는 데 2,000만 달러를 기부한 IT 백만장자 데이비드 A. 더필드의 이름을 딴 것이다. 하지만 척이 기금을 댄 코넬대의 많은 건물 어디에도 척의 이름은 보이지 않는다. 척이 유일하게 이름을 붙인 건물은 오랜 친구인 밥 벡에게 경의를 표하고자 호텔경영대학에 1,600만 달러를 지원해 지은 로버트 A.&잰 M. 벡 센터뿐이다.

1956년 졸업생의 기부금을 모았던 어니 스턴은 척이 자선 활동을 시작한 1980년대 초반에 동창들의 기부금을 늘리려 한 노력이 나중에 샌퍼드 와일 같은 동문이 거액을 기부하는 데 영향을 미쳤다고 믿는다.

"와일은 55년 졸업생입니다. 있는지 없는지도 몰랐던 졸업생들이었죠. 56년 졸업생들이 수백만 달러를 기부한들 누가 신경이나 쓰냐고요? 55년 졸업생들이 신경 썼습니다. 그다음에는 57년 졸업생들이 신경 썼고요. 경쟁은 동기를 부여하는 멋진 자극제입니다. 기부금 액수로 경쟁하다니, 생각해보면 정말 바보 같은 짓이지요. 미친 짓이에요. 하지만 효과가 있습니다. 다들 우리 졸업 기수를 바라보고 이렇게 생각했습니다. 걔들이 하는데, 우리가 빠질 수 없지. 유치하고 터무니없는 소리로 들릴 겁니다. 하지만 나는 이런 효과를 진지하게 받아들입니다. 이제 코넬은 어느 때보다 졸업생들에게 많은 기부금을 받습니다. 지난 2004년에는 3억 5,000만 달러를 기부받아 미국에서 세 번째로 기부금을 많이 받은 대학이 되었어요. 졸업생 기부금만 따지면 가장 많고요. 나는 이 성과가 어느 정도는, 우리 졸업 기수에서 시작한 기부가 해마다 다른 기수로 퍼져나간 덕분이라고 생각합니다."

척처럼 익명을 고집하는 기부자는 매우 드물다. 미국 기부자 가운데 익명을 요구하는 사람은 1%뿐이다. 많은 미국 부자가 최고 부자 자리를 놓고 경쟁한다. 이를테면 넷스케이프, 실리콘 그래픽스, 헬시언을 설립한 IT 기업가 제임스 H. 클라크는 결국 실패로 끝났으나 한때 세상에서 돈이 제일 많은 사람이 되기를 꿈꿨다. 척은 스탠퍼드대학교 역사에서 손에 꼽게 큰 기부 건으로 클라크와 연결되었다. 1999년 10월, 클라크는 스탠퍼드대학교에 새로 들어설 연구동 제임스 H. 클라크 센터를 짓는데 1억 5,000만 달러를 기부하겠다고 발표했다. 1891년 설립된 이래 스탠퍼드가 받은 단일 기부로는 가장 액수가 많았다. 클라크는 자신의 성공이 스탠퍼드에 빚졌다고 밝혔다. 1980년대 초에 스탠퍼드 교수로 일한 덕분에 첨단 기술을 연구할 수 있었고, 나중에 연구 내용을 발전시킨 개인 사업으로 큰 이익을 거뒀기 때문이다. 스탠퍼드대학교 덕분에 부자가 되었으니, 은혜를 갚고 싶었다.

산호세의 일간지 〈머큐리 뉴스〉는 클라크가 바이오엑스라는 의생물 공학 프로젝트의 심장부가 될 연구동 건설에 '입이 쩍 벌어지는' 1억 5,000만 달러를 기부해, "실리콘밸리의 거물은 인색하다는 고정관념을 무너뜨렸다."라고 열광했다.

언론이 클라크에게 열렬한 찬사를 쏟아냈지만, 척이 바이오엑스 프로젝트에 6,000만 달러를 기부하기로 약속했다는 사실은 아무도 몰랐다. 아들 패트릭이 스탠퍼드에 다니던 1994년에 척은 학부모로서 스탠퍼드 대학교 발전위원회 부위원장 존 포드에게 연락받았다. 포드는 자신이 기부를 요청하는 사람이 누구인지 까맣게 몰랐다. 척은 1996년부터 두 차례에 걸쳐 익명으로 스탠퍼드대의 연구 과제에 6,500만 달러를 기부했었다. 2001년 3월, 척은 점심 초대를 받고 스탠퍼드대학교 총장 존 헤네시의 집을 찾았다가 클라크를 만났다. 척은 클라크에게 이상한 느낌을 받았다. 왠지 클라크가 한 방 크게 기부해 화려한 관심을 받고 싶어 하는 사람 같았다. 그래서 클라크에게 이렇게 말했다.

"당신이 추진하는 프로젝트가 마음에 듭니다. 우리도 함께 기부하고 싶습니다만."

"좋지요. 건물에 내 이름을 붙여도 괜찮다면요."

"좋으실 대로요."

여섯 달 뒤, 클라크가 스탠퍼드대학교에 폭탄선언을 했다. 헤네시와 포드에게 연락해, 기부하기로 약속한 1억 5,000만 달러 가운데 아직 기부하지 않은 9,000만 달러를 유예하고 싶다고 밝혔다. 이유는 조지 W. 부시 대통령이 연구 센터의 목적 가운데 하나인 인간 배아 줄기세포 연구를 제한한 데 항의하는 뜻에서였다. 2001년 8월 9일, 부시 대통령은 그 시점까지 완료된 세포 배양을 이용한 줄기세포 연구에만 연방 기금을 지원하겠다고 밝혔다. 헤네시는 당혹스러웠다.

논란이 많은 결정을 한 사람은 부시 대통령인데, 클라크는 왜 줄기세포 연구를 주도하는 스탠퍼드대학교에 폭탄을 던졌을까? 스탠퍼드는 클라크에게 생각을 바꿔 달라고 사정했다. 클라크는 조금이나마 고집을 꺾었다. 남은 9,000만 달러 가운데 3,000만 달러는 내겠지만, 더는 내놓지 않겠다며 꿈쩍도 하지 않았다.

스탠퍼드가 법적 보상을 받을 길은 없었다. 기부자를 믿는 마음으로, 법적 구속력이 있는 기부 서약서를 받기보다 기부하겠다는 약속을 존중했기 때문이다. 스탠퍼드는 바이오엑스 센터 개발을 완료할 6,000만 달러를 허둥지둥 마련해야 했다. 이때 도움을 준 곳이 척의 애틀랜틱 필랜스로피였다.

드디어 2003년 10월 문을 연 바이오엑스 센터는 멋진 건축물로 널리 찬사받았다. 처음 약속한 1억 5,000만 달러 가운데 9,000만 달러만 냈는데도, 건물에는 클라크의 이름이 붙었다. 오늘날 제임스 H. 클라크 센터를 방문하는 사람들은 이 건물이 '제임스 클라크와 애틀랜틱 필랜스로피의 너그러운 배려 덕분에' 완공되었다고 안내받는다.

> 클라크가 발을 뺐을 때 척이 스탠퍼드에 기부한 총액은 스탠퍼드 역사에서 다섯 손가락 안에 드는 1억 2,500만 달러로, 클라크의 기부액보다 3,500만 달러가 더 많았다. 하지만 척의 바람대로, 어떤 건물이나 시설에도 척의 이름이 붙지 않았다. 2001년에 애넌버그 재단이 펜실베이니아대학교에 같은 금액인 1억 2,500만 달러를 기부했을 때, 월간지 〈크로니클 오브 필랜스로피〉는 민간 재단이 단일 대학에 기부한 액수로는 가장 많다고 대문짝만하게 다뤘다. 이때도 척이 코넬대에 훨씬 많은 돈을 기부한 사실은 여전히 비밀이었다.

자선 사업에서 성급하게 기부를 철회하는 일이 드물기는 해도 아예 없지는 않다. 2005년 6월, 오라클의 최고 경영자이자 한때 클라크의 맞수였던 래리 엘리슨이 하버드대학교에 엘리슨 세계보건연구소를 세우는 데 1억 1,500만 달러를 기부하겠다고 약속했다. 하버드대학교 역사상 가장 큰 기부였고, 주덴마크 미국 대사를 지낸 존 러브가 기부한 이전 최고 기부금 7,050만 달러를 훌쩍 넘어서는 액수였다. 그런데 1년 뒤인 2006년, 순자산 160억 달러로 〈포브스〉 400대 부자 15위에 오른 엘리슨이 마음을 바꿨다고 발표했다. 세계보건연구소를 고안한 래리 서머스 총장이 하버드를 떠나는 것이 이유였다. 그 바람에 이미 고용한 연구원 20명, 일류 학자 3명, 관리 직원들이 일자리를 잃었다.

애틀랜틱 재단의 미국 내 기부 활동은 초반에는 애틀랜틱 재단 서비스의 회장 레이 핸들런이, 1993년 뒤로는 핸들런의 후임인 조엘 플라이시먼이 주로 주도했다. 하지만 척도 뉴욕과 샌프란시스코를 자주 오가며 늘 새로운 기부 거리를 찾았다.

2004년에 샌프란시스코에서 몇 주를 보내는 동안, 척의 귀에 캘리포니아대학교 샌프란시스코 캠퍼스UCSF가 곤란을 겪는다는 이야기가 들려왔다. 2003년에 UCSF는 부동산 개발자 샌퍼드 딜러에게 3,500만 달러를 기부받아 미션베이에 헬렌 딜러 가족 종합 암 연구소를 짓기로 했다. 건물을 완공하려면 4,000만 달러를 더 모금해야 했지만, UCSF는 1년이 다 지나도록 기금을 마련하지 못했다. 척은 UCSF 발전위원회 담당자에게 샌프란시스코의 부자 명단을 달라고 요청했다. 그리고 벤처 투자가 아서 록의 이름을 가리켰다.

"이 사람은 어떻습니까? 얼마 전에 록이 하버드에 2,500만 달러를 기부했다는 이야기를 들었습니다. 그러니 이 사람에게 2,500만 달러를 기부할 여력이 있다는 뜻입니다. 아서 록한테 동반 기부를 요청하면 어떨까요? 록이 2,000만 달러를 내놓으면 애틀랜틱도 2,000만 달러를 내놓겠습니다."

록은 이 제안에 동의했을 뿐만 아니라, 건설 지연으로 늘어난 비용 500만 달러까지 합해 모두 2,500만 달러를 기부했다.

"빈둥거리면 그렇게 비용이 커집니다. 물가가 올라가니까요."

2007년 3월, 애틀랜틱은 UCSF의 심혈관연구소와 병원에 현금 기부로는 최대인 5,000만 달러를 기부했다.

미국에서 기부할 만한 가치가 있는 대상을 찾을 때 척은 한편으로는 인맥에 의존했고, 한편으로는 꾸준히 지역 신문을 읽고 뉴스에 귀 기울이고 보고서를 살폈다. 연구소 소장과 협의한 끝에 기부한 만큼이나, 잡지에서 찢어낸 기사를 바탕으로도 기부할 때도 많았다. 그러니 척의 눈길이 닿지 않은 잡지가 드물었고, 대학 총장이라면 누구든 어느 날 알로하 셔츠에 재킷을 걸친 평범한 남성이 서류를 넣은 비닐봉지를 들고 사무실에 찾아와 무슨 일을 하느냐고 묻는 일을 겪을 수 있었다. 척은 때로 작은 교육 기관에도 아이비리그 대학만큼, 때로는 더 많은 관심과 시간을 쏟았다. 하와이 호놀룰루의 샤미나드대학교가 바로 그런 곳이었다.

샤미나드는 태평양을 내려다보는 칼라에포하쿠 계곡에 자리 잡은 작은 대학으로, 마리아 수도회가 설립한 곳이다.

1997년에 샤미나드의 첫 여성 총장이 된 메리 웨슬캠퍼 박사가 살펴보니, 학교는 쇠락하고, 대다수가 하와이와 태평양 제도의 원주민인 학부생은 660명으로 줄어들어 있었다.

"재정 상황이 나나 이사회가 생각한 것보다 훨씬 나빴어요. 거의 파산 상태였죠."

웨슬캠퍼가 마리아 수도회에 도움을 호소하자, 재정 문제를 해결하도록 같은 마리아 수도회 소속인 오하이오주 데이턴대학교의 버나드 플로거 수사를 부총장으로 파견했다. 상황을 살펴본 플로거가 웨슬캠퍼에게 보고했다.

"염려하신 최악의 상황이 사실로 확인되었습니다. 샤미나드는 무너지고 있습니다."

그나마 데이턴대학교가 430만 달러를 지원해 운영 적자를 해결했지만, 낡은 시설과 열악한 기숙사 같은 근본 문제는 그대로 남았다.

몇 달 뒤, 낡은 대학 건물들 사이로 가파르게 굽은 비탈길을 택시 한 대가 올라왔다. 웨슬캠퍼가 그때 이야기를 들려줬다.

"겸손이 그야말로 몸에 밴 사람이 내리더니 샤미나드의 모든 것을 알고 싶다고 말했어요. 내가 안내를 맡았죠. 기숙사 화장실까지 둘러보고 싶어 하더군요. 마지막에는 '다시 들르겠습니다.'라고 말했고요."

사업 때문에 꾸준히 호놀룰루를 찾던 척은 한 친구에게서 샤미나드가 재정난을 겪는다는 이야기를 들었다. 학교를 둘러본 척은 웨슬캠퍼에게 뉴욕으로 가 하비 데일을 만나 보라고 요청했다.

"우리에게는 종교 단체에 기부하지 않는다는 규칙이 있습니다. 하비는 그런 일에 늘 엄격하지요."

말은 이렇게 했지만, 척은 이미 규칙을 유연하게 적용해 아일랜드 리머릭주의 글렌스탈 수도원에 200만 달러를 기부해 도서관을 세웠다. 뉴욕에 도착한 웨슬캠퍼는 데일에게 샤미나드대학교의 관리 체계가 일반인이 주도하는 운영이사회와 마리아 수도회가 주도하는 법인 이사회로 나뉜다고 설명했다. 데일은 법인 이사회를 학교 운영에서 완전히 분리하라고 요구했다. 면담을 마치고 나오며 웨슬캠퍼는 생각했다.

"우리한테 무슨 힘이 있다고! 마리아 수도회에 가서 결별하고 싶다고 말할 수는 없어."

척은 웨슬캠퍼 총장에게 개선 계획을 세워 보라고 요청했다. 웨슬캠퍼는 버나드 수사와 함께 계획서를 작성해 척에게 보냈다.

"그런 계획서를 받으면 대다수는 대충 훑어보고 맙니다. 그런데 척은 꼼꼼히 다 읽었어요. 아주 긴 계획서였는데도요."

1998년 말, 척이 느닷없이 웨슬캠퍼의 집무실을 다시 찾았다.

"그때는 집기가 지금보다 훨씬 더 낡았어요. 척이 축 처진 이 소파에 앉더군요. '총장님이 여기 학생들을 위해 하는 일이 정말 마음에 듭니다. 개선 계획을 돕고 싶군요.' 내가 마리아 수도회와 결별해야 하는 문제를 꺼냈더니, '그건 해결할 수 있을 것 같습니다.'라고 했어요. 그리고 말했어요. '학교에 300만 달러짜리 수표를 기부할까 합니다.' 내 귀를 의심했지요. '뭐라고요?' 그러자 척이 나한테 300만 달러짜리 수표를 줬어요."

하비 데일이 웨슬캠퍼 앞으로 애틀랜틱의 표준 서신을 보냈다. 누구한테라도 기부금의 출처를 밝혔다가는 돈을 도로 내놓아야 한다는 내용이었다. 웨슬캠퍼는 생각했다.

"여기는 하와이잖아. 작은 섬이라고. 이 동네에 비밀이 어디 있다고."

그래도 비밀 유지 서약을 충실히 지켜, 이사회에 "기부금이 어디서 났는지는 밝힐 수 없습니다."라고 못 박았다. 웨슬캠퍼가 보기에 몇몇은 척이 기부한 것을 눈치챘으나, 모른 척 뚝 시치미를 뗐다.

척은 그 뒤로 꾸준히 샤미나드를 찾았고, 기숙사 부족을 해결할 새 건물이나 모듈러 주택을 짓는 데 깊은 관심을 보였다. 웨슬캠퍼는 척의 관심을 끈 것이 건물의 열악한 상태, 그리고 다른 대학 학생들에 견줘 열악한 샤미나드 학생들의 경제 사정이었다고 생각한다. 학생 대다수가 저소득층과 취약 계층 출신이었다. 대학 교육을 받을 잠재력이 있다고는 평가받았지만, 대부분 준비가 덜 되어 있었다. 필리핀, 사모아, 괌에서 온 학생 중에는 영어가 모국어가 아닌 학생까지 더러 있었다.

2006년 1월에 함께 교정을 둘러볼 때, 웨슬캠퍼가 내게 말했다.

"척의 기부 덕분에 샤미나드가 완전히 탈바꿈했습니다. 지금까지 척은 우리 학교에 거의 1,400만 달러를 기부했어요."

애틀랜틱이 내놓은 500만 달러와 제나이 설리번 월이 내놓은 500만 달러 덕분에 새 도서관이 들어섰다. 제나이는 DFS 초창기에 척과 친구가 되었고 하와이에 맥도널드 매장을 내고 하와이 최대의 식료품점을 세운 아일랜드인 모리스 설리번의 딸이었다.

자신이 지원한 대학끼리 서로 소통하게 했던 척은 웨슬캠퍼를 베트남으로 데려갔고, 한 베트남 학생이 샤미나드에서 공부하도록 지원했다.

미국 땅이기는 해도, 하와이는 척이 새로 기부 활동을 넓힌 지역이었다. 애틀랜틱 필랜스로피를 성공으로 이끈 핵심은 이 부유한 재단이 지원할 만한 주요 사업을 척이 발 빠르게 찾아냈기 때문이다. 하지만 애틀랜틱 이사회와 직원들은 척을 따라잡기가 버거웠다. 여러 나라에서 진지하고 사려 깊은 자선 활동을 펼치려면 직원과 관리자가 있어야 했다.

척이 속도를 늦출 기미가 없자, 이사회는 새로 자선 지역을 넓히는 것이 현명한지 의구심을 드러냈다. 보스턴 기반의 경영 컨설팅 회사 브리지스톤을 설립한 토머스 J. 티어니는 2000년에 애틀랜틱의 의뢰로 진행한 비공개 토론에서 플립 차트에 '지역 확장은 그만'이라고 적어 우려를 드러냈다. 하비 데일은 참석자들이 플립 차트를 보고 웃음을 터트렸다고 전했다.

"그 차트는 척이 또 다른 투자 지역을 발굴하지 못하게 막으려는 것이었어요."

하지만 척이 애틀랜틱에서 워낙 막강한 도덕적 권위를 인정받았고 이사회가 척을 워낙 존경했으므로, 척이 또 다른 곳에 투자하기로 마음먹으면 척의 뜻을 따르곤 했다. 척이 이를테면 짐바브웨 같은 나라에 새로 거금을 기부하기를 바란다면 무슨 일이 벌어질까? 하비 데일이 답을 내놓았다.

"척이 짐바브웨에 중요한 자선 사업이 있다고 판단한다면, 그리고 척이 그 사업을 추진하기를 바란다면, 그것이 현명한 일이든 아니든 우리는 대처할 수 있습니다. 척을 말리기보다 척을 돕자고 말할 겁니다."

28

자선 활동 지역 확장

2003년, 척은 하비 데일이 망설이는데도 아랑곳하지 않고 새로운 나라로 기부를 확장할 계획을 세웠다. 척의 눈길이 쿠바를 지나치기는 어려웠을 것이다. 공산주의 국가인 베트남에서 벌인 활동이 엄청난 효과를 거둔 뒤였다. 척은 쿠바도 베트남과 마찬가지로 미국에 부당한 대우를 받았다고 생각했다. 딸 줄리엣에 따르면, 척이 쿠바와 베트남에서 벌인 자선 활동은 모두 미국의 잘못을 바로잡겠다는 생각에서 비롯했다.

미국인이 베트남을 돕는 일은 대부분 걸림돌이 없었다. 클린턴 행정부에서 미국과 베트남의 관계가 빠르게 개선되었기 때문이다. 미국이 내린 경제 제재가 1994년에 해제되었고, 1995년에는 외교 관계가 정상화되었다. 베트남 전쟁의 상처가 치유되고 있었다.

쿠바는 사정이 달랐다. 플로리다로 망명한 쿠바인 수십만 명이 피델 카스트로가 살아 있는 동안에는 어떤 교류도 하지 말아야 한다고 격렬하게 반대했다. 워싱턴 정가도 정파를 가리지 않고 이들을 지지했다.

1996년에 빌 클린턴 대통령이 헬름스-버턴 법에 서명해 가혹한 무역 제재를 한층 옥죄었다. 워싱턴과 아바나 사이에는 어떤 외교 관계도 없었다. 미국 시민권자가 워싱턴의 허락 없이 쿠바 땅에 발을 들였다가는 무거운 벌금을 물어야 했다.

그러므로 애틀랜틱이 쿠바에 들어갔을 때 무릅써야 할 정치적 위험은 베트남에 비할 바가 아니었다. 크리스 악슬리의 말대로, 미국 정부가 베트남과는 화해 단계에 들어섰으나 쿠바와는 아직 그렇지 못했다.

"정부는 베트남을 재건하는 활동은 허용했지만, 쿠바를 재건하는 활동은 아직 허용하지 않았습니다."

애틀랜틱 이사회는 쿠바에 기부할 길을 찾아보겠다는 척의 계획을 지지하지 않았지만, 잠자코 묵인했다. 이를테면 애틀랜틱의 이사장 프랭크 로즈는 이렇게 말했다.

"나라면 쿠바에 기부하지 않겠습니다. 하지만 척이 쿠바에 기부하기로 한다고 해서 세상이 끝장난다고는 생각하지 않습니다."

하지만 척을 존경한 많은 미국인은 소스라치게 놀랐다. 애틀랜틱 필랜스로피의 변호사들은 미국인 이사들에게 쿠바에 기금을 지원하는 토론조차 꺼내지 말라고 조언했다. 2001년에 애틀랜틱의 최고 경영자가 되어 뉴욕으로 옮긴 존 힐리는 아일랜드 국민인데도, 뉴욕에서 활동하는 상황을 고려해 인터뷰에서 쿠바를 절대 입에 올리지 않았다. 척은 미국 시민권자라 쿠바에서 직접 재단을 운영할 수 없었다. 하지만 활기를 불어넣을 수는 있었다.

쿠바에서 자선 사업을 도울 수 있도록, 애틀랜틱 필랜스로피는 런던에서 잉글랜드&웨일스 자선 사업 감독위원회에 애틀랜틱 공익 신탁이라는 단체를 등록했다. 아바나로 보낼 기금은 버뮤다에서 곧장 이곳으로 할당했다. 애틀랜틱 필랜스로피의 미국 이사회나 직원은 이 조직에 한 명도 관여하지 않았다. 애틀랜틱 필랜스로피의 수석 부회장이자 더블린 국제 지부 지부장인 아일랜드인 콜린 맥크리가 애틀랜틱 공익 신탁의 사무총장을 맡았다.

"우리는 미국법을 어기지 않으려고 무척 조심했습니다. 행동뿐 아니라, 생각까지도요."

애틀랜틱 공익 신탁은 맥크리 말고도 마찬가지로 아일랜드인인 토머스 미첼과 영국인 두 명을 이사로 지명했다. 미첼은 자기 역할에 거리낌이 없었다.

"미국은 쿠바에 파렴치한 일을 하고 있습니다."

냉전이 끝나기 전에는 미첼도 미국이 그럴 만하다고 생각했다. 하지만 냉전이 끝난 뒤로는 쿠바가 미국에 확실한 위협이 된 적이 없었다.

"중요한 문제는 재단이 정직하게 활동하는 것입니다. 애틀랜틱 필랜스로피가 쿠바에 꽤 많은 돈을 기부하려 할 때는 그래도 된다는 허가를 받습니다. 어떤 일도 몰래 불법으로 추진하지 않아요."

처음에는 합법적으로 지원할 만한 사업이 있는지, 아바나가 척을 진지하게 받아들일 만큼 잘 아는지 확인할 셈으로 크리스 악슬리가 쿠바를 몇 차례 방문했다. 쿠바를 동정하는 미국인들이 쿠바 관료들에게 자주 연락했지만, 성과로 이어진 적은 한 번도 없었다. 주로 미국의 제재가 걸림돌이었다. 악슬리는 쿠바 행정부가 척의 은밀한 행보를 심하게 불신하는 것을 알아챘다. 당연한 의심이었다. 1975년에 프랭크 처치 의원이 상원 정보 소위원회 위원장을 맡아 CIA의 월권행위를 조사할 때, 현재 애틀랜틱 필랜스로피의 이사인 프레더릭 슈워츠가 수석 법률 자문으로 일했었다. 조사 보고서의 절반이 CIA가 피델 카스트로를 암살하려 했다는 내용이었다.

2004년 11월, 척이 애틀랜틱 이사 토머스 미첼, 리머릭대학교 총장 로저 다우너를 포함한 일행과 함께 파리에서 아바나행 직항기를 타고 쿠바로 날아갔다. 사실 척에게는 쿠바 여행이 처음이 아니었다. 세계 곳곳을 돌아다니며 차를 팔던 1959년 1월에 아바나에 들른 적이 있었다. 하필 아바나가 혁명군에 점령된 지 한 주 뒤라, 카스트로와 혁명군이 힐튼 호텔을 장악한 상태였다. 그래도 관타나모 만에 있는 미군 기지까지 아무런 저지 없이 여행해, 차 두 대를 팔고 카 인터내셔널을 위해 일할 판매원도 한 명 지정했었다.

2004년 한 주 동안 이어진 쿠바 여행의 마지막 날, 한 관리가 척과 일행에게 오후 늦게 아바나 컨퍼런스 센터에 와달라고 권했다. 오후 5시 반, 검은 메르세데스 리무진 두 대가 컨퍼런스 센터를 둘러싼 잔디밭을 지나 진입로로 들어섰다. 첫 리무진이 속도를 늦추더니 사라졌다. 두 번째 리무진도 똑같이 움직였다. 보안 점검을 마친 두 리무진이 주변을 한 바퀴 돈 뒤 다시 돌아왔다.

그리고 피델 카스트로가 리무진에서 내려 성큼성큼 컨퍼런스 센터로 들어섰다. 수염을 기르고 녹색 야전복을 입은 카스트로의 모습이 수척해 보였다. 이제 막 잠에서 깬 듯 보이기도 했다. 옆에는 카스트로가 140살까지 살리라는 유명한 말을 남긴 의사 에우헤니오 셀만-오우세인 박사, 그리고 플로리다에 밀입국한 쿠바 소년 엘리안 곤살레스를 본국으로 소환하던 시기에 워싱턴 D. C.의 쿠바 이익 대표부를 이끈 외교부 제1차관 페르난도 레미레스 데 에스테노스 바르시엘라가 함께했다.

함께 앉아 이야기를 시작하자마자, 카스트로가 생기를 되찾았다. 대화를 독점해, 독백에 가까운 이야기가 여섯 시간이 넘도록 거의 쉴 새 없이 이어지다 자정이 다 되어서야 끝났다. 카스트로는 놀라운 기억력과 꼼꼼한 주의력을 보였다. 악슬리가 그때 이야기를 들려줬다.

"카스트로는 들릴락 말락 아주 조용한 목소리로 이야기를 시작해 상대를 대화에 끌어들입니다. 상대는 몇 시간이 흐른 뒤에야 자신이 차원이 다른 대화와 에너지에 빠져 있다는 것을 깨닫고요. 대화에 푹 빠지는 거지요. 나에게는 1분도 따분할 새가 없는 이야기였습니다. 정말 매력적이었어요."

한번은 카스트로가 토머스 미첼에게 그리스 철학 이야기를 꺼내자, 척이 불쑥 끼어들었다.

"계속 이런 식으로 나가면, 우리가 다 같이 이야기할 수 있는 주제는 야구뿐입니다."

카스트로가 고개를 저었다.

"아닙니다. 우리한테는 훨씬 더 중요한 토론 거리가 있습니다."

그리고 지구 온난화와 국제 보건을 주제로 토론을 시작했다. 그사이 손님들은 과일과 주스를 대접받았다. 척은 주스를 거의 마시지 않았다. 처음부터 이야기가 길어질 것을 눈치챘기 때문이다. 마침내 카스트로가 말했다.

"정말 미안합니다. 내가 주체를 못 했군요. 나는 한번 시작하면 멈출 줄을 모릅니다. 굉장히 실례했습니다."

척은 여러모로 안도했다. 감히 누구도 카스트로의 독무대를 끊고 화장실에 갈 엄두를 내지 못했던 참이었다. 척도 이제 마무리할 시간이라고 고개를 끄덕였다.

"너무 늦어서 아내한테 딴 여자와 같이 있다고 의심받겠습니다!"

카스트로는 일부러 몹시 당황한 척했다.

"아이고! 부인과 함께 오신 줄은 몰랐습니다. 부인께 꽃을 보내드려야겠군요."

"의장님이 아내한테 꽃을 보내면, 아내가 정말로 저한테 딴 여자가 있는 줄을 알고 말 겁니다."

카스트로가 껄껄 웃음을 터트렸다.

이튿날 척과 헬가가 막 떠나려 할 때였다. 카스트로가 이번에는 통역사만 데리고 다시 척을 찾아왔다. 헬가에게는 꽃다발을, 척에게는 시가 한 상자를 선물했다.

"담배 피우시오?"

"아닙니다."

"그럼, 친구들은 핍니까?"

"아닙니다."

"잘 됐구려. 그럼, 원수들한테 주시오."

카스트로는 1985년에 담배를 끊었다. 이번에는 더 작은 방에서 두 시간 동안 대화가 이어졌다. 카스트로는 헬가를 무척 꼼꼼히 배려했다. 함께 자리했던 악슬리는 카스트로가 더 친밀한 상대와 함께할 때 품위와 매력이 넘치는 사람이라는 것을 깨달았다. 카스트로는 로저 다우너도 따로 만나 교육을 주제로 토론했다.

"지난밤에는 내가 당신한테 연설을 늘어놓았으니, 오늘은 당신이 나한테 가르침을 주시구려."

> 애틀랜틱 필랜스로피는 미국 법을 준수하는 조건으로 쿠바에서 '후벤투드섬 연구'를 지원해도 좋다고 허락받았다. 이 중요한 의학 연구는 세계 곳곳에서 수억 명에게 영향을 미치는 만성 신장 질환의 위험 인자가 무엇인지를 후벤투드섬 주민을 대상으로 조사했다. 또 카스트로가 1998년에 다른 나라의 의사들을 무료로 교육하고자 세운 라틴아메리카 의과대학에 의료 배낭을 제공하는 것도 허락받았다. 카스트로는 척에게 이 학교가 라틴아메리카

의 의료 인재를 키울 기회라고 설명했다.

2007년까지 애틀랜틱은 쿠바에 약 1,100만 달러를 기부했다. 기부 분야는 주로 의료 교육 협력이었다. 하지만 미국의 제재 탓에 척이 가장 잘하는 일에는 손을 대지 못했다. 대학에서 자금이 부족한 분야를 찾아내고, 새 건물과 시설을 확보할 기금을 제공해 국가의 교육 성과를 한층 끌어올리는 일 말이다.

그래도 척은 열정을 쏟아 쿠바의 보건 사업을 도왔다. 쿠바의 보건 정책은 치료보다 예방에 초점을 맞췄고, 그 덕분에 평균 기대수명이 미국보다 훨씬 높았다. 한번은 척이 쿠바를 기반으로 활동하는 미국 언론인 게일 리드에게 물었다.

"왜 쿠바 의사들의 업적을 아는 사람이 이렇게 없습니까?"

리드가 그 내용을 책으로 쓰고 있다고 말하자, 척이 혀를 끌끌 찼다.

"요즘 누가 책을 읽는다고. 영화를 만드세요."

애틀랜틱 공익 신탁은 게일 리드와 아카데미상 후보에 오른 적 있는 코니 필드가 90분짜리 다큐멘터리 〈건강Salud〉을 찍는 데 100만 달러를 지원했고, 전 세계에 배급할 자금도 대겠다고 약속했다.

척은 미국 법률의 테두리 안에서 할 수 있는 모든 일을 하겠다는 마음을 바꾸지 않았다. 2007년 1월에 쿠바를 방문했을 때, 아바나 비에하에 있는 멋진 식당 카페 델 오리엔테에서 쿠바 국회의장 리카르도 알라르콘과 저녁을 먹으며 말했다.

"나는 쿠바에서 손 뗄 생각이 없습니다."

그사이 척은 남아프리카공화국을 찾아냈다. 그리고 2005년 가을에 그곳을 찾았다. 하지만 이번에는 지역 확장이 아니었다. 애틀랜틱 재단은 이미 1994년부터 주로 하비 데일의 주도로 남아프리카에서 자선 활동을 펼쳤다.

데일은 1991년에 남아공이 인종분리정책을 폐지한 뒤로 존 힐리에게 자선 사업을 벌일 기회를 찾아보라고 요청했다. 그 뒤로 10년 동안 애틀랜틱은 교육, 화해, 인권, 에이즈 퇴치를 포함한 의료 사업에 약 1억 달러를 지원해, 남아공에서 다섯 손가락 안에 드는 외국계 기부 단체가 되었다.

힐리는 남아프리카에 완전히 푹 빠져 있었다. 하지만 척의 관심을 아프리카로 돌리지는 못했다. 2004년에 브리즈번에서 열린 애틀랜틱 필랜스로피 이사회에서 힐리가 다음 이사회를 남아공에서 열겠다고 발표했을 때도 척이 못마땅하다는 듯 잘라 말했다.

"나는 참석하지 않겠습니다."

"내가 남아공 이야기를 꺼내 관심을 돌리려 할 때마다, 척이 마음을 닫았습니다. 남아공에 가고 싶어 하지 않더군요. 남아공에 너무 크나큰 문제가 쌓여있다고 봤거든요. 최근에는 척의 믿음이 한층 더 줄어들었습니다. 음베키 대통령은 에이즈를 부인하지, 숙련된 전문 의료인은 대규모로 밖으로 빠져나가지. 게다가 짐바브웨의 식량 위기에 남아공이 도저히 현명하다고는 할 수 없는 방식으로 대처했고요. 정말 이해할 만한 반응이지요. 이 모든 일이 척의 관심을 완전히 떨어뜨렸습니다."

그런데 척의 설명은 조금 달랐다.

"문제가 심각하다고 해서 주눅 든 적은 없습니다. 돕겠다고 약속할 때는 당연히 문제가 있다고 가정해야 하니까요. 그때 아프리카에 가지 않은 까닭은, 내가 방문하는 곳의 연장선에 있지 않아서였습니다."

남아공은 물리적으로나 심리적으로나 큰 전환이었다. 척이 세계 곳곳을 돌아다녔다지만, 뉴욕에서부터 샌프란시스코를 거쳐 하와이, 오스트레일리아, 타이, 베트남, 영국, 아일랜드를 찾았다가 다시 뉴욕으로 돌아오거나, 아니면 그 반대 방향으로 타원형 경로를 계속 가로질렀을 뿐이다. 컴퓨터라면 질색인 척은 이런 일정을 언제나 '예수회 사람의 노트북'이라 부르며 들고 다닌 노트에 볼펜으로 기록했다.

그런 척이 마음을 바꿔, 남아프리카공화국에서 이사회가 열리기 며칠 전 미리 그곳으로 날아갔다. 힐리는 기회를 놓치지 않고, 척의 생각에 영향을 미칠 만한 사람들과 자리를 마련했다. 그 가운데 한 명이 인종차별 정책을 평화롭게 끝내도록 협상을 도운 강력한 노동조합 지도자이자 아프리카민족회의ANC 사무총장, 시릴 라마포사2022년 현재 남아공 대통령였다.

척과 라마포사는 한때 유명한 집창촌이었던 요하네스버그 샌드턴 지구에 문을 연 어느 식당의 별실에서 만나 점심을 먹었다. 이야기를 나눠 보니, 두 사람 모두 북아일랜드의 평화 협상 과정에 관련했다. 라마포사는 IRA의 초대로 전직 핀란드 대통령 마르티 아티사리와 함께 아일랜드를 방문해 비밀 무기고의 해체를 확인했었다. 그리고 그때 IRA가 첩보 영화처럼 자기에게 접촉한 이야기로 척의 귀를 즐겁게 했다.

"파리에 있는 어느 술집으로 가 〈파이낸셜 타임스〉를 읽으라더군요. 눈에 띄지는 말고요. 이런 생각이 들더라고요. '나더러 눈에 띄지 말라고? 흑인인 나한테?' … 선글라스를 쓴 IRA 요원이 살금살금 나한테 다가오더군요. 그 사람이 나를 조용히 아일랜드로 데려갔습니다."

여전히 눈에 띄지 않으려는 태도로 아일랜드 습지대에 도착한 라마포사는 IRA가 무기 은닉처를 열어 개수를 세는 모습을 지켜봤다. 척도 게리 애덤스와 접촉할 때 벨파스트 뒷골목에서 겪은 무용담이 있었다.

힐리가 두 사람을 만나게 한 데는 목적이 있었다.

"척에게 남아공이 밑 빠진 독에 물 붓기인 나라가 아니라는 것을 보여주고 싶었습니다. 남아공의 미래를 지킬 훌륭한 사람들이 있다고, 이

곳이야말로 자선 단체가 돈을 투자할 만한 곳이고 그 대가를 틀림없이 돌려줄 곳이라고요."

힐리의 의도는 성공했다. 라마포사와 헤어질 때 척이 라마포사의 두 손을 꼭 붙잡고 말했다.

"남아프리카에서 우리의 활동이 이제 막 시작되었습니다."

척은 남아공의 다른 인사들에게도 귀를 기울였다. 유명한 언론인 앨리스터 스파크스가 국제 사회에서 따돌림당하던 남아공이 1994년 이후 빠르게 성장하는 안정된 나라가 되기까지 지난 11년의 역사를 애틀랜틱 이사회에 간략히 설명했다. 하워드 호텔에서 열린 장학금 수혜자 만찬에서는 은퇴한 헌법재판소장이자 현대 남아공의 영웅 중 한 명인 아서 차스캘슨이 남아공에서 입헌주의가 어떻게 변화했는지를 설명했다. 이날 만찬은 콰줄루나탈대학교의 음대 학생들이 푸치니와 베르디의 아리아를 부르는 것으로 끝이 났다.

애틀랜틱 필랜스로피는 남아공에서 기금 대부분을 고등 교육에 지원해, 요하네스버그의 비트바테르스란트대학교, 나탈주의 콰줄루나탈대학교 같은 곳에 많은 돈을 기부했다. 또 나탈주 피터마리츠버그의 동성애자 연합부터 넬슨 만델라가 옥살이한 로벤섬의 박물관 같은 단체에까지 기금을 지원했고, 북아일랜드 활동가들을 남아공으로 불러 갈등 해결책을 논의하게 했다.

언제나 비전과 활기를 지닌 대학 총장들을 찾아다닌 척은 웨스턴케이프대학교 총장 브라이언 오코넬도 만났다. 함께 점심을 먹는 동안 오코넬은 웨스턴케이프대학의 사명이 무엇인지를 무척 열렬하게 설명했다. 척이 답했다.

"우리가 제격인 곳에 왔군요."

이튿날 저녁 케이프타운의 비니어드 호텔에서 열린 만찬에서 살해된 학생 운동 지도자 스티브 비코와 함께 1960년대에 남아공 흑인 자각 운동을 이끈 멈필러 럼필리가 왜 남아공에 투자해야 하는지를 이야기했다. 힐리의 아내 이본에게 등 떠밀린 척이 짧게 연설했다. 연설의 골자는 남아공에서 애틀랜틱 필랜스로피가 할 일이 더 있다는 것이었다.

힐리는 이렇게 설명했다.

"이사회의 남아공 방문이 하루하루 지나갈수록, 거의 날마다 척의 마음이 바뀌었습니다. 용감무쌍한 일을 해냈거나, 하고 있거나, 어마어마한 장애물을 극복해야 하는 그야말로 훌륭한 사람들을 마주했으니까요. 척은 남아공이 지난 몇 년 동안 독재 국가에서 민주주의 국가로 움직이는 모습을 보여줬을 뿐 아니라 현재의 혼란스러운 아프리카를 더 나은 미래로 이끌 특별한 국가라는 것을 깨달았습니다."

늘 그랬듯, 척은 남아공 학자들도 자신이 꾸린 대학 지도자 연락망에 영입했다. 척의 제안에 따라 브라이언 오코넬이 웨스턴케이프대학교 대표단을 이끌고 오스트레일리아를 방문해 여러 대학과 결연을 맺었다. 퀸즐랜드대학교 존 헤이는 오코넬과 손잡고 공중 보건, 에이즈, 언어 습득과 관련한 연구를 공동으로 진행했다. 남아공 유학생들은 브리즈번에서 공부하며 능력을 키울 길을 얻었다.

2006년 후반, 일흔일곱 살인 척에게 활동 지역을 더 확장할 생각이 있는지 물었다.

"더 젊으면 좋겠다는 마음이 굴뚝같습니다."

29

수의에는 주머니가 없다

21세기 들어, 애틀랜틱 필랜스로피는 척의 자선 활동을 상징하는 익명 기부를 마침내 폐기했다. 원래 척은 사업과 아이들 안전을 위해 자선 활동을 떠들썩하게 알리지 않기를 바랐다. 하지만 이제 비밀을 지켜야 했던 여러 사유가 시간과 함께 사라졌다. 또 누구나 아는 사실에 비밀 유지 서약을 고집하는 것을 주변에서 조금은 우스꽝스럽게 생각했다. 척도 이 사실을 인정했다.

"익명 기부라는 발상은 좋았습니다. 하지만 끝내는 익명 기부자가 애틀랜틱과 동의어가 되어버렸지요. 누가 봐도 우리 스스로 바보짓을 하고 있었습니다."

게다가 척이 기부하는 줄을 아무도 모른다면, 살아 있는 동안 기부하라고 장려할 수도 없었다.

익명 기부 방침이 풀리자, 하비 데일과 재단 이사 프레더릭 슈워츠가 비밀 유지 정책을 이어갈 때 장단점을 정리해 검토했다. 그리고 2001년

6월, 애틀랜틱 필랜스로피에 철저한 비밀 유지를 강요하는 방침을 폐기하라고 권고했다. 재단은 그해 수혜처에 더는 비밀 유지 의무에 얽매이지 않아도 된다고 알렸다. 2001년 전에 기금을 받은 곳에도 애틀랜틱 필랜스로피에서 지원금을 받았다고 밝혀도 좋다고 알렸다. 다만 비밀 유지 조건을 내건 쪽이 애틀랜틱이었으므로, 재단에서 직접 수혜처 명단을 밝히지는 않기로 했다.

2001년 9월, 존 힐리가 하비 데일의 뒤를 이어 재단의 최고 경영자가 되었다. 2002년 9월, 힐리의 주도로 한발 더 나아간 애틀랜틱 필랜스로피는 처음으로 웹 사이트를 열었다.

"애틀랜틱의 기부 활동을 누구에게나 공개하는 방침이 수혜처의 혜택을 크게 늘리리라고 생각하므로, 우리는 이제 익명 기부 방침을 추구하지 않으려 합니다. 하지만 앞으로도 계속 낮은 자세로 임해, 재단의 활동을 널리 알리지는 않겠습니다."

애틀랜틱은 그때까지 모두 2,900번에 걸쳐 25억 달러를 은밀하게 기부했다고 발표했다. 앞으로는 기부 상황을 모두 공개하겠다고도 알렸다. 가장 비밀스러운 자선 단체였던 애틀랜틱은 이제 더할 나위 없이 투명한 단체가 되었다. 그래도 미국 법률에 얽매이지 않았으므로, 임금 체계는 여전히 비밀로 남았다.

익명 기부 방침을 없앤 데는 재단의 미래 문제도 영향을 미쳤다. 만약 애틀랜틱이 자선 사업을 서서히 정리해 재단을 해산하기로 한다면 훨씬 더 투명해야 협력을 촉진할 수 있었다. 햄릿이 그랬듯, 척도 '이대로 존립할 것인가, 존립하지 말 것인가'라는 물음을 쉽게 결정하지 못하고 오랫동안 고민했다. 하비 데일은 재단이 계속 이어지기를 바랐다. 1993년에 이사회에 제출한 주요 보고서에도 이렇게 적었다.

"나는 자산을 모조리 쓰고 재단을 해산하기보다, 재단을 앞으로 계속 자선 활동을 펼칠 기금을 마련할 원천이 돼야 한다고 생각합니다."

또 자산을 계속 줄여나간다면, 꽤 많은 기금이 영구 재단을 운영하는 사람들만큼 좋은 일을 하지 않을 수혜처에 넘어갈 것이라고 경고했다.

이 문제를 놓고 데일과 척은 이사회 회의에서, 버뮤다로 가는 비행기 안에서, 맨해튼의 P. J. 클라크에서 점심을 먹으며 여러 해에 걸쳐 수십 번 이야기를 주고받았다.

"척의 대화 방식은 브라운 운동과 비슷합니다. 의식을 흐름을 따라간다고나 할까요."

데일이 말한 브라운 운동은 유체 속 미립자가 불규칙적으로 이동하는 현상이다.

"척의 이야기는 직선으로 뻗어가지 않습니다. 이를테면 이런 식이지요. '우리는 베트남 전쟁에서 정말로 끔찍한 짓을 저질렀어. 그러니 베트남 사람들을 도와야 하네. 알다시피 포드 재단이 베트남에 사무소를 뒀지만, 낡고 허름하더군. 그게 오래되고 까칠한 재단의 문제야. 우리는 그런 문제가 생기지 않도록 해야 해.'"

척은 재단을 계속 이어가자는 주장을 받아들이지 않았다. 카네기는 『부의 복음』에서 '백만장자란 가난한 자들의 신탁 관리자일 뿐'이고, '저 세상에 가져가지 못할 하찮은 것들을 어떻게 쓰라고 유언을 남겼든, 수백만 달러를 남기고 죽는 사람은 … 존경받지도, 찬양받지도, 애도 받지도 못한 채 눈을 감을 것이다.'라고 적었다. 척은 1997년 1월에 DFS 지분을 매각하느라 마지못해 재단을 공개했을 때 살아 있는 동안 모든 자산을 기부하고 재단을 해산하는 쪽으로 마음이 기울었다고 명확히 밝혔다. 그때 작성한 보도 자료 초안의 여백에 척은 이렇게 적었다.

"나는 부유한 사람들이 살아 있는 동안 가치 있는 곳에 재산을 써야 할 책임을 지지 않으려 한다면 후손들에게 골칫거리를 안길 위험이 있다고 생각한다."

척에게는 이렇게 생각할 만한 강력한 근거가 있었다. 많은 조직이 오래될수록 경직되었다. 그러니 오래 이어온 재단은 척의 진두지휘에 따라 움직인 애틀랜틱처럼 유연하지도, 융통성을 발휘하지도, 적극적으로 나서지도, 모험을 무릅쓰지도 않았다. 애틀랜틱을 계속 유지하면 기부를 줄여야 할 테고, 척이 활동하지 못할 때가 올 테고, 척이 좋아하지 않을 일을 재단이 할 수도 있을 터였다. 하비 데일은 뜻을 굽히고 척의 의견을 따르기로 했다.

"헨리 포드가 지금 포드 재단이 하는 일을 좋아할지 싫어할지는 모르지만, 어느 쪽이든 담당자는 포드가 아닙니다."

DFS 지분을 팔고 몇 달 뒤, 이 문제로 토론이 벌어졌다. 데일은 이사들에게 조용히 메모를 보내, 척이 어떻게 결정할지를 귀띔했다.

"우리는 애틀랜틱 재단과 애틀랜틱 신탁이 영원히 지속해야 한다는 요건에 조금도 얽매여서는 안 됩니다."

그 덕분에 물가 상승을 상쇄하면서도 재단 자산을 유지할 수 있는 기준인 5%보다 더 많은 돈을 기부할 수 있었다. 애틀랜틱 필랜스로피 이사장 프랭크 로즈는 정해진 기간에 모든 자산을 기부하는 쪽을 완전히 찬성했다.

"기부금을 받지 못한 사람들에게 지연된 기부란 허용되지 않은 기부나 마찬가지입니다."

또 재단이 조금이라도 오래 이어지면 직원과 이사들이 재단 자산을 자기 것으로 여길 위험이 생긴다고 봤다. 1998년에 버뮤다에서 열린 이사회에서, 로즈는 척에게 어렵사리 이 문제를 꺼냈다.

"무엇이 애틀랜틱 필랜스로피의 유산이 될 것 같습니까?"

척은 "생각해보지요."라고 답했다.

1999년 10월 13일, 뉴욕 코넬 클럽의 중후한 서재에서 열린 이사회에서 척이 간략히 답을 내놓았다. 척은 재단의 유산을 주제로 짧은 성명을 작성해 이사들에게 건넸다. 먼저 연필로 쓴 뒤, 하루 전 데일의 비서에게 컴퓨터로 정리해 달라고 요청한 것이었다.

> 성명에서 척은 두 가지 물음을 던졌다. 애틀랜틱 필랜스로피의 예상 수명은 얼마일까? 기부금을 원하는 지출 수준까지 끌어올릴 수 있을까? 척은 재단 대다수의 기부금이 자산 대비 아주 적고, 아마 그래서 암, 당뇨, 알츠하이머를 포함한 여러 주요 질병을 퇴치하는 속도가 느릴 것이라고 지적했다. 자산 소진이라는 목표를 이루고자 기부금을 늘려야 옳을까? 그런 기부가 자산을 허비하는 꼴은 아닐까? 척은 그해에만도 연간 기부액이 4억 달러로 늘어나 재단 자산이 줄어드는 궤도로 들어섰다고 말했다. 그리고 기부액을 연간 4억 5,000만 달러로 늘리자고 제안했다. 이 정도면 한 해에 재단 자산을 10% 넘게 기부하는 셈으로, 영구 재단의 기부 기준인 5%보다 두 배나 많았다. 척은 애틀랜틱 필랜스로피의 수명을 20~30년으로 보면 좋겠다는 말로 성명을 마무리했다.

이사회는 큰 원칙에서는 척의 의견에 동의했다. 조엘 플라이시먼은 이사회가 척 피니가 원하는 것이라면 무엇이든 동의했다고 말했지만, 이사 대다수는 진심으로 척의 의견에 찬성했다.

하비 데일은 이 성명을 가리켜 역사적 문서라고 일컬었다. 척이 처음으로 자기 생각을 조금이나마 서류에 적으려 했기 때문이었다.

"그 성명은 결정타라기보다 촉매제였습니다. 대화를 올바른 방향으로 움직인 촉매제요."

2001년에 애틀랜틱 필랜스로피의 최고 경영자 자리를 맡은 존 힐리는 이사회가 공식 결의는 하지 않았으나 재단을 약 15년 안에 해산하기로 암묵적으로 합의했다는 사실을 알게 되었다. 그래서 척을 포함한 이사회를 대상으로 전략 워크숍을 열어, 재단을 해산한다는 것이 무엇을 뜻하는지 깊이 생각하게 했다.

거대한 자선 단체를 해산하려면 꼼꼼한 장기 계획이 있어야 했다. 애틀랜틱처럼 부동산과 사업체 형태로 비유동성 자산을 보유한 독특한 재단은 특히 더. 2002년 1월 29일 화요일, 힐리는 재단 자문가 토머스 티어니를 초청해 뉴욕 파크애비뉴의 어느 건물 21층에 자리 잡은 애틀랜틱 필랜스로피 사무소에서 워크숍을 진행했다. 척을 포함한 모든 이사가 워크숍에 참석했지만, 하비 데일은 자리에 없었다. 힐리가 영향력이 막강한 전직 회장이 없어야 이사들이 더 마음껏 발언하리라고 봤기 때문이다. 척도 여기에 동의했다.

재단에서는 이제 100명 남짓한 직원이 일했다. 힐리는 현재와 같은 기부 속도로 볼 때 재단이 존속하지 못할 것을 직원들이 눈치챘으리라고 지적했다. 그 바람에 사기가 떨어지고 있었다. 척은 재단의 앞날을 직원들에게 솔직하게 말하라고 이사회에 권했다. 실제로 15년 안에 재단을 해산한다면, 자본과 투자금의 예상 수익으로 볼 때 애틀랜틱은 15년 동안 72억~75억 달러를 기부해야 했다. 그러려면 예산과 계획을 꼼꼼히 짜야 했다.

그사이 주식 시장의 기술주가 뜨겁게 달아올라, 애틀랜틱 필랜스로피의 자산도 치솟았다. 척과 애틀랜틱의 투자 담당자들은 그리스 신화 속 미다스처럼 손 대는 족족 모든 것을 금으로 바꿔었다. 그리고 미다스와 비슷한 문제를 맞닥뜨렸다. 이렇게 많은 금으로 무엇을 할까? 이번에도 정식으로 의결하지는 않았지만, 이사회는 확고한 결론을 내렸다. 되도록 2016년까지 사업을 정리하자. 존 힐리는 내게 이런 말을 덧붙였다.

"그런데 이 말은 해야겠습니다. 이 결정을 마지막으로 확정할 사람은 척 피니였습니다. 왜냐고요? 척이 결정에 동의하지 않아서가 아니었습니다. 척이 꼼짝없이 구석에 몰리는 것을 싫어해서입니다. 척은 뼛속까지 기업가입니다. 기업가는 대체로 융통성을 가장 높게 치지요."

그래도 결정을 내리고 나면, 척은 어마어마한 열정으로 결정을 밀어붙였다. 뉴욕의 재단 사무소에서 만났을 때 척이 이런 말을 했다.

"사정이 좋을 때보다 나쁠 때일수록 어려운 사람들에게 돈이 더 귀중합니다."

이 말을 듣는데, 소매에 구멍이 난 척의 카디건이 눈에 들어왔다.

"주머니에 10달러가 있고 그 돈을 오늘 기부 하면, 10달러만큼 좋은 일을 한 겁니다. 오늘 기부하면 그 돈이 내일 누군가에게 도움이 되겠지만, 5%만 기부하면 그다지 도움이 되지 못하지요. 아일랜드 속담에 이런 말이 있습니다. 수의에는 주머니가 없다. 나는 이 말에 동의합니다."

전략 워크숍에서 이사회는 재단이 그동안 이룬 성과를 검토했다. 이들은 척의 활동 가운데 아일랜드 대학교에 기금을 대 연구를 지원한 것이 가장 큰 성과를 거뒀다고 다 같이 입을 모았다. 애틀랜틱은 아일랜드의 교육 기관을 탈바꿈시켰고, 아일랜드를 개혁할 잠재력을 키웠고, 지렛대가 되어 더 많은 기금을 끌어모았고, 크게 보아 아일랜드를 바꿔놓는 영향을 미쳤다. 그야말로 홈런을 날렸다. 하지만 몇 가지 불편한 질문도 불러일으켰다. 부정적으로 보면 고등 교육 기관을 지원하는 것은 엘리트에게 기부하는 활동이다. 미국에서는 특히 그랬다. 미국과 아일랜드에서 애틀랜틱은 30% 대 70%로, 없는 사람보다 있는 사람을 더 지원했다. 이와 달리 베트남에서는 사업 전체가 없는 사람을 도왔다.

재단 해산 일정을 구체적으로 합의하자, 논의해야 할 문제가 여럿 생겼다. 모든 자산을 질서 있게 기부하려면 앞으로 어디에 집중해야 할까? 어디에 기부해야 가장 효과가 클까? 노화와 빈곤 아동부터 인권과 약물 합법화까지 다양한 사안을 놓고 토론이 벌어졌다. 척은 주로 듣기만 했다. 하지만 할 말이 있던 세 분야에서는 매번 생의학 연구를 언급했다. 워크숍 마지막에, 애틀랜틱이 재단을 정리하는 동안 집중해야 할 사안을 무기명 투표에 부쳤다.

2003년 3월 22일, 애틀랜틱 필랜스로피는 새로운 현실에 맞춰 사업 방향을 틀었다. 척과 힐리가 이사회에 '유산과 목적'이라는 공동 성명을 발표했다. 전략을 검토한 결과, 두 사람은 그때까지 애틀랜틱이 활동한 열여섯 분야에서 지원을 종료하기로 했다. 고등 교육, 비영리사업, 자선 단체에는 기금을 한정해 지원하기로 했다. 앞으로는 4대 전략 분야인 노화, 빈곤 아동과 청소년, 공공 보건, 화해와 인권에 활동을 집중하기로 했다.

힐리는 재단의 성공이 집중에 달렸으니, 집중하기로 선택한 사업에 일관되게 많은 기금을 투자해야 한다고 봤다. 직원들이 적절한 시기에 이력서를 준비하도록, 성명은 애틀랜틱이 재단을 정리할 예정이라고 명확히 밝혔다. 힐리의 말을 빌리자면 "재단 정리 기차가 출발한 셈"이었다.

'유산과 목적' 성명은 척의 자유주의 성향을 담았다. 현재 미국의 정치 환경이 재단이 추구하는 진보적 구상에 반감이 크니, 달갑잖은 눈총을 받는 것은 시간문제라고 경고했다.

시간이 흐를수록, 척은 시민 사회를 튼튼하게 뒷받침할 진보 단체를 지원하는 일에 더 끌렸다. '유산과 목적' 성명은 애틀랜틱 필랜스로피가 기부에만 초점을 맞추지 말고 사회를 변화시키는 것을 목표로 해야 한다고 밝혔다. 척이 1990년대에 민주당에 개인으로 후원금을 내기는 했지만, 조지 소로스 같은 몇몇 억만장자처럼 선거 운동에 막대한 정치자금을 기부하지는 않았다. 애틀랜틱은 국제 사면위원회, 국제 인권위원회, 국제 인권감시단 같은 단체에 기부했다. 또 미성년자 사형 선고 폐지 운동에 100만 달러를 지원해, 2005년 3월에 마침내 미국 대법원이 18세 미만인 미성년자에게 사형을 선고하는 것은 잔인하고 괴이한 처벌이니 헌법으로 금지해야 한다고 판결하는 데 크게 이바지했다. 같은 해 애틀랜틱은 비영리 공영 방송을 지원하고자 〈PBS 뉴스아워〉에 300만 달러를 기부했다.

재단을 정리하는 사례가 드물기는 하지만, 애틀랜틱이 교훈을 얻을 만한 전례가 있었다. 통신 판매 제국 시어스로벅을 설계한 줄리어스 로즌월드는 로즌월드 재단을 만든 뒤 1932년에 세상을 떠나기 전까지 6,300만 달러[2020년 기준 약 12억 달러]를 기부해 주로 미국 남부에 흑인 학교 5,400곳을 세웠다. 재단 관리자들은 로즌월드의 바람대로 남은 기금을 1948년까지 모두 기부하고 재단을 해산했다. 로즌월드는 "다음 세대들을 위한 몫을 남겨두기에는 우리 눈앞에 너무나 명확하고 너무나 시급한 문제가 놓여 있다."라고 경고했다. 미국의 주요 재단 가운데 일부러 기금을 모두 쓰고 해산한 곳은 로즌월드 재단이 처음이었다.

부동산 개발업자 에런 다이아몬드가 사망하자 아내 아이린이 1985년에 3억 달러를 들여 세운 에런 다이아몬드 재단은 미국 최대의 민간 에이즈 연구소인 에런 다이아몬드 에이즈 연구소를 세운 뒤 1996년에 재단을 정리했다.

다이아몬드 재단의 집행 이사를 지낸 빈센트 맥기에 따르면, 재단이 비대한 관료 체제에 휘말려 돈을 낭비하느니 큰 영향을 미칠 만한 일을 찾아내 붙들고 늘어지는 쪽을 목표로 삼았었다. 어떤 재단이든 거드름을 피우고 지적으로 타락할 위험이 도사렸다. 자산이 4억 달러가 넘는 리처드&로다 골드먼 펀드는 1996년에 로다 골드먼이 사망하자 남편 리처드 골드먼이 자기가 사망한 뒤 10년 안에 재단을 정리할 수 있도록 자산 대비 기부금 비율을 10%로 올렸다. 리처드 골드먼은 NBC 방송국과 나눈 인터뷰에서 재단들이 멸종을 걱정하는 공룡처럼 굴지 말고 당장 실천할 수 있는 선행에 집중해야 한다고 주장했다.

6년 동안 애틀랜틱 필랜스로피의 최고 경영자로 일한 존 힐리는 2007년 4월에 자리에서 물러났다.

"나는 애틀랜틱이 문을 닫으리라고 확신합니다. 척이 마음을 바꿀 가능성이 갈수록 더 줄어들고 있으니까요. 현재 이사회도 척의 바람에 충실하고, 여러모로 모두 재단 해산에 열렬히 찬성합니다."

척은 갈수록 마음이 급해졌고, 순간순간 의심을 느꼈다.

"내가 10년을 더 살지 12년을 더 살지는 모르겠습니다. 지금으로서는 그 안에 재단 자산을 모두 기부할 수 있을 것 같지 않습니다. 공장이라도 세우지 않는 한 돈을 뭉텅이로 쓸 일이 없으니까요. 우리는 괜찮은 사업 대상을 찾아 세계 곳곳을 돌아다닙니다. 문제는 좋은 대상을 찾아내도, 규모가 너무 적다는 겁니다. 진척이 더딘 사업도 있습니다. 그때마다 좌절을 느낍니다."

프랭크 로즈도 비슷한 이야기를 했다.

"재단이 기금을 빠르게 기부하지 못해 척의 걱정이 큽니다."

로즈는 척이나 재단 이사회가 한 자선 사업에 남은 기금을 몽땅 집어넣지는 않으리라고 생각했다. 하지만 큰 사업을 벌일 여지는 있었다. 척이 이렇게 말했다.

"좋은 사업이기만 하다면, 한꺼번에 많은 기금을 집어넣는 것은 아무 문제가 안 됩니다."

새 전략을 세운 뒤에도, 척은 계속 새로운 자선 기회를 찾아 나섰다. 하지만 기금을 모두 쓰고 재단을 해산하려면, 연말에 기부 약정액만 확인하기보다 미리 연간 기부 예산을 정해야 했다. 힐리는 새로운 자선 사업을 찾고 싶어 하는 척의 열정과 재단을 질서 있게 정리하는 업무 사이에서 균형을 잡는 것이 자기 임무라고 봤다. 그래서 척이 4대 전략 사업 말고도 기업가 정신으로 자선 사업을 추가할 수 있도록, '설립 이사장 사업'이라는 전략 사업을 추가하고 따로 돈주머니를 만들었다. 2004년에 설립 이사장용 돈주머니에 쌓인 기금은 약 3,500만 달러였다. 돈이 더 필요하면 적절한 범위 안에서 기금을 추가한다. 실제로 2004년에 척이 기부 다섯 건에 4,100만 달러를 더 지원해달라고 요청했고, 이사회가 이를 승인했다.

비록 척에게 완전히 소유권을 넘겨받았을지라도, 이사회는 재단 기금이 본디 척의 돈이라는 사실을 절대 잊지 않았다. 2005년 초에 버뮤다에서 열린 이사회에서 하비 데일이 이렇게 제안했다.

"이사회도 저와 같은 생각이라고 확신합니다만, 제 생각에는 척이 3,500만 달러보다 더 많이 쓰고 싶어 하면 우리가 척의 제안을 받아들여 검토하는 게 좋겠습니다."

이사회는 "옳소! 옳소!"로 화답했다.

그런데 데일에 따르면 기부할 만한 좋은 사업을 찾는 것도 문제였지만, 수익을 예측할 수 있도록 자산을 구성하는 것도 문제였다.

"자산 수익이 놀랍게 많아 10%를 훌쩍 웃돌면, 그래서 연말에 느닷없이 예컨대 1억 달러가 생기면, 해를 넘기기 전에 그 돈을 모두 기부해야 합니다. 어이없는 일이지요. 반대로 수익이 나쁘면 곤경에 빠져, 기부 약정액을 채우기도 전에 돈이 떨어집니다. 예산 변동이 워낙 크니, 사업 담당자들은 한 해에 얼마를 쓸 수 있을지 알지 못합니다."

얄궂게도, 재단 내부에서 지출 확대를 놓고 토론이 한창일 때 재단 자산은 도리어 지출 속도보다 빠르게 늘었다. 2002년에 25억 달러였던 기부 총액이 2007년 들어 40억 달러로 늘었는데도, 남은 재단 자산이 무려 40억 달러였다. 그해 초 애틀랜틱 필랜스로피가 쉰두 살인 가라 라마쉬를 새 최고 경영자로 지명했다. 인권 운동가이자 조지 소로스가 세운 열린사회연구소현재 열린사회재단의 미국 사업 담당자였던 라마쉬는 이제 2016년까지 정확히 9년 동안 활발히 움직여 애틀랜틱 필랜스로피의 기부를 마무리할 임무를 맡았다. 그런데 재단 자산 중 5억 달러가 여전히 세계 곳곳의 호텔, 리조트, 헬스클럽, 소매점에 묶여 있다는 사실이 라마쉬의 발목을 잡았다.

커다란 배가 그렇듯, 애틀랜틱도 방향을 바꿀 때 속도를 늦췄다. 2000년에 5억 9,500만 달러였던 기부액이 2005년에 2억 8,900만 달러로 줄었다. 척의 기업가 본능이 벽에 부딪혔다. 척은 살아 있는 동안 기부한다는 목표를 2016년까지 달성하려면 연간 기부액이 3억 5,000만 달러쯤으로 늘어야 한다고 생각했다. 다행히 2006년 말 들어 상황이 제자리를 찾아, 그해 기부 약정액이 4억 5,000만 달러를 웃돌았다.

생각지도 않게 노다지에 투자해 어마어마한 현금을 벌어들이는 일을 막고 질서 있게 자산을 줄이고자, 애틀랜틱 필랜스로피는 2015년에 유동 자산 절반을 절대 수익 전략에 집어넣었다. 즉 자산을 주식 시장과 그다지 관련 없으면서도 어떤 경제 상황에서도 수익을 낼 만한 여러 곳에 투자했다. 대형 자선 단체로서는 선구적 움직임이었다.

1990년대 중반, 애틀랜틱 필랜스로피는 제너럴 애틀랜틱 그룹과 자회사 인터퍼시픽이 보유한 '국가' 자산을 처분하기 시작했다. 척에게는 이 과정이 고통스러울 때도 있었다. 그런 자산을 구성하는 사업체 하나

하나가 뜻깊고 직접 발품을 팔아 자기 일부를 쏟아 넣은 '국민'이었기 때문이다. 척은 복지 국가를 운영하듯 사업체를 운영했다.

가장 아픈 손가락은 아일랜드 리머릭의 캐슬트로이 파크 호텔이었다. 캐슬트로이는 첫 단계에서부터 척이 설계와 건설 과정을 직접 살피고 특별한 관심을 기울였던 곳이었다. 이곳에서 가족과 친구들의 모임을 열었고, 말년에는 다른 어디보다도 이곳에서 느긋하게 쉬고 즐겼다. 주말 동안 제너럴 애틀랜틱 그룹 유한회사 직원과 가족 약 100명을 이곳에 데려왔을 때는 밴드가 연주를 시작하자 척과 동료 이사들이 사각팬티를 입고 나타나 춤을 췄었다.

1998년에는 뉴저지주 엘리자베스 성모승천고등학교 1946년, 1947년, 1948년 졸업생 150명을 호텔로 초대하는 여행을 준비했다. 미국 곳곳에 흩어져 사는 동문은 먼저 여권부터 만들어야 했다. 뉴욕 JFK 공항에서 아일랜드 섀넌까지 가는 비행기 삯과 캐슬트로이에서 한 주 동안 머무는 경비 1,000달러는 개인이 내야 했다. 하지만 공항에서 이들을 태운 버스 세 대를 포함해 나머지 비용은 모두 척이 댔다. 호텔 앞에서는 아일랜드 전통복을 입은 파이프 연주자가 이들을 로비로 이끌었다. 졸업생 대다수가 아일랜드 이민자의 후손이라 많이들 눈물을 흘렸다. 척의 어릴 적 친구 밥 코건도 그때를 함께했다.

"우리 인생에서 가장 멋진 한 주였습니다. 찰리는 자기 뿌리를 절대 모르는 체하지 않았습니다. 이들이야말로 찰리의 진짜 친구였어요."

세월 탓에 참석자가 많이 줄었지만, 척은 2003년 6월에도 동문 여행을 마련했다. 호텔을 매물로 내놓기 1주 전인 2004년 7월 16일에는 세계 곳곳에서 일하는 애틀랜틱 필랜스로피와 제너럴 애틀랜틱의 직원과 가족들을 호텔로 초대해, 자신이 손수 짓고 애지중지한 호텔과 이별하는 것을 기념했다. 세계에서 가장 검소한 자선가답게, 척은 에드 월시,

브렌던 오리건, 베네딕트회 수도사 마크 패트릭 헤더먼처럼 리머릭에서 얻은 친구들을 포함한 손님들에게 샴페인을 대접했다.

2004년 8월, 척은 아일랜드에 개인으로 투자한 자산을 처분했다. 여기에는 더블린의 헤리티지 하우스, 더블린 남쪽의 킬터난 호텔, 블랙록의 무역경영연구소 건물, 캐슬트로이 파크 호텔이 포함되었다. 부동산은 모두 꽤 많은 수익을 올렸다.

척이 부채질을 한 아일랜드의 경제 호황으로 부동산 가격이 치솟은 덕분이었다. 인터퍼시픽을 정리하는 과정은 더 복잡했다. 1990년대 말에 직원 수가 2,000명, 연간 매출이 3억 5,000만 달러였고, 보유한 투자액도 6억 5,000만 달러였다. 척과 DFS 동업자들 사이에 쓰라린 불화를 일으킨 하와이안 리테일 그룹의 매장은 2003년 1월까지 문을 닫거나 매각했다.

척은 호놀룰루를 찾아 쉐라톤 호텔의 연회장을 빌려 직원들에게 파티를 열었다. 하지만 사이판의 퍼시픽 아일랜드 클럽 호텔은 2007년 초에도 여전히 인터퍼시픽에 속했다. 오스트레일리아의 코란코브 아일랜드 리조트와 런어웨이 베이 스포츠 슈퍼 센터, 미국의 웨스턴 애슬레틱 클럽도 마찬가지였다. 척은 급매를 전망하는 의견을 일축했다.

"손해 보고 팔지는 않을 겁니다. 시장이 살아나면 팔 거예요."

인터퍼시픽은 타이 푸껫의 라구나 비치 리조트 지분 절반도 계속 보유했다. 척은 여행 중에 이따금 헬가와 함께 이곳에 들러 짧은 휴식을 즐겼다. 두 사람은 2004년 12월 26일에 쓰나미가 동남아를 덮쳤을 때도 그곳에 있었다.

"헬가와 내가 함께 마사지를 받고 있었습니다. 사람들의 비명이 들리더니 두려움에 질린 직원들이 '나가세요!'라고 소리쳤어요."

다행히 호텔에 큰 피해는 없었다. 관광객이 줄었지만, 척은 직원들을 절대 해고하지 못하게 막았다.

2005년 1월, 척은 제너럴 애틀랜틱 그룹의 이사장 자리에서 물러났다. 마이크 윈저에게 이사장을, 짐 다우니에게 부이사장을, 크리스 악슬리, 하비 데일, 커밍스 줄에게 이사 자리를 맡겼다. 이 무렵 애틀랜틱 필랜스로피의 자산 가운데 사업체의 비중이 10% 남짓으로 줄어, 20년 전 '교회' 대 '국가'의 비율이 1 대 9이던 상황이 뒤집혔다.

윈저가 척이 이사장 자리에서 물러나던 날을 이렇게 묘사했다.

"샌프란시스코에서 열린 이사회에서 척이 '나는 갑니다!'라고 말한 뒤 비닐봉지를 들고 걸어 나갔습니다. 하지만 이 모든 자산은 척의 것입니다. 나는 한 번도 그 사실을 잊지 않았습니다. 우리가 전략에 따라 무슨 일을 하든, 앞으로도 마지막 결정은 척이 내릴 겁니다."

LATE
LIFE CRISIS

• 5부 •

막바지에 찾아온 위기

살아 있는 동안 기부한다는 본보기를 세우려면 인생사를 공개하는 것이 당연한 절차였다. 만약 계속 익명으로 남는다면, 그런 본보기를 아무도 모를 터였다. 이 책을 출간한 뒤로, 척은 잇달아 국내외 신문, 방송국과 인터뷰에 나섰다. 잡지에서 오려낸 기사로 생각을 드러내는 사람에게는 결코 쉬운 일이 아니었다.
척의 메시지는 한결같았다.
'부자들은 살아 있는 동안 기부해야 한다. 그러면 기부 과정에서 큰 즐거움을 얻을 것이다.'

30

진짜 미국인다운 괴짜

소득세를 내는 곳이 집이라면, 척의 주 거주지는 미국이다. 그런데 실제로 척은 어디에서도 살지 않는다. 척과 헬가에게는 붙박이로 사는 집이 한 군데도 없다. 한 번에 몇 주씩 머무는 작은 아파트가 여러 도시에 있을 뿐이다. 그런 집에 책과 신문은 수북이 쌓아 뒀어도, 성공한 인생을 기념하는 기념패나 감사패는 하나도 없었다. 척은 한 번도 저택을 꿈의 집으로 생각하지 않았다.

"700m^2약 200평쯤 되는 집에 살면 편치가 않습니다. 사람 한 번 찾으려면 한참을 헤매야 하니까요."

이제 나이가 지긋했는데도, 척은 언제 어디로 갈지 종잡기 어려울 만큼 끊임없이 움직였다. 2006년에 샌프란시스코의 아파트에서 척을 만났을 때, 집안에 헬가가 피델 카스트로와 함께 찍은 사진, 가족사진이 함께 놓여 있었다.

"지금 생각해보니 나와 헬가가 석 달 넘게 한곳에 머문 적은 이번이 처음이군요."

하지만 부부는 머잖아 또다시 여정에 올라 뉴욕, 더블린, 런던, 브리즈번, 방콕, 호찌민, 파리를 방문하고 다시 샌프란시스코로 돌아왔다. 그러니 두 사람은 거의 3만 피트 상공에서 사는 셈이다. 70대 중반이 코앞인데도, 두 사람은 일반석 표로 비행기 꽁무니 쪽 자리에 앉아 열 시간 넘게 비행했다. 척은 돈을 아끼려고 일반석에 앉는다고 말하곤 했다.

"비즈니스석이 속도가 더 빠르다면 이야기가 달라지겠지요. 남의 흉보기 좋아하는 사람들은 내가 떡하니 일반석 두 자리를 차지하려 한다고 헐뜯습니다."

어쩌면 척 자신도 모르게, 비즈니스석에 앉아 여행하는 것이 자신이 나고 자란 노동자 문화에 등 돌리는 행위라고 느끼는지도 모르겠다. 어쩌면 일반석으로 여행하는 사람들과 함께 있는 것을 더 좋아하는지도 모르겠다. 어쩌면 자신이 비즈니스석에 타는 특권을 누려 마땅하다고 생각하지 않는지도 모르겠다. 어쨌든, 일반석에 탄 덕분에 척은 눈에 띄지 않고 여행할 수 있었다.

여든을 한참 넘긴 뒤 일반석 탑승이 건강에 좋지 않다고 수긍하기 전까지는, 친구와 가족들이 아무리 애원해도 아랑곳하지 않고 이 원칙을 지켰다. 2004년에 헬가와 함께 늘 그렇듯 책과 신문이 가득 든 비닐봉지 세 개를 들고 일반석에 앉아 파리에서 쿠바까지 열한 시간 동안 비행할 때 일이다. 비행기 안에서 우연히 딸 줄리엣과 사위 장 팀싯을 마주쳤다. 비즈니스석을 예약한 줄리엣이 제발 자리를 바꾸자고 거의 빌다시피 애원했다. 척은 딱 잘라 거절했다.

"아냐, 아냐, 아냐. 이건 팔자소관이야."

그렇다고 동료들에게 똑같은 희생을 요구한 적은 한 번도 없었다. 그 바람에 몇몇 동료는 신문을 담은 비닐봉지와 작은 샘소나이트 여행 가

방을 끌고 일반석 승객용 줄에 서 있는 척을 지나 일등석으로 안내받는 불편을 경험하기도 했다. 언젠가 콜린 맥크리와 토머스 미첼이 버뮤다에서 열리는 애틀랜틱 필랜스로피 이사회에 가려고 비즈니스석 표를 끊었는데, 파리 공항에서 구름 떼같이 몰린 사람들 틈에 섞여 있는 척을 발견했다. 두 사람은 적어도 비즈니스 라운지에는 함께 앉아있자고 척을 설득했다. 라운지 접수원이 처음에는 척을 들여보내지 않으려다가 "안에서 아무것도 먹지 않겠다면 들어가도 좋습니다."라고 허락했다. 비즈니스 라운지에 들어간 척은 무료인 샤르도네 와인을 한 잔 마셨다.

척은 언제나 기성복을 입고, 값싼 플라스틱 시계를 차고, 서점에서 파는 돋보기를 썼다.

"나는 어릴 적부터 검소하게 살았습니다. 어떤 낭비도 싫어한다는 의미에서 검소한 사람입니다. 시간이 딱딱 맞는 시계를 15달러면 살 수 있는데, 무엇 하러 롤렉스에 헛돈을 씁니까?"

옷을 맵시 나게 입을 줄 아는 헬가도 검소하기는 마찬가지라, 부부는 싼 물건을 즐겨 샀다. 땅에 있을 때 척은 리무진이 아니라 버스와 택시를 탔다.

"문 여섯 개짜리 캐딜락에 나를 태우는 사람들을 도무지 이해하지 못하겠습니다. 리무진이나 택시나 좌석은 똑같잖습니까. 그리고 걸으면 더 오래 살고요."

뉴저지에 사는 가족을 방문할 때도 뉴욕에서 기차를 타곤 했다. 주로 조카가 엘리자베스 기차역에 나와 척을 마중하곤 했다.

"삼촌을 데리러 정거장에 가면 옆에서 마약쟁이와 창녀들이 서성이곤 했습니다."

한번은 밤중에 버스로 뉴욕에 돌아가려는 척을 매형 짐 피츠패트릭이 위험하다며 간절히 말렸지만, 허사였다.

척은 기부자에게 듣기 좋은 감사 인사를 하는 만찬 행사를 피했다.

"자기네끼리 칭찬을 주고받는 사교 만찬 자리가 그다지 즐겁지 않을 뿐입니다."

옷장에는 턱시도가 아예 없다. 사실 척은 옷장도 없이 산다. 한번은 더블린에서 열린 정찬 모임에 스웨터를 입고 참석했다가, 그런 차림으로는 사람들의 이목이 쏠릴 것이라는 말에 웨이터한테 재킷과 나비넥타이를 빌리기도 했다.

척은 애틀랜틱 직원들에게 개인 심부름을 시키는 것도 싫어했다. 인터퍼시픽 샌프란시스코 사무소에서 일하는 게일 빈첸치 비안키는 이런 일화를 들려줬다.

"지금껏 만난 상사들은 자기 세탁물을 찾아오거나 점심을 사오는 것 같은 잔심부름을 시키곤 했습니다. 척은 한 번도 그러지 않았어요. 한번은 세탁물을 찾으러 시내에 간다더군요. 그때가 금요일 오후였어요. '척, 저한테 영수증을 주시면 시내에 가서 세탁물을 찾아올게요.'라고 말했지요. 척이 그러더군요. '아냐, 아냐. 가는 길에 시내까지 태워주면 고맙겠네. 세탁물은 내가 찾을 거야.'"

척은 거리에 버려진 쓰레기를 주워 쓰레기통에 넣는 것이 체면 떨어지는 일이라고도 생각하지 않는다.

"누구나 쓰레기를 주우면 거리에 쓰레기가 굴러다니지 않겠지요."

유별나게 검소한 척이었지만, 사려 깊은 선물을 자주 했다. 주로 친구이자 아일랜드 미술가인 데스먼드 키니에게 의뢰한 그림이었다. 키니와 키니의 연인 에스메랄다는 이따금 피니 부부와 함께 여행했다. 함께 식당에 가면 언제나 척이 밥값을 내겠다고 고집했다. 척은 세계 곳곳에 친구와 지인이 있다. 척과 헬가가 이들과 만나는 식사 자리에는 언제나 화이트와인, 척의 재치 넘치는 농담과 껄껄거리는 웃음소리가 빠지지 않는다. 척은 자기 친구라는 공통점만 있는 다양한 분야의 사람들을 자주 한 자리에 불러 모았다. 북아일랜드 평화 협상을 함께한 언론인 나이얼 오다우드의 말대로 "예술가, 정치인, 기업가, 회사 경영진, 대학 총장, 작가, 변호사, 때로는 척의 가족까지 자유롭게" 어울렸다. 오다우드는 1980년대에 코네티컷에 있는 척의 집에서 주말을 보낼 때 여러 방문객을 마주쳤지만, 이들이 척의 인생에서 어떤 역할을 하는지 몰랐다.

"척에 대해 새로운 이야기를 들을 때마다 언제나 이런 새로운 면모가 드러났습니다."

오다우드도 척이 얼마나 자린고비인지를 두 눈으로 목격했다. 어느 날 척을 따라 솔즈베리 우체국까지 한참을 걸어갔더니, 척이 구석의 상자에 놓인 지난달 잡지 한 권을 뒤적였다고 한다.

"억만장자인 척이 〈타임〉 같은 잡지의 과월호를 찾고서 '아주 좋아!'를 외치더군요."

척은 "잡지 중간에 찢겨 나간 곳이 있으면, 내가 찢어서 읽고 있다는 뜻이야."라고 농담하곤 했다. 척이 이렇게 잡지나 신문 한구석을 찢어내는 데는 이유가 있었다. 척에게는 그렇게 찢어낸 지면이 사람들과 소통하는 수단이다.

척의 삶은 모순으로 가득하다. 가족을 위해 정말 멋진 저택을 여러 채 샀지만, 거기에서 살거나 새로 단장하지는 않았다. 이제는 집이나 아파트를 아예 한 채도 소유하지 않는다. 한때 세상에서 가장 큰 담배 소매상이었지만, 흡연이라면 예나 지금이나 질색이다. 사치품을 팔았지만, 루이뷔통의 서류 가방 하나 들지 않는다. 소비자에게 최고급 소비재를 권해 돈을 벌었지만, 소비주의 탓에 크리스마스를 싫어한다. 척의 삶에서 가장 큰 모순은 돈을 대하는 태도다.

척은 돈을 버는 일이라면 사족을 못 쓰면서도 돈을 소유하는 것은 싫어했다. 다니엘과 결혼 생활 초반에 척은 부유해지고 싶다는 이야기를 한 번도 하지 않았다. 척의 목표는 돈이 아니라 사업을 성공시키는 것이었다. "일이 먼저고, 가족은 다음"이라는 말을 한 적이 한두 번이 아니었다. 경쟁의 짜릿함을 즐기는 척에게 부란 성공의 잣대였을 뿐이었다. 노년에는 그렇게 쌓은 부를 얼마나 빠르고 효과 있게 나눠주느냐를 성공의 잣대로 삼았다.

가까운 사람들은 척을 독특한 사람, 진짜 미국인다운 괴짜로 여긴다. 척에게는 자만심이 없다고 하나같이 입을 모은다. 프랭크 로즈는 척이 "문자 그대로가 아니라 좋은 뜻에서 성인"이라며, 세계 곳곳의 대학 총장이 날마다 무릎을 꿇고 척 피니를 보내주신 신께 감사해야 한다고 거듭 강조했다.

컬럼비아대학교 총장을 지낸 마이클 소번은 척을 가난한 자들에게 남김없이 베푼 성 프란체스코에 빗댔다. 하와이 샤미나드대학교의 메리 웨슬캠퍼는 척이 진정으로 신앙이 깊다고 믿었다. 오스트레일리아 외교관 마이클 만은 "척이 이 세상에 존재한 덕분에 전 세계 인구 수백만 명의 삶이 훨씬 나아졌습니다. 척이 베푼 선행의 1퍼센트에 해당하는 선행이라도 베푼 사람이 있다면, 아주 특별한 사람일 겁니다."라고 격찬했다. 코넬대 친구 어니 스턴은 척의 겸소함을 이렇게 평했다.

"나는 척이 미친 괴짜라고 생각합니다. 하지만 그런 모습이 척의 철학과 잘 맞아떨어지죠. 나는 그런 척이 정말 좋습니다. 척은 좋은 사람이에요."

척은 자신에게 신앙이 있다고 생각하지도, 교회에 나가지도 않는다. 그저 필요한 것보다 부가 넘친다고 느낀 까닭에 기부에 나섰을 뿐이라고 여겼다.

"한 번도 바뀌지 않은 생각이 있습니다. 자신의 부를 이용해 사람들을 도와야 한다는 생각이요. 나는 평범한 삶을 살려고 합니다. 내가 자랐던 방식대로요. 내가 보기에는 어떻게 자랐느냐에 따라 사람의 기질이 어느 정도 형성됩니다. 나는 열심히 일하려고 했지, 부유해지려 한 게 아닙니다. 부모님은 열심히 일하셨어도 부유해지지 못하셨어요. 그래도 도움이 필요한 사람은 없는지 늘 주위를 살피셨지요."

부모님의 그런 모습이 척에게 영향을 미쳤을까? 20년 남짓 척과 함께 일한 보니 서첫이 그렇다고 답했다.

"물론이지요. 척의 자선은 부모한테 물려받은 겁니다. 부모가 척의 심리를 형성했어요. 그런 부모 밑에서 자란 영향으로 척이 재산을 모두 기부한 겁니다."

이제 성인이 된 자녀 다섯 명은 척의 자선 활동이 찬사와 인정을 받을 만한 일이라고 단언했다. 이들은 무슨 문제가 있어 척이 재산을 자녀들에게 물려주지 않고 모두 기부하는 것 아니냐는 질문을 받을 때마다 분통을 터트렸다. 또 자기네가 상속권을 잃었다고 여기지도 않았다. 넷째인 다이앤이 이렇게 설명했다.

"우리는 그렇게 생각하지 않아요. 한 번도 사치스러운 삶을 바라지 않았고요. 우리 모두 그런 삶을 좋아하지 않거든요."

척의 자녀들이 수십억 달러를 물려받지는 못할 것이다. 하지만 척이 아들딸들이 살아가면서 쪼들리지 않을 만큼 넉넉한 돈을 신탁에 넣어놓았고, 다니엘이 이혼하면서 받은 자산도 꽤 많다. 척의 자녀들은 여러 곳에 근사한 집이 있고 해외여행을 다니며 사니 운이 좋다는 말을 들을 때마다 이렇게 답한다.

"네, 운이 좋지요. 하지만 우리가 진짜 타고난 운은 부모운이에요."

둘째 캐롤린도 말을 보탰다.

"우리는 부모님을 굉장히 존경해요. 나는 우리 부모님이 늘 좋았어요. 엄마 아빠를 좋아하는 게 당연하다고 생각했고요. 뉴욕에서 학교에 다닐 때 다른 아이들이 자기 엄마 아빠를 좋아하지 않는 것을 알고 충격을 받았어요. 나는 우리 엄마 아빠를 사랑했으니까요."

척은 아이들에게 재산을 노리고 접근하는 사람들이 있을까 봐 안절부절못했다. 그런데 첫째 줄리엣에 따르면 자기 친구들은 하나같이 돈에 관심이 없었다고 한다. 척의 자녀들에게는 부잣집 아이들이 흔히 보이는 특권의식이 없었다. 다이앤은 이렇게 설명했다.

"아버지가 그토록 쉽게 많은 돈을 벌고 많은 돈을 갖고 있다는 사실에 죄책감을 느끼셨던 것 같아요. 그러니 어떻게든 죄책감을 덜어내야 했죠. 그런 마음이 우리에게도 이어졌고요. 재산이 너무 많다는 책임감과 세상을 바꾸고 싶다는 마음이 아버지를 짓눌렀지 않나 싶어요."

캐롤린은 척이 남의 고통을 더 깊이 느끼는 사람이라 세상의 불행과 문제를 외면하지 않았다고 생각했다.

"누구에게나 친밀한 집단이 있어요. 가장 가까운 집단은 가족이죠. 둘째는 가까운 친척이고, 셋째는 친구, 넷째는 지인, 다섯째는 이웃, 그리고 여섯째는 더 넓은 세상의 사람들이고요. 세계 어딘가에 사는 사람들에게 끔찍한 일이 벌어졌다는 소식이 들리면, 흔히들 끔찍하다고만 생각하고 말죠. 하지만 아빠는 그런 고통에 빠진 이들을 가까운 사람으로 여겼어요."

셋째 레슬리도 비슷한 말을 했다.

"아버지의 인류애는 놀랍도록 깊어요. 그래서 우리 인간이 겪는 온갖 문제에 낙담하시죠. 아버지가 사람에게 보이는 놀라운 공감은 아일랜드계 가톨릭 가정에서 자란 배경에서 비롯해요. 아버지는 그야말로 당신이 성장한 시대의 자식이에요. 그러니 아버지를 이해하려면 1차 세계대전 때부터 아일랜드계 미국인들이 어떻게 일하고 서로 도우며 살았는지를 이해해야 해요. 그런 배경이 아버지의 삶에서 큰 부분을 차지하니까요. 아버지는 할머니와 할아버지가 거리에서 살아가는 사람들을 돕는 모습을 보며 자랐어요. 그리고 늘 장난기 넘치는 유머로 벽을 허물고 사람들과 소탈하게 어울렸고요."

막내 패트릭은 이렇게 말했다.

"지금도 우리는 우리가 가진 것이 조금 불편합니다. 아버지는 지금도 이런 부담을 엄청나게 느끼고요. 우리에게도 그런 부담감을 어느 정도 물려주셨지요. 아버지는 언제나 모든 상황을 심각하게 여기셨어요. 세상은 즐기는 곳이 아니라 가혹한 곳이라고요."

끊임없는 출장으로 집을 비우고 다니엘과 이혼하면서도, 척은 언제나 아이들의 삶에 함께하려 했다. 아이들이 어렸을 때는 특히 더 그랬다. 캐롤린이 로스앤젤레스 우드랜드힐스에 있는 어느 작은 극장에서 연극 〈아마데우스〉에 출연했을 때는 그 모습을 보려고 빽빽한 일정에도 홍콩에서 날아왔다가 이튿날 다시 돌아갔다. 2006년에 파리에서 만났을 때 캐롤린이 척을 이렇게 묘사했다.

"사실, 아버지는 아주 행복하게 살아요. 당신이 바라는 삶을 살죠. 책과 신문 읽기, 뉴스 듣기를 좋아하고, 와인과 맛있는 음식을 즐기죠. 실제로 웬만한 사람보다 아버지가 행복을 훨씬 더 많이 느낀다고 생각해요. 요즘에는 부와 행복의 상징, 이를테면 잡지 표지에 얼마나 자주 실리느냐, 얼마나 큰 차를 모느냐로 사람을 평가하잖아요. 하지만 아버지는 자신에게 맞는 행복이 무엇인지, 자신이 무엇에서 행복을 느끼는지 당신만의 생각이 있어요."

일흔다섯 살이던 2006년, 척이 평생을 쏟아부은 사업이 완수되는 듯 보였다. 수십억 달러를 벌었고, 그 돈을 애틀랜틱 재단에 기부했다. 그리고 다섯 대륙에 혁신적인 변화를 일으켰다. 살아 있는 동안 기부한다는 목표에 맞춰, 남은 재산도 10년 안에 좋은 일에 쓰일 참이었다. 이 무렵 척은 익명 기부를 끝내고 자신의 자선 활동을 밝혀 미래의 자선가들에게 본보기를 보일 때가 왔다고 느꼈다.

2007년 이 자서전을 처음 출간했을 때, 척의 친구 나이얼 오다우드, 그리고 뮤추얼오브아메리카의 회장이자 최고 경영자 토머스 모런이 뉴욕 파크애비뉴에 있는 뮤추얼오브아메리카 본사의 꼭대기 층에서 공동으로 출간 기념 파티를 열었다. 오다우드와 모런은 척이 자기 자랑이라면 질색인 사람이라 행사에 참석하리라고 기대하지 않았다. 그런데 척이 참석한 것은 물론이고, 엘리자베스시 성모승천고등학교 동문 100명까지 데리고 나타났다. 이들은 척과 피츠패트릭의 가족과 함께 전세 버스 두 대에 나눠타고 파티장에 도착했다. 대부분 은퇴한 아일랜드계 미국인인 이들은 어릴 적에 찰리라고 부른 엘모라 출신의 이웃 소년을 아주 좋아했다. 구겨진 푸른색 재킷에 평퍼짐한 바지, 닳을 대로 닳은 메피스토 구두를 신고 나타난 척은 그날 유일하게 넥타이를 매지 않은 남성 참석자였다.

척은 옛 친구들을 맞이하고 책에 서명하느라 바빴다. 옆에는 누나 알린의 손자로 뇌성마비를 앓는 데니스 피츠패트릭이 휠체어에 앉아 있었다. 작달막한 노부인이 한숨을 내쉬며 말했다.

"내가 찰리의 여자친구였는데, 그때 꽉 잡을 걸 그랬어!"

조카 다니엘 피츠패트릭이 행사장을 찾은 〈로스앤젤레스 타임스〉의 마거릿 루스벨트에게 척이 생각하는 검소함의 기준을 들려줬다.

"삼촌이 부모님에게 우리 대학 교육비로 5만 달러를 보내주셨어요. 그런데 함께 맥주를 마시러 나가면, 술값이 맞는지 꼼꼼히 확인하시죠."

척이 보기에, 살아 있는 동안 기부한다는 본보기를 세우려면 인생사를 공개하는 것이 당연한 절차였다. 만약 계속 익명으로 남는다면, 그런 본보기를 아무도 모를 터였다. 이 책을 출간한 뒤로, 척은 잇달아 국내외 신문, 방송국과 인터뷰에 나섰다. 잡지에서 오려낸 기사로 생각을 드러내는 사람에게는 결코 쉬운 일이 아니었다. 척의 메시지는 한결같았다.

'부자들은 살아 있는 동안 기부해야 한다. 그러면 기부 과정에서 큰 즐거움을 얻을 것이다.'

미국 내셔널 퍼블릭 라디오의 제임스 하토리와 인터뷰할 때, 척은 베트남의 한 병원에서 만난 소녀가 구개열 때문에 입을 가리는 모습을 본 경험을 들려줬다.

"수술이 끝난 뒤 다시 만났더니, 아이가 웃음을 지었습니다. 이런 생각이 들더군요. '세상에, 자기 탓이 아닌 일로 창피해하는 아이들에게 해결책을 제공할 수 있다면 우리가 크나큰 만족을 느끼겠구나.'"

아일랜드의 RTE 라디오에서는 이렇게 말했다.

"알다시피 나는 사람들에게 이래라저래라 말하기를 꺼리는 편입니다. 하지만 오늘 나는 이렇게 말하고 싶습니다. '해 보세요. 마음에 드실 겁니다. 그리고 살아 있는 동안 기부하는 것이 죽은 다음에 기부하는 것보다 분명히 더 낫습니다.'"

썩 내키지는 않았지만, 2007년 11월에는 호찌민 로열 멜버른공과대학교 졸업식에서 축하 연설을 해달라는 요청도 수락했다. 타고난 연설가와는 거리가 먼 탓에, 척은 기대에 찬 졸업생 앞에서 겨우 몇 문장만을 연설했다. 척이 전한 메시지는 간단했다.

다른 사람의 삶을 개선하려 애쓰고, 배움을 멈추지 말라.

한때 억만장자였던 척은 여러 웹사이트에서도 꽤 유명해졌다. 블로거들이 척의 아낌없는 기부를 칭송했고, 서로 척의 주소를 물었다. 종교 사이트에서는 척의 이름이 선한 사마리아인으로 오르내렸다. 미주리주에 사는 사모펀드 운영자 프랜시스 E. 오도널이라는 사람은 척의 이야기에 감동해 애틀랜틱 필랜스로피에 5만 달러짜리 수표를 보냈다.

"'세상에, 진짜 대단하다!'라는 생각이 들었거든요. 나 같은 개인 기부자는 애틀랜틱처럼 대단한 성과를 내지 못하잖습니까."

뉴욕에 본거지를 두고 구개열 수술을 지원하는 단체 스마일트레인을 돕고자 홍콩에서 자선 만찬이 열렸을 때, 척과 면세 사업의 아버지 브렌던 오리건이 서명한 자서전 한 권이 경매에 부쳐졌고 2만 3,000달러에 낙찰되었다. 낙찰자는 DFS의 대리인이었다.

애틀랜틱 필랜스로피와 척에게 기부를 요청하는 편지가 많이 날아왔지만, 기부 요청에 응하지 않겠다는 방침은 그대로였다. 마찬가지로, 세계 곳곳의 수혜처가 건물에 척이나 애틀랜틱 필랜스로피의 이름을 붙이겠다고 제안해도 여전히 거절했다.

척은 다음 행보로, 아일랜드 더블린의 뉴데케이드 TV&영화가 제작하는 텔레비전 다큐멘터리 〈비밀에 싸인 억만장자–척 피니 이야기〉에 참여했다. 제작사는 척의 가족과 친구, 동료들에게 척을 몇 마디로 묘사해 달라고 요청했다. 여동생 어설라는 "인정이 많은 사람이에요. 20분만 같이 있으면, 당신이 앞으로 오빠에 대해 알 내용보다 오빠가 당신을 더 자세히 파악할 거예요."라고 말했다. 게리 애덤스는 "고결한 사람이죠."라고 말했고, 존 힐리는 "모순된 사람"이라고 말했다. 밥 마투섹은 "내가 보기에 척은 성자입니다."라고 말했다. 나이얼 오다우드는 "기이한 사람이죠. 척 피니와 이야기하노라면 한 번도 경험하지 못한 생경한 대화를 나눕니다."라고 말했다. 척을 베네딕트 수도회 수도사에 빗댄 에드 월시는 "경이로운 사람입니다. 척처럼 비범한 사람은 만난 적이 없습니다." 라고 말했다. 척의 변호사이자 친구로 소개된 하비 데일은 "복잡한 사람이죠. 늘 정당하게 싸우려 하면서도, 거칠게 싸우고 싶어 했습니다."라고 말했다.

나이가 들어갔지만, 척은 쉼 없이 자선 사업에 몰두했다. 달리 말해 재단을 정리할 시간이 다가오는 사이에도, 꾸준히 새로운 기회를 찾았고 세계 곳곳을 돌며 사업의 진척을 확인했다. 늘 그랬듯, 세를 낸 작은 아파트에서 또는 어느 카페의 값싼 테이블에 앉아 카페라테와 물 한 잔을 앞에 놓고 업무를 봤다.

하지만 엄청난 성취를 되돌아보고 남은 자산으로 어떤 큰일을 할지 기대할 수 있었을 바로 그때, 척 피니는 자선 활동에서 가장 큰 괴로움을 겪는 시기로 들어섰다. 재단의 남은 기금을 어떻게 통제할지를 놓고 재단 이사회와 쓰라린 싸움에 휘말렸기 때문이다. 이 충돌은 척을 거의 죽음으로 내몰았고, 하비 데일과 오랫동안 이어온 복잡한 관계에 큰 상처를 남겼다.

31

좋은 일을 하고도 욕을 먹는 수가 있다

2009년 봄, 애틀랜틱 필랜스로피의 위기가 부글부글 끓어올랐다. 위기의 핵심은 남은 기금을 어떻게 처리하느냐였다. 당시 남은 기금은 30억 달러였고, 이 가운데 8억 달러는 이전에 약정한 기부에 쓰기로 되어 있었다.

3년 전, 당시 애틀랜틱 필랜스로피 이사장이던 프랭크 로즈는 직원들에게 해산 일정에 맞춰 남은 기금을 다 쓰려면 재단이 하루에 100만 달러를 써야 한다고 전했다. 요점을 설명하고자, 병장에게 나무 한 그루를 심으라고 명령한 어느 프랑스 장군의 일화를 예로 들었다. 병장은 나무가 자라려면 100년은 걸리겠다고 불평했다. 장군은 "그럼 점심 전에 심게. 우물쭈물할 시간이 없잖나."라고 받아쳤다. 그런데 핵심은 남은 기금을 어떻게 써야 하느냐, 달리 말해 어떤 나무를 심어야 하느냐였다.

애틀랜틱은 오랫동안 노화, 아동, 보건, 인권 분야의 단체와 사업을 지원했다. 척은 점진적 변화를 일으킬 단체도 충분히 지원했지만, 틀을 바꿔놓을 자선 사업에 언제나 더 열정을 보였다. 그래서 먼 미래에도 계속 많은 사람에게 도움이 되도록 의료 연구소, 병원, 대학 건물을 지을 종잣돈을 지원했다. 이런 사업에 필요한 거액을 마련할 수 있는 곳은 애틀랜틱 필랜스로피처럼 엄청난 자산과 한정된 운영 기간, 척처럼 국제적 인맥과 비전, 수완을 갖춘 지도자가 있는 재단뿐이었다. 하지만 애틀랜틱 필랜스로피의 최고 경영자와 이사회가 내세운 전략이 척의 우려를 불러일으켰다. 척은 재단이 척의 비전을 잊어버리고 기반 시설 건립에 많은 기금을 지원하지 못하게 가로막지 않을까 걱정했다.

2007년 4월, 존 힐리의 뒤를 이어 가라 라마쉬가 애틀랜틱 필랜스로피의 회장 겸 최고 경영자로 지명되었다. 라마쉬는 재단 직원들이 추천한 크리스 악슬리를 제치고 최고 경영자에 올랐다. 애틀랜틱이 국제적인 임원 헤드 헌팅 회사인 스펜스 스튜어트에 힐리의 후계자를 추천해 달라고 요청했더니, 라마쉬와 여성 후보 두 명을 추천했다. 그리고 이사회에서 척이 여성 후보 두 명을 제외했다.

라마쉬는 로드아일랜드주에서 태어나 뉴욕시 컬럼비아대학교를 졸업한 인물로, 열린사회연구소의 사업 책임자를 지내며 미국 진보계에 이름을 알렸다. 열린사회연구소는 민주적 통치와 인권을 장려하는 곳으로, 라마쉬가 일한 10년 동안 미국의 형사 사법 개혁을 앞장서 지원하는 단체로 성장했다. 최고 경영자로 뽑히기 전, 라마쉬는 애틀랜틱이 공동체 활성화를 든든하게 후원하기를 바란다고 밝혔다.

"척을 포함한 이사회와 최고 경영자 조사 위원회는 내가 자선 사업을 어떻게 접근하는지 분명히 알았습니다. 나를 채용하면 무슨 사업을 벌일지 누구나 알았어요."

라마쉬는 사회 정의와 정책 지지에 초점을 맞추는 것이 애틀랜틱의 사명을 바꾼다기보다 2003년에 척과 힐리가 작성한 '유산과 목적'을 더 넓게 정의한 활동이라고 봤다. 라마쉬에게는 애틀랜틱에 "사회를 변화시키는" 임무를 지운 '유산과 목적' 성명이 청신호로 보였다.

문제가 벌어질 것을 미리 감지한 사람은 헬가였다. 척이 라마쉬를 최고 경영자로 영입하기로 승인하자, 헬가는 나중에 후회할 일이라고 조언했다. 척이 라마쉬의 영입을 승인한 까닭은 경력 때문이었다.

"그때는 라마쉬의 경력에 아무런 문제가 없어 보였습니다."

그때껏 애틀랜틱은 사회를 탈바꿈시킬 기반 시설 건립과 사회 정의를 위한 기부 사이에서 어떻게든 균형을 잡았다. 척은 그런 균형이 깨질 만한 이유를 보지 못했다.

처음에는 척도 라마쉬의 활동을 지지했다. 2009년 3월에는 2년 동안 열심히 일했다고 라마쉬에게 감사를 표했다. 척은 사회 정의 증진에 전혀 반대하지 않았다. 기업가 기질이 넘치는 자선가의 활동에 무척 중요한 융통성을 위협하지만 않는다면, 이 목적이 문제가 되지 않을 터였다.

라마쉬가 합류하기 한 해 전, 척은 캘리포니아대학교 샌프란시스코 캠퍼스UCSF 의료원이 샌프란시스코 미션베이에 심혈관 연구와 임상 치료용으로 새 건물을 짓는 데 5,000만 달러를 기부했고, 라마쉬가 합류한 해에는 7,500만 달러를 더 기부하기로 승인했다. 이 건물은 UCSF가 여기저기 흩어진 기초 연구 학자들과 임상의들을 한데 모아 심장마비와 뇌졸중 같은 응급 상황을 일으키는 심혈관 질환을 연구하도록 설계되었다. 늘 그랬듯, 척은 자기 아파트에서 모퉁이를 돌면 나오는 샌프란시스코 딜랜시 거리의 카페 크로스로드에서 대학 관계자 및 건설사 임원과 여러 번 전략 회의를 열었다. 이곳 주방에서 일하는 직원은 이전에 약물 중독자였고, 쾌활한 수석 웨이트리스는 한때 매춘부였다. 척의 꿈은 피셔맨스 워프에서 멀지 않은 쓰레기장을 세계 수준의 의료원으로 탈바꿈시키는 것이었다. 라마쉬는 그렇게 많은 돈을 들여 건물을 짓는 척의 열정에 크게 공감하지 못했다. 2008년에 척은 UCSF 의료원이 여성, 아동, 암 전문 종합 병원을 짓는 데 또 1억 2,500만 달러를 기부하기로 했다. UCSF가 받은 기부금 중 가장 많은 액수였다. 2008년 기부액만도 모두 1억 8,000만 달러에 이르러, 척이 미션베이 캠퍼스에 기부하기로 약정한 액수를 모두 합치면 2억 9,200만 달러였다. 늘 그랬듯, 이 기부금에도 다른 곳에서 동반 기부를 받아야 한다는 조건이 붙었다. 척의 기부가 세일즈포스닷컴의 최고 경영자 마크 베니오프와 아내 린의 참여를 끌어내, 베니오프 부부가 아동 병원에 1억 달러를 기부하기로 약속했다.

척은 2009년에도 큰돈을 기부했다. 이번에는 오스트레일리아였다. 1990년대에 아일랜드에서 연구 기금에 혁신을 일으켰던 방식을 다시 적용해, 척은 캔버라에 있는 연방 정부와 협약을 맺었다. 퀸즐랜드주 브리즈번에 대형 의학 연구 건물 세 동을 지으려면 2억 500만 호주 달러미화 1억 3,200만 달러가 필요했는데, 오스트레일리아 정부가 절반을 부담하면 애틀랜틱 필랜스로피가 나머지 반을 내놓기로 했다.

오스트레일리아 정부가 동의하자 애틀랜틱은 약속한 1억 250만 호주 달러를 내놓았다. 이로써 척이 오스트레일리아에 의학 연구 시설을 짓는 데 기부한 돈은 5억 호주 달러에 이르러, 오스트레일리아 역사에서 고등 교육과 의학 연구에 돈을 가장 많이 기부한 자선가가 되었다. 나중에 브리즈번에서 택시를 탔을 때, 기사가 척을 알아보고 택시비를 받지 않겠다고 고집했다. 척은 동료 데이브 케네디에게 "아무래도 조만간 정체를 밝혀야겠군."이라고 농담을 던졌다.

대형 기반 시설 건립 사업을 지원하면서도 가치 있는 일에 꾸준히 기부하려니, 애틀랜틱 필랜스로피가 장래를 계획하기가 늘 어려웠다. 존 힐리는 최고 경영자였던 2003년에 애틀랜틱의 기부 영역을 노화, 아동과 청소년, 공중 보건, 화해와 인권으로 한정해 어느 정도 질서를 잡으면서도, 따로 설립 이사장 기금을 마련해 척이 자기 계획을 추진하게 했다. 문제는 이 돈주머니의 크기였다. 2004년에는 임의로 3,500만 달러로 정했다가, 나중에는 5,000만 달러로 늘렸다. 척은 이 문제를 대수롭잖게 여겼다. 미션베이와 브리즈번의 기부 건은 돈주머니의 한도를 우습게 만들었다. 애틀랜틱 필랜스로피 이사회는 척이 추진하는 사업에 반대할 수 없었다. 하지만 대규모 건설 사업이 사회 정의와 정책 지지를 뒷받침할 여러 프로그램을 만들겠다는 라마쉬의 전략과 맞부딪혔다. 이런 프로그램을 만들면 언제든 여러 곳에 기부금 몇백만 달러를 약정할 수밖에 없는데, 종잡기 어려운 척의 대규모 기부가 남은 자산에서 뭉칫돈을 빼갔다. 척이 또 언제 몇억짜리 기부를 약속할지 아무도 모를 일이었다.

오랫동안 애틀랜틱 필랜스로피에서 활동한 이사 가운데 라마쉬의 기부 전략을 지지한 사람은 뉴욕의 일류 변호사 프레더릭 슈워츠, 자선 사업계의 원로 엘리자베스 매코맥, 컬럼비아대학교 총장을 지낸 마이클 소번, 이렇게 세 명이었다. 모두 1996년에 척이 DFS 지분을 팔기 전에 하비 데일의 권유로 애틀랜틱에 합류한 사람들이었다.

슈워츠는 유명한 장난감 회사를 세운 명문가 출신에 인기 있는 진보주의자로, 여러 이름 높은 이사회의 이사였고 뉴욕주 변호사 협회에서 금훈장도 받았다. 매코맥은 뉴욕 사교계와 자선 사업계에서 누구도 함부로 대하지 못한 인물로, 명문대인 맨해튼 칼리지의 총장을 지냈고 록펠러 가문에 자선 사업을 조언했다. 마이클 소번도 소더비 이사장을 비롯해 퓰리처 재단 이사, 클린턴 대통령의 클린턴 변호 펀드 신탁 관리자를 지냈다. 척은 이 세 명을 포함해 모두 열두 명인 재단 이사를 대체로 사무적으로 정중하게 대했다. 뉴욕이나 버뮤다에서 분기마다 열리는 이사회 때는 함께 기분 좋게 저녁을 즐기곤 했다. 척은 행사장에 늦게까지 머무는 것을 좋아하지 않았다. 커피가 나올 때쯤 자리에서 일어나며, 자기보다 나이가 많은 매코맥이 잠자리에 들고 싶을 테니 가봐야겠다고 농담을 던졌다. 척은 언제나 존경받았다. 하비 데일은 척과 꾸준히 의견을 주고받았다. 이사장 프랭크 로즈는 거의 날마다 척에게 전화했다.

그런데 시간이 흐르자 몇몇 이사가 재단 설립자인 척의 기부 우선순위에 그다지 동의하지 않고 다른 생각을 품기 시작했다. 2008년에 로즈가 이사장 자리에서 물러나고, 프레더릭 슈워츠가 새로 이사장이 되었다. 슈워츠는 로즈만큼 꾸준히 척에게 연락하지 않았다. 사회 정의보다 기반 시설 건립에 더 열정을 보이는 척에게 완전히 공감하지도 않았다. 가라 라마쉬도 전임자인 하비 데일만큼 척과 자주 연락하지 않았다. 사방으로 돌아다니는 척이 어느 날 불쑥 마침 같은 도시에 있으니 커피나 식사를 함께하자고 요청하면, 많은 사람이 다른 약속을 취소하고 척의 일정에 맞췄다. 하지만 라마쉬는 척의 일정을 그 정도로 고려하지 않았다. 한번은 라마쉬가 아침에 샌프란시스코로 왔다가 척을 만나지도 않고 오후에 떠나는 바람에, 척의 마음이 상했다. 척은 당시 재단에서 단일 규모로 가장 큰 투자에 자신이 얼마나 열정을 쏟는지를 이야기하고 싶었다.

2010년 1월 어느 날 함께 미션베이를 둘러볼 때, 척이 내게 "가라와 다른 이사들이 이곳 같은 건물 건립 기부를 시작해야 합니다."라고 말했다. 척이 보기에 미션베이에 짓는 의료 시설은 미국에서 가장 중요한 의료 프로젝트였다. 미국인의 사망 원인 1, 2위인 심장 질환과 암을 해결하고 수명과 삶의 질을 개선할 터였기 때문이다. UCSF 부총장을 지낸 리지스 켈리는 "척의 선견지명이 없었다면 미션베이 캠퍼스는 지금과 같은 모습을 갖추지 못했을 겁니다."라고 찬사를 보냈다.

켈리는 한때 빈터였던 곳에서 그런 가능성을 알아본 척이 천재라고 생각했다. 2010년 10월 26일, 착공식이 열렸다. 물론 척도 그 자리에 참석했다. 당시 보기 드문 뼈암을 앓던 열한 살 환자 패디 오브라이언이 직접 쓴 글 '주삿바늘'을 읽었다. 의사들이 주사를 놓아 면역 체계를 작동시켜 자신을 살아있게 했다는 이야기였다.

"주삿바늘은 내게 최악의 적입니다. … 하지만 내가 앓는 암을 낫게 합니다. 그러고 보니 주삿바늘은 내 최고의 친구입니다."

척이 듣기에는 이 말이야말로 자선 사업의 본질이었다.

2008년 11월, 버락 오바마가 미국 대통령에 당선되었다. 라마쉬에게는 애틀랜틱 필랜스로피를 정책 지지와 사회 정의 사업에 더 깊이 발 담그게 할 기회였다. 취임식 전날인 2009년 1월 19일, 애틀랜틱은 13만 5,000달러를 기부해 〈허핑턴 포스트〉와 공동으로 워싱턴 뉴지엄에서 '새로운 내일을 위한 카운트다운'이라는 취임 전야 무도회를 열었다.

라마쉬는 셰릴 크로와 스팅이 공연하는 가운데 벤 애플렉, 래리 데이비드, 제이미 리 커티스, 샤론 스톤 같은 유명 인사와 어울렸다. 행사를 취재하던 월간지 〈크로니클 오브 필랜스로피〉의 기자 제니퍼 무어에게 이런 바람을 전했다.

"우리가 염려하는 많은 분야에서 진보 정책이 펼쳐질 것으로 보입니다. 정책 지지에 깊이 관여하는 재단으로서, 우리는 무도회에 사람들의 이목이 쏠리기를 간절히 바랍니다."

개인 블로그에는 이렇게 적었다.

"음, 나는 〈베니티 페어〉가 주최하는 오스카 시상식 파티에 참석한 적이 없다. 하지만 티머시 가이트너오바마 행정부의 재무부 장관, 래리 서머스클린턴 행정부의 재무부 징관, 오바마 행정부의 국가경제위원회 위원장가 윌 아이 앰, 샤론 스톤, 래리 데이비드 같은 연예인과 어울렸으니 이번 행사가 오스카 파티와 비슷하지 않을까 싶다. 아니면 오늘 아침 〈워싱턴 포스트〉가 적은 대로 '못난이 정치인을 지지하는 할리우드 인사들 모임'일지도 모르고."

오바마 대통령을 지지하는 라마쉬의 행보는 머잖아 백악관의 정책에 꽤 많은 돈을 기부하는 쪽으로 이어졌다. 라마쉬는 애틀랜틱 필랜스로피가 진보 싱크 탱크인 미국진보센터에 2008년부터 2010년까지 300만 달러를 지원하게끔 했다. 주요 의료 개혁 지지자 리처드 커시도 워싱턴으로 날아와 이사회 앞에서 발표했다. 커시는 2012년에 펴낸 책 『우리 건강을 위한 싸움』에서 척의 수수한 차림새를 언급했다.

'근사한 방에 모인 사람들은 자산이 수십억 달러인 재단이 고급 호텔에서 연 업무 회의에서 당연히 볼 만한 옷차림새였다. 하지만 척 피니만은 색 바랜 흑백 체크무늬의 플란넬 셔츠를 입고 있었다.'

척은 다른 이사들과 달리 윌러드 호텔에 묵지 않았다. 택시로 얼마 걸리지 않는 노스웨스트 22번가에 갈색 벽돌로 지은 더 소박한 8층짜리 호텔 엠버시 스위트에 묵었다.

처음에는 척도 라마쉬가 의료 개혁을 우선 과제로 삼는 것을 지지했다. 사람을 도울 수 있는 모든 일 가운데 의료야말로 올바른 일이라고 생각했기 때문이다. 미국은 그저 부유한 산업 국가일 뿐, 모든 국민에게 민영 의료보험이나 공영 의료보험을 보장하지 못했다.

라마쉬는 커시가 2008년에 의료 개혁 운동을 펼치고자 설립한 전국적 진보 단체 연합 '헬스 케어 포 아메리카 나우'HCAN의 주요 기부자에 애틀랜틱의 이름을 올렸다. HCAN은 오바마 대통령의 사회 의료 보장 제도 정책에 반발하는 티파티 집회에 맞불을 놓아, "보험사가 이기면, 당신은 집니다."라는 텔레비전 광고를 미국 전역에 내보냈다. 라마쉬는 오바마 대통령이 당선되기도 전인 2008년 11월에 의료 개혁 운동 단체에

1,000만 달러를 기부하자고 제안했고, 이사회도 이를 승인했다. 머잖아 기부금이 2,650만 달러로 불었다. HCAN의 전체 예산 가운데 절반이 넘는 액수였다.

윌러드 호텔에서 이사회가 열린 지 1년 뒤, 의회는 오바마 대통령의 '환자 보호 및 의료비용 합리화법' 즉 오바마 케어를 승인했다. 오바마 케어는 미국인 대다수에게 2014년까지 의료보험에 가입하거나 벌금을 내거나 둘 중 하나를 택하라고 요구했다. 커시는 의료 개혁 정책이 통과되기까지 애틀랜틱 필랜스로피의 역할을 이렇게 평가했다.

"가라와 애틀랜틱이 없었다면, 미국은 미국 시민 대다수에게 합리적 비용으로 진료받을 권리를 주는 법률을 제정하지 못했을 겁니다."

애틀랜틱이 의뢰한 별도 보고서는 HCAN의 영향을 평가하기는 어려우나 의료 개혁 법안이 통과되기까지 HCAN의 공헌이 컸다고 결론지었다.

라마쉬가 우선으로 추진한 사업에 보수 평론가들이 날 선 시선을 보내기 시작했고, 몇몇은 척에게도 그런 시선을 보냈다. 로버트 바우만이라는 사람은 2011년 5월에 웹사이트 '소버린 인베스터'에 애틀랜틱의 본거지가 조세 회피지인 버뮤다에 있는 까닭에 돈주머니인 척이 미국 좌파에 마음껏 기부할 수 있다고 비난했다.

백악관은 라마쉬가 의료 개혁을 널리 알리는 데 두드러지게 활동한 것을 가볍게 여기지 않았다. 그 덕분에 라마쉬는 2010년 3월 23일에 연방 의원들, 의료 개혁 지지자들과 함께 백악관 이스트룸에 초대되어, 오바마 대통령이 오바마 케어에 서명해 의료 개혁법을 제정하는 모습을 지켜봤다.

"그날 얼마나 짜릿했는지는 이루 말로 표현할 수 없습니다."

자기 자랑을 좋아하지 않는 척은 애틀랜틱과 라마쉬가 정치계와 사회 정의 운동계에서 크게 주목받는 것이 마뜩잖았다. 게다가 그전까지는 척이 재단의 사상가이자 정신이었는데, 이제는 척과 정반대인 라마쉬가 척과 경쟁하는 사상가가 되었다.

척은 잡담에 서툴렀지만, 라마쉬는 말주변이 좋았다. 척은 직관이 뛰어나 지나칠 만큼 활동적이고 과묵하고 낯을 가렸지만, 라마쉬는 카리스마가 넘치고 침착하고 표현력이 뛰어나고 여러 사람을 만났다. 척은 컴퓨터나 휴대전화, 이메일을 한 번도 사용하지 않았지만, 라마쉬는 블로그를 운영하고 페이스북에 꾸준히 글을 올리고 틈만 나면 휴대전화를 확인했다. 척은 언론에 한 번도 자기 생각을 밝히지 않았지만, 라마쉬는 미국의 주요 좌파 언론인 〈허핑턴 포스트〉와 〈더 네이션〉에 틈틈이 기고했다. 애틀랜틱 필랜스로피의 전임 회장들과 달리, 라마쉬는 공론장에 직접 나섰다. 청중 앞에 나서서 연설해달라는 요청을 받아들이는 데 그치지 않고, 그런 기회를 스스로 찾아냈다.

2009년 6월 23~24일에 버뮤다에서 열릴 이사회에 앞서, 척은 동료 이사들에게 편지를 보내 처음으로 라마쉬의 지도력에 불편한 심기를 드러냈다. 재단이 나아가는 방향과 그에 따라 올라가는 비용에 의문을 제기했고, 이제 잠깐 숨을 돌릴 때라고, 재단이 많은 사업을 벌이지만 어떤 것은 좋고 어떤 것은 그저 그렇고 어떤 것은 형편없다고 주장했다. 정책 지지와 사회 정의를 강조해 지원하는 운동의 수가 많이 늘어난 사실도 지적했다. 이런 운동을 지원하려면 다양한 프로그램을 관리할 직원을 더 많이 고용해야 했다.

여러 해에 걸친 기부 약정으로, 앞으로 치러야 할 기부액이 무려 8억 달러였다. 척은 이 금액이 지나치게 많다고 봤다. 의료 개선에 많은 현금 당시 1,700만 달러을 지출하는 것이 애틀랜틱의 자본금에 어떤 영향을 미칠지 물었다. 또 자신이 세운 자산 지출 계획이 있고, 여기에 제약이 없기를 바란다고도 적었다. 경영진의 판단에 따라 기부하는 행태를 멈춰야 한다고도 주장했다.

척의 의견은 퇴짜를 맞았다. 하비 데일이 기부 속도를 늦추자는 주장을 지지했지만, 이사 대다수가 시큰둥하게 반응했다. 특히 매코맥은 척의 제안이 아주 그럴싸하지만 "하나같이 틀린 주장"이라고 맞섰다. 그나마, 새로 지명된 북아일랜드 출신의 이사 윌리엄 홀이 애틀랜틱이 4대 전략 사업뿐 아니라 설립 이사장 기금 사업에도 전념하기로 했다는 사실을 지적했다. 라마쉬의 경력과 이상을 깊이 존경한 이사장 슈워츠는 이사들에게 재단의 전체 전략 방향에 동의하고 라마쉬와 전략 추진팀의 지도력을 자랑스럽게 여긴다는 지지를 얻어냈다. 이제 척이 할 수 있는 일은 아무것도 없었다. 척이 재단의 도덕적 지도자이자 재단 자산의 원천일지는 몰라도, 독립된 이사회에서 행사할 수 있는 표는 하나뿐이었다. 척은 경고를 날렸다.

"생각을 정리한 다음에 더 말씀드리지요."

애틀랜틱 임직원 가운데 척과 마찬가지로 재단 운영비가 오르고 있다고 우려한 사람들이 더러 있었다. 라마쉬가 최고 경영자가 된 뒤 직원들이 꽤 많이 물갈이되었다.

라마쉬가 2009년에 맨해튼 중간 지대인 파크애비뉴에 있던 애틀랜틱 필랜스로피의 뉴욕 본부를 시내 소호 지구의 배릭 거리로 옮긴 것도 운영비를 크게 늘렸다.

사무실은 면적이 2,200m^2약 670평에서 4,100m^2약 1,200평로 거의 두 배로 늘었다. 해산을 계획 중인 재단치고는 놀라운 확장이었다. 라마쉬는 발코니에서 허드슨강이 내려다보이고 문에 고재를 덧댄 널찍한 사무실로 옮겼다. 하비 데일도 3번가 950번지에 있던 사무실을 떠나 라마쉬보다 한 층 아래 있는 사무실로 옮겼다.

처음에 이사들은 모임과 영상 회의에 더 편리한 시설이 있으면 좋겠거니 생각했다. 하지만 시간이 지날수록 사무실 이전이 그리 현명한 투자가 아니었다는 결론에 이르렀다. 이전 비용이 무려 1,890만 달러였다. 여기에는 부동산 시장이 붕괴한 탓에 파크애비뉴 사무실 임대로 생긴 투자 손실과 거의 500만 달러에 이르는 전대차 소득 감소도 영향을 끼쳤다. 사무실 이전이 안건으로 올랐을 때 척이 '그만'을 외치지는 않았지만, 애틀랜틱 내부에 분열이 커지자 큰 쟁점이 되었다. 하비 데일과 프레더릭 슈워츠를 포함한 여러 이사가 이전에 반대했어야 했다고 후회했다.

2009년 6월 버뮤다에서 열린 이사회에서 제안이 거부된 뒤로 척은 의욕을 잃었다. 하지만 몇몇 이사는 이를 제대로 알아채지 못했다. DFS에서 그랬듯 척이 애틀랜틱에 비전을 제시하는 원동력이었지만, 척은 갈수록 재단 운영진이 자기를 존중하지 않는다고 느꼈다. 이사회가 자신의 서한을 거부하고 퇴짜 놓은 것도 이런 감정의 원인이었다.

척과 일하려면 특별한 주의와 해석력, 인내심이 있어야 했다. 창의력이 뛰어난 천재가 대부분 그렇듯, 척도 일을 처리하는 방식이 특이했다. 위원회에서 해법을 논의하기보다 혼자서 해법을 찾았다. 척은 여느 사람과 주파수가 달랐다. 행동을 예측하기도 어려웠다. 이사회가 한창 진행 중인데도 벌떡 일어나 자리를 뜨기도 했다. 애틀랜틱 소속으로 척을 무척 좋아한 어떤 이는 이렇게 평했다.

"이사회에 참석할 때 척이 뜻을 아주 명확히 밝히고 집중할 때도 있었지만, 퉁명스럽게 비난을 날리고 감정이 격해져 입을 꾹 다물 때도 있었습니다. 특히 이사회에서 반발을 샀을 때는요. 척이 무엇을 바라는지 확실하게 알아채기 어려울 때도 있었습니다. 의사 결정을 내릴 이사회에 참석하지 않고서는 그렇게 나온 결정에 화를 내기도 했고요. 이사회 대다수보다 자기가 더 열심히 일하고 더 많이 안다고 생각했거든요. 그런 모습이 다 합쳐지면, 다른 사람들이 좋게 반응하질 않죠."

미국 바깥에서 시간을 많이 보낸 척은 애틀랜틱 이사회와 경영진이 애틀랜틱만의 국제적 시각을 잃어간다고 느꼈다.

세계 곳곳을 돌아다니는 아버지를 드문드문 만났을 뿐이지만, 자녀들은 척의 변화를 알아챘다. 레슬리는 척이 갈수록 낙담하고 비관적으로 바뀐다고 느꼈다. 척과 헬가를 따라 더블린, 뉴욕, 샌프란시스코를 돌아다닌 나도 척의 기분이 갈수록 가라앉는 것을 느꼈다. 나이가 들면서 흔히 겪는 고통과 좌절도 우울을 보탰다. 가장 큰 문제는 무릎이었다. 성큼성큼 걷고 속사포처럼 말하던 시절은 옛이야기였다. 이제 척은 걷는다기보다 짧은 보폭으로 느릿느릿 움직였고, 그마저도 자주 멈춰 난간을 붙잡거나 남의 팔에 기댔다. 전에는 저녁에 곁들여 가볍게 마시던 화이트와인 두 잔이 이제는 버거웠다. 스트레스 탓에 두어 차례 쓰러진 뒤에는 여러 병원의 응급실이 주는 기쁨을 발견했다.

좌절이 쌓이자, 척은 어려운 시절에 차분하게 자신의 곁을 지켰던 악슬리에게 자신을 찾아와 달라고 부탁했다. 악슬리를 만난 척은 재단의 전략과 지출 상황이 염려스럽다고 하소연했다. 당시 쉰다섯 살이던 악슬리는 계속 연락하겠다고 약속했다. 9월 말에 뉴욕에서 다시 만났을 때, 악슬리는 척이 꽤 불안한 상태인 것을 알아챘다. 척은 애틀랜틱에서 누구도 자기 말에 귀 기울이지 않는 현실에 어느 때보다 걱정이 컸다. 악슬리가 열 일 제쳐놓고 한시라도 바삐 중재자로 나서야 했다. 2010년 1월, 악슬리는 척의 법률 자문으로 애틀랜틱의 문제에 개입하기로 약속했다.

크리스 악슬리에게는 척의 동료 이사들에게서 보기 드문 특별한 자질이 있었다. 변호사로 단련된 덕분에, 척을 이해해 척의 생각과 우려를 정확하고 알기 쉬운 언어로 표현할 줄 알았다. 악슬리는 척과 오랫동안 함께 일한 짐 다우니와 다시금 힘을 합쳤다. 두 사람은 DFS 지분 매각이 한창일 때도 함께 손발을 맞췄었다. 주로 더블린에서 생활하는 다우니는 척의 회계사였다. 악슬리와 마찬가지로 차분하고 젠체하지 않는 다우니도 척이 무슨 생각을 하는지 헤아려 세련된 말로 표현할 줄 알았다. 악슬리와 다우니는 손발이 척척 맞았다. 다우니는 숫자를, 악슬리는 법률문제를 맡았고, 둘 다 척과 편하게 지냈다.

척에게 헌신한 마지막 핵심 조언자는 재단 자회사인 제너럴 애틀랜틱 그룹의 이사장 데이비드 스미스였다. 샌프란시스코에서 주로 활동하는 스미스는 척이 서부에 머물 때 척과 함께 시간을 보냈고, 뉴욕이나 버뮤다에서 중요한 이사회가 열릴 때면 척을 지원하려고 밤샘 비행을 마다하지 않았다. 스미스는 마찬가지로 제너럴 애틀랜틱의 이사인 다우니와 함께 남은 재단 자산의 운명을 결정하는 데 관여했다. 여기에는 오스트레일리아의 친환경 리조트 코란코브척의 오판으로 엄청난 투자 손실 끝에 청산에 들어갔다와 샌프란시스코 베이사이드 빌리지에 세운 아파트 단지제너럴 애틀랜틱의 지분이 47.5%였고, 척이 서부에 머물 때 묵는 작은 아파트도 여기에 있었다도 포함되었다.

분기마다 열린 이사회는 갈수록 분위기가 껄끄러워졌다. 척이 라마쉬의 전략에 계속 의문을 드러냈기 때문이다. 2010년 6월에 버뮤다 해밀턴에서 열린 이사회에서는 척이 의료 개혁 운동에 기금을 대는 데 이의를 제기하고, 사회 정의와 정책 지지에 적용한 새로운 기부 방식이 재단 자본금에 어떤 영향을 미쳤느냐고 날카롭게 캐물었다. 재단 이사 크리스틴 V. 다운턴이 HCAN의 활동으로 많은 사람의 삶이 나아졌다면 뿌듯하겠느냐고 되물었다. 척도 지지 않고 맞받아쳤다.

"의료를 제공하는 쪽은 정부입니다. 그러니 우리 재단의 기부 활동이 사람들의 삶에 영향을 미쳤느냐는 판단하거나 평가할 수 없지요."

하비 데일과 토머스 미첼을 포함한 몇몇 이사도 그런 활동이 재단의 설립 목적에 맞는지 의문을 품었지만, 슈워츠와 소번이 라마쉬를 옹호했다.

척은 2009년 9월에 뉴욕에서 열린 이사회에서 경비 문제를 제기했다. 지난 4년 동안 애틀랜틱의 기금은 1억 4,000만 달러가 줄었는데, 연간 운영비는 1,700만 달러에서 5,700만 달러로 무려 4,000만 달러가 늘었다. 금융 위기로 경제 불황이 닥쳤는데도 운영비가 해마다 40% 넘게 늘어난 셈이었다. 같은 기간에 임직원 수도 20명에서 123명으로 늘었다. 이 모든 사실이 기부 전략과 재단을 운영하는 가치관에 문제가 되는 쟁점이었다.

하지만 이번에도 척의 개입은 아무런 효과가 없었다. 격분한 척은 버뮤다의 어느 자선 단체를 지원하는 안건만 빼고, 모든 기부 제안서에 반대표를 던졌다. 이사회에서 누군가가 왜 늘 반대표를 던지냐고 묻자, 거칠게 쏘아붙였다.

"다 쓰레기 같은 일이니까요."

척이 이사회를 거칠게 공격하자, 하비 데일의 걱정이 커졌다. 데일은 다른 이사들에게 이 상황에 대처하는 법을 조언하는 역할을 떠맡았다. 다른 이사 세 명과 워싱턴에서 뉴욕까지 고속 열차를 타고 이동했을 때, 척을 막으려 하면 화가 난 척이 모습을 감출 테니 그쯤에서 멈추라고 조언했다. 또 보스턴으로 날아가, 동료 이사 세라 로런스-라이트풋에게 척의 방식에 대처하는 법을 설명하고, 합리적 과정이 아니라도 이해해달라고 설득했다.

그러던 어느 날 폭탄이 터졌다. 척이 데일에게 따로 만나자고 연락했다. 그리고 오랜 협력자인 데일에게 프레더릭 슈워츠, 엘리자베스 매코맥, 마이클 소번에게 이사회에서 물러나 애틀랜틱 필랜스로피를 떠나라는 말을 전하라고 지시했다. 이들은 애틀랜틱에 경험과 명성이 있는 이사가 필요할 때 데일이 불러들인 사람들이었다. 그런데 척은 이제 데일이 이들을 내보내기를 바랐다. 척이 보기에는 자잘하면서도 큰돈이 들어가는 기부 사업을 벌이는 라마쉬를 강하게 지지하는 세 사람이야말로 척 자신이 중요한 새로운 사업을 벌이지 못하게 가로막는 훼방꾼이자 걸림돌이었다. 척은 어쨌든 이사회가 너무 커져 재단 기능이 제대로 통제되지 못하고 비용이 너무 많이 든다고 지적했다.

그런데 척의 사임 요구가 이사회에서 절반 넘게 지지받지 못하면 부결될 위험이 있었다. 3년 시차 임기제를 적용한 이사회는 해마다 이사 3분의 1이 자동으로 은퇴하되 다시 재임에 나서 동의를 받으면 계속 이사로 남을 수 있었다. 이사들은 동료애를 발휘해, 누구든 재임에 나서면 자동으로 찬성했다.

이사들은 자원봉사의 대가로 애틀랜틱에서 두둑한 보상을 받았다. 먼저, 해마다 현금 5만 달러를 받았다. 조지타운 공공정책대학원이 2003년에 진행한 설문조사로 보건대 지나치게 많은 액수는 아니었지만, 여러 주요 자선 단체가 이사들에게 아무런 보상도 하지 않으니 꽤 후한 대접이었다. 게다가 해마다 적절한 자선 단체를 골라 10만 달러까지 기부할 권한이 있었다. 버뮤다에서 열리는 이사회에 참석할 때는 이사회 이틀 전부터 하루 뒤까지 자신과 배우자가 쓴 숙박비, 식사비, 이동 경비를 청구할 수 있었다. 게다가 애틀랜틱 필랜스로피 같은 이름난 재단의 이사가 되면 자선 사업계와 사교계에서 상당한 명성을 누렸다.

하비 데일은 슈워츠, 매코맥, 소번을 이사회에서 물러나게 하려는 척의 마음을 어떻게든 돌려보려 했다. 세 사람이 이사회에서 물러나기는

커녕 적의만 불러일으킬 테니 해로운 발상이라고 설득했다. 말로, 또 글로 제발 여기서 멈추라고 충고했다. 애틀랜틱 이사회가 자선 사업계에서 뛰어난 곳으로 손꼽히고, 대리인 노릇만 하라고 했다면 몇 년 전에 세 사람이 이사회에 합류하지 않았으리라고 타일렀다. 하지만 척은 단호했다. 재단에 새로운 인물과 새로운 아이디어를 받아들일 기회는 없고, 이사직 갱신이 건전하지 못한 규칙으로 굳어져 독립적 사고를 방해한다고 맞섰다.

데일은 하는 수 없이 이를 악물고 세 이사에게 따로따로 척의 사임 요구를 전했다. 예상대로 세 명 모두 사임을 거부했다.

척은 불같이 화를 냈다.

"이것도 못 해내다니!"

나중에 이사회 직전에 엘리자베스 매코맥과 마주쳤을 때도 이사직에서 물러나라고 요구했다. 매코맥은 싫다고 버텼다.

"내가 정 싫으면 들것에 실어 내보내 보시던가요."

슈워츠는 노화 프로그램을 지원하는 애틀랜틱이 가장 나이 많은 이사들을 내쫓는다면 볼썽사나울 것이라고 꼬집었다. 척은 자신이 솔선수범해 사임한 뒤 이사회 밖에서 자신의 기부 사업을 이어가겠다고 맞섰다. 이사회는 지금 아무도 척의 말에 귀 기울이지 않는다고 생각한다면 이사회를 나갔을 때는 아예 말할 기회조차 없어진다고 설득했다.

이 일로 끝내 척과 데일의 사이가 틀어졌다. 몇 년 전만 해도 척은 데일을 자기 인생에 가장 큰 영향을 미친 사람으로 추켜세웠다. 2001년에 데일이 최고 경영자 자리에서 물러난 뒤로, 두 사람은 꽤 예의를 갖추는 사이를 유지했다. 최고 경영자에서는 물러났지만, 데일은 이사로서 상당한 영향력을 휘둘렀고 이사회에서 자주 척의 편에 섰다. 하지만 척이 보기에는 세 이사를 데려온 사람이 데일이니 내보내는 사람도 데일이어야 했다. 척 나름대로는 데일이 사임 요구를 단호하게 전달하지 않았다고 의심했다.

척은 자신이 세운 재단에서 입지가 흔들렸다. 이제는 '재단 기금이 본디 척의 돈이라는 사실을 이사회는 절대 잊지 않았다'라고 말하기 어려웠다. 재단 기금을 전문가들의 능수능란한 투자 덕분에 몇 배로 불어난 선물로 여기는 이사도 더러 있었다. 이 모든 상황의 밑바닥에는 이사들에게 기부자의 의도와 상관없이 기금 사용 방식을 결정할 권한과 의무가 있느냐는 물음이 있었다.

척은 자선 사업계에서 잘 알려진 현상을 살아생전에 겪지 않을까 두려웠다. 자선 사업계에서는 기부자의 의도를 무시하는 일이 종종 벌어진다. 한 해 전에도 바로 미국에서 그런 일로 유명한 소송이 벌어졌다. 2008년에 프린스턴대학교가 로버트슨 가문이 제기한 소송에 합의하느라 9,000만 달러를 내놓아야 했다. 로버트슨 재단은 공공·국제정책대학원을 지원해 국제 관계에 정통한 정부 관료를 키우려던 목적을 프린스턴대학이 무시했다는 이유로 소송을 제기했다. 이제 척은 살아 있는 동안 기부한다는 자신의 자선 모델이 언 발에 오줌 누기식 자선 사업 속에 사라지지 않을까 걱정했다. 주변에서도 상황을 걱정스럽게 지켜봤다.

살아 있는 동안 기부하겠다는 척의 방침에 맞춰 2016년까지 재단을 해산하는 방법을 놓고 내부 토론이 벌어지자, 문제가 더 복잡해졌다. 이사회에서 하비 데일은 틀에 갇힌 생각에서 벗어나야 한다며, 애틀랜틱이 문을 닫은 뒤에도 기존 사업을 수행하도록 남은 기금을 사업 담당자들과 함께 다른 재단에 넘기자고 제안했다. 또 지금도 재단 순자산에서 6%를 차지하는 호텔, 리조트, 헬스클럽, 소매점을 촉박하게 팔아 현금을 마련하기보다 다른 단체에 넘기면 미래에 더 높은 가격에 팔 수 있다고 주장했다.

척은 하는 수 없이 전략을 바꾸기로 했다. 충돌과 분노는 효과가 없었다. 자기 철학을 명확하게 전달하고 왜 이사회가 방향을 바꿔야 하는지를 설득력 있게 주장하려면, 먼저 이사회 대다수에게 자신의 사고방식을 이해시켜야 했다.

척은 크리스 악슬리, 짐 다우니와 함께 여러 달 동안 '자선 사업과 애틀랜틱 필랜스로피에 대한 반추와 논평'이라는 성명을 작성했다. 그리고 2010년 9월에 뉴욕에서 열린 정기 이사회에서 이를 발표했다.

> 1984년에 거의 모든 재산을 궁극적으로 자선 사업에 쓰도록 양도한 결정에 만족한다. 재단은 날로 늘어나는 많은 재산을 좋은 목적에 쓰기에 현명한 수단이었다. 이 재산을 좋은 목적에 기부하는 것은 '내게, 또 내 가족에게 큰 기쁨과 만족을 주는 원천'이었다.
>
> 재단 설립 초기에 품었던 몇 가지 생각으로 말문을 연 척은 지금껏 자선 사업에 존재하는 난관과 복잡한 특성들을 배우고 이해했다고 밝혔다. 그동안 돈독한 관계와 직접 참여를 우선으로 삼았을뿐더러, 회사를 운영하던 시절 도움이 되었던 가치관 즉 모험을 무릅써야 하는 사업 특유의 패기, 경계심, 정보에 근거한 위험 감수를 중요한 지침으로 삼았다고 말했다.

척이 보기에 자선 사업의 성공을 가를 과제는 단체의 상황과 자선 목표에 종속되는 가용 자원을 '가장 적절하게 사용해 최고의 가치를 얻을 방법'을 알아낸 뒤 효과적으로 추진하여, 가장 뛰어나면서도 지속하는 선행을 이루는 것이었다.

"초기에 내가 방향을 정했을 때는, 아무리 어설픈 구상 단계일지라도 대개 다른 이사들이 격려하고, 많은 직원과 자문이 참여하는 가운데 후속 조사를 추진해 흥미진진하고 성공적인 기부로 이어졌습니다."

애틀랜틱 필랜스로피의 설립자이자 유일한 기부자로서, 척은 기부 지침을 정할 암묵적인 최종 결정권을 계속 자신이 쥐기를 바랐다.

"그동안 애틀랜틱 필랜스로피에서 건물 건립에 기금을 대는 사업을 오랫동안 앞장서 지지한 사람이 저일 것입니다. 그리고 지금도 그런 것 같습니다."

애틀랜틱이 기금을 댄 여러 건축 사업은 재단의 성공적인 기부 영역 중 하나였다.

"나는 이런 기부에 큰 만족을 느낍니다. 영리하게 설계한 사업이 제대로 수행되는 모습을 지켜보고, 또 앞으로 오랫동안 자산 구실을 할 것을 알고 나면 마음이 뿌듯해집니다. 내가 추천했던 자선 사업은 가장 엄격한 기준으로 신중하게 선택한 것입니다. 이런 사업들은 중요한 일을 추진할 기반을 제공하고 양질의 환경을 조성합니다."

척은 의학 연구와 시설, 병원 같은 영역에서 건물 기부를 추진하기를 바랐다. 이런 사업은 큰 재단이 주요 사업을 지원할 때만 맡을 수 있는 역할을 활용할뿐더러, 협력과 영향력에도 도움이 되어 애틀랜틱의 개입을 촉매제 삼아 기금의 효과를 몇 배로 늘릴 잠재력을 높인다고 지적했다. 또 다른 훌륭한 연구소나 지원이 필요한 영역과 협력을 맺고 상호 보완하는 계획을 추진하면 한층 더 힘을 얻을 수 있었다. 이를테면 샌프란시스코 미션베이에 UCSF 의료 시설을, 오스트레일리아 브리즈번에 기초 의학과 임상을 연결하는 중개연구소[TRI]를 짓는 데 큰돈을 기부하겠다고 약속한 덕분에 의학과 보건학 분야에서 세계적 수준과 규모의 다양한 자선 사업을 추진할 수 있었고, 애틀랜틱 필랜스로피가 다른 계획을 추진할 수 있는 비옥한 토대가 되었다.

척은 애틀랜틱이 이제 잘못된 길로 들어섰으니, 전략을 다시 짜야 한다고 주장했다.

"오늘 나는 애틀랜틱 필랜스로피가 지난 2년 반 동안 추진한 기부 전략에 반대합니다. 여러 번 말했듯, 현재 애틀랜틱 필랜스로피의 활동 목적으로 정의된 '사회 정의'가 우리 재단의 자원을 가장 적절하게 사용해 최고의 가치를 얻는 데 성공할 수 있는 전략이라고 생각하지 않습니다. 단언컨대, 이런 기부 방식은 내가 현재 애틀랜틱 필랜스로피의 풍족한 자산으로 발전한 자금을 기부했을 때도 그 이후로도 크게 지지했을 방식이 아닙니다."

성명을 읽은 한 이사는 이제 재단이 산산이 조각날지 모를 위기가 닥치고 있다고 느꼈다.

"이 사태를 일으킨 근본적인 질문은 이거였습니다. 애틀랜틱의 자금은 도대체 누구 것인가?"

32

피 튀기는 힘겨루기

2010년 9월 이사회에서 벌어진 사건은 척과 프레더릭 슈워츠의 틈을 더 벌려놓았다. 이사회 전까지 아일랜드에 머무는 동안 척은 만사가 언짢고 짜증스러웠다. 그 바람에 척답지 않게 직원들에게 화를 퍼부었다. 더블린 사무소의 직원 두 명이 어쩔 줄 몰라 아일랜드 지부장이던 콜린 맥크리에게 하소연할 정도였다. 맨해튼 본부에서 이사회가 열렸을 때 맥크리와 가라 라마쉬가 척을 회의장 바깥으로 데려가 이 문제를 따졌다. 그런데 슈워츠가 두 사람을 거들고 나섰다. 이들은 그런 행동이 척답지 않고 다시는 같은 일이 벌어지지 않아야 한다고 못 박았다. 척은 머리 꼭대기까지 화가 치밀었다. 맥크리는 이사장인 슈워츠가 이 문제에 끼어들자 깜짝 놀랐고, 나중에 척에게 사과했다. 그 뒤로 척은 이사장의 역할을 적은 메모로 슈워츠를 비난했다. 역사적으로 이사장의 역할은 이사회를 관리하는 것일 뿐, 여느 이사보다 더 많은 권한도, 책임도 없었다. 척은 이사장의 역할에 "준경영진 즉 예외로 정책 결정에 참여하는 역할"이 부여되지 않아야 한다고 주장했다.

9월 이사회에서 척의 긴 성명을 논의할 때, 하비 데일은 척의 생각이 토론하고 실행할 만한 가치가 있다고 옹호했다. 데일이 보기에는 척에게 귀 기울이는 것이 중요했다. 척이 사회 정의 중심의 기부 방식을 바람직하지 않다고 보니, 이사회도 사회 정의를 기부의 틀로 써야 한다는 주장을 반복하면 안 된다고 양해해야 했다. 슈워츠가 날카롭게 반박했다.

"우리는 현재 활동에서 엄청난 성공을 거뒀습니다. 어떻게 따져봐도 그 결과는 건물만큼이나 오래 남고요."

이사회가 끝나고 얼마 지나지 않아, 척은 풀이 죽어 낙심한 채 더블린으로 갔다. 로어배곳 거리에 있는 집 근처의 카페 불러바드에서 커피를 마시며 내게 이사회의 자세한 이야기를 들려줬다. 내가 물었다.

"가라가 사임해야 한다고 생각하십니까?"

"그렇습니다."

척은 자기 재단이 자기가 의도했던 일을 하지 않는다고 생각했다. 자기가 자선 사업과 삶에서 지침으로 삼는 말이 히포크라테스 선서에 나오는 '해를 끼치지 말라'라면서도, "좋은 일을 하고도 욕을 먹는 수가 있습니다."라고 수수께끼처럼 덧붙였다. 척은 조직이 작을수록 더 작은 일을 하는 것이 좋고, 애틀랜틱 필랜스로피처럼 큰 조직일수록 더 큰 일을 하고 더 깊은 관계를 발전시키는 것이 좋다고 생각했다.

2010년 11월 17일, 이사장 프레더릭 슈워츠가 이사 토머스 미첼과 세라 로런스-라이트풋이 공동 서명한 서한으로 척에게 공식 답변을 내놓았다.

"최근 재단은 재단 사명의 핵심을 사회 정의라는 용어로 묘사했습니다. 이 용어에 의구심을 품으셨더군요. 누군가에게는 이 용어가 한결같이 척의 너그러움을 불러일으킨 동기, 달리 말해 불우한 사람들을 위해 삶이 더 공정해지게끔 하려는 노력을 설명하는 또 다른 방법입니다."

슈워츠는 재단이 여러 핵심 목표를 추진하는 데 성공했다며 뿌듯해했다.

"그 결과 오늘날 사람들은 애틀랜틱 필랜스로피를 불우한 취약층을 옹호하는 용감한 대변인, 다양한 사회 문제를 해결할 유용한 해법을 찾아내는 대담한 혁신가로 봅니다. … 기반 시설 개발이 사회 변화를 촉진할 수단인 것은 사실입니다. … 알다시피 이사회는 척이 오스트레일리아와 UCSF에서 추진한 대규모 사업을 지지했습니다."

그러면서도 슈워츠는 설립 이사장 사업을 분리하는 아이디어를 포기한 사람은 척이라고 주장했다.

"우리는 척이 제시하는 사업이 추가 활동이나 별도 활동으로 보이기보다 재단의 주요 프로그램에 통합되는 쪽이 바람직하다고 믿습니다."

척이 듣고 싶은 답은 아니었다. 뉴욕에서 다음 이사회가 열리기 전날인 12월 5일, 척이 답장을 보냈다.

"나는 이사장의 서한이 만족스럽지 않습니다."

척은 깊은 우려와 함께, 1년 넘게 제기한 심각하고 시급한 문제들을 언급했다.

"애틀랜틱이 현재 초점을 맞추는 기부 활동, 이사회의 구조와 몇몇 관행, 날로 늘어만 가는 임직원 수와 간접비를 포함한 여러 운영 문제에 내가 제기하는 우려나 반대를 이사장이 과소평가하거나 아예 이해할 마음이 없다고 추정할 수밖에 없습니다. … 내가 사회 정의라는 용어에 의구심을 품었다는 말은 사안을 지나치게 단순화한 잘못된 표현입니다."

실제로 척은 사회 정의라는 용어를 딱히 나쁘게 보지 않았다. 정확히 말하자면, 사회 정의 중심의 기부가 '우리 재원을 가치 있게 사용하는 방법'이 아니라고 생각했다.

척은 23포인트로 작성한 긴 '우려 성명'을 답장에 덧붙였다.

"최근 몇 해 동안 애틀랜틱이 사회 정의에 초점을 맞춰 기부한 탓에 재단의 사명이 바뀌었고, 기부가 분산되었고, 기부의 효과와 가치를 평가하기 애매해졌다. … 설립자로서 나는 4대 분야를 모두 압도하는 애매한 사회 정의 중심의 기부 방식에 한결같이 반대했다. … 살아 있는 동안 기부한다는 목표는 이제 기부자의 기부금을 주로 경영진의 별도 구상에 따라 쓴다는 의미가 되었고, 그 과정에서 설립자의 이미지와 말을 도용했다. … 가라 라마쉬의 정책 지지 기부와 공개 발언은 갈수록 정파성을 띄었고, HCAN을 지지한 뒤로는 애틀랜틱 필랜스로피에 좌파 진영의 주요 세력이라는 꼬리표가 붙었다. … 게다가 정책 지지 기부로 소액 기부자를 끌어들이기는커녕 오히려 밀어냈다. … 더군다나 올해 추진한 140건의 소규모 기부로 불필요한 관리 활동이 발생했다."

척은 이렇게 결론지었다.

"설립자가 보기에는, 재단이 성과를 내려면 지도부를 교체해야 한다."

자기가 세운 재단에서 하찮은 존재로 밀려났다는 주장을 강조하고자, 척은 사내 잡지 〈애틀랜틱 리포트〉에 실린 기사를 언급했다. 기사는 프레더릭 슈워츠와 가라 라마쉬가 척에게 상의하지도 않고 기부를 승인했다는 내용을 다뤘다.

"애틀랜틱에서는 살아 있는 동안 기부한다는 말을 기부자가 자신의 기부 자산을 살아 있는 동안 쓰기로 했다는 뜻으로 정의한다. 이때 기부자가 대체로 기부 프로그램에 활발히 참여하지만, 반드시 그래야 한다는 뜻은 아니다."

그날 늦게, 척이 토머스 미첼에게 연락해 어퍼이스트사이드에 있는 집으로 와달라고 요청했다. 척은 미첼에게 재단 통제권을 되찾고 싶다고 털어놓았다. 또 라마쉬가 재단에서 나가고 슈워츠가 이사장 자리에서 물러나기를 바랐다. 다음 날 열릴 이사회에서 모든 기부를 보류하고 어떤 기부 건도 승인하지 않기를 바랐다. 미첼은 이사들이 그런 제안에 동의하지 않으리라고 경고했다. 척은 윌리엄 홀도 따로 만나 모든 기부를 중지하자는 제안에 찬성해달라고 부탁했다. 홀은 척의 주장은 옳으나 숫자에서 밀리니 기부를 멈출 방법이 없다고 척을 설득했다. 그리고 이사회에서 척의 제안에 동의하지 않겠다고 답했다.

12월 6일, 배릭 거리의 재단 본부 중역실에 이사들이 모였다. 회의실에는 애틀랜틱의 기부 활동을 보여주는 포스터 액자가 걸려 있었다. 안건은 기부 계획을 모두 취소하고 1월에 특별 이사회를 열어 재단 지도부의 역할과 적합성을 논의하자는 척의 제안이었다.

척은 현재 진행 중인 사업이 어리석게도 돈만 많이 퍼붓는 가짜라고 주장했다. 이사회가 열리기 한 주 전, 라마쉬가 이사들에게 850쪽에 이르는 복잡한 설명서를 보냈다. 그리고 이사회에서 총액이 1억 2,000만 달러인 기부 제안 78건을 검토하고, 2011년 기부 예산과 운영 예산을 승인하고, 발표를 지켜보고, 공개 토론과 위원회에 참석해달라고 요청했다. 그것도 겨우 하루 반 만에. 그 바람에 이사회는 책임을 다하지 않은 채 경영진의 제안을 거의 덮어놓고 승인했다. 이들은 애틀랜틱의 지도부, 사업 방향, 운영 방식과 관련한 중요한 핵심 사안을 해결해야 했다.

척은 자신의 발의에 동의했다. 하지만 다른 동의자는 없었다.

그래도 이사회가 술렁였다. 애틀랜틱 필랜스로피의 설립자이자 세계에서 손꼽히게 존경받는 자선가인 척이 이사 세 명과 최고 경영자에게 재단을 떠나고 모든 기부를 보류하라고 요구해 전쟁을 선언했다.

이사들 사이에 날카로운 신경전이 벌어졌다. 이내 분위기가 살벌해졌다. 라마쉬와 슈워츠의 운영 방식에 동의하지 않지만, 그렇다고 이들을 내쫓을 확실한 근거는 아니라고 봤기 때문이다. 게다가 라마쉬는 인권 운동계에서 널리 존경받을뿐더러 재단에 소송을 걸 수도 있는 인물이었다. 상상만으로도 끔찍한 전망이었다.

척은 택시를 타고 외곽에 있는 작은 아파트로 돌아가 내내 그날 일을 곱씹었다. 배릭 거리에서는 슈워츠가 라마쉬의 신임 투표를 진행하자고 제안했다. 식구 한 명이 아파 런던에 머물러야 했던 피터 스미덤만 빼고 모든 이사가 찬성표를 던졌다. 척에게 공감한 이사들은 자기네가 수에서 밀리니 머릿수 싸움이 아무 쓸모가 없다는 것을 알았다.

그사이 슈워츠가 척과 사이가 한층 더 틀어질 결정을 내렸다. 척은 성명에서 "수탁자에게는 살아 있는 단독 기부자가 힘들게 일군 과실을 쓸 때 기부자의 관심사, 가치관, 열정을 가장 중요하게 고려해야 할 도덕적 의무가 있다."라고 주장했다. 슈워츠는 이사회의 권리는 무엇이고 척의 권리는 무엇인지 판단하려면 변호사의 조언이 필요하다고 주장했다. 재단 설립자와 다투는 데 재단 기금을 쓴다는 생각에 윌리엄 홀이 반대했다. 하지만 홀 말고는 별다른 반대가 없었다. 이사회는 슈워츠에게 법인 소송에 경험이 많은 법률 회사의 조언을 받을 권한을 줬다.

이사회는 왁텔, 립턴, 로젠&카츠의 파트너이자 하비 데일의 코넬대 동창인 버나드 누스바움을 고용했다. 같은 법률 회사의 동료 파트너인 로런스 B. 페도위츠슈워츠가 법률 고문으로 있는 브레넌 사법 센터의 이사이기도 했다가 이사회 모임에 참석할 권한을 위임받았다. 모임에서 이들은 위기에 어떻게 대응하고 평가할지를 논의했다.

그래도 이사회는 척이 요구한 대로 1월에 특별 이사회를 열어 재단 지도부와 관련한 내용을 논의하기로 동의했다. 윌리엄 홀은 그사이 이사 몇 명으로 중재단을 구성해, 척과 이야기를 주고받은 뒤 척의 생각을 이사회에 전달하자고 제안했다. 최근 사건으로 보건대 척의 불만이 무척 크므로 한시라도 빨리 척에게 귀 기울여야 했다. 슈워츠도 여기에 동의했다. 라마쉬가 추진 중인 사업의 본질을 유지하려면 척과 타협해야 했다. 슈워츠는 척에게 동조하는 홀, 척과 등진 마이클 소번, 그리고 어느 쪽에도 속하지 않아 중재단을 유능하게 이끌 피터 스미덤을 중재단으로 골랐다.

2004년에 이사회에 합류한 스미덤은 법인에서 일어나는 소란을 다룬 경험이 꽤 많았다. 유명한 국제적 사모펀드 운용사 퍼미라의 임원이자 전직 이사장이었으므로, 무려 250건에 이르는 기업 인수에 관여했었다. 영국 정부가 지분을 일부 보유한 영국 기반의 사모펀드 회사 액티스도 이끌었다. 부드러운 웨일스 억양으로 합리적인 견해를 드러내, 동료 이사들에게도 존경받았다.

그날 늦게, 슈워츠가 척에게 팩스를 보냈다. 이사회가 1월에 특별 이사회를 열기로 동의했지만, 모든 기부를 유보하라는 제안은 만장일치로 거부했으니 척이 제안을 철회하면 좋겠다는 내용이었다. 척은 기부를 유보하라는 요구를 빼기로 동의했다. 어쨌든 자기 의도는 분명히 알린 터였다.

1월 25일, 소호에 있는 제임스 호텔에서 중재단이 크리스 악슬리와 짐 다우니를 만났다. 밤새 몰아친 눈보라로 도로가 꽉 막혀, 악슬리와 다우니가 하마터면 제시간에 도착하지 못할 뻔했다. 악슬리는 척의 우려를 자세히 설명했다. 소번은 척과 이사회 사이에 통로가 생기도록 악슬리가 척을 대리할 부회장이 되면 어떻겠느냐고 제안했다. 악슬리는 제안을 거절했지만, 척의 공식 대리인 역할은 받아들였다.

이 무렵 모든 이사 앞으로 이사회가 척을 형편없이 대우한다고 호되게 꾸짖는 다섯 장짜리 익명 편지가 날아들었다. 놀랍도록 재단 상황에 훤한 작성자는 자신이 척의 친구들을 대표할 뿐 전·현직 이사나 재단 직원, 수혜처가 아니고 앞으로 이사가 될 일도 없지만, 인간관계가 껄끄러워지지 않도록 익명을 유지하려 한다고 밝혔다.

작성자는 이사회가 바뀌지 않으면 척이 얼마나 형편없는 대우를 받았는지를 공개하겠다고 경고했다. 언론사에 친구들이 있고, 웹사이트도 하나 마련해 놓았고, 〈뉴욕 타임스〉와 〈USA 투데이〉에 광고를 싣겠다는 친구들도 있다며 이렇게 물었다.

"오프라 윈프리 같은 토크쇼 진행자가 당신들 몇몇이 길을 잃었다고 판단하면 대중이 어떻게 반응하겠습니까?"

작성자는 척을 뒤따를 사람들이 척의 성공뿐 아니라 실수에서도 배우도록 척이 이사회에서 벌어진 사실을 공개해야 한다고 생각했다.

"재단 설립자가 죽기는커녕 멀쩡히 살아 이사회에 앉아있는데도 이사회가 설립자의 바람에 귀 기울이지 않는다는 사실을 자선 희망자들이 안다면, 과연 어떻게 생각하겠습니까?"

작성자는 현 이사회가 애틀랜틱 필랜스로피의 자금은 이제 척의 것이 아니고, 재단 자금을 쓸 방법을 자기네가 더 잘 알고, 척이 살아 있는 동안에는 척에게 기부 예산을 한 쪼가리 떼 준 다음 되도록 무시하는 편이 가장 낫다고 생각한다는 이야기를, 또 이사회가 척의 비전을 어떻게 왜곡했는지를 꼭 알리겠다고 으름장을 놓았다.

"부디 이 편지를 협박으로 받아들이지는 마십시오."

누가 봐도 협박이었다.

“그렇다고 엄포는 아닙니다. 정확히 말하자면 앞으로 일어날지 모를 일을 알리는 예측입니다.”

작성자는 “전설의 기업가”이자 우리 세대에서 더할 나위 없이 다정하고 너그러운 사람인 척을 아끼고 지지하는 마음으로, 이 공개로 척이 속상해 하더라도 사실을 알리겠다고 오금을 박았다.

편지는 현 이사회와 관련한 여러 불만도 제시했다. 5~6년 안에 재단 업무가 마무리되는데 사무실을 옮기느라 수백만 달러를 썼다, 〈허핑턴 포스트〉와 함께 워싱턴에서 열린 대통령 취임 파티를 후원했다, 워싱턴의 5성급 호텔인 윌러드에서 이사회를 열었다, 겨울에 배우자와 함께 버뮤다에 갔다. 정말 충격스럽게도 아일랜드에서 전 세계 직원 모임을 여느라 약 50만 달러를 썼다, 어느 동료 이사의 일생을 기록하느라 수십만 달러를 썼다.

“틀림없이 고상한 작업이지만, 이것이 재단의 제한된 자원을 가장 적절하게 사용해 최고의 가치를 얻는 방법일까요?”

편지 작성자는 이사회가 척이 이미 재산을 불가역적으로 기부했고 전략과 운영 방식을 정할 권한은 이사회에 있다고 항변한다면, 법률 뒤에 숨는 가식이라고 비판했다. 사임 요청을 거부한 이사들은 트라시마코스플라톤의 『국가론』에 나오는 소피스트로, 정의란 강자의 이익이라고 주장했다에게 빗댔다.

“플라톤이 말한 정의를 추구하는 사람, 자기 욕구와 공공의 이익 사이에서 균형을 잡을 줄 아는 사람에게 무슨 일이 일어났습니까? … 우리 대다수는 빈곤 지역 출신입니다. 몇몇은 좋았던 그 옛날 거리 싸움을 그리워하기까지 합니다. 스스로 물어보십시오. 만약 당신이 수십억 달러를 벌었다면, 그 돈을 아껴 투자했다면, 그 돈으로 살 수 있는 저택 여러 채와 무수한 사치품을 마다했다면, 아내와 자녀와 손주들에게까지 그 돈을 포기하자고 부탁했다면, 그리고 자선 재단을 만든 뒤 그 돈을 기부했다면, 여든 살 노구에도 여전히 재단을 위해 거의 하루도 빠짐없이 일하고 여행한다면, 그런데도 이사 대다수에게 당신이 척을 대한 것과 같은 대접을 받는 처지가 된다면, 그렇다면 당신은 어떤 기분이 들 것 같습니까? 지금도 애틀랜틱에서 가장 가치 있는 인적 자산은 척이 아니던가요? 하비는 그다음이지 않나요?"

크리스 악슬리도 짐 다우니도 편지의 출처를 몰랐다. 그렇기는 이사회도 마찬가지였다. 라마쉬는 "나는 익명 공격을 별로 좋아하지 않습니다."라고 언짢아했다. 편지의 내용과 관련해서는, 애틀랜틱의 운영비가 이사회에 제출해 검토받은 예산을 넘은 적이 없고, 직원 대비 기부 건수로 따지면 자신이 경영할 때 애틀랜틱의 운영에 군더더기가 없는 편이었다고 주장했다.

"척이 재단을 얼마나 깊이 걱정하는지를 이사회나 내가 늦게 파악했다고 말할 수는 있어도, 편견 없이 본다면 척이 무시당했다고는 절대 말하지 못하리라고 생각합니다. 나는 척을 절대 무시하지 않았어요."

이 무렵 여러 자선 단체가 라마쉬의 활동과 기발한 생각을 칭송하는 서명서를 애틀랜틱에 보냈다.

편지가 자신을 가리킨다고 느낀 몇몇 이사는 작성자가 앙심을 품고 비열하게 군다고 생각했다. 다른 이사들은 편지가 척의 분노를 세심히 헤아렸다고 봤다. 중요한 것은 누가 편지를 썼느냐가 아니라 편지에 담긴 내용이 심각하냐였다. 손가락질이 이어졌고, 의문이 제기되었다.

특별 이사회가 열리기 전날인 2011년 1월 27일, 슈워츠가 회원으로 있는 클럽인 센츄리 어소시에이션에서 애틀랜틱 이사들이 척 없이 래리 페도위츠가 참석한 가운데 비공식으로 모였다. 눈으로 비행기가 연착한 탓에 뉴욕에 살지 않는 이사 몇몇이 늦게 도착했다. 클럽 식당으로 옮겨 저녁을 먹기에 앞서, 이사들이 중재단 세 명에게 현재 상황을 들었다.

특별 이사회가 열린 금요일 아침, 이사회는 근처의 이스트 44번가에 있는 코넬 클럽에 모였다. 척을 대리해 크리스 악슬리가 참석했다. 악슬리는 이사회의 소란이 척의 생활에 악영향을 미치고 있다고 밝혔다.

"요즘 척이 잠을 설치고, 한밤중에 잠을 깨기 일쑤입니다. 척은 스트레스가 아니라 휴식이 필요한 노인이고, 존중받아야 할 사람입니다. 이 불화가 글자 그대로든 비유로든 척을 죽이고 있어요. 누가 봐도 척은 고통받고 있습니다."

12월 정기 이사회에서와 달리, 분위기는 험악하지 않았다. 한 참석자의 말을 빌리자면 "사랑과 평화"가 넘쳤다. 누구도 위기가 더 나빠지기를 바라지 않았다. 악슬리는 이사들을 존중했고, 공격적이지 않은 태도로 척의 주장을 설명했다. 슈워츠와 라마쉬는 척이 우려하는 지출과 직원 수 문제를 검토하겠다고 약속했다.

척은 건강에 거의 견디기 어려운 타격을 입었다. 쉴 새 없이 세계 곳곳을 돌아다니는 습관도 악영향을 미쳤다. 뉴욕에서 이사회가 끝나자, 척과 헬가는 더블린 로어배곳 거리의 어둡고 작은 아파트로 돌아갔다. 즐겨 찾은 스테이크 전문점 F. X. 버클리에서 함께 점심을 먹을 때 척이 내게 털어놓았다.

"나는 평생 단잠을 잔 사람입니다. 그런데 이제는 새벽 한 시에 깨어 잠을 못 이룹니다."

12월 이사회가 열리기 전에는 네댓새 동안 잠을 못 이뤘다고 한다.

더블린에 도착한 지 얼마 지나지 않아. 척이 흉부 감염으로 세인트제임스 병원 응급실에 실려 가 치료받았다. 헬가는 한 남성이 술에 취해 어슬렁거리는 휑한 입원실에 앉아, 척이 회복하기를 한없이 기다렸다.

그 뒤로 얼마 지나지 않아 척이 다시 아일랜드를 찾았을 때도 또 몸이 아파 같은 병원에 입원했다. 이번에는 증상이 더 심각했다. 심장이 잠깐 멈춘 탓에 박동 조율기를 삽입했다. 나중에는 샌프란시스코에서 조율기를 손보는 수술도 받아야 했다. 친구와 가족들은 애틀랜틱의 위기로 척이 무너져 더는 삶의 기쁨을 누리지 못할까 봐 노심초사했다.

하지만 얼마 지나지 않아, 척과 헬가는 또다시 길을 나섰다. 두 사람은 더블린에서 런던을 거쳐 다시 방콕으로 갔다. 방콕에서 척이 잠깐 병원 신세를 진 뒤에는 다시 오스트레일리아로 향했다. 척은 해외에 있는 동안 애틀랜틱의 위기를 곰곰이 곱씹었고, 미국에 있는 악슬리와 꾸준히 팩스로 소통했다. 이사회에 의견을 개진할 또 다른 제안서도 작성했다. '애틀랜틱 필랜스로피 이사회에 보내는 설립자의 요청'에서, 척은 고위 경영진뿐 아니라 이사회 지도부도 교체해야 한다고 언급했다. 지난 이사회 뒤로 아무것도 바뀌지 않았다, 효과가 의문스러운 기부가 아직도 이어지고 있다, 그렇다고 필요한 개혁을 지도부가 완수할 수 있어 보이지도 않았다, 게다가 꽤 많은 재단 기금으로 변호사까지 끌어들여 내 우려에 맞서고 나를 이사회에서 고립시키려는 전략을 추진하고 있다.

척도 만약 결단을 내려야 할 때가 오면 변호사를 부를 준비를 마쳤다. 이사회에서 결전을 벌여야 할 날이 오면 인정사정없이 물어뜯겠다고 단단히 별렀다.

법률 자문은 실제로 많은 비용을 잡아먹었다. 왁텔, 립턴, 로젠&카츠의 시간당 수임료가 1,300달러로, 총비용이 50만 달러를 넘겼다. 여기에는 하비 데일의 법률 검토 비용, 미국에서 위기 대응 자문 기업으로 손꼽히는 사드 베르비넨의 조지 사드에게 준 수임료가 포함되었다. 그런데 사드는 애틀랜틱의 내부 분쟁이 공개될 때 어떤 영향이 나타날지 조언받고자 왁텔이 계약한 사람이라 왁텔에만 자문 내용을 전달했고, 애틀랜틱 이사회는 자문 내용을 알지 못했다. 그래도 이사들은 결론을 어느 정도 짐작했다. 어떤 여론전을 벌이든, 자기 재산을 기부해 여러 도시와 국가를 더 나은 곳으로 탈바꿈시키고도 명예나 칭송을 바라지 않은 척 피니가 손쉽게 이길 터였다.

슈워츠와 데일을 지지한 사람들은 이사회의 행동이 적절했다고 뒷받침할 셈으로 변호사들을 고용했고, 그 결과 양쪽이 만족할 만한 해결책이 나왔다고 주장했다. 하지만 척은 그렇게 생각하지 않았다. 척이 보기에는 이사회가 자기 돈 50만 달러를 들여 자기에게 맞선 셈이었다. 피가 거꾸로 솟는 일이었다.

중재단의 활동은 척의 주장에 더 힘을 실었다. 3월 17일, 중재단의 활동에 고무된 고위 간부 아홉 명이 이사회에 편지를 썼다. 이들은 재단의 운영 방식, 몇몇 기부에서 행사된 재량권에 우려를 드러냈다. 또 라마쉬가 몇몇 단체에서 상을 받았는데, 애틀랜틱에 기부금을 받았거나 라마쉬의 수상 뒤 기부금을 받은 곳이라는 사실도 지적했다. 애틀랜틱 필랜스로피의 윤리 강령은 경영자가 "수혜처나 앞으로 수혜처가 될 만한 곳에서 선물이나 상, 표창을 받아서는 안 된다"라고 언급했다.

슈워츠를 포함해 라마쉬를 지지하는 이사들은 평생 기여한 공로로 상을 받을 때는 애틀랜틱의 윤리 강령을 위반하지 않는다고 반박했다. 2010년에 라마쉬는 사회 정의와 경제 정의에 평생 이바지한 공로로 허버트 H. 험프리 민권상을 받았다. 상을 준 단체인 시민권 지도자 회의는 2006년부터 2010년까지 애틀랜틱 필랜스로피에서 325만 달러를 기부받았다.

라마쉬가 상을 받는 무대에는 민주당 상원 의원 패트릭 리와 연예인이자 활동가인 해리 벨라폰테가 함께 자리했다. 라마쉬의 전임자인 존 힐리는 직원들이 수혜 단체의 이사직에 오르는 것을 금지했다. 현명하지 않은 행동일뿐더러, 이해 충돌이 일어날 위험이 있었기 때문이다. 하지만 이 규칙은 이제 헌신짝처럼 내팽개쳐졌다. 라마쉬는 구술 역사 단체 스토리코프스가 애틀랜틱 필랜스로피에서 100만 달러를 받은 해에 이 단체의 이사직을 맡았고, 같은 해에 25만 달러를 받은 탐사보도 전문 독립 언론 프로퍼블리카에서도 이사직을 맡았다.

더 많은 이야기를 들을수록, 스미덤의 걱정이 커졌다. 경영진은 직원들을 대규모로 물갈이했고, 컨설턴트와 여행하는 데 뭉칫돈을 썼고, 기부를 외부에 위탁하기도 했다. 점심 식사에 리무진을 불렀고, 많은 사람이 국내외 출장 때 비즈니스석에 앉았다.

직원들의 불만은 이사회 전체에 결함이 있지 않냐는, 이사들이 애틀랜틱의 내부 문제를 더 깊이 알아야 하지 않았느냐는 물음을 던졌다.

척은 늦은 봄에 뉴욕으로 돌아왔다. 5월 3일, 하비 데일이 척의 거처를 찾았다. 두 사람이 오랫동안 이어온 친밀함은 이제 찾아보기 어려웠다. 변호사를 불러들인 것이 결정타였다. 지난 여러 달 동안 척은 한때 자신의 믿음직한 조언자였던 사람이 보내는 연락에 응답하지 않았다. 전에는 데일이 보낸 자료면 대부분 흥미롭게 정독했었지만, 이제는 책상 위에 그냥 쌓아만 놓았다. 척과 헬가는 이제 데일 부부와 저녁을 즐기지 않았다. 데일은 척에게 보낸 편지에서 지난 세월 두 사람이 함께 이룬 것들을 되돌아보며, 두 사람 사이에 골이 생긴 원인이 자신이라면 깊이 사과한다고 적었다. 척은 답장하지 않았다.

두 사람은 척이 이스트 61번가에서 이용하는 집 옆의 비좁은 아파트에서 만났다. 짐 다우니와 크리스 악슬리도 자리를 함께했다. 척은 소파에, 데일은 안락의자에 마주 앉았다. 악슬리는 척이 앉은 소파의 한쪽 끝에, 다우니는 둥근 탁자에 앉았다. 정중하면서도 가끔은 감정이 뒤섞인 말이 오가, 지켜보는 악슬리와 다우니가 안절부절못했다. 라마쉬의 최고 경영자 임기가 끝나갈 때라 둘은 신임 최고 경영자로 누가 좋을지, 이사회를 물갈이할지, 이사들이 표결에서 어떻게 투표할지를 의논했다. 데일은 자신이 늘 척을 지지하려 했고, 척의 관심사를 도우려 했지만, 대변자 노릇보다는 독립적이고 적극적으로 활발히 활동하는 방식으로 도우려 했다고 해명했다.

90분에 걸쳐 대화가 오갔지만, 한때 허물없었던 동지를 향한 척의 반감을 누그러뜨리지 못했다. 척은 꿈쩍도 하지 않았다.

재단이 혼란에 빠지자, 이사회의 역학 구도가 바뀌었다. 이제는 재단의 얼굴이자 영혼으로서 척의 역할을 훨씬 더 높이 평가했다. 마침내 토머스 미첼이 변화에 찬성했다. 직원들의 편지가 미첼의 마음을 흔들었다. 크리스틴 다운턴, 커밍스 줄, 윌리엄 홀도 마찬가지였다. 애틀랜틱 필랜스로피의 최고 투자 책임자로 재단 기금을 운용하는 책임을 맡은 필립 코츠도 지도부 교체를 지지했다.

라마쉬를 내보내는 것은 당연한 결과였다. 2011년 5월 16일, 런던 출장에 나선 라마쉬는 시내 가까이 사는 피터 스미덤과 저녁을 먹기로 했다. 둘은 피커딜리 거리에서 살짝 벗어난 알링턴 거리에 있는, 정치인과 배우들이 자주 찾는 르 카프리스라는 식당에 갔다. 애틀랜틱 이사들은 나중에야 그 자리에서 무슨 일이 일어났는지를 들었다. 라마쉬는 계속 자리를 지키겠다고 고집했다.

"나는 해고 사유에 해당하는 짓은 하나도 하지 않았습니다. 척에 맞서 싸워 이길 겁니다."

스미덤이 물었다.

"그래서 얻는 것이 뭡니까? 당신의 운영 방식을 비난하는 직원들이 있는 한 승리가 아닙니다. 척과 화해하지 못하는 한 승리가 아닙니다. 그

것은 패배나 마찬가지인 한낱 피로스의 승리고대 그리스 에페이로스의 왕 피로스는 마케도니아와 로마에 맞서 승리했으나 큰 희생을 치렀다, 상처뿐인 영광일 뿐입니다."

이날 스미덤은 한 번도 라마쉬에게 물러나야 한다고 조언하거나 다그치지 않았다. 식사를 마친 두 사람은 리츠 호텔을 지나 피커딜리 거리를 걸었다. 인사를 건네고 택시에 오르려던 라마쉬가 고개를 돌렸다.

"사임하겠습니다."

그리고 택시 뒷자리에 탄 뒤 한마디를 보탰다.

"프리츠한테는 제가 말하지요."

몇 분 뒤 라마쉬는 슈워츠에게 전화로 사임 소식을 알렸다.

척은 시간을 허비하지 않았다. 나흘 뒤, 이사들에게 '긴급 기밀' 메모를 보내, 피터 스미덤을 인수 위원회 위원장으로 지명한다고 밝혔다. 당장 고위 경영진에게 모든 기부를 중단하고, 언론 발표를 중지하고, 채용 절차를 보류하라고 지시해야 한다고도 주장했다. 애틀랜틱 필랜스로피는 다시 새롭게 출발해야 했다.

2011년 6월 3일, 라마쉬가 사임을 공식으로 발표했다. 라마쉬가 사임하고 3주 뒤 6월 정기 이사회가 열리기 전날, 슈워츠가 이사들 사이에 애틀랜틱이 표류하고 있다는 생각이 확고하므로 자기가 이사장 자리에서 물러나 이사로 남겠다고 밝혔다. 이사회는 새로운 방향을 세울 새 이사장으로 피터 스미덤을, 임시 최고 경영자로 크리스 악슬리를 지명했다.

척은 다시 아일랜드로 돌아갔다. 늘 그렇듯 아침이면 집 근처의 카페 불러바드나 길 건너 카페 브왈라에서 재미있는 이야기를 들려줬다. 이제 척은 밤에 잘 자고 몇 년 만에 기분도 좋아졌다. 처음으로, 상황의 흐름을 어느 정도 낙관했다. 기차를 타고 리머릭대학교도 방문했다. 중간에 기차가 고장 났는데, 차장이 객차로 들어오더니 별일 아니라는 듯 쾌활하게 "엔진이 망가졌습니다."라고 알렸다는 이야기도 들려줬다. 척은 자신이 리머릭에서 가장 최근에 추진한 사업들을 살펴봤다.

여기에는 섀넌강을 가로지르는 보도교 '리빙 브리지', 친구인 미할 오 술라반 교수가 운영하는 아일랜드 음악·무용 국제 아카데미가 포함되었다. 척은 모자이크 예술가인 친구 데스먼드 키니에게 의뢰해, 섀넌강을 여성으로 묘사한 150만 달러짜리 거대 모자이크 벽화를 아카데미 건물 현관홀에 설치했다. 2층 높이로 설치된 벽화는 밤에 불이 켜지면 밖에서도 그 모습이 보인다. 그때 리머릭을 방문한 척은 그 옛날 척 피니였다. 다정하고 인자하고 겸손했고, 자기에게 고마워하는 친구들과 존경을 드러내는 사람들에 둘러싸였고, 20년 전 손수 지은 캐슬트로이 파크 호텔에서 닭요리와 화이트와인을 즐겼다.

9월 말, 척이 애틀랜틱 필랜스로피의 뉴욕 본부에서 열릴 정기 이사회에 참석하려고 뉴욕으로 돌아갔다. 이 이사회에서는 이사들을 물갈이할 예정이었다. 해마다 9월 정기 이사회에서 이사 열두 명 가운데 네 명을 다시 지명해 승인했는데, 지금까지는 언제나 자동으로 재임을 승인했다. 이번에 재지명 대상은 척, 세라 로런스-라이트풋, 마이클 소번, 프레더릭 슈워츠였다. 대상자가 차례로 한 명씩 회의실 밖으로 나가 있는 동안, 나머지 이사들이 대상자의 임기 갱신 여부를 논의했다. 먼저 척이 밖으로 나갔다. 몇 분 뒤, 스미덤이 안으로 불러 재임되었다고 알렸다. 로런스-라이트풋과 소번도 비슷한 속도로 재임이 승인되었다.

마지막은 슈워츠 차례였다. 슈워츠를 좋은 친구로 여긴 토머스 미첼은 이사회가 열리기 전 따로 만나, 설립자와 전쟁을 벌이면서 계속 이사회에 있을 수는 없다며 재임을 거부당할 위험이 있으니 차라리 이사 자리에서 물러나라고 조언했다. 하지만 슈워츠는 내켜 하지 않았다. 슈워츠가 회의실을 나간 뒤, 스미덤이 토론을 주재했다. 다들 의견을 내놓았다. 가장 먼저 척이 나섰다. 척은 슈워츠가 이사회에서 나가기를 바랐다. 하비 데일은 슈워츠에게 기회를 줘야 한다고 주장했다. 화가 난 척이 데일에게 비난을 퍼부었다. 요약하자면 이런 내용이었다.

"자네는 나를 저버렸어. 해결을 부탁했는데, 아무것도 하지 않았잖아."

척은 데일도 이사 자리에서 물러나야 한다고 주장했다. 엘리자베스 매코맥과 다른 이사 두 명이 슈워츠를 옹호했다. 하지만 역부족이었다.

슈워츠는 옆방에서 홀로 소파에 앉아 기다렸다. 경영진이 근무하는 위층에서 상황을 내려다본 어떤 사람은 시름에 잠긴 슈워츠의 얼굴이 슬퍼 보였다고 전했다. 20분 뒤, 마이클 소번이 와서 슈워츠에게 회의실로 들어오라고 알렸다. 이사회는 슈워츠에게 재임에 나서는 것을 재고해 달라고 만장일치로 요청했다. 슈워츠는 머뭇거렸다. 처음에는 다시 생각해보겠다고 말했다가, 어찌할 도리가 없다는 현실을 받아들이고 재임에 나서지 않기로 동의했다.

이튿날 이사회는 크리스 악슬리를 회장 겸 최고 경영자로 영구 지명하는 안을 승인했다. 경제지에 올린 구인 광고에 170명이 지원했지만, 누가 봐도 악슬리가 가장 적임자였다. 끈기 있고 능숙하게 사안을 조율하는 능력 덕분에 너나없이 악슬리를 존중했다. 악슬리는 애틀랜틱에 어떤 문제가 있는지, 무엇을 바로잡아야 하는지를 잘 알았다.

재단을 재정비해야 했으므로 직원 127명 가운데 17명을 내보냈고, 여기에는 라마쉬의 최측근 마샤 스미스도 포함되었다. 애틀랜틱 필랜스로피에서 4년을 근무한 라마쉬와 스미스는 계약 조건에 따라 퇴직금으로 약 200~300만 달러를 받았다. 이에 비해 존 힐리는 재단에서 무려 18년을 일했고 그 가운데 6년을 최고 경영자 자리에 있었는데도, 그만둘 때 퇴직 연금으로 650만 달러를 받았을 뿐이었다. 척은 자선 사업계의 보수 수준이 지나치게 후하다고 끊임없이 투덜거렸다. 하지만 데일이 2001년에 최고 경영자 자리에서 물러나 뉴욕대 자선과 법 특임 교수로 지명되었을 때, 애틀랜틱 필랜스로피를 설계하고 20년 동안 재단을 이끈 공로를 인정해 데일에게 1,000만 달러를 주는 데 동의한 사람이 바로 자기였다고도 덧붙였다. 2013년까지 정규 직원을 더 줄이고 운영비도 3분의 1 넘게 줄이는 계획이 수립되었다. 이사들은 버뮤다에서 열리는 정기 이사회에 배우자를 동반하고 관련 경비를 모두 재단이 지원하던 관행을 끝내기로 동의했다.

새로 최고 경영자가 된 악슬리는 2011년 10월 18일에 직원과 동료들에게 보낸 성명에서, 남은 기금 25억 달러를 재단의 장기 전략에 따라 2016년 말까지 기부하고 2020년까지 재단 업무를 정리한다고 다시금 못 박았다.

"이 결정은 설립 이사장 척 피니의 살아 있는 동안 기부한다는 신념에서, 자신의 많은 재산을 활용해 다른 사람들이 재산을 기부하여 인류의 생활 조건을 개선하는 데 참여하도록 촉진하겠다는 열망에서 나왔습니다."

악슬리는 4대 전략 사업과 설립 이사장 사업에 전념하겠다며, 재단의 기부 전략을 다시 검토하겠다고 약속했다.

재단의 마지막을 어떻게 관리하느냐는 이제 어느 때보다 시급한 문제가 되었다. 10년 전 이사회는 남은 자산을 모두 소모하고, 2016년을 마지막으로 다년 기부를 더는 약정하지 않기로 가결했다.

척에게는 아직 이사회에서 마무리해야 할 일이 남아 있었다. 척이 사임을 요구했던 하비 데일, 마이클 소번, 엘리자베스 매코맥이 모두 자리를 지키고 있었다. 2012년 4월 26일, 척이 동료 이사들에게 편지를 보내, 애틀랜틱의 정관을 바꿔 재임 기한을 15년으로 제한하고 더 작은 이사회를 만들자고 제안했다. 척은 이런 변화가 재단 관리를 개선하는 데 중요하고, 다른 재단의 관행을 반영하고, 절차를 간소화하고, 신선한 사고와 활력을 보존해, 남은 기금을 가장 적절하게 사용하여 최고의 가치를 얻으리라고 주장했다. 또 재단의 수명이 얼마 남지 않아 이사들이 맡을 임무가 별로 없으니, 자신도 비슷한 처지인 다른 이사들과 함께 물러나겠다고 밝혔다.

피터 스미덤이 이사장 자격으로 다른 이사들에게 전화해 의중을 알아보니, 대다수가 척의 제안을 지지했다. 다들 다음 이사회에서 피를 보는 사람이 나올 것을 알았다. 이사 자리를 맡은 지 15년이 넘은 하비 데일이 3년 임기 갱신을 앞두고 있었다.

2012년 6월 마지막 주, 애틀랜틱 필랜스로피에서 일어난 사내 정치극의 마지막을 장식할 장이 버뮤다에서 펼쳐졌다. 6월 24일 일요일부터 사흘 동안 열릴 이사회에 참석하고자, 이제 열한 명이 된 이사들이 버뮤다 수도 해밀턴으로 날아왔다. 늘 그랬듯 다들 페어몬트 해밀턴 프린세스에 묵었고, 척만 길 건너 로즈던 호텔에 묵었다. 새 규정에 따라 처음으로 배우자들이 동행하지 않았다. 일요일 밤에는 바닷가에 자리 잡은 엘보 비치 호텔의 카페 리도에서 재단 설립 30주년을 축하하는 만찬이 열렸다. 이사진은 고위 경영진과 함께 만찬에 참석했다. 악슬리가 지난 30년 동안 재단이 이룬 성과를 짧게 되돌아봤다. 함께 애틀랜틱 필랜스로피를 설립해 이런 행사에 빠질 수 없는 척과 하비 데일은 이날 다른 테이블에 앉았다.

이튿날인 월요일 저녁, 프런트 거리에 있는 포트 오 콜이라는 식당의 별실에서 이사들끼리 만나, 이번에는 한 테이블에서 저녁을 먹었다. 하지만 척은 짐 다우니를 대리인으로 보냈다. 누구나 이번 이사회가 애틀랜틱에 갈림길이 될 것을 알았다. 재임 기간 제한 표결은 화요일 아침에 열릴 예정이었고, 결과는 이미 정해져 있었다. 이사들이 돌아가며 저마다 몇 마디씩 했다. 생각에 잠긴 데일의 얼굴에 서글픔이 비쳤다. 이제 일흔다섯 살이 된 데일은 초기부터 애틀랜틱에 직접 관여했다. 애틀랜틱의 설계자이자 법률 전략가였고, 익명 활동 기간에는 재단의 비밀을 수호했다. 정성을 쏟은 애틀랜틱에 애착과 관심이 큰 만큼, 데일은 재단의 마지막을 지켜보고 싶었다. 재단 해산이 얼마 남지 않았는데 사람들을 내보낸다니, 아무리 생각해도 앞뒤가 맞지 않는다고 생각했다. 새로운 규정은 역사와 연속성을 무시했다. 건물을 해체하려면 어디에 배관이 있는지 아는 최초 설계자의 지혜가 있어야 한다. 애틀랜틱에서 그런 사람이 바로 하비 데일 자신이었다. 그러니 조용히 나갈 생각이 없었다.

화요일 아침, 스미덤과 악슬리 사이에 앉은 척이 관리 효율화를 근거로 이사회 정관을 수정하자고 제안한 메모를 언급했다. 말 그대로 '뚜껑이 열린' 데일이 관리 효율화가 정관을 수정할 명분이 되지 않는다고 맞섰다. 형편없는 관리 행위에 주는 상이 있다면 척이 금메달을 받겠다고 비꼬았고, 지난 12월에 열린 이사회에서 척이 이미 거액을 기부하기로 서약한 사실을 이사들에게 알리지 않았다고 꼬집었다.

"그러고도 어떻게 이 정관 수정의 목적이 관리 효율화라고 말할 수 있습니까?"

척이 거칠게 맞받아쳤다.

"내가 다른 이사들에게 이 건을 이야기하지 않았다는 것은 어떻게 알았는데?"

데일 편에 선 사람은 마이클 소번뿐이었다. 이사회는 9대 2로 이사들의 재임 기간을 15년으로 제한하고 3년 임기가 끝날 때부터 효력이 발생하도록 정관을 수정하기로 동의했다. 재임 기간이 15년이 넘고 임기 갱신을 앞둔 이사는 누구든 재임 투표에 나설 수 없었다. 대상은 하비 데일과 엘리자베스 매코맥이었다. 이제 아흔 줄에 들어선 매코맥은 품위 있게 운명을 받아들였다. 3년 전에는 척이 요청한 사임을 거부했지만, 이제는 결정권이 척에게 있다며, 척이 바라는 대로 이사회를 개혁할 자격이 있다고 말했다.

다른 이사 네 명도 재임 기간이 15년을 넘겼으나, 새 정관에 따르면 3년 임기가 끝날 때까지 자리를 지킬 수 있었다. 여기에 해당하는 사람은 마이클 소번, 크리스틴 다운턴, 커밍스 줄, 그리고 척이었다. 줄은 임기가 끝날 때까지 기다리기보다 물러나는 쪽을 택했다. 척도 약속한 대로 사임했지만, 유일하게 여전히 재단에 지분이 있었다. 이제 이사회는 1년도 채 지나지 않아 인원이 거의 반으로 줄어 일곱 명이 되었다.

악슬리가 퇴임하는 이사들의 오랜 노고를 인정하고 그동안 쌓인 지혜와 기억을 잃지 않도록, 애틀랜틱이 계속 허물없이 연락을 유지하고 조언을 구하겠다고 약속했다. 악슬리는 이 말로 하비 데일에게 분명하게 경의를 표해 퇴임의 충격을 누그러뜨렸다. 표결이 끝나자마자 이사회가 끝났다. 데일이 곧장 일어나 회의실을 나갔다. 척과 데일 두 사람은 한마디 말도, 마지막 악수도 주고받지 않았다.

이제 이사회에서 외톨이가 된 마이클 소번은 척이 오랫동안 애틀랜틱에 헌신했던 이사들의 믿음을 저버렸고, 애틀랜틱에 누구보다 크게 공헌한 하비 데일을 해고한 것은 지나치게 잔인한 처사라고 비난하며 사임을 알렸다.

척은 미국 자선 사업의 역사에서 매우 독특하고 성공적인 동반자 관계가 깨진 것을 그리 후회하지 않았다. 데일이 슈워츠, 매코맥, 소번을 설득해 이사 자리에서 물러나게 하기는커녕 자신을 밀어내려는 사람들 편에 섰기 때문이다. 척은 한번 사이가 틀어지면 중간이 없었다. 그것으로 끝이었다. 한때 인생에서 가장 큰 영향을 받았다고 공언했던 사람과 관계를 끝낸 이야기를 하던 척이 흥미로운 말을 꺼냈다.

"사업을 하노라면 그런 일이 일어납니다."

두 사람과 모두 친했던 어떤 이가 평가했다.

"척은 하비에게 지적으로 주눅 들었지만, 일류 변호사로서 하비의 뛰어난 능력이 필요했습니다. 돈을 벌던 초창기와 기부를 시작한 처음 20년 동안은 두 사람의 손발이 척척 맞았고요. 하비는 척과 일한 덕분에 엄청난 이득을 봤습니다. 척도 하비에게 세금 문제를 자문받지 않았다면, 그래서 세금을 줄이는 방식으로 자산을 구축하지 않았다면, 재산에서든 영향력에서든 애틀랜틱 필랜스로피로 이룬 정도까지는 도달하지 못했을 겁니다."

척과 가까운 어떤 이는 이렇게 말했다.

"재단의 황금기는 척과 하비가 손발을 맞춰 일할 때였습니다. 그때는 서로 의견이 달라도 함께 다른 해결책을 찾아냈습니다. 하지만 여러 자문가로 이사회를 구성하자, 역학 관계가 바뀌었습니다. 척이 하비에게 재단 설립을 돕게 한 까닭은 자신이 언제나 통제권을 쥐리라고, 강한 영향력을 미치리라고 생각했기 때문입니다. 하지만 일이 그렇게 돌아가지 않았지요."

척이 이사 자리에서 물러났다고 해서 애틀랜틱 필랜스로피를 세운 기부자이자 재단에 영감을 불어넣는 척의 역할이 급격히 줄어들리라고 믿는 사람은 없었다. 고무줄처럼 변동하는 실립 이사장 기금이 여전히 존재했지만, 기금이 줄어들수록 척이 선호하는 대로 계획에 없던 대규모 사업을 추진하기가 어려워질 수밖에 없으므로, 척은 2016년까지 기부 프로그램을 빠르게 종료하고 직원들을 정리 해고하라고 요구했다.

프레더릭 슈워츠가 이사장에서, 가라 라마쉬가 최고 경영자 자리에서 물러난 뒤 애틀랜틱 필랜스로피에서 입지를 되찾은 척은 재단 이사회를 충격에 빠뜨린 과감한 한 방으로 자신이 위험을 무릅쓰는 혁신적인 기업가형 자선가라는 사실을 인상 깊게 알린다.

33

뉴욕시를 찾은 산타클로스

척은 오랫동안 코넬대 총장들과 연락을 주고받았다. 2012년 당시 총장이던 데이비드 스코턴과는 스코턴이 취임한 2006년부터 알고 지냈다. 뉴저지에서 가난한 아일랜드계 이민자의 후손으로 태어난 척과 마찬가지로, 위스콘신에서 벨라루스 출신 이민자의 아들로 태어난 스코턴도 저소득층 학생들에게 장학금을 주는 데 관심이 많았다. 2011~2012년 기준으로 코넬대의 등록금과 수업료가 4만 달러에 이르러, 소득이 변변찮은 부모들이 감당하기에는 무리였다. 2011년에 척은 코넬대의 장학 사업인 '코넬 트래디션'을 지원하고자 1,500만 달러를 기부했다. 이로써 척이 이 장학 사업에 기부한 총액은 거의 3,700만 달러에 이르렀다.

스코턴은 이타카 북부에 살았지만, 뉴욕시에도 코넬대가 제공한 거처가 있었다. 어퍼이스트사이드에 있는 척의 아파트와 겨우 다섯 구역 떨어진 곳이라, 스코턴은 척과 헬가가 뉴욕에 머물 때 가끔 척을 방문했다.

척을 잘 아는 사람들에게는 놀랍게도, 스코턴은 척을 설득해 상을 받게 했다. 한때 비밀에 싸인 자선가였던 척은 그때껏 기부와 관련한 어떤 상도 한사코 마다했다. 하지만 이번에는 척이 자선 활동이 아니라 사업에서 이룬 업적을 인정하는 상이었다. 자신이 기업가로서 이룬 성공을 언제나 자랑스럽게 여긴 척은 2010년 코넬대 산업 아이콘상을 받기로 승낙했다.

수상식은 2010년 6월 8일 뉴욕의 미국 자연사 박물관에서 열렸다. 식구들, 코넬대 교수들, 특별 손님이 만찬 전 열리는 환영회에 참석하고자 일찌감치 도착했다. 그런데 아무리 기다려도 척이 보이지 않았다. 거리 행진으로 차가 막혀 택시 안에서 오도 가도 못했기 때문이다. 척은 거의 두 시간이나 늦게 도착했는데, 화가 난 얼굴은 아니었다. 수백 명에 이른 손님 중에는 사업 초기에 척이 함께한 인물도 몇몇 있었다. 카 인터내셔널에서 함께 일한 래리 스미스, 조 라이언스, 빌 파파스, 찰스 피시먼, 밥 마투섹, DFS에서 함께 일한 피터 피시언과 필 퐁을 위해 따로 테이블이 마련되었다.

척이 칭찬 세례라면 질색하는 것을 알면서도, 스코턴과 전직 코넬대 총장들이 척에게 아낌없는 감사를 보내고 싶은 마음에 시치미를 뚝 떼고 무대에 늘어섰다. 명예 총장 헌터 R. 롤링스 3세가 친애하는 동문 척을 겸손과 너그러움의 모범으로 치켜세운 뒤 13달러짜리 시계를 선물했다. 척은 함박웃음을 지으며 시계를 받았다.

"카시오 시계를 부상으로 주다니 정말 고맙습니다. 언제든 이베이에 팔 수 있거든요."

2011년 초, 데이비드 스코턴이 또 척의 아파트를 찾았다. 이번에는 한발 더 나아갔다.

"1956년 졸업생의 55회 동창회를 맞아, 코넬의 연례행사 '올린 강연'에 서주시겠습니까?"

스코턴은 척한테 사람들 앞에 나서서 강연하거나 연설하는 재주가 없다는 것을 잘 알았다. 그래서 허물없는 대화를 주고받는 식으로 행사를 진행하겠다고 설명했다. 척은 그 정도면 괜찮겠다고 받아들였다. 두 사람은 미리 마련한 질의응답 방식으로 강연하기로 했다.

2011년 6월 10일, 코넬대학교의 베일리 홀에 등장한 스코턴은 빽빽이 들어찬 참석자에게 척을 세상에서 가장 인심 좋고 겸손한 기부자가 된 '샌드위치 장수'로 소개했다. 짙은 재킷에 넥타이를 매지 않은 회색 셔츠 차림으로 등장한 척은 스코턴이 말하는 동안 무심하게 주머니를 뒤져 주섬주섬 안경과 쪽지를 챙겼다. 참석자들은 연기로 보이는 행동에 웃음을 터트렸다. 스코턴이 코넬대를 졸업한 뒤 무엇을 했느냐고 물었다. 미리 준비한 메모를 보며 척이 답했다.

"그 뒤로 나는, 대본에 이렇게 적혀 있어요."

더 큰 웃음이 터졌다. 스코턴이 어떻게 부자가 되었냐고 물었다.

"부두에 함대가 들어오자 사람들이 수프부터 땅콩까지 별의별 것을 다 팔더군요. '젠장, 나도 하겠는데!', 싶었습니다. 한 주 뒤 사탕과 과자 같은 단것을 들고 부두로 갔어요. 그렇게 해서 억만장자가 되는 길로 들어섰습니다. 와우!"

척은 이따금 흘낏 대본을 보며 계속 이런 식으로 말을 이어갔다.

> "여기서 스코턴 총장님이 묻기로 한 질문은, 만약 실패했더라면 무엇을 했겠느냐, 입니다. 여기에 답하자면, 상상도 할 수 없는 일입니다. 내 원동력은 성공이었습니다. 우리는 직원이 무려 4,000명에 이르는 회사를 세웠습니다. 우리를 위해 일하는 사람들을 공정하게 대우했습니다. 이것이 초기에 배운 교훈입니다. 직원들을 진심

으로 대하라."

스코턴이 물었다.

"무엇 때문에 돈을 버는 쪽에서 주는 쪽으로 바뀌셨나요?"

척이 메모를 아주 느릿느릿 읽었다.

"그래요, 좋은 질문이군요."

그리고 고개를 들어 덧붙였다.

"이런 생각이 들더군요. 만약 우리가 돈을 더 벌지 않아도 된다면 걱정거리가 없지 않을까. 그래서 돈을 더는 벌지 않으려고 했는데, 그래도 걱정거리가 많더군요. 그래서 생각했지요. 뭔가 잘못되었군. … 여기 이런 질문이 적혀 있네요. '의문을 품어본 적이 있습니까?' 솔직히 말해, 나는 의심 빼면 시체인 사람입니다…."

척은 전에도 여러 번 썼던 표현을 언급했다.

"자선 사업의 기초는 쓰려는 돈을 가장 적절하게 사용해 최고의 가치를 얻는 것입니다. 그 점에서는 우리가, 제 생각에는 일을 잘 했습니다."

대화가 끝나자, 참석자들이 척에게 오랫동안 기립박수를 보냈다.

이 무렵 스코턴은 도박에 가까운 큰일을 벌였다. 한 세대에 한 번 올까 말까인 기회를 이용해 두 가지 목표를 이루려 했다. 하나는 대도시에 캠퍼스를 짓는 것이고, 하나는 코넬대가 더할 나위 없이 중요한 기술 분야에 더 깊이 발 담그게 하는 것이었다. 이타카에서 차로 네 시간 거리인 뉴욕이야말로 캠퍼스를 짓기에 알맞았다. 뉴욕에는 이미 코넬대학교 의대와 병원이 있었다. 게다가 코넬대 졸업생 5만 명이 뉴욕에 살았다.

기회는 2011년 초에 찾아왔다. 당시 뉴욕 시장 마이클 블룸버그가 국내외 여러 대학에 요청해, 20억 달러가 드는 응용과학대학 건립 계약을 입찰에 부쳤다. 제안된 건립 용지 중에 루스벨트섬이 있었다. 뉴욕시와 롱아일랜드 사이를 흐르는 이스트강에 길이 약 3.2㎞, 최대 폭 약 240m로 길쭉하게 자리 잡은 이 섬은 한때 정신질환자 수용소와 천연두 병원이 있던 곳으로, 맨해튼 중간 지구에서 케이블카를 타거나 지하철 몇 정거장만 지나면 나오는 곳이다.

블룸버그 시장의 포부는 빅애플을 '혁신과 발견의 산실'로, 캘리포니아의 실리콘밸리와 겨룰 기업 활동과 기술의 중심지로 탈바꿈시키는 것이었다. 뉴욕시 경제개발공사 사장 세스 W. 핀스키는 거의 2세기 전 허드슨강을 이리호와 연결한 이리 운하 덕분에 뉴욕이 금융 중심지로 발돋움할 수 있었듯이, 새로 지을 기술 센터가 뉴욕을 크게 탈바꿈시키리라고 예견했다. 제안서 마감일은 2011년 10월 28일로 정해졌다.

하버드대, 컬럼비아대, 스탠퍼드대를 포함해 미국의 내로라하는 대학 몇 곳이 쟁쟁한 제안서를 내놓았다. 언론은 실리콘밸리의 기술혁신을 일궈내는 산실이자 사업 생태계를 갖춘 스탠퍼드를 반겼다. 스탠퍼드가 경쟁에 참여하자 블룸버그 시장이 기쁨을 감추지 못했다. 실리콘밸리의 스탠퍼드가 승리를 위해 물불을 가리지 않고 있다고도 밝혔다. 공학과 컴퓨터과학 분야에서 미국 10대 대학에 들어가는 코넬대도 계약을 따내려고 강력한 로비에 들어갔다. 하지만 경쟁 상대가 워낙 막강해 가망이 없어 보였다.

2011년 초에 척의 아파트를 찾았을 때, 스코턴이 포부를 밝혔다.

"척한테 학교에서 일어나는 일을 말하는 것이 좋았습니다. 척은 호기심이 왕성한 사람이거든요. 일을 진척시킬 지능과 통찰, 과단성도 있고요. 척은 처음부터 제안서에 긍정적이었어요. 계속 진척 사항을 알려달라더군요. 그때만 해도 척이 기부할 마음이 있어 관심을 보이는 줄은 까맣게 몰랐습니다. 척을 기부자로 생각하지 않았으니까요. 하지만 이야기를 나눌 때마다 척이 진척 사항에 관심을 보이더군요."

스코턴은 당시 애틀랜틱 필랜스로피의 이사장이던 프레더릭 슈워츠에게도 계획을 설명했다.

초여름 들어 스코턴이 척에게 열두 장짜리 요약본을 건넸다. 아니나 다를까, 척이 이 요약본을 크리스 악슬리와 짐 다우니, 그리고 인터퍼시픽의 데이비드 스미스에게 건넸다. 자신이 무엇에 끌리고 있는지를 가까운 사람들에게 알릴 때 척은 늘 이런 방식을 썼다. 척은 기술 센터 건립에 흠뻑 빠져 있었다.

10월 들어 코넬대가 이스라엘 하이파의 테크니온 이스라엘 공과대학과 공동 입찰에 나서기로 제휴했다고 발표해 입지를 다졌다. 코넬대가 여러 달 동안 비밀 협상을 벌인 테크니온은 이스라엘의 MIT로 알려진 학교로, 세계적으로 유명한 첨단 기술 사업 지역인 하이파의 구심점이자, 2004년부터 노벨상 수상자를 세 명이나 배출한 곳이기도 했다. 테크니온과 합의한 바에 따르면, 계약을 따냈을 때 초기 공사비를 코넬대가 대야 했다.

11월 말, 뉴욕시가 코넬대를 포함해 다섯 곳으로 후보를 압축했다. 그리고 후보 대학들에 맨해튼 시내에 있는 뉴욕시 경제개발공사 사무실에서 상세한 추진 계획을 발표해달라고 요청했다. 스코턴은 12월 2일에 마지막으로 발표하기로 했다.

발표 며칠 전, 척의 아파트에 들른 스코턴이 초기 사업비를 조달할 방법 때문에 고민이라고 털어놓았다. 건설 자금과 운영 자금으로 구성되는 자본 비용이 3억 5,000만 달러로 추정되는데, 코넬대는 기존에 차입한 자본 탓에 건설 사업용 대출이 중단된 상태였다. 그러니 다른 곳에서 기금을 모아야 했다.

스코턴의 설명을 듣던 척이 사업이 추진되도록 기부를 고려해보겠다고 말했다.

"척, 시청에 누군가가 익명으로 기부할 예정이라고 말한다면 아주 좋을 것 같습니다."

"그렇게 말해도 좋습니다."

이때는 스코턴이 척에게 얼마를 기부하겠느냐고 물을 생각을 하지 못했다. 하지만 발표를 겨우 12시간 앞둔 12월 1일 목요일 밤에 척의 아파트를 다시 찾았을 때는, 얼마를 기부할지를 듣고 싶었다. 스코턴은 자그마한 거실의 소파에 앉았고, 척과 헬가는 안락의자에 앉았다.

"척, 기부 약정액이 얼마인지 뉴욕시에 대충이라도 알릴 수 있다면 굉장히 좋을 것 같습니다."

척이 스코턴의 눈을 마주 보고 말했다.

"3억 5,000만 달러까지 지원할 수 있다고 말하세요."

"제가 제대로 들은 게 맞나요?"

"말한 대로입니다."

스코턴은 헬가의 표정을 살폈다.

"정말로 제대로 들은 거지요?"

헬가가 독일어 억양이 살짝 묻어나는 말투로 답했다.

"네, 척이 말한 대로에요."

스코턴은 가슴이 울컥해졌다. 자신도 모르게 벌떡 일어나 척을 껴안았다. 3억 5,000만 달러는 애틀랜틱 필랜스로피의 단일 기부금으로 가장 많은 액수이자, 세계 어느 곳의 고등 교육 기관도 받아본 적이 없는 액수였다. 판을 뒤흔들 정도가 아니라 코넬대에 유리하게 판을 기울일 만한 돈이었다.

이튿날, 스코턴은 뉴욕시 경제개발공사 사장 세스 핀스키, 경제개발 부시장 로버트 K. 스틸, 그리고 여러 시청 관료 앞에서 기술 센터 건립 계획을 발표했다. 그리고 이 말로 발표를 마무리했다.

"여러분께 말씀드릴 것이 있습니다. 우리 코넬은 3억 5,000만 달러를 기부받았습니다."

회의실이 한동안 쥐 죽은 듯 조용해졌다. 판도를 뒤바꿀 발언이었다. 스틸이 그때 상황을 설명했다.

"다른 학교들은 기금 모금이 얼마나 어려운지를 하소연하는데, 강력한 후보 하나가 초기 사업비 모금을 '완료'했다고 말하면, 다들 말문이 턱 막히기 마련이지요."

스코턴은 한껏 들뜬 마음으로 이타카로 돌아갔다. 뛰어난 재즈 연주자이기도 한 스코턴은 그날 저녁 코넬대 베일리 홀에서 만석으로 열린 빌리 조엘 콘서트에 올라, 조엘이 〈내게 그녀는 언제나 여인She's Always a Woman〉을 공연할 때 함께 플루트를 불며 간신히 마음을 가라앉혔다.

"내 생각에는 척의 말이 계약서만큼이나 좋았어요."

그래도 스코턴은 척에게 전화해, 일단 초안을 보낼 테니 기부 확약서에 서명해주겠느냐고 물었다. 척은 살펴보겠다고 했다. 다음 주 월요일인 12월 5일, 스코턴이 제안서 사본 한 부를 척에게 팩스로 보냈다.

같은 날, 배릭 거리의 애틀랜틱 필랜스로피 회의실에서 이틀 일정으로 이사장 피터 스미덤이 주재하는 2011년 4분기 정기 이사회가 열렸다. 이사들은 무슨 일이 벌어지고 있는지 모른 채 회의실에 모였다. 크리스 악슬리에게는 가라 라마쉬의 뒤를 이어 회장 겸 최고 경영자로 취임한 뒤 열리는 첫 이사회였다. 척도 이날 회의에 참석했지만, 스코턴에게 약속한 내용은 한마디도 꺼내지 않았다. 그리고 이튿날, 코넬대 이야기를 꺼냈다. 척이 코넬대와 테크니온의 사업 설명서를 들고 말했다.

"여기에 관심 있습니다."

장식용 책자만큼이나 두툼한 분량을 스프링으로 제본한 설명서는 루스벨트섬에 기술 단지를 건설하는 내용을 담고 있었다. 척은 말을 더 보태지 않았다.

한 이사의 말대로 "척은 스코턴에게 기부 의사를 밝혔다는 말은커녕 무엇을 하려 한다는 말도" 꺼내지 않았다.

"다들 이렇게만 생각했어요. '흥미롭군. 아주 재미있겠어. 이야기를 더 들어보면 좋겠는걸.'"

이튿날인 12월 7일 수요일, 척의 가까운 조언자 짐 다우니가 스코턴에게 전화했다.

"척이 확약서를 전하고 싶답니다."

다우니는 스코턴에게 뉴욕 중앙역에서 가까운 코넬 클럽 로비에서 만나자고 요청했다.

스코턴은 코넬대 이사장 자리에서 물러날 예정인 피터 C. 마이니그, 코넬대 동문 업무·발전 부회장 찰리 플레이거와 함께 클럽에 도착했다. 벽과 천장을 짙은 목재로 장식한 로비에서 척과 다우니를 반갑게 맞이한 세 사람은 소파와 안락의자에 나눠 앉았다. 척은 서명한 약정서를 건넸다. 약정서가 애틀랜틱 필랜스로피라는 이름을 언급하지는 않았지만, 척이 재단 기금을 3억 5,000만 달러까지 코넬대에 기부할 것을 보증했다. 스코턴은 또 한 번 감격했다.

"다들 그랬듯이, 또다시 가슴이 울컥해졌습니다."

척은 다시 활기를 되찾았다. 그 옛날 DFS 동업자들과 함께 면세점 영업권을 따내려고 거액을 걸 때처럼 생기가 돌았다. 3억 5,000만 달러는 자선가로서 척이 단일 사업에 내건 가장 큰 액수였다.

이튿날 아침, 다우니와 척이 애틀랜틱 뉴욕 본부 1층 커피 가게에서 악슬리와 스미덤을 만나, 약정서 사본을 건넸다. 악슬리와 스미덤이 3억 5,000만 달러까지 보증하겠다는 것이 무슨 뜻이냐고 물었다.

"3억 5,000만 달러 모두 주겠단 뜻이네."

3억 5,000만 달러 기부는 이제 뒤집을 수 없는 일이 되었다. 애틀랜틱 이사회에 피바람이 불기 전에는 이사회가 척의 의향과 제안에 호의를 보이지 않았다. 그때였다면 재단 내부에서 코넬대에 그렇게 큰돈을 기부해서는 안 된다는 반발이 일었을 것이다. 애틀랜틱의 갈등 사태에서 핵심은 척이 주도한 계획을 존중해 실행하느냐였고, 이 문제는 극적인 방식으로 해결되었다. 코넬대와 테크니온이 입찰을 따냈을 때 척의 기부 약속이 지켜지지 않을 여지는 없었다. 이제 모든 사람이 숨 죽인 채 뉴욕시의 결정을 기다렸다.

한 주 뒤인 12월 16일 금요일, 스코턴이 차를 몰고 아내와 함께 뉴욕에서 이타카로 돌아갈 때였다. 휴대폰이 울렸다. 총장실 직원이 스탠퍼드대가 깜짝 놀랄 발표를 했다고 알렸다. 하루 전 뉴욕시와 협상이 결렬되자, 스탠퍼드가 끝내 입찰을 철회했다는 소식이었다. 스코턴은 악슬리에게 전화해, 코넬대가 정체를 밝히기 어려운 한 기부자에게 통 큰 기부를 약속받았다고 발표해도 되겠느냐고 물었다. 만약 코넬대가 계약을 따냈을 때, 1순위인 스탠퍼드대가 손을 뗀 덕분에 2순위인 코넬대가 어부지리로 계약을 따낸 듯 보이고 싶지 않아서였다. 악슬리도 스코턴의 생각에 동의했다. 스탠퍼드대가 입찰을 철회한 지 채 몇 시간이 지나지 않아, 코넬대도 마찬가지로 깜짝 놀랄 내용을 발표했다. '동부의 실리콘밸리' 건설에 입찰하려는 코넬대에 어느 익명 기부자가 3억 5,000만 달러를 기부했다는 소식이었다.

그날 밤, 세스 핀스키와 밥 스틸이 스코턴에게 전화했다. 이들은 코넬대와 테크니온이 입찰을 따냈고, 블룸버그 시장이 월요일 오후 두 시에 기자 회견에서 결과를 발표할 예정이라고 은밀히 귀띔했다.

토요일 아침, 스코턴이 척에게 조용히 소식을 알렸다. 또 이스라엘 하이파에서 산책 중이던 테크니온 총장 페레츠 라비에게 전화해 슬쩍 상황을 흘렸다.

"월요일에 어디에 계실지 맞혀 보세요."

라비가 무슨 뜻인지 바로 눈치챘다.

"뉴욕에서 총장님과 같이 있을 것 같군요."

악슬리는 서둘러 특별 이사회를 소집했다. 월요일 아침 일찍 진행된 전화 회의에서, 악슬리는 곧 발표될 중대한 소식을 이사들에게 알렸다.

"척이 지난 이사회에서 들고 있던 책자가 이제 기부금이 될 예정입니다!"

한 이사는 스코턴이 척을 몰아붙여 기부 서약을 받아낸 것 아니냐고 언성을 높였다. 척이 기부 약정서에 서명하기에 앞서 악슬리에게 사실을 밝히지 않아 신임 최고 경영자의 권위를 깎아내렸다는 실망도 나왔다. 그러면서도 이사들은 이 투자가 파격이라고 인정했다. 기술 센터 건립은 뉴욕시가 뒷받침하니 실패할 위험이 적은 데다, 척에게 기념비가 될 만한 사업이었다. 누구 말마따나 "척이 바람직한 일을 그릇된 방식으로" 진행했다. 한 동료는 "척이 '이보게, 나는 돈을 이렇게 써야 한다고 생각해. 애틀랜틱이 이런 식으로 돈을 써야 한다고. 그러니 내가 그렇게 할 거야.'라고 말하면, 우리 모두 괜찮다고 동의했어요."라고 전했다. 나중에 한 이사가 척에게 넌지시 대단한 일을 하고 있다고 말하자, 척이 답했다.

"이건 대단한 일이 아닙니다. 대단한 기회지요."

이로써 척은 마침내 무척 중요한 사실을 인정받았다.

"그리고 그건 내 돈입니다."

척이 손가락으로 자신을 가리키며 한 말이다. 척의 기부는 코넬대 역사에서 가장 큰 액수였고, 미국에서 개인 기부로는 두 번째로 큰 액수였다. 이보다 많은 액수는 앨리스 월턴이 아칸소에 크리스털브리지 미술관을 짓는 데 기부하기로 약정한 8억 달러뿐이었다. 기술 센터 건립 지원으로, 척이 코넬대에 기부한 총액은 10억 달러에 이르렀다.

그날 오후, 맨해튼의 와일 코넬 의대에서 데이비드 스코턴과 페레츠 라비가 옆에 선 가운데 블룸버그 시장이 코넬-테크니온 컨소시엄이 기술대 건립 프로젝트를 따냈다고 발표했다. 블룸버그는 코넬대가 계약을 따낸 이유 하나가 "계약을 가장 간절히 바란 곳"이어서라고 언급했다. 면적, 학생과 교수진 확보 계획도 가장 뛰어났고, 건립 일정도 가장 야심찼다. 30년 동안 230억 달러에 이르는 경제 활동, 건설 일자리 2만 개, 정규직 8,000개, 기업 600개를 창출하겠다는 계획을 제시했다. 그리고 그 계획을 추진할 초기 사업비가 있었다. 출처는 익명의 기부자였다.

익명의 기부자가 코넬대에 엄청난 기금을 댔다는 소식에 뉴욕 언론이 기부자의 정체를 찾아 나섰다. 얼마 지나지 않아 애틀랜틱 필랜스로피 뉴욕 본부의 전화기에 불이 났다. 저녁 8시 45분, 애틀랜틱 웹사이트에 기금의 출처가 애틀랜틱이라고 밝히는 성명이 올라왔다. 성명에서 악슬리는 "이 기부금이 판도를 바꿀 투자로 … 기관을 엄선해 의료, 과학, 교육 분야에 대담하게 투자하도록 지원한 애틀랜틱의 빛나는 전통에서 비롯했다"라고 발표했다. 한 시간이 채 지나지 않아, 〈뉴욕 타임스〉와 〈월스트리트 저널〉이 웹사이트에 기부자의 정체를 알렸다.

코넬대가 3억 5,000만 달러를 기부받았다는 소식이 퍼지자, 거액의 기부금 때문에 계약이 코넬대에 유리하게 바뀌지 않았느냐는 논쟁이 적잖게 일었다. 부시장 밥 스틸은 〈뉴욕 타임스〉에 "코넬대-테크니온 컨소시엄이 그러잖아도 꽤 멋진 제안에 마지막 2주 동안 계속 더 매력적인 면모를 보탰습니다."라고 답했다. 그중에서도 가장 매력적인 면모는 누가 봐도 3억 5,000만 달러라는 선금이었다.

뉴욕에 본거지를 둔 전자 상거래 회사 넥스트 점프의 창립자이자 최고 경영자로, 블룸버그가 최종 선택을 내릴 때 자문한 사람 중 하나인 찰리 김은 시장 자문위원회 대다수가 처음부터 코넬을 추천했다고 주장했다. 스탠퍼드의 제안서가 그동안 쌓은 지식, 성과, 상세한 향후 계획에서 감탄이 절로 날만큼 설득력이 있기는 했다. 하지만 월간지 〈와이어드〉와 나눈 인터뷰에서 김은 다른 문제를 지적했다.

"스탠퍼드는 처음부터 본질적 모순에 빠졌습니다."

뉴욕시는 캘리포니아 다음가는 기술 도시가 아니라 세계 최고의 기술 도시가 되기를 바랐다.

"그렇다면 실리콘밸리가 최고가 아니어야죠."

언론은 기부 소식을 거의 하나같이 긍정적으로 다뤘다. 그리고 몇몇 언론이 척의 존재를 알아냈다. 하지만 〈논프로핏 쿼털리〉는 놀랍도록 너그러운 기부는 흠잡을 데가 없지만, 척이 코넬대에 기부한 액수가 역사적으로 흑인 대학이었던 학교 105곳이 받은 기부금을 다 합친 것보다 많다고 지적했다.

"고등 교육 기관에서마저 1%는 더 부유해지고 99%는 더 가난해진다는 것처럼 느껴진다."

언론 보도에서 막대한 기부금이 애틀랜틱 필랜스로피에서 벌어진 격렬한 충돌의 산물이고, 그 충돌의 결과가 달랐다면 척이 그렇게 자유롭게 행동할 수 없었으리라는 언질을 찾아보기는 어려웠다. 그래도 2012년 1월 3일 자 〈크로니클 오브 필랜스로피〉는 "가라 라마쉬가 물러나고 크리스 악슬리가 수장이 된 상황에서, … 찰스 피니가 첫발을 뗀 기금이

2016년까지 20억 달러를 모두 기부하는 과정을 밟을 때 진보적 정책 지지 단체에 계속 많은 돈을 기부할지를 놓고 이목이 쏠리고 있다."라고 적었다.

척은 루스벨트섬의 황폐한 뉴욕시 시유지 약 4만 5,000㎡를 탈바꿈시킬 건설 계획에 직접 참여했다. 이런 사업이야말로 척이 가장 하고 싶어 하는 일이었다. 딸 다이앤도 그 점을 언급했다.

"코넬 과학기술대는 아빠가 어떤 일을 사랑했는지를 가장 완벽하게 보여주는 사례에요. 뉴욕에, 그리고 기술 분야에 어마어마한 영향을 미칠 사업이잖아요."

예전과 다른 사람이 되었고 이제 삶에 더 만족했지만, 척은 삶의 속도를 늦추고 자신을 돌보라는 조언을 한사코 마다했다. 그 바람에 계속 건강에 문제가 생겼다. 다음 달인 2012년 1월에 아일랜드를 방문했을 때는 심각한 폐렴으로 한 주 동안 더블린의 세인트빈센트 병원에 입원했다. 그런데 사람들이 병문안을 갔더니, 척이 코넬대-테크니온 컨소시엄이 삽화를 곁들여 220쪽으로 제작한 과학기술대 건립 설명서를 꼼꼼히 살피며, 로스앤젤레스를 기반으로 활동하는 건축가 톰 메인이 구상한 복합 단지의 멋진 설계도를 확인하고 있었다. 척은 몸을 추스르자마자 뉴욕으로 향했다.

34

가족 재산 기부

“부자들이 자기 돈으로 무엇을 하느냐는 자기가 판단할 일입니다. 나는 내 생각을 어떤 부유한 사람에게도 강요할 생각이 없습니다. 그 사람이 재산을 다 써도 좋고, 다 갖고 있어도 좋습니다. 커다란 요트를 사도 아무 문제가 없다면, 괜찮습니다. 잘해보라고 격려하겠습니다.”

그래도 척은 부자가 아직 활력과 투지가 넘칠 때부터 일찌감치 기부를 시작해야 한다고 생각했다.

“예순다섯 살이 넘어 기부를 시작하면 무척 힘이 듭니다. 기부란 게 하룻밤 새 되는 일이 아니니까요. 이왕 기부할 생각이면 살아 있는 동안 기부하는 쪽을 고려해보세요. 죽을 때까지 기다리는 것보다 더 큰 만족을 얻을 테니까요. 게다가 더 재미있습니다.”

더 자세히 말해 달라고 요청했더니, 미국의 불행한 억만장자를 다룬 신문 기사를 보여줬다. 기사는 마지막에 찰스 디킨스의 『크리스마스 캐럴』에서 인색하기 짝이 없던 스크루지가 인생에서 가장 즐거운 행위가 놀랍게도 기부라는 것을 어떻게 깨달았는지로 끝이 난다.

"이걸 읽어 봐요."

척이 단호하게 말했다.

비밀에 싸인 기부자였다는 사실이 알려진 뒤, 척은 미국의 억만장자 수십 명을 만나 이런 생각을 말할 기회를 얻었다. 마이크로소프트를 세운 빌 게이츠와 버크셔해서웨이를 세운 워런 버핏이 막대한 재산을 보유한 다른 사람들에게 자기들처럼 자선가가 되라고 설득할 길을 찾고 있을 때, 척이 이들의 눈길을 끌었다. 2009년 초, 록펠러 가문을 이끄는 아흔네 살의 데이비드 록펠러가 미국 최고의 억만장자 열두 명을 뉴욕으로 초대해 비밀 세미나와 만찬을 열었다. 게이츠와 버핏이 이 모임에 척을 초대했다.

〈포춘〉이 역사상 최대의 기금 모금 운동이라고 부른 활동이 이렇게 시작했다. 모임은 5월 5일 화요일 이스트강을 내려다보는 록펠러대학교의 외딴 총장 관저에서 열렸다. 이제 일흔여덟 살이 된 척은 게이츠, 버핏, 오프라 윈프리, 그리고 사모펀드 운용사 블랙스톤의 이사장 피터 G. 피터슨, 헤지펀드 운용사 타이거 매니지먼트의 창립자 줄리언 로버트슨, CNN 창립자 테드 터너, 퇴직 연금 운용사 선아메리카를 팔아 억만장자가 된 엘리 브로드와 아내 이디스, 시스코의 최고 경영자이자 이사장이었던 존 모그리지와 아내 타시아, 뉴욕시 시장 마이클 블룸버그, 투자자 조지 소로스, 데이비드 록펠러, 그 아들 데이비드 록펠러 주니어와 한자리에 앉았다. 이들의 순자산을 모두 합치면 약 1,300억 달러였다.

척과 마찬가지로, 빌 게이츠도 기업가에서 자선가로 변모할 때 앤드루 카네기의 글에 깊은 감명을 받았다. 빌&멀린다 게이츠 재단은 투명하게 운영되는 세계 최대의 자선 재단이 되었고, 주로 세계 보건 분야에 해마다 약 30억 달러를 기부했다. 당시 세계 최고 부자였던 버핏은 막대한 재산을 대부분 게이츠 재단에 기부하기로 서약했다. 게이츠와 버핏이 척에게 보낸 초대장은 경기 불황이 코앞에 닥쳤으니 시급히 미래를 계획해야 한다고 강조했다. 미국에서 〈포춘〉의 원로 선임기자 캐럴 루미스가 게이츠-버핏 프로젝트를 분석한 바에 따르면, 조정 후 총소득이 1,000만 달러 이상인 미국 납세자 18,000명 가운데 소득을 자선 단체에 기부하는 사람은 채 6%가 되지 않았다. 그러니 미국의 자선 활동을 개선할 여지가 분명히 더 있었다.

워런 버핏이 행사를 진두지휘했다. 버핏은 참석한 억만장자들에게 저마다 15분 동안 기부 철학이 무엇인지, 어떤 자선 활동을 하는지 말해달라고 요청했다. 한 바퀴를 다 돌기까지 세 시간이 걸렸다. 어마어마한 부자인 참석자 몇몇은 상당한 재산을 기부하라고 다른 억만장자들을 설득하기 어렵고, 자녀들이 가족의 자산을 기부하는 데 이의를 제기할까 봐 걱정스럽다고 토로했다.

참석자 가운데 척 같은 사람은 없었다. 척은 이미 모든 재산을 기부했다. 자기 차례가 되자 척이 즐겨 쓰는 표현을 꺼냈다.

"돈은 가장 적절하게 사용해 최고의 가치를 얻는 데 쓰여야 합니다. 그래야 기부자가 큰 즐거움을 얻습니다."

얼마 뒤, 척이 뉴욕에서 친구인 언론인 나이얼 오다우드를 만났다. 그리고 5월 18일, 오다우드가 자기 웹사이트[IrishCentral.com]에 억만장자들의 비밀 모임 소식을 알렸다. 오다우드가 참석자 명단을 정확히 제시하면서도 척은 쏙 빼놓은 바람에, 게이츠와 버핏은 누가 정보를 흘렸는지를 바로 알아챘다. 두 사람은 나중에 인색한 억만장자들을 설득해 지갑을 열 길을 찾고자 만찬을 열 때 '발설 금지'를 강제했다.

한 해 뒤, 아무런 정보도 새 나가지 않은 채 비밀 만찬을 두 번 더 열었을 때, 거부들에게 '기부 서약서'를 받자는 아이디어가 나왔다. 게이츠, 버핏, 록펠러는 미국에서 내로라하게 부유한 개인에게 이메일과 편지를 보내, 살아 있는 동안 상당한 재산을이상적으로는 순자산의 50% 자선 단체에 기부하겠다는 서약서에 서명해달라고 요청했다. 이때 〈포춘〉이 추정한 미국 400대 부자의 순자산 총합은 약 1조 2,000억 달러였다. 이들이 순자산의 절반을 살아 있을 때나 죽을 때 기부한다면 6,000억 달러에 이를 터였다. 그런데 이 부탁은 터무니없었다. 2007년 기준으로 400대 고액 납세자가 자선 단체에 기부한 액수가 소득의 11%뿐이었다.

만찬에 참석한 사람들은 하나같이 서약서에 서명해달라는 요청을 받았다. 아주 당연하게도, 척은 자기는 이미 기부를 마쳤으니 재산을 기부하겠다는 서약서에 서명할 수 없다고 생각했다. 그래서 그때만 해도 아직은 사이가 틀어지지 않았던 하비 데일에게 게이츠에게 연락해 자기 의사를 전해달라고 부탁했다. 2010년 6월 24일, 데일이 게이츠와 연락한 뒤 공식 답장을 보냈다. 데일은 척이 게이츠 재단의 활동을 지지하지만, 오랫동안 눈에 띄지 않게 활동했다고 설명했다.

"게다가 알다시피 척은 25년도 더 전에 거의 모든 재산을 기부했습니다. 그러므로 척이 지금 이런 취지의 서약서에 서명하는 것은 타당하지 않습니다."

데일은 서약서에 서명하지 않겠다는 척의 판단을 빌 게이츠가 이해해주기를 바랐다.

거부 편지를 받은 게이츠는 충격에 할 말을 잃었다. 게이츠는 척과 알게 되어 진심으로 기뻤고 척의 지지를 간절히 바랐었다고 한다. 그는 자기가 일군 모든 재산을 다른 이를 위해 쓰고 있는 척의 완전한 헌신에 뒤통수를 얻어맞은 듯한 감명을 받았다. 빌과 멀린다는 척의 솔선수범에 영감을 받았다. PBS의 언론인 찰리 로즈와 나눈 인터뷰에서도 척을 칭송했었다.

"척 피니 같은 사람들은 놀라운 일을 했습니다. 살펴보면 모범 사례가 있기 마련이죠."

게이츠는 척처럼 거의 모든 재산을 기부한 사람들에 크게 감동했다.

"그건 정말 감탄이 나오는 이야기입니다."

함께 PBS 인터뷰에 나온 버핏도 사람들이 재산 절반을 기부하겠다고 서약하기를 바란다고 덧붙였다. 더 많이 기부하겠다고 서약한 사람도 있다며, "척 피니가 이미 그렇습니다."라고 예를 들었다.

이 무렵 척은 애틀랜틱 필랜스로피의 내부 갈등과 이 갈등이 자선 사업계에 미칠 악영향을 해결하느라 정신이 없었다. 그러면서도 게이츠를 서운하게 대하지는 않았는지 걱정이 이만저만이 아니었다. 척은 게이츠와 버핏이 주도하는 구상이 목적을 달성하기 어렵다고 봤지만, 부자들에게 살아 있는 동안 기부하라고 설득한다는 목표는 마음에 들었다. 하비 데일이 위압적인 어조로 답장한 것을 안타깝게 생각한 척은 직접 게이츠를 만나 이야기하기로 했다. 두 사람은 2011년 1월 11일에 시애틀에서 조용히 만나기로 했다.

하루 전인 1월 10일 일요일 저녁, 당일치기로 캘리포니아 북부 나파밸리를 찾는 길에 들른 어느 식당에서 점심을 먹을 때, 척이 내게 이른바 '기부 서약서Giving Pledge'에 서명하는 억만장자 가운데 진심이 의심스러운 사람이 더러 있다고 밝혔다.

"기부 서약서는 약속일 뿐, 책임지고 지켜야 하는 공약이 아니니까요."

그때까지 서약서에 서명한 거부 58명이 변호사를 동원해 재산 대부분을 동결해 놓았다는 의심을 받았다. 이 가운데는 이미 기부를 실행했는데도 〈월스트리트 저널〉의 논평가들이 말하는 '억만장자 PR'을 누리는 사람도 있었다. 달리 말해, 지난 일로 언론의 주목을 받는 사람이 있었다. 기부를 서약한 사람 중 한 명으로 월스트리트의 상징이라 할 시어도어 포스터만은 기부 서약서 운동에 참여하지 않은 사람들을 가리켜 '억만장자인 얼간이'라고 평했다.

척의 푸른 눈동자에 게이츠와 버핏이 일을 제대로 굴러가게 할지 모르겠다는 우려가 어렸다. 만약 기부를 서약한 사람이 완전히 기부를 실행하기 전에 암에 걸리거나 심장마비를 일으킨다면 어떻게 될까? 게이츠 재단은 빌, 멀린다, 워런 버핏 세 사람이 모두 세상을 떠난 시점부터 50년 안에 모든 기금을 사용하기로 약속되어 있었다. 빌 게이츠는 자신이 얼마나 오래 살리라고 생각할까? 50년 동안에는 누가 그 많은 기금을 관리할까? 이사회? 만약 이사회가 설립 기부자들의 의도를 받아들이지 않기로 하면 어떻게 될까?

이튿날 척과 크리스 악슬리가 샌프란시스코에서 비행기로 한 시간 반 거리인 시애틀로 날아갔다. 두 사람은 워싱턴호가 보이는 개인 사무실에서 빌 게이츠를 만났다. 기부 서약서 운동의 관리 담당자인 올리비아 릴런드가 자리를 함께했다. 억만장자 빌 게이츠와 한때 억만장자 척은 서로 호감과 존경을 드러냈다. 격식에 얽매이지 않고 티셔츠를 입은 게이츠는 2009년 1월에 열린 대통령 취임 만찬 뒤로 척을 기부 서약 운동의 지도자로 주목했고, 척이 기부 서약 운동에 참여해 주기를 간절히 바란다고 설명했다.

"피니 씨가 모범 답안을 보여주셨습니다. 우리 누구보다도 훨씬 앞서 나가셨잖아요. 피니 씨가 이 운동에 동참해주신다면 정말 멋질 겁니다."

게이츠는 그동안 척이 펼친 기부 활동과 오랜 익명 기부에 무척 감탄했다. 척은 웃음을 터트렸다.

"내가 익명과 동의어가 되다 보니, 분명히 내가 한 일이 아닌데도 익명 기부라는 이유로 내가 한 줄 알고 찬사를 보내는 일이 많습니다."

척은 자신이 이미 25년 전에 애틀랜틱에 재산을 양도했으니 기부 서약 운동에 참여하는 것은 적절하지 않다고 설명했다. 하지만 운동에 보탬이 되도록 뭐라도 하겠다고 약속했다. 게이츠와 이야기를 나누는 동안 척이 비닐봉지를 뒤적였다. 그리고 기침감기용 물약을 꺼내, 감기에 걸린 악슬리에게 건넸다.

> 게이츠는 5월에 주요 참여자들과 모임을 열어 전반적인 문제, 이를테면 가족 재단에서 자녀의 역할, 재단 수명, 직원 규모와 운영비, 보건과 교육 같은 일반적인 기부 분야 등을 다룰 예정이라고 밝혔다. 게이츠는 더 많은 사람이 기부 서약에 동참하지 않는 까닭을 세 가지로 짐작했다.
>
> 첫째, 재산을 물려받은 사람은 재산 대부분을 다음 세대에 물려줘야 한다는 도덕적 의무를 느꼈다. 이들은 기부 서약 운동에 거의 동참하지 않았다. 둘째, 다른 사람의 간섭을 원치 않는 사람은 여기저기서 기부를 요청받을 일을 걱정했다. 셋째, 아직 마음을 정하지 못한 사람이 있었다.

게이츠에 따르면 첫 모임에서 척 말고도 조지 소로스와 오프라 윈프리가 서약서에 서명하지 않았다. 오프라는 게이츠에게 '나이 많은 백인 남성' 무리와 하나로 묶이는 것이 내키지 않다고 말했다. 게이츠는 척에게 5월에 애리조나의 한 리조트에서 열리는 모임에 와달라고 부탁했다. 경비는 게이츠와 워런 버핏이 낼 예정이었다. 척이 씩 웃었다.

"나는 공짜 밥을 거절해 본 적이 없습니다."

사무실을 떠나기 전, 악슬리가 척과 애틀랜틱 이사들 사이에 불거진 갈등을 떠올리고 게이츠에게 물었다.

"재단 운영에서 외부 고문의 역할을 어떻게 보십니까?"

게이츠는 외부 고문으로 그리 재미를 본 적이 없다고 답했다.

"그런 사람들은 의제는 제시하지만, 자만심에 차 있더군요."

또 자선 활동 논평가이자 조지타운대 공공정책연구소의 선임연구원 파블로 아이젠버그가 이 문제를 주제로 〈시애틀 타임스〉에 쓴 기사를 알고 있다고 말했다. 아이젠버그는 미국에서 비영리 재단이 세금 혜택을 받고, 어느 정도는 더 민주적인 의사 결정 과정에 따라 운영되어야 하니, 게이츠 재단이 납세자와 대중에게 마땅히 져야 할 최소한의 공적 책무를 수행하도록 외부 인사 4~8명을 영입해 이사회를 꾸리는 것이 좋다고 주장했다. 게이츠 재단에는 의사회가 없었다. 빌 게이츠, 멀린다 게이츠, 워런 버핏이 신탁을 관리하고, 전체 방향과 전략은 모두 빌과 멀린다가 결정하고 승인했다.

외부 인사로 구성한 이사회를 둘지, 자녀들을 재단 운영에 참여하게 할지는 자선 사업가와 후손들이 끊임없이 마주하는 질문이다. 애틀랜틱 필랜스로피에 위기가 불거지자, 척의 자녀들은 자기들이 재단 운영에서 배제된 것이 과연 좋은 생각이었는지 의문을 품었다. 척의 건강과 행복이 무너질까 걱정하는 마음으로 애틀랜틱에서 펼쳐진 사태를 지켜보며, 남매 중 한두 명이 이사회에 있었다면 어떤 식으로 참여해 아버지를 도왔을지를 생각해보았다.

사실, 다니엘과 척이 이혼 절차를 밟던 1990년 12월 30일에 당시 재단 이사이던 척, 하비 데일, 프랭크 머치, 커밍스 줄이 서명한 문서에는 이 가능성이 열려 있었다. 하지만 그 뒤로 이 내용을 기억하는 사람이 거의 없었다. '의무가 아니라 허용'이기는 했지만, 문서는 척의 후손이 나중에 재단에서 역할을 맡을 수 있다고 밝혔다. 당시에는 척의 자녀들 스스로 경험이 모자란다고 생각해 이사 자리에 앉을 생각을 하지 않았지만, 이제는 앨런 파커가 세운 오크 재단처럼 식구들로만 이사회를 운영하면서도 꽤 좋은 일을 하는 다른 재단이 있다는 사실을 알았다.

그러나 가족으로만 이사회를 구성하는 재단에는 확실한 결점이 있었다. 유능한 경영진은 높은 융통성과 책임을 바라기 마련이라, 이런 재단을 운영하는 데 관심을 보이지 않았다. 어떤 부자들은 가족이나 이사회 없이도 재단을 장악했다. 이를테면 조지 소로스는 자기 재단에 얼마 안 되는 기금만 주고, 프로젝트를 진행할 때만 자금을 지원했다. 하지만 자금을 지원하고 싶지 않을 때는 지원을 멈췄다. 소로스가 재단을 쥐락펴락하는 방법은 돈줄을 풀었다 죄었다 하는 것이었다.

척은 이제 설립 기부자가 전략을 세우는 것이 가장 좋은 자선 사업 모델이라고 확신했다. 애틀랜틱 이사회에 제출한 제안서에서, 척은 게이츠 재단의 운영 원칙 1조가 '이 재단은 게이츠 가족의 관심사와 열정으로 운영되는 가족 재단이다.'라고 콕 집어 언급했다. 애틀랜틱의 한 고위 경영진은 이렇게 설명했다.

"돈을 어떻게 쓸지를 누가 결정하느냐는 중대한 물음 앞에서는, 척이든 애틀랜틱 이사회든 프레더릭이든 가라든 빌 게이츠든 다른 사람의 개입을 피하고 의사 결정을 통제하는 쪽이 훨씬 편합니다. 우리 이사회는 이 사안을 붙들고 아주 심각하게 씨름했습니다. 그리고 마침내, 살아 있는 설립자에게 중요한 도덕적 권리가 있고 거부권도 어느 정도 있지만, 언제나 모든 일에 그렇지는 않다고 결론지었습니다. 크리스 악슬리의 임무는 그런 균형을 잘 잡는 것이었고요."

척은 자녀들에게, 또 손주들이나 후손들에게 평생에 걸쳐 엄청난 부를 관리하라고 요구하는 것이 적절하지 않다고 생각했다.

"처음부터 나는 아이들에게 재단 관리를 맡긴다면 그 자리가 아이들 스스로 얻은 것이 아니라 내가 부담을 지운 삶의 종착지가 되리라고 생각했습니다."

척은 몇몇 가족 재단이 뒷세대에서 어떻게 악용되는지를 봤다. 커밍스 줄에 따르면 척은 부가 타락한다고 믿었다.

"척은 부가 가족과 개인을 망친다고 믿습니다."

딸 줄리엣은 이렇게도 말했다.

"아버지는 자손이라고 해서 가치관이나 관심사, 능력이 같지는 않다는 사실을 깨달았어요."

척은 그래도 자녀들이 기부에 참여하기를 바랐다. 1990년에 버뮤다에 가족 자선 재단을 세우고 다니엘과 이혼하던 1991년에 4,000만 달러를 투입했다. 프렌치 아메리칸 자선 신탁이라 부른 이곳은 다이앤이 운영을 맡아, 더 평등한 사회를 촉진하고 다른 재단이 더 많이 기부하도록 설득하는 데 기금을 사용했다.

2004년, 다섯 남매와 어머니 다니엘, 자산 관리사 스털링 매니지먼트의 브루스 헌과 마거릿 헌, 가족 투자 자문가 장 카루비로 구성된 이사회는 프렌치 아메리칸을 한 세대 동안만 운영하고, 그사이 재단 기금을 모두 기부하기로 했다. 다이앤은 "1년에 200만 달러를 쓰는 재단보다 400만 달러를 쓰는 재단이 될 때 더 많은 영향을 미칠 수 있다고 생각했습니다."라고 이유를 설명했다. 재단은 2011년에 마지막 기부를 마쳤다. 기부금은 대부분 지원받는 단체의 자체 모금 능력을 강화하는 데 쓰였다.

시애틀을 떠나기 전, 척이 게이츠에게 5월 회의에서 그동안 쌓은 많은 식견을, 달리 말해 "우리가 무엇을 잘했고, 무엇을 잘못했는지를" 이야기하겠다고 약속했다.

"내 경험으로 보건대 좋은 일을 하고도 욕을 먹는 수가 있습니다."

그리고 기부 서약 운동에 서명한 것과 마찬가지로 볼 수 있는 문서를 작성하겠다고도 약속했다. 게이츠가 "피니 씨는 이 모든 활동의 본보기이십니다. 도와주신다면 이루 말할 수 없이 기쁠 겁니다."라고 화답했다.

척은 크리스 악슬리와 짐 다우니의 도움으로 문서를 작성해, 2011년 2월 3일에 빌 게이츠에게 보냈다. 척은 이미 기부한 것을 기부하겠다고 서약할 수는 없지만, 기부 서약에 참여한 기부자들이 살아 있는 동안 자선 활동에 한결같이 활발히 참여하고 기부나 자선 활동을 중단하지 않도록 노력을 보태고 싶다고 적었다.

'내가 생각하기에 가장 보람차고 적절하게 부를 사용하는 법은 살아 있는 동안 기부하는 것, 인간의 조건을 개선하려는 의미 있는 활동에 몸소 헌신하는 것입니다. … 현명하게 자선 활동을 지원한다면 … 어려움이 더 커질 때까지 지원을 늦추기보다 당장 지원할 때 더 대단한 가치와 효과를 낳을 수 있습니다. … 자선 활동에 재산을 기부하기로 한 분들이 마주하는 여러 난관에 내가 답을 제시할 수는 없습니다. 하지만 거의 30년 동안 자선 활동에서 불거진 갖가지 문제와 선택에 개인으로든 재단으로든 대처한 경험이 있으므로, 이 경험을 기부 서약 운동에 전달하고 싶습니다.

어떤 자선 활동에서든 기부를 집중할 분야와 전략을 선택하는 것이 매우 중요합니다. 이런 선택에는 당연하게도 기부자가 어디에 열정과 관심이 있느냐 뿐 아니라, 기금을 용도에 맞게 사용해 가치 있고 지속하는 효과를 달성할 가장 좋은 방법이 무엇이라고 생각하느냐는 인식도 큰 영향을 미칩니다. 이 과정은 흔히 경험에서 관점을 얻고 기부 기회가 늘어날 때 자주 반복됩니다. 또 다른 핵심 요인은 지원 인력과 운영진의 성격, 규모, 비용 등 기부 방식과 관련한 무수한 의사 결정입니다.

무엇보다도, 자신의 자선 의도를 수행하기에 적합한 관리 방식과 장기 지도 체제를 확립할 때 나타나기 마련인 복잡한 문제들을 헤쳐 나가야 합니다. 여기에는 여러 측면이 포함됩니다. 운영 원칙을 제도화하느냐 마느냐, 사외 이사를 둔다면 규모, 역할, 권한은 어떻게 하느냐, 자녀나 다른 가족이 재단에 개입하느냐 마느냐, 외부 자문가의 참여와 역할은 어떻게 하느냐. 게다가 이렇게 결정된 방식이 세월이 흘러도 흔들림이 없어야 합니다.

사려 깊고 효과 있는 자선 활동을 펼치려면, 우리 대다수가 사업체를 운영할 때 배우고 적용한 것과 같은 예리한 통찰력, 창의력, 집요함으로 위에서 언급한 사안들과 더 많은 문제를 다뤄야 합니다.'

서신은 기부 서약 운동 웹사이트에 원문 전체가 공개되었다. 게이츠는 내게 보낸 이메일에서 "기부 서약 운동이 있기 한참 전부터, 척 피니는 다른 자선가들에게 모범이 되는 사람이었습니다. 다른 사람들이 그 서신을 읽을수록, 척 피니는 훨씬 더 많은 영향을 미칠 것입니다."라고 밝혔다.

2013년 4월까지 빌 게이츠, 멀린다 게이츠, 워런 버핏의 기부 서약 운동에 동참한 사람은 스물일곱 살인 페이스북 공동 창립자 더스틴 모스코비치와 마크 저커버그부터 아흔여섯 살인 데이비드 록펠러까지 모두 105명이었다.

2011년 5월 초, 애리조나주 투손의 미러밸 리조트에서 열린 회의에 척이 참석했다. 이 회의에는 자선 사업가 약 40명이 모여 자기들이 저지른 실수와 기부 방식을 하루 반 동안 의논했다. 게이츠가 자선 사업가의 본보기인 척에게 회의를 이끌어달라고 요청했다.

"척이 왜 재산을 모두 기부하기로 마음먹었는지, 기부 철학은 무엇인지, 어떻게 기부를 시작했는지, 어떻게 관리하는지를 직접 듣는 다시 없을 기회였습니다. 나는 척의 이야기에서 많이 배웠습니다. 다른 참석자들도 자선 활동에 엄청난 열정이 있을뿐더러 살아 있는 동안 기부하는 것을 말로 그치지 않고 정말로 실천에 옮긴 사람에게 직접 이야기를 듣는 대단한 기회였다고 입을 모았습니다. 척 피니의 이야기는 여러모로 배울 점이 많습니다. 척은 애틀랜틱 필랜스로피로 세계 곳곳의 여러 나라에서 교육부터 의료까지 모든 분야에서 정말 많은 일을 이뤘습니다. 자선가들이 척의 이야기에서 배우고 척의 기부 철학을 이해할 생생한 자료가 있으니 더할 나위 없이 좋지요. 척이 지적한 대로, 우리 누구도 모든 것을 다 알지는 못합니다. 하지만 기부 서약 운동에 참여한 사람들은 공통된 경험을 나누고 다른 사람의 이야기와 교훈을 듣습니다. 서로 경험을 나누니, 다른 사람들보다 기부를 더 잘 압니다. 기부 서약에 참여한 사람마다 기부의 단계는 다릅니다. 재산을 이미 대부분 기부한 사람도 있고, 이제 막 시작한 사람도 있지요. 하지만 우리가 서로 돕고 이야기를 나눈다는 사실이 아주 중요합니다."

워런 버핏은 척을 이 집단의 영적 지도자로 묘사했다.

"척은 마지막 수표가 부도가 나기를 바랍니다."

35

자선 사업계의 비밀 요원

아이가 누워 있는 인큐베이터가 제대로 작동하는 모습을 볼 때, 안과 의사가 어느 환자의 시력을 되찾아주는 모습을 지켜볼 때, 병상 하나를 환자 셋이 나눠 쓰던 곳에 환자 한 명이 병상 하나를 쓰는 새 병동이 들어서는 모습을 볼 때, 척의 얼굴에 환한 웃음이 피어올랐다. 취약층 아이들이 컴퓨터를 사용하는 모습을 지켜볼 때도, 베트남의 오토바이 헬멧 제조 산업을 발전시키고 헬멧 착용 운동을 벌인 결과 호텔 창밖으로 오토바이 운전자 대다수가 헬멧을 쓴 모습을 볼 때도 마찬가지였다.

미국, 유럽, 아시아 태평양 지역, 오스트레일리아, 아프리카 등 세계 곳곳의 수많은 사람이 척에게 시력, 의료, 교육, 생명을 빚졌다. 척은 암을 포함한 여러 의학 연구에서 진전을 이뤘고, 심장 전문 병원과 안과 병원에 기금을 댔다. 척이 지원한 프로그램 덕분에 열 곳 넘는 아동, 노화, 보건, 인권 단체가 번창했다. 세계 곳곳에서 수많은 학생이 애틀랜틱이 기금을 댄 학교 건물, 기숙사, 경기장에서 일상을 보낸다. 이런 학생 대다수가 척이 제공한 장학금 덕분에 그런 학교에 다녔다.

척이 기부로 얻은 가장 소중한 보상은 자신이 재원을 댄 건물을 이용하는 사람들을 보며 얻는 만족이다. 척은 때로 도서관에 들러 밤늦게까지 공부하는 학생들을 지긋이 지켜본다.

"잡지를 한 권 집어 들고 거기 가만히 앉아 읽곤 합니다."

물론 친구들은 도서관 이용이 공짜라서 그런다고 척을 놀린다.

"부에는 책임이 따릅니다. 자기 부 일부를 미래 세대에 문제를 일으키는 데 쓰기보다 같은 시대를 살아가는 사람들의 삶을 개선하는 데 쓸 의무를 느끼느냐는 스스로 판단해야 합니다."

역사에서 눈에 띄는 사업가와 자선가 가운데 척 피니는 여러 면에서 두드러진다. 맨손으로 시작해 엄청난 재산을 일궜고, 정점에 이르렀을 때 거의 모든 재산을 단숨에 자선 재단에 완전히 양도했다. 기부 규모, 해외 등록, 자유로운 활동, 유연성, 익명성, 한정된 존립 기간, 큰돈을 기부하려는 의지, 세계적 영향력을 통틀어 볼 때, 척의 자선 활동 방식은 그야말로 유일무이하다. 새로운 세기의 자선 사업을 보여주는 상징이다.

척은 세계에서 손꼽히게 크고 성공한 자선 단체를 만들었을뿐더러, 지원할 사람, 기관, 국가를 자신이 숱하게 직접 찾아냈고, 척의 말을 빌리자면 정말로 지원할 만한 대상인지 직접 '돌다리를 두들겨' 봤다. 가난과 질병에 시달리는 세상에서 자선가들이 마주하는 큰 난관은 역설적이게도 돈으로 변화를 일으킬 만한 좋은 일을 찾아내는 것이다.

"돈을 쓰는 것은 어려운 문제가 아닙니다. 하지만 의미 있게 쓰는 것은 어려운 문제이지요."

척은 기업가다운 날카로운 통찰력을 자신이 열정을 느낀 좋은 일에 활용했고, 지원하는 단체들이 자립하도록 도왔다. 돈과 호의를 지렛대 삼아, 서로 버팀목이 되도록 세계 곳곳의 사람들을 하나로 연결했다.

척은 자신이 도움을 베푼 단체들을 언제나 정중하게 존중했다. 수혜처에 자신을 찾아오라고 하지 않고, 자신이 수혜처를 찾아갔다. 척이 고맙다고 말할 때는 진심으로 고맙다는 뜻이었다. 그러면서도 고맙다는 말을 들으면 질색하다 못해 거의 성을 냈다. 대학 총장들과 병원 운영자에게 "우리가 고마워해야 할 사람은 돈으로 좋은 일을 하는 당신입니다."라고 말하곤 했다. 애틀랜틱 필랜스로피가 기금을 일부 댄 퀸즐랜드 의학연구소가 2012년 10월에 브리즈번에서 문을 열었을 때도, 개소식에 참석한 척은 이렇게만 말했다.

"이곳에서 받은 친절에 감사드리고 싶습니다."

그리고 늘 그렇듯, 낯가림을 감추고자 우스갯소리를 던졌다. 개소식을 보도한 〈쿠리어 메일〉에 따르면 "조금 구깃구깃한 황갈색 바지를 입은 예순두 살의 척 피니가 '오늘 깜빡하고 어제 입은 바지를 빨지 않은 채 입었더니, 아내가 화가 나 있군요.'라고 농담을 던졌다." 이 기사를 읽던 한 동료가 웃음을 터트렸다.

"척은 세상을 바꿀 수는 있어도, 바지는 못 바꿀 거야!"

척은 재산을 기부하고, 돈이 가장 잘 사용되도록 직접 기부 활동을 감독하고, 애틀랜틱 필랜스로피가 해산할 때까지 기금을 모두 사용하게 못 박았다. 이로써 척은 개인 자산이 가파르게 늘던 시기에, 살아 있는 동안 기부하는 것을 옹호하는 사람으로서 자기 유산을 지켰다.

크리스 악슬리는 이렇게 평가했다.

"척이 자선 활동에 남긴 선물은 돈 많은 큰손들에게 살아 있는 동안 그들의 재산과 상당한 능력을 활용해 사람들의 삶을 변화시키라는 과제를 던진 거예요. 척의 유산은, 그리고 애틀랜틱의 유산은 이 과제를 어떻게 효과적으로 수행하는지를 보여주는 사례입니다. 척의 남다른 방식 중 하나는 협력자들에게 아이디어에 응답해달라고 요청하면서도 늘 높은 기대를 품고 그런 시도에 접근한다는 거예요. 척은 기업가다운 대담한 계획에 활기를 불어넣고자 유연하고, 민첩하고, 열정적으로 협력하죠. 협력자들에게 과정에 참여하고, 활동을 탁월하게 수행하고, 명확한 성과를 보이라고 소크라테스처럼 엄격하게 요청하고 요구합니다. 척은 이렇게 묻곤 해요. '그렇게 하려면 우리는 무엇을 보여줘야 합니까?' 이 간결하면서도 강력한 물음이 변화, 영향, 성과, 지표, 지속 가능성을 다룬 여러 이론, 자선 활동의 목적을 아우릅니다. 이는 자기 열정과 능력을 활용해 다른 사람의 삶을 개선하려는 성공한 기업가들에게 척이 건네는 접근법이자 경험입니다. 자선 활동이 바라는 효과 — 애틀랜틱의 경우에는 자기 탓이 아닌 환경 때문에 소외된 사람들의 삶을 꾸준히 바꾸는 것이었지요 — 를 거두기란 쉽지 않아요. 탁월한 기업가가 자선 단체를 세우고, 여기에 강렬한 비전을 인식해 수행하려는 직원이 함께할 때는, 융통성 없는 특이한 계획이나 애매한 아이디어에 얽매이는 사람, 나약한 사람으로는 설립자와 단체 사이의 역학 관계를 제대로 관리하지 못합니다. 척은 자선 단체와 자선가를 향한 기대치를 높였어요. 살아 있는 동안 이런 노력에 전력을 기울이는 것보다 더 값진 보상은 없다는 본보기를 보였어요."

뉴저지에서 태어나 재향군인 장학금으로 모은 몇백 달러만으로 부를 일구기 시작했던 20대 청년이 지금껏 기부한 돈은 그가 자선 활동의 상징으로 여긴 앤드루 카네기의 기부액을 훌쩍 넘어섰다. 〈뉴욕 타임스〉에 따르면 철강왕 카네기는 1919년에 사망할 때까지 3억 5,000만 달러, 2000년 기준으로 30억 달러를 기부했다. 2012년 중반까지 척의 재단은 교육, 과학, 의학 연구, 보건, 노화, 시민 사회에 62억 달러를 기부했고, 마지막 수표가 발행될 때는 75억 달러를 넘어설 것으로 보인다.재단이 해산된 2020년 기준으로, 80~90억 달러를 기부한 것으로 추산

"내 삶이 곧 내가 전하려는 바다."라고 말한 간디처럼, 척은 부유한 사람은 아무것도 남기지 말아야 할뿐더러 과시나 사치를 피하고 겸손하고 소박한 삶의 본보기를 보여야 한다는 앤드루 카네기의 조언을 그대로 실천하며 살았다.

2012년 2월에 더블린의 스테이크 전문점 F. X. 버클리에서 점심을 먹을 때 척이 버릇처럼 쓰는 와인 잔에 물을 따르며 말했다.

"재단이 문을 닫을 예정인 2016년이면 내가 여든다섯 살이 되는데, 그때까지는 살아서 재단이 모든 기금을 쓰는지 지켜볼 작정입니다."

그러고서는 〈파이낸셜 타임스〉에서 오려낸 인터뷰 기사를 식탁 위로 건넸다. 기사에서 어느 예술 극장 감독이 이렇게 말했다.

"일하지 않는 내 모습은 죽어서나 상상할 일이에요. 그러니 내 야망은 일을 한껏 즐길 수 있도록 오래 사는 겁니다."

척은 말했다.

"나는 인생을 5년 단위로 나눠 봅니다. 그러니 앞으로 적어도 5년은 더 살 것 같군요."

5년이면 재단이 문을 닫고 생전에 기부한다는 척의 목적을 이루기에 충분할 시간이었다.

2012년 4월, 척이 "샌프란시스코의 날로 발전하는 생명공학 산업을 이끄는 UCSF 미션베이 캠퍼스 건립의 숨은 공헌자"로서 UCSF 메달을 받았다. 척은 짙은 재킷에 단추 하나를 풀어 헤친 푸른색 체크무늬 셔츠 차림으로 행사장에 도착했다. 우아한 회색 정장에 실크 스카프를 두른 헬가, 그리고 아들 패트릭과 딸 캐롤린, 친구 밥 마투섹이 함께했다. 참석자들에게 상영된 영상은 척이 UCSF 헬렌 딜러 가족 종합 암 센터를 살펴보는 모습을 보여줬다. 영상에서 이런 해설이 흘러나왔다.

"오른쪽 신사는 확인차 UCSF에 들렀다. 이 신사가 누구인지 모르는 경비원이 신분증을 요구한다. … 또다시 성공이다. 비밀에 싸인 유명한 억만장자 척 피니가 또다시 관심을 피했다. 보다시피 척은 자신이 건설을 도운 튼실한 기관, UCSF 미션베이를 확인하고 있다."

척은 마침내 아일랜드에서도 상을 받기로 했다. 그동안 척은 자신이 건물 건립과 발전을 도운 대학이 주겠다는 명예 학위를 한사코 마다했었다. 그런데 이해 4월, 트리니티 칼리지 학장 패트릭 프렌더개스트가 아일랜드 수상 엔다 케니에게 서신을 보내, 척이 고등 교육과 평화 협상을 지원한 덕분에 아일랜드공화국과 북아일랜드가 탈바꿈했다고 알렸다. 프렌더개스트는 아일랜드공화국과 북아일랜드 정부가 손잡고 아일랜드의 영웅으로서 척의 공로를 인정하자고 건의했다. 그런데 아일랜드에는 공식 훈장 제도가 없었다. 케니 수상은 척이 그때까지 아일랜드 대학에 모두 16억 달러를 기부한 공로를 기려이후에도 벨파스트의 퀸즈대학교에 2,300만 달러를 기부했다, 아일랜드공화국 대학 일곱 곳과 북아일랜드 대학 두 곳이 모두 한자리에서 척에게 명예 학위를 주면 어떻겠느냐고 제안했다. 그런 학위 수여는 처음 있는 일이었다. 모든 대학이 제안에 뜨겁게 호응했다.

척은 공동 명예 학위 수여를 받아들이기로 했다. 아일랜드에서 기부 활동이 막바지에 접어들었고, 정체도 이미 드러난 뒤였다. 척은 마침내 자기 역할을 인정받을 준비가 되었다. 2012년 9월 6일, 흔치 않게 따뜻하고 화창한 날에 아홉 대학의 총장, 트리니티 칼리지의 명예 총장이자 전직 수상인 메리 로빈슨, 학위 가운을 걸친 학자 200명, 그리고 척의 가족, 친구, 동료, 수혜처, 엔다 케니 수상이 학위 수여식에 참석하고자 더블린성 성 패트릭 홀에 모였다. 각 대학 총장이 한 명씩 일어나 척에게 라틴어로 명예 법학 박사 학위를 수여했다. 답사를 요청받자, 학위 가운과 모자 차림의 척이 어색한 표정으로 천천히 연단으로 걸어 나왔다. 손에는 연설문이 든 갈색 비닐봉지가 들려 있었다. 하지만 척은 연설문을 꺼내지 않고, 15년 전에 더블린 헤리티지 하우스에서 열린 비공개 만찬에서 시인 셰이머스 히니에게 찬사받았을 때 썼던 표현으로만 감사를 전했다.

"내 잔이 넘치나이다. 여러분 모두의 호의와 아량에 감사드립니다. 당연하게도, 이 모든 관심이 쑥스럽군요."

나중에 사람들이 대학 아홉 곳에서 명예 박사 학위를 받았으니 이제 '피니 박사'로 불러야겠다고 척을 놀렸다. 척은 이렇게 받아쳤다.

"아니지, 이제는 피니 박사, 박사, 박사, 박사, 박사, 박사, 박사, 박사, 박사로 불러야지!"

코넬대학교에는 명예 학위 제도가 없지만, 선수를 친 아일랜드에 맞먹는 방법을 찾아냈다. 2012년 5월 27일 일요일, 코넬대 총장 데이비드 스코턴은 쉴코프 운동장에서 열린 졸업식에서 척이 거의 10억 달러를 코넬대에 기부했다고 밝혔다. 스코턴이 헬가와 함께 연단에 앉아있는 척을 가리키자, 햇볕이 내리쬐는 운동장에 모인 3만 8,000명이 기립박수를 보냈다. 여섯 달 뒤, 척은 체육대에 재정을 지원한 공로로 코넬 체육대 명예의 전당에 이름을 올렸다.

2012년 9월, 〈포브스〉의 부편집장 스티븐 베르토니가 척을 상세히 다룬 기사에서, 대의를 위해 일하는 비밀 요원이라는 뜻으로 척을 '자선사업계의 제임스 본드'라 불렀다. 베르토니는 아일랜드에서 척과 함께 보내는 동안 척의 겸손함에 매료되었다. 척과 함께 더블린에서 기차를 타고 리머릭을 찾았다가 다시 돌아오는 여정을 이렇게 설명했다.

"한 손으로는 신문이 든 비닐봉지를 들고, 다른 손은 철제 난간을 붙잡은 이 작달막한 뉴저지 출신 인사를 뒤돌아보는 사람은 아무도 없었다. 성 패트릭 이후로 누구보다 아일랜드에 크게 이바지했을 이 사람은 절뚝이는 걸음으로 천천히 역에서 나왔다. 누구 하나 피니를 알아보지 못했다. 그리고 이것이 피니가 좋아하는 방식이었다."

1988년에 척이 〈포브스〉에 처음으로 억만장자로 이름을 올린 뒤, 척과 마찬가지로 뉴저지주 엘리자베스에서 태어난 언론인 월터 드 라사로가 〈엘리자베스 데일리 저널〉에 싣는 정기 기고문에서 척의 어린 시절을 회고했다. 라사로는 척이 억만장자로서 거둔 성취가 "파라솔과 샌드위치 장사로 시작한 엘리자베스 출신 아이치고는 나쁘지 않다."라고 결론지었다. 기사를 읽은 척은 라사로에게 이 기사가 〈비즈니스 위크〉의 표지 기사보다 더 마음에 든다는 서신을 보냈다.

"우리 엘모라 아이들은 똘똘 뭉쳐야 합니다. 동양에 이런 속담이 있다고 합니다. '돈이 사람을 바꾸는 게 아니다. 그 사람의 민낯을 보여줄 뿐이다.' 나는 그 가면 아래 야구 모자를 쓴 엘모라 출신 아이가 있다고 생각합니다."

척 피니

초판 1쇄 발행 2022년 3월 10일

지은이 코너 오클레어리
옮긴이 김정아

펴낸이 김남전
편집장 유다형 | 편집 이경은 | 외주편집 이선일 | 디자인 양란희
마케팅 정상원 한웅 정용민 김건우 | 경영관리 임종열

펴낸곳 ㈜가나문화콘텐츠 | 출판 등록 2002년 2월 15일 제10-2308호
주소 경기도 고양시 덕양구 호원길 3-2
전화 02-717-5494(편집부) 02-332-7755(관리부) | 팩스 02-324-9944
포스트 post.naver.com/ganapub1 | 페이스북 facebook.com/ganapub1
인스타그램 instagram.com/ganapub1

ISBN 979-11-6809-026-2 (03320)